Thomas M. H. Bergner

# Burnout-Prävention_____

_____Das 9-Stufen-Programm zur Selbsthilfe

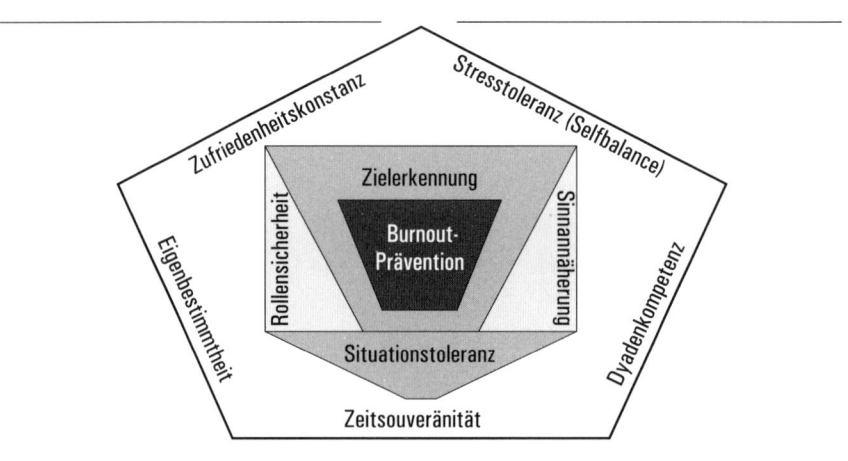

Thomas M.H. Bergner

# Burnout-Prävention
## Das 9-Stufen-Programm zur Selbsthilfe

Mit 27 Tests und 93 Übungen
sowie 26 Tabellen
und 18 Abbildungen

 **Schattauer** Stuttgart New York

**Dr. med. Thomas M. H. Bergner**
Hackerstraße 8 b
82067 Ebenhausen

E-Mail: info@burnoutfrei.de
www.burnoutfrei.de

Bibliografische Information der Deutschen Nationalbibliothek
Die Deutsche Nationalbibliothek verzeichnet diese Publikation in der Deutschen National-
bibliografie; detaillierte bibliografische Daten sind im Internet über http://dnb.d-nb.de ab-
rufbar.

**Besonderer Hinweis:**
Die in diesem Buch aufgeführten Tests und Übungen haben sich im täglichen Umgang mit
den Klienten bewährt. Die Interpretation der Ergebnisse und die persönlichen Konsequenzen liegen in der Eigenverantwortlichkeit des Lesers.

© 2007 by Schattauer GmbH, Hölderlinstraße 3, 70174 Stuttgart, Germany
E-Mail: info@schattauer.de
Internet: http://www.schattauer.de
Printed in Germany

3. unveränderter Nachdruck 2009

Lektorat: Marion Lemnitz, Berlin
Umschlagabbildung: domino © putnik – Fotolia
Satz: Satzpunkt Ursula Ewert, Bayreuth
Druck und Einband: AZ Druck und Datentechnik GmbH, Kempten/Allgäu


ISBN 978-3-7945-2585-0

# Vorwort

Ein seriöses Buch über Hilfen bei Burnout stößt auf ein Problem: Weder kennt der Autor den Leser[1] persönlich, noch weiß er, was für diesen individuell gut und richtig ist. Denn Burnout verhält sich wie ein Chamäleon. Der Weg, wie ich in diesem Buch damit umgehe, ist, Ihnen *viele* Möglichkeiten gegen Burnout aufzuzeigen. Sie können selbst entscheiden, für welche Situation welche Anregungen besonders fruchtbringend oder wirksam sind.

Einige Autoren schreiben Programme gegen Burnout, die angeblich in einem Monat das Problem beseitigen [70], andere verfassen Erfolgsprogramme [78]. Wieder andere argumentieren, dass ein Buch einem von Burnout betroffenen Menschen nicht helfen könne. Damit entziehen sie sich ihrer Verantwortung, denn es ist bekannt, dass selbst über das Internet positive Wirkungen bei Burnout erzielt werden können [83]. Ich habe meine eigenen Erfahrungen als Maßstab herangezogen und zuversichtlich das Wissen um Burnout-Prävention und Betroffene in Buchform zusammengefasst. Lesen ist auch bei Burnout eine Chance, weiterzukommen [144]. Die wissenschaftliche Literatur vernachlässigt schon seit Urzeiten die positiven Seiten des Lebens [119]. So finden wir unüberschaubar viele Arbeiten zu Burnout und nur gezählte zur Burnout-Prävention. Ein Grund mehr, dieses Buch zu schreiben.

Streben Sie Normalität an – was das auch immer sei. Wollen Sie den Idealzustand einer narbenfreien Heilung vom Dämon Burnout? Möchten Sie auf keinen Fall mehr irgendein Risiko eingehen? Dann werden Sie mit gewisser Wahrscheinlichkeit enttäuscht werden. Auch wenn es guttäte: Es gibt *keine sofortige Hilfe* bei einem Prozess, der in aller Regel mit Ihrer persönlichen Entwicklung seit Ihrer Kindheit zu tun hat. Sicher, es kann rasche Erkenntnisse und auch rasche Veränderungen geben. Diese sind aber meistens ein Ergebnis langwieriger Vorgänge, selbst wenn uns diese bei Weitem nicht immer klar sind. Was sich nach außen schnell ändert, ist innen lange angelegt worden.

Wahrscheinlich haben Sie sich für dieses Buch interessiert oder entschieden, weil Sie Lösungen für sich suchen und erwarten. Überlegen Sie dennoch, ob Sie diesen Wunsch nicht *zunächst* vernachlässigen sollten. Versuchen Sie erst einmal *anzunehmen*, was Ihnen bis jetzt widerfahren ist. Vertrauen Sie darauf, dass alles auch einen Sinn hatte.

Ich möchte Ihnen hier das Sinnvolle und Machbare darstellen. Das bedeutet auch *Verzicht auf Inhalte* wie Psychotherapie [6] oder Supervisions- und Bal-

---

1 In diesem Buch wird der besseren Lesbarkeit wegen die männliche Form gewählt, wenngleich immer beide Geschlechter gemeint sind.

int-Gruppen [8, 18], für die Sie unbedingt auf eine persönliche Leitung und andere angewiesen sind. In meinem Buch *Burnout bei Ärzten* [12] schildere ich detailliert und wissenschaftlich begründet, welche Faktoren Burnout auslösen und unterhalten. Ich werde deshalb hier auf eine Wiederholung dieser Details verzichten.

## Zu den Tests und Übungen

Bei den zahlreichen Tests und Übungen geht es um Ihre persönlichen Chancen gegen Burnout, um das, was Sie selbst beeinflussen können. Bei den Tests werden Ihnen Antworten oder Zahlen vorgegeben, die Übungen sind meistens anhand von frei zu beantwortenden Fragen oder Aufgabenstellungen zu lösen. Diese Tests und Übungen sind die wirklichen Chancen gegen Burnout. Wenn Sie das Buch *für sich nutzen,* wird es Ihnen zeitweise eine Art Spiegel sein – und wir wissen ja, wie das mit Spiegeln ist: Mitunter erfreut uns nicht alles, was wir dort erblicken. Wir wissen aber auch: Wenn wir den Menschen, der uns aus einem Spiegel anschaut, mit innerer Liebe betrachten, ist er immer wundervoll. Das Buch wird Ihnen auf diese Weise Ihr eigenes Bild näherbringen.

Was sagen Ihnen Kürzel wie ADS, Bf-S, BIP, EBF, FLL, FPI-R, LMI, MMG, NI oder SEE? Wahrscheinlich wenig. Es sind Abkürzungen für anerkannte psychologische Tests, zum Beispiel zur Messung von Depression oder Lebenszufriedenheit oder zum Erleben von Emotionen. Es gibt nahezu unüberschaubar viele solcher Tests. Sie wurden mit mehr oder minder eindrucksvollen Ergebnissen nach bestimmten *wissenschaftlichen* Kriterien auf ihre Wiederholbarkeit und Aussagekraft untersucht. Das gilt für die Tests in diesem Buch nicht. Allein um *einen* Test auf diese Weise zu etablieren, bräuchte es eine Heerschar von Doktoranden oder Diplomanden, von Statistikern und Klienten. Dies wäre für die *Vielzahl* der Tests in diesem Buch nicht machbar. Würde ich deshalb jedoch auf sie verzichten, ginge ein großer Teil der Praxisnähe verloren. Erprobt sind alle Tests dennoch – im täglichen Kontakt mit Klienten. Wenn Ihnen die Ergebnisse nicht gefallen, können Sie sich also auf die fehlende Wissenschaftlichkeit berufen und unbeirrt so weitermachen wie bisher.

Die Übungen sind so gestaltet, dass sich ihr Ergebnis meistens von selbst erklärt; die Eigenverantwortlichkeit Ihrer persönlichen Konsequenzen und Eindrücke bleibt Ihnen überlassen. Der Titel weist grundsätzlich darauf hin, mit welchem Ziel sie angegangen werden können.

Die Übungen und Tests beinhalten Fragen zur Selbsteinschätzung, die Sie individuell beantworten können und deren Bedeutung ohne statistische Auswertung klar wird.

Wenn Sie die Fragen beantworten, hat es Vorteile, dies schriftlich zu tun. Mit der schriftlichen Form können Sie sich besser festlegen und Ungeklärtes entdecken. Ich empfehle Ihnen, sich dafür ein Notizbuch anzuschaffen, nennen Sie es Ihr „Burnout-Präventionsbuch". Mit den Lösungen aus diesem Buch können Sie Ihr individuelles Programm gegen Burnout aufbauen. Dieses Programm kann nur auf vielen Übungseinheiten basieren – Burnout hat bei jedem Menschen andere Ursachen und muss multi-basiert angegangen werden. Es reicht definitiv nicht aus, *ein* Entspannungsverfahren zu lernen und auszuüben, um Burnout sicher zu vermeiden. Daher nenne ich meine Methode gegen Burnout *multi-based burnout prevention.*

Es ist ratsam, wenn Sie ab jetzt immer dieses kleine „Burnout-Präventionsbuch" bei sich tragen. Wenn Sie neue Erkenntnisse haben, blitzen diese oft nur kurz auf und werden im Alltag rasch wieder vergessen. Das Risiko, sich abends oder in der nächsten wirklich ruhigen Situation nicht mehr daran zu erinnern, ist groß. Das Gras wuchert auf eingewachsenen Wegen besonders schnell nach und neue, zarte Pfade sind nicht mehr zu sehen. Schreiben Sie das, was Sie angeht und Sie weiterbringt, immer sofort auf. Wenn Sie viel mit dem Auto unterwegs sind, sprechen Sie es auf ein Diktiergerät (das ist heute oft schon in Handys integriert).

Der Mensch hat grundsätzlich die Möglichkeit zur Selbstregulation [52], das bedeutet, er ist fähig, kurz- bis langfristig für Lust, Sicherheit, Wohlbefinden und Sinnerfüllung zu sorgen. Wenn ich diese Überzeugung, die auf moderner Verhaltenstherapie [69] basiert, nicht teilen würde, gäbe es dieses Buch nicht. Die meisten Vorschläge haben sowohl präventiven (vorbeugenden) wie kurativen (helfenden) Charakter. Wenn Ihnen das alles nicht mehr helfen sollte, scheuen Sie sich bitte nicht, umgehend mit Supervision, Coaching, Mediation oder Psychotherapie zu beginnen. Keiner der Vorschläge läuft solchen Maßnahmen zuwider. Es kann sehr klug und nötig sein, mehrgleisig zu fahren.

Jeder Berater, ob Therapeut, Freund oder Coach, kann nur zwei Dinge für den anderen tun: Ihm mit *Fragen* und mit *Interventionen* durch den Veränderungsprozess helfen. Die Fragen kann ich Ihnen mit diesem Buch zur Verfügung stellen. Intervenieren kann ich nicht persönlich, versuche es durch Erläuterungen oder weitergehende Fragen aber dennoch.

Ich wünsche Ihnen und mir, dass dies immer wieder gelungen ist.

Ebenhausen, im Juni 2007                          **Thomas M. H. Bergner**

**Im tiefsten Winter erkannte ich,
dass in mir ein unbesiegbarer Sommer wohnt.**
Albert Camus

# Inhalt

**1 Eine neue Sicht** _____ 1

**1.1 Burnout ist anders als sein Ruf** _____ 1

**1.2 Die Sicht erweitern: Burnout ist auch ...** _____ 4

**1.3 Wozu?** _____ 6

**1.4 Burnout erkennen** _____ 8

Risikogruppen _____ 8
   Die drei Burnout-Merkmale _____ 8
   Die drei Burnout-Phasen _____ 10
   Die drei Burnout-Ebenen _____ 11

**1.5 Die neun Stufen der Burnout-Prävention** _____ 12

**1.6 Wie Sie das Buch für sich nutzen** _____ 16

**2 Die Lösung ist die Lösung** _____ 21

Flutlicht sein und als Glühwürmchen leben _____ 21

**2.1 Individuell nutzbare Ressourcen gegen Burnout** ___ 22

Eigenlob _____ 22
Werte erkennen – Integrität gewinnen _____ 23
   Kontextbezug von Werten _____ 25
Hilfe und Helfer _____ 26
Ressourcen _____ 29
Erfolge _____ 30
Stärken – das Selbstvertrauen _____ 32

**2.2 Was soll Gutes herauskommen?** _____ 33

Der 75. Geburtstag _____ 35

**3    Der Stand der Dinge** _____ 41

**3.1   Ein Blick ins Novembergrau** _____ 41

Wo ich stehe _____ 41
Schnelltest _____ 44

**3.2   Burnout-typische Phänomene erkennen** _____ 44

Emotionale Erschöpfung _____ 46
Depersonalisation _____ 47
Leistungsabnahme _____ 49
Körperliche Beschwerden _____ 51
Verdammt noch mal, ich bin nicht aggressiv _____ 52

**3.3   Berufliche Belastungen und Unklarheiten lösen** _____ 54

Berufliche Anforderungen _____ 54
Schwierige Klientel _____ 55

**3.4   Individuelle Basis für Burnout** _____ 57

Emotionale Labilität _____ 57
Helfersyndrom _____ 59
Verkopfung _____ 60
Kohärenzsinn _____ 60
Depression _____ 61
Omnipotenzanspruch _____ 63
Idealismus _____ 63
Mangelnde Selbstachtung (Selbstschädigung) _____ 64
Krafträuber _____ 65

**4    Die neun Stufen der Burnout-Prävention** _____ 67

**4.1   Zeitsouveränität (Stufe 1)** _____ 67

Bedeutung der Zeit _____ 67
   Die Achse der Angst, Teil 1 – oder: Zeitdruck _____ 67
   Gegenwart – eine eigene Dimension _____ 69
   Zeit zwischen hoher Instanz und persönlicher Souveränität ___ 71
   Persönlichkeit und Zeitdruck _____ 72
   Effizienz oder Effektivität? _____ 74
   Weshalb die Zeit knapp wird _____ 75
   Terminmanagement _____ 76
Der individuell-souveräne Umgang mit Zeit und Terminen _____ 77
   Realitätssinn _____ 77
   Slots _____ 78
   Zeitrespekt _____ 79

Rhythmus _____ 83
Aufgabenstrukturierung _____ 84
Dringend oder wichtig _____ 84
Prioritäten setzen _____ 85
Orales Burnout-Verhütungsmittel _____ 87
Auszeiten und Sabbaticals _____ 87
Short Cut _____ 88

**4.2 Eigenbestimmtheit (Stufe 2)** _____ 89

Sprachliche Eigenverantwortung _____ 89
Veränderung von Situationen – Ohnmacht oder Allmacht? _____ 90
Selbstmanagement für Eigenbestimmtheit nutzen ___ 93
Selbstsicherheit _____ 94
Sich anderen zumuten _____ 96
Einstellungen _____ 97
Selbstwirksamkeitsüberzeugung _____ 97
Zweifeln – eine wirkungsvolle Methode _____ 97
Anspruchsniveau austarieren _____ 98
Perfektionismus schützt vielleicht vor Reichtum, aber nicht vor
Burnout _____ 98
Verhalten _____ 100
Angst _____ 101
Grenzziehung und Selbstbegrenzung _____ 105
Delegieren _____ 106
Entscheidungsstärke _____ 107
Die Aufgeschobenen _____ 108
Die Spannung nehmen _____ 109
Umgang mit der eigenen Aggression _____ 111
Langeweile _____ 112
Sinnlichkeit _____ 113
Burnout und Geld _____ 115
Berufsunfähigkeit _____ 116
Der Körper _____ 118
Schlaf _____ 119
Ernährung _____ 119
Sucht: Die Extremvariante von Fremdbestimmtheit ___ 120

**4.3 Zufriedenheitskonstanz (Stufe 3)** _____ 122

Alltägliche Zufriedenheit _____ 122
Die Achse der Angst, Teil 2 – oder: Unzufriedenheit ___ 123
Ausmaß der Zufriedenheit _____ 124
Zufriedenheit und ihr Preis _____ 125
Der Nährboden für Zufriedenheitskonstanz _____ 127
Handlungsspielraum einschätzen _____ 127
Anerkennung wahrnehmen _____ 128
Schwächen sind auch Chancen _____ 129

Opferrollen erkennen und aufgeben lernen _____ 130

Bedürfnisse und Wünsche _____ 132

**4.4   Stresstoleranz (Stufe 4)** _____ 134

Was Stress ist _____ 137

Selfbalance _____ 140

Die fehlende Alternative _____ 141

Friedensengel und Krieger _____ 142

Antipathie ist lebensnotwendig _____ 142

Selfbalance – damit die Sympathie siegt _____ 144

Sicherheit _____ 146

Die Wurzeln eigener Kraft _____ 146

Sicherheiten _____ 147

Ausgeglichenheit _____ 152

Innere Bedrängnisse _____ 152

Erdung _____ 153

Spiritualität, Meditation und innere Achtsamkeit _____ 154

Freude _____ 159

Humor _____ 159

Freude und Glück _____ 161

Aktivität _____ 164

Ortswechsel _____ 164

Die Sterbebett-Aufgabe _____ 164

Liebe und Selbstliebe _____ 165

Genuss _____ 169

Horizonterweiterung _____ 171

Eine wichtige Frage _____ 172

Wertschätzung _____ 173

Selbstverteidigung _____ 173

Eigene Gefühle erkennen _____ 174

Innere Stimmen _____ 174

Raum schaffen _____ 176

Der Raum selbst _____ 176

Eindeutigkeit _____ 177

Berechenbarkeit _____ 177

Authentizität _____ 177

Optimismus _____ 178

Positive Grundeinstellung _____ 180

Kraft aus scheinbar Negativem ziehen _____ 181

Wille _____ 182

Motivation _____ 183

Wille und Überkontrolle _____ 186

Das aktive Vergessen _____ 189

Stresstoleranz mit dem Kopf _____ 191

**4.5 Dyadenkompetenz (Stufe 5)** _____ 192

Burnout als Dyadenphänomen _____ 192
Emotional kompetente Führung _____ 195
  Mitmenschlichkeit _____ 196
  Mitgefühl _____ 197
  Empathie steigern _____ 198
Einfühlsam kommunizieren _____ 201
  Gelungene Kommunikation _____ 201
  Welche Sprache wir sprechen _____ 202
  Das Gute fördern _____ 203
  Selbst- und Fremdwahrnehmung _____ 204
  Gefühle ausdrücken _____ 205
  Bitten lernen _____ 207
  Lob _____ 208
  Selbstschutz _____ 209
  Standpunkt wechseln _____ 209
  Ausschlag _____ 211
  Pseudo-Konfliktlösungen _____ 211
  Sprachliche Grenzüberschreitungen _____ 211
  Bei sich bleiben _____ 211
  Angriffe sind unerfüllte Bedürfnisse _____ 213
  Umgang mit schwierigen Situationen _____ 213
Dyadenkompetenz mit dem Körper _____ 214
  Spiegeln _____ 214
  Die Augen _____ 215
Bewertungen erkennen und managen _____ 215
  Bewertung und Beobachtung _____ 217

**4.6 Situationstoleranz (Stufe 6)** _____ 222

Umgang mit Unveränderlichem _____ 224
  Weg der Zustimmung _____ 225
  Weg des Verlassens _____ 226
  Weg der schädlichen Anpassung _____ 228
  Weg des (späten) Einverstandenseins _____ 229

**4.7 Rollensicherheit (Stufe 7)** _____ 230

Erwartungen zu Beginn der Ausbildung _____ 232
Die Rolle des Lebens _____ 233

**4.8 Zielerkenntnis (Stufe 8)** _____ 235

Burnout und andere Krisen _____ 236
Ziele und Lösungsorientierung _____ 238
  Ziele führen zum Erfolg _____ 239
  Zielarbeit _____ 239
  Praktische Umsetzung _____ 243

Angstabbau für „unerreichbare" Ziele _____ 248

Ziel: Keine Ziele _____ 249

**4.9 Sinnannäherung (Stufe 9)** _____ 250

**5 Frei von Burnout** _____ 255

**5.1 Das individuelle Burnout-Präventions-Programm** _____ 255

**5.2 Epilog** _____ 257

**Anhang** _____ 259

**Übersicht der Tests und Übungen** _____ 266

**Literatur** _____ 271

# 1 Eine neue Sicht

## 1.1 Burnout ist anders als sein Ruf

*Was immer du tun kannst, oder erträumst, tun zu können, beginne es. Kühnheit besitzt Genie, Macht und magische Kraft. Beginne es jetzt.* Johann Wolfgang von Goethe

Es gibt drei zentrale Möglichkeiten, sich vor Burnout zu schützen: Prävention, Prävention und nochmals Prävention. Dies ist der beste Weg, mit Burnout umzugehen. Denn Burnout ist teuer [9]. Es kostet viel – Ihre Gesundheit, Ihre Lebensenergie und Lebensfreude, Ihre Zeit und auch Ihr Geld, bis hin zur existenziellen Not. Und wenn Sie Pech haben, kostet es auch Ihre Partnerschaft [32]. Das können nur Sie verhindern!

Wer bereits von Burnout betroffen ist, bekommt hier kein Ungeheuer vorgestellt, das es zu bekämpfen gilt. Burnout ist weder ein Angriff noch ein Feind: Viel zu oft ist Burnout eine Zuflucht, eine Art brüchiger Schutz. In der gesamten Literatur habe ich nur ein einziges Mal gelesen, wozu Burnout wirklich werden kann, wenn man die Aufgaben, die sich einem damit stellen, annimmt: zu einem positiven Lebensereignis [142].

Selbst wenn Burnout zur Berufsaufgabe zwingen sollte, muss das kein Todesurteil sein. Es kann *die* Chance für eine gelungene, zweite Berufskarriere [32] werden. Burnout ist eine Aufforderung, bedachtsam und selbstliebend eine neue Ordnung in das eigene Leben zu bringen. Es bietet ein enormes Potenzial für Erneuerung und Wachstum [73] aus dieser sehr heftigen persönlichen Krise heraus. Das Leben ist nicht nur leicht und hat nicht nur gute Seiten. Gerade deshalb sollten wir immer im Auge behalten, es so weit wie möglich zu unserer Freude zu gestalten. Leben muss lebenswert bleiben (erst recht für Menschen, die mit anderen Menschen arbeiten).

„Ich schaffe das!", „Ich bin doch gesund!", „Ich werde nicht krank!", „Burnout, das bekommen die anderen!" – viele Menschen, die solche Ansprüche an sich stellen, ignorieren die Burnout-Symptome bis zur Selbstverleugnung und halten durch, bis es wirklich nicht mehr geht. Entlastung wird oft erst sehr spät gesucht. Dabei sind die Heilungschancen von Burnout umso besser, je früher es erkannt wird. Es ist erstaunlich, wie lange sich Menschen ausgebrannt dahinschleppen können [45]. Bei manchen Betroffenen sind es sogar Jahrzehnte. Das liegt nicht nur daran, sich selbst am besten täuschen zu können, sondern auch dieses Lebensgefühl als „normal" oder „üblich" falsch einzuschätzen. Und es liegt zudem am eingesetzten Willen.

Dieses Buch basiert auf aktuellen wissenschaftlichen Erkenntnissen und über einem Jahrzehnt Erfahrung mit Menschen, die Burnout hatten. Diese Erkenntnisse habe ich in meinem Buch *Burnout bei Ärzten* [12] exemplarisch für die Berufsgruppen im Gesundheitswesen dargestellt. Burnout nimmt aber nicht nur bei Ärzten oder Krankenschwestern alarmierend zu, auch Lehrer und Manager sind betroffen. Selbst Berufe oder Situationen, die früher von Burnout frei waren, wie zum Beispiel Hausfrauen oder Arbeitslose, werden nicht mehr davon verschont (s. Tab. 1-1, S. 9). Burnout ist ein deutliches Zeichen dafür, dass Grundsätzliches in unserer Gesellschaft falsch läuft und zu versagen beginnt. Es ist die Spitze eines Eisbergs, dessen Hauptanteil aus Druck, Unzufriedenheit und Hektik *noch* unter der Oberfläche brodelt. Menschen mit Burnout oder Burnout-Risiko sind deshalb auch Vorreiter, die auf grundlegende und notwendige Änderungen, weg vom Materialismus, hinweisen.

Wer Burnout hat oder davor steht, Burnout zu bekommen, braucht Hilfe. Diese Hilfe kann therapeutisch erfolgen, über einen Coach, einen Freund, eine Gruppe oder ein gutes Buch [73]. Welche Hilfe Sie auch immer brauchen, wofür Sie sich entscheiden: *Tun Sie es jetzt!*

Mit dem folgenden Test und der ersten Übung und können Sie bereits ziemlich genau einschätzen, ob Sie zu einer Burnout-Risikogruppe gehören oder nicht.

---

**Test: Wie es ist**

Stellen Sie sich eine Skala von 1 bis 10 vor, etwa so:
1... 2... 3... 4... 5... 6... 7... 8... 9... 10

1 bedeutet, nichts in Ihrem Leben ist so, wie Sie es gerne hätten. 10 bedeutet, Sie leben ein Leben ganz so, wie Sie es wirklich möchten.

Wo liegt Ihr Wert heute?

---

Je näher Sie der „1" kommen, umso mehr nähern Sie sich einem Burnout-Risiko. Vielleicht haben Sie aber auch einen höheren Wert, wie z. B. „7" oder „9", angegeben.

Beantworten Sie sich nun folgende Fragen [nach 128]:

---

**Übung: Was ist**

1. Gibt es Bedürfnisse und Ziele, die Sie in Ihrem Leben oder in den letzten Jahren vernachlässigt haben? Wenn ja, welche?

2. Gibt es bei Ihnen wichtige Fähigkeiten, die bisher in Ihrem Leben unterentwickelt oder missachtet blieben?

3. Gibt es äußere Faktoren, die Sie zurzeit belasten? Wenn ja, welche?

4. Stimmt das Verhältnis zwischen Ihrem Einsatz und Ihrem Nutzen im Leben?

5. Hatten oder haben Sie berufliche Vorstellungen, die sich als unrealistisch herausgestellt haben?

6. Empfinden Sie genügend Eigenständigkeit in Ihrem beruflichen Tun?

7. Spüren Sie Ihre eigene Freiheit – und wo ist sie vielleicht eingeschränkt?

Vielleicht verbinden Sie mit Burnout ausschließlich starken Stress, Erschöpfung, Niedergeschlagenheit oder die Angst, nichts mehr leisten zu können. Das ist zwar auch Burnout, aber am Anfang sieht das ganz anders aus, denn Burnout läuft in drei Phasen ab:

- Die erste Phase ist gekennzeichnet von Aktivität und *nicht* von bewusster Erschöpfung. Die Betroffenen arbeiten auf Hochtouren bei zugleich angezogener seelischer Handbremse. Ihre innere Unzufriedenheit und das Gefühl eines unerfüllten Lebens nehmen zu. Verminderte Leistungsfähigkeit ist meistens noch kein Thema.
- Mit der zweiten Phase, der des Rückzugs, vermindert sich – anfangs unmerklich, später sichtbar – die Leistungskraft.
- Erst die dritte und letzte Phase ist von innerer Leere, sehr starker Erschöpfung, Passivität und Lebensunlust gekennzeichnet. Sie entspricht dem, was die meisten bisher als Burnout erkennen können.

Wer Burnout in der Anfangsphase hat, merkt es in aller Regel nicht selbst. In dieser Zeit erscheint es zu schön, richtig viel arbeiten zu können, die eigenen Erfolge zu spüren und wirklich *gebraucht zu werden*. Am Anfang ist man richtig erfolgreich – trotz Burnout! Daher droht die Hauptgefahr, es zu übersehen – und dann schreitet Burnout voran. Leider ist der Weg vom Gebrauchtwerden zum selbst gestalteten Missbrauch nicht weit.

---

**Übung: 10 Jahre weiter**

Stellen Sie sich vor, es sind genau 10 Jahre vergangen, es ist also der (hier setzen Sie das Datum ein) … … 20…

Was *empfinden* Sie bei der Vorstellung, zu diesem Zeitpunkt beruflich und privat noch genau das Gleiche zu tun wie heute – und zwar unter denselben Bedingungen? Das bedeutet:
- derselbe Beruf in derselben Ausführung,
- dieselbe Arbeitsstelle,
- dieselben Mitarbeiter,

- derselbe Partner,
- derselbe Wohnort,
- dieselbe Wohnsituation,
- dieselbe Finanzlage,
- dieselben Gefühle
- usw.

Wie geht es Ihnen damit?

Wenn Sie sicher sind, dass es gut ist, wenn alles so bleibt wie es gerade ist, können Sie das Buch aus der Hand legen. Falls Ihnen nun aber klar ist, dass sich für Sie etwas ändern sollte, lesen Sie bitte weiter.

## 1.2    Die Sicht erweitern: Burnout ist auch …

*Durch Burnout kann es zu Wachstum kommen – nicht trotz!*

Wer mag schon Zahnschmerzen ertragen? Sie erfüllen jedoch auch einen Zweck, nämlich uns den Weg zum Zahnarzt zu weisen und so Schlimmeres zu verhindern. Ähnlich ist es auch mit Burnout: Verstehen wir es als Aufforderung, etwas zu verändern, nicht als etwas, das man nur beseitigen muss. Daneben hat Burnout noch andere Inhalte, die sich teilweise zu widersprechen scheinen. Burnout ist …

■ **… eine markante Aufforderung:** Burnout kann die Aufforderung sein, endlich aufzugeben. Durchhalten ist bei Weitem nicht immer klug oder ein Zeichen von Stärke. Burnout kann bedeuten, etwas aufzugeben, um sich anderem zuwenden zu können. *Manchmal erweist sich das Durchhalten als glorreiche Dummheit, denn nicht aufzugeben kann dazu führen, dass man große Chancen verpasst* [87, 103].

■ **… ein Freund:** Es ist legitim, davon auszugehen, dass sich ein Mensch für die beste, ihm *mögliche* oder ihm *bekannte* Verhaltensweise entscheidet [29]. Das bedeutet, wer Burnout bekommt, der hatte vielleicht für sich selbst die besten Absichten. Burnout kann ein Freund sein, der, wenn man rechtzeitig auf ihn hört, lebenswichtige und lebensentscheidende Hinweise gibt. Es ist alles andere als sarkastisch gemeint, wenn ich hier schreibe, dass Burnout eigene Bedürfnisse zumindest eine Zeit lang befriedigen kann. Wege aus Burnout gelingen, wenn das, was selbstschädigend mittels Burnout erreicht werden will, mit Zuneigung zu sich selbst angestrebt wird.

■ **… ein Lebensthema:** Wir wollen unsere Lebensthemen verwirklichen. Gelingt uns das nicht, leiden wir daran [71]. Burnout setzt meistens früh im

Lebenszyklus ein, zumindest so früh, um noch genug Zeit zu haben, unsere Zukunft anders zu gestalten. Burnout fordert uns auf, wichtige Lebensthemen zu realisieren. Gelingt es uns, darauf die richtigen Antworten zu finden, ist uns eine gute Zukunft sicher.

■  **… ein Zeichen innerer Starrheit:** Wenn Ihnen Ihre Seele Burnout zeigt, demonstriert sie eine gewisse Starrheit. Sie lebt vom Ergriffensein und ist es offenkundig nicht. Sie ist dominiert – von der Erkrankung.

■  **… vernünftig und normal:** Burnout ist eine physiologische und folgerichtige, konsequente und damit nicht kranke oder verrückte Reaktion. Burnout entsteht, weil das System, in dem wir leben und arbeiten, falsch ist und negativ wirkt. So ist es konsequent, dass bis zu 30 % einer Berufsgruppe (Ärzte und Lehrer) Burnout haben.

■  **… als Krise eine Chance zur Stärkung:** Burnout weist auf eine fundamentale Lebenskrise hin. Wenn eine solche Krise droht, kann es Sinn machen, einmal auf das bisherige Leben zurückzublicken [4] und sich frühere Krisenzeiten bewusst zu machen. Denn aller Erfahrung nach machen uns Krisen auf Dauer eher stärker als schwächer.

■  **… eine verdrängte Lösung:** Es spricht einiges dafür, dass Probleme in Wirklichkeit verdrängte Lösungen sind. Unter dieser Prämisse wäre Burnout also eine verdrängte Lösung. Burnout steht deshalb dafür, dass wir nur noch einen Teil unserer Fähigkeiten, Talente und Kräfte nutzen und den anderen Teil wieder reaktivieren und neu trainieren müssen. Wenn wir unsere brachliegenden Potenziale nutzen wollen, ist es sinnvoll, mit etwas zu beginnen, das nichts mit dem Problem zu tun hat.

> **Übung: Eine neue Aktivität**
>
> Haben Sie eine Idee, womit Sie wieder beginnen könnten, etwas, das Sie früher einmal gerne und häufig gemacht haben, das aber im Laufe der Zeit verkümmert ist? Vielleicht spielten Sie ein Musikinstrument, betrieben eine Sportart oder beschäftigten sich mit einem faszinierenden Thema? Was auch immer: Entwerfen Sie einen konkreten Zeitplan für diese eine, neue Aktivität. Jetzt!

Burnout ist auch:

■  **… der Verlust von Authentizität:** Authentizität braucht [48]
  ●  die Fähigkeit des Staunens. Denn Staunen ist Voraussetzung für alles Schöpferische.
  ●  die Kraft, sich zu konzentrieren. Denn Kraft ist die Voraussetzung für das Tun und dafür, das eigene Tun im Jetzt als das Allerwichtigste zu erkennen.

- die Fähigkeit zur Selbsterfahrung. Denn Selbsterfahrung ist die Voraussetzung für ein Erleben, das in Ihnen selbst den Ursprung hat.
- die Akzeptanz für Konflikte und Spannung. Denn sie ist die Voraussetzung für die Fähigkeit zu staunen.

Authentizität geht bei Burnout verloren.

■ ... **Ihre Entscheidung:** Sie haben sich für Burnout entschieden (denn Burnout ist auch eine Wahl). Nun ja, vielleicht haben nicht *Sie* entschieden, aber die Instanzen *in Ihnen*, die Sie sind. Es gibt nicht wenige Menschen, die gegen Ende Ihres Lebens feststellen müssen: Thema verfehlt! – Burnout möchte dafür sorgen, dass es bei Ihnen nicht dazu kommt.

■ ... **ein mahnendes Anklopfen:** Burnout ist auch die Aufforderung, dass wir es uns wert und schuldig sein sollten, uns besser zu fühlen. Und es ist die konkrete Aufforderung, *für* sich und nicht mehr *über* sich nachzudenken.

■ ... **der Aufruf zur Selbstkritik:** Burnout ist auch der Ruf, sich selbstkritisch zu hinterfragen, mit welchen Hypothesen Sie Burnout begleiten. Jeder, der Burnout hat oder ein Risiko dafür empfindet, hat (fixe) Vorstellungen davon, warum es dazu kommt. Sinnvoller wäre wahrscheinlich, darüber nachzudenken, unter welchen Bedingungen Sie Ihre Meinung darüber ändern würden.

■ ... **lebensbedrohlich:** Es gibt Untersuchungen, die zeigen [102], dass die meisten Menschen ein- oder mehrmals in ihrem Leben in eine lebensbedrohliche oder zumindest gewalttätige Situation geraten. Burnout kann zu lebensbedrohlichen Situationen führen. Seelische Erkrankungen wirken isolierend und werden meistens als selbstentfremdend ("Das bin ich doch nicht") wahrgenommen.

■ ... **eine tiefe Angst:** Burnout ist eines der stärksten Indizien dafür, dass unsere Angst aus dem Innersten auszubrechen droht – und es dann auch tut. Tief verwurzelte Ängste unterschiedlicher Art rütteln an unserem Bewusstsein. Sie wollen endlich gehört und wahrgenommen werden.

■ ... **weit mehr als eine Berufskrankheit:** Selbst wenn die Berufstätigkeit entscheidend zu Burnout beigetragen hat, haben Heilung und Prävention für den Einzelnen mit dem Beruf wenig zu tun.

## 1.3   Wozu?

Viele Menschen, die krank sind, fragen sich wieder und wieder nach dem Warum, konkret: Warum ich? Es gibt eine Lebenssicht, die sagt, *warum* sei ein verbotenes Wort. Denn letztlich können Sie auf die Frage nach dem Warum

immer nur zu dem Schluss kommen: Weil Sie geboren sind. Warum Sie von
Burnout betroffen oder bedroht sind, ist unter dieser Sicht von nachrangiger
Bedeutung. Vorrangig geht es um das Wozu: *Wozu* haben Sie Burnout oder in-
teressieren sich dafür, es nicht zu bekommen?

Sicher, Burnout schwächt die Lebensmotivation, zieht Energie ab und verbraucht Lebenszeit. Aber es führt auch zu neuen Sichtweisen und Einsichten
und trägt zur Wandlungsfähigkeit bei.

---

**Übung: Brief an Burnout**

Wenn Sie vermuten, bereits Burnout zu haben, schreiben Sie Ihrem Burnout einen Brief. Das ist ernst gemeint. Setzen Sie sich hin, nehmen Sie Papier und Stift zur Hand und auf geht's. Was wollten Sie Ihrem Burnout
schon immer einmal sagen?

- Welche Bedeutung hat Burnout für Sie?
- Haben Sie eine Idee, was es Ihnen sagen will?
- Was tun Sie deshalb bereits?
- Was könnten Sie deshalb in Zukunft tun oder lassen?
- Sind Sie sauer darauf? Oder insgeheim sogar froh?
- Worum würden Sie es bitten, wenn es eine Person wäre?
- Wozu oder wohin hat es Sie gebracht?
- Hat es Sie von etwas fern- oder abgehalten, das Sie gerne täten?
- Hat es etwas verhindert, das Sie nicht tun wollten?
- Haben Sie vielleicht einen Nutzen davon?
- In welcher Weise schadet es Ihnen?

---

Burnout kann nicht „ausgemerzt" werden. Es ist eine Herausforderung, deren
Bewältigung zu einem Kompetenzzuwachs und oftmals zu einer Kehrtwende
im Leben führt.

Was ein echtes Problem ist, verschwindet nicht einfach so – und Burnout ist
ein echtes Problem. Als problematisch empfinden wir immer Situationen, in
denen wir eine nicht adäquate Haltung zu Ungelöstem haben. Probleme bereiten uns in der Regel Situationen, die, in welcher Weise auch immer, unerwartet sind und uns nicht passen. Probleme haben damit viel gemeinsam mit
Unglück.

Ein Leben ohne Probleme gibt es nicht. An Problemen wachsen wir und lernen, mit ihnen umzugehen. Ein wirkliches Problem kann nur gelöst werden,
wenn Sie etwas verändern – an sich. Ein erfahrener Häusermakler sagte mir
einmal: „Jedes Haus wird aufgrund eines Zwangs verkauft." Zunächst schien
mir das nicht einleuchtend, dann gab ich ihm aber Recht: Nur ein Zwang
führt zu einschneidenden Änderungen, sonst nichts. Wer sich oder etwas ändern will, hat einen Grund. Dieser Zwang kann durch Unzufriedenheit, Angst
oder Hoffnungslosigkeit ausgelöst werden, manchmal aber auch durch Über-
mut oder Fehleinschätzung. Und immer häufiger wird er durch Burnout verursacht.

Es gibt allerdings eine Ausnahme, aber nur unter einer Bedingung: Die Veränderung wird als positiv empfunden. Ein Beispiel mag sein, durch eine Erbschaft oder einen Lotteriegewinn rasch über viel Geld zu verfügen. Letztlich wäre aber auch ein Gewinn eine Art Störung im Gleichmaß.

Begleiter für Änderungen sind somit Unsicherheit, Unbekanntheit, Leid, Krisen, Unklarheit und auch schicksalsartig empfundene Vorgänge.

Ihr Begleiter heißt vielleicht bereits Burnout oder Sie wollen sichergehen, davon verschont zu bleiben. Vielleicht gelingt es Ihnen, zumindest für kurze Zeit, die Störungen, die Ihnen auffallen, unter den vorher genannten Gesichtspunkten zu sehen. Auch das kann der aktuellen Lage etwas Brisanz nehmen.

Die Motivation zu wirklichen Veränderungen entsteht, wenn wir Erfahrungen machen, die wir nicht sinnvoll deuten oder nicht ignorieren können. Zu Veränderungen finden wir uns somit nur dann bereit, wenn wir etwas nicht mehr übersehen können, wie die Symptome von Burnout, oder uns mehr und mehr die Sinnlosigkeit unseres Tuns oder Lebens missfällt.

## 1.4    Burnout erkennen[1]

### Risikogruppen

Grundsätzlich gibt es keinen Beruf, in dem Burnout nicht denkbar oder nicht möglich wäre. Dennoch sind es vorrangig die Berufe, in denen Beziehungen zu anderen Menschen wichtig sind, die den Weg zu Burnout ebnen (Tab. 1-1). Damit sind Menschen in Berufen wie Bäcker oder Dachdecker in der Regel nicht gefährdet.

Heute wird auch von Burnout gesprochen, wenn rein private Beziehungen, wie beispielsweise zu einem zu pflegenden Angehörigen, zur starken Erschöpfung führen. Es gibt für diese Sichtweise gute Argumente und ebenso gute, es anders zu sehen.

### Die drei Burnout-Merkmale

Drei wichtige Merkmale führen zur Diagnose Burnout: emotionale Erschöpfung, Depersonalisation und abnehmende Leistungsfähigkeit.

- ■ **Emotionale Erschöpfung:** Sie ist das Kern- oder Leitsymptom für Burnout. Wenn Ihnen Aussagen und Gefühle wie
  - ● „ich habe keine Kraft mehr",
  - ● „eigentlich kann ich nicht mehr",

---

1   Bitte beachten Sie, dass dieser Abschnitt und das Buch eine ärztliche oder therapeutische Diagnose nicht ersetzen können und auch nicht sollen.

**Tab. 1-1** Von Burnout Betroffene

| | |
|---|---|
| • Altenpfleger | • Pfarrer und Priester |
| • Ärzte [12, 114] | • Polizisten |
| • Bankangestellte | • Psychotherapeuten |
| • darstellende Künstler (z. B. Sänger) | • Richter |
| • EDV-Fachleute [79] | • Sanitäter |
| • Erzieher | • Sekretärinnen |
| • Gefängnispersonal | • Sozialarbeiter im weitesten Sinn |
| • Hebammen | • Sportler |
| • Journalisten | • Steuerberater |
| • Krankenschwestern [12] | • Stewardessen |
| • Kundendienstmitarbeiter | • Trainer |
| • Lehrer [57, 80] | • Zahnärzte |
| • Manager | |

- „ich fühle mich leer",
- „was tue ich hier eigentlich" oder
- „ich brauche dringend Urlaub"

bekannt vorkommen, besteht der Verdacht auf emotionale Erschöpfung. Tritt emotionale Erschöpfung gemeinsam mit einer gewissen Unzufriedenheit auf (mit dem Beruf, der privaten Situation, den Verhältnissen usw.), bildet sie den Nährboden für Burnout.

■ **Depersonalisation:** Sie bedeutet ein reduziertes Engagement für seine Klientel[2] und für andere allgemein (Mitarbeiter, Partner, Freunde, Verwandte). Depersonalisation äußert sich oft durch eine wenig gefühlvolle, gleichgültige, zynische oder sarkastische Einstellung. Typische Symptome sind eine negative Einstellung gegenüber Kollegen und negative Gefühle gegenüber der eigenen Klientel. Weiterhin kommt es meistens zu einem gesellschaftlichen Rückzug, zur Vermeidung von Kontakten. Das Ganze wird gerne begleitet vom Versuch, perfekt zu sein.

■ **Abnehmende Leistungsfähigkeit:** Dieses ist das schwächste der drei Hauptkriterien, denn in der Anfangsphase von Burnout sind die Betroffenen be-

---

2 Je nach ausgeübtem Beruf unterscheiden sich die Klientel, mal sind es wirklich Klienten wie beim Steuerberater oder Anwalt, Patienten wie beim Arzt oder der Krankenschwester, Kunden wie beim Bankangestellten, Passagiere wie bei der Stewardess, mal sind es Schüler wie beim Lehrer. Da es sich bei Burnout auch um eine Beziehungserkrankung handelt, wäre es hier *immer wieder* notwendig, eine entsprechende Erklärung zu geben, was der Lesbarkeit schaden würde, sodass ich mich deshalb beim beruflichen Gegenüber auf den Ausdruck Klient bzw. Ihre Klientel beschränke. Bitte ersetzen Sie den Ausdruck immer mit dem für Sie zutreffenden Begriff.

sonders aktiv (hyperaktiv)! Durch den nicht immer bemerkten Einsatz von Willen können sie in der Lage sein, sich heftig im berüchtigten Hamsterrad auch längere Zeit zu drehen, ohne abzustürzen. Zudem vermindert sich die Leistungsfähigkeit anfangs fast unmerklich. Wenn Burnout zur bewussten Abnahme der Leistungen führt, ist es in der Regel leider schon weit fortgeschritten. Eine Ausnahme von dieser Regel bilden oftmals Lehrer, die schon früh ihre Leistungsminderung merken.

Die Ausprägung dieser drei Hauptanteile von Burnout schwankt stark zwischen den einzelnen Berufsgruppen. Bei Ärzten sind die Depersonalisation und die emotionale Erschöpfung markant erhöht [123], während sie alles in allem mit ihrer Leistungsfähigkeit zufrieden sind. Lehrer hingegen sind mit ihren Leistungen völlig unzufrieden, beklagen jedoch kaum Depersonalisation. Sozialarbeiter haben von allem etwas und Angehörige, die chronisch Kranke pflegen, fühlen sich leistungsgemindert und emotional erschöpft.

## Die drei Burnout-Phasen

Burnout läuft in drei Phasen ab, die unmerklich ineinander übergehen.

- **Phase 1 – Aggression und Aktivität:** Das Leitsymptom der ersten Phase ist der Ärger. Die Leitreaktion ist die Aggression.
  In der Anfangsphase wird den wenigsten Betroffenen ihre Situation klar. Selbst wer die Anfänge irgendwie wahrnimmt, kann sich nicht vorstellen, was daraus werden kann oder wird. Je nach Willenseinsatz kann diese Phase Jahre, im Extremfall sogar Jahrzehnte dauern. Nur wenige geben nach kurzer Zeit auf – dafür sind gerade die Menschen in typischen Burnout-Berufen (Lehrer, Manager, Ärzte, Pflegeberufe, beratende Berufe) zu sehr darauf trainiert, sich zurückzunehmen und das Letzte zu geben. Wirklicher Leidensdruck in der ersten Phase ist selten. Sie fällt den Betroffenen in der Regel weniger auf als der Umgebung. Ihnen entgehen auch die ununterbrochenen, Burnout forcierenden Minimaltraumen.

- **Phase 2 – Flucht und Rückzug:** Das Leitsymptom der zweiten Phase ist die Furcht (anfangs noch vor konkreten Inhalten). Die Leitreaktion ist die Flucht.
  Das Gefühl, immer weniger Zeit zu haben, nimmt zu. Das Fluchtverhalten beginnt. Bewegung wird im Übermaß betrieben (Sportaholic) oder minimiert. In der Übergangsphase zielt das Verhalten darauf ab, Enttäuschungen und Minimaltraumen möglichst zu vermeiden. Distanz zu anderen und auch zu sich selbst schafft scheinbare Ruhe und Schutz. Der Betroffene nimmt sich selbst nicht mehr richtig wahr, der Kontakt zur Klientel wird minimiert, was nach außen nicht auffallen muss. Mitmenschlichkeit und Empathie verringern sich. Die Furcht wird zur Angst und ist dann in der Regel nicht aktiv begründbar, scheinbar entsteht sie einfach.

■ **Phase 3 – Isolation und Passivität:** Das Leitsymptom der dritten Phase ist die Isolation. Die Leitreaktion ist die Lähmung.
Oft steigt erst in der Endphase das Leidensbewusstsein so an, dass Hilfe gesucht wird. Das eigenmotivierte Handeln schwächt sich mehr und mehr ab. Sucht – nicht nur mittels Alkohol, Nikotin oder Tabletten – spielt spätestens in dieser Phase eine Rolle. Depression wird offensichtlich. Innere Befriedigung fehlt praktisch völlig. Nicht selten wird zu Beginn auch noch dieses dritte Stadium als Zweckpessimismus fehlgedeutet. Eventuell kommen Selbstmordideen auf. In der Endphase von Burnout erstarrt jede Bewegung, vielleicht auch, um die längst angelegten Fesseln nicht zu sehr zu spüren.

Nur in der Anfangsphase ist die Diagnose Burnout relativ leicht und zuverlässig zu stellen und es kann mit hoher Sicherheit erkannt werden [133]. Danach wird Burnout so sehr von anderen, begleitenden Phänomenen (wie Depression, Sucht, Angsterkrankungen) maskiert, dass eine eindeutige Diagnosestellung schwer ist. Wird es in der Anfangsphase erkannt, überrascht es den Betroffenen in aller Regel – er fühlt sich noch viel zu gut.

## Die drei Burnout-Ebenen

Burnout betrifft drei Ebenen des Menschen: den Körper, die Gefühlswelt und das Verhalten.

■ **Der Körper:** Die körperlichen Symptome können sehr vielfältig sein. Einige Symptome sind in Tabelle 1-2 aufgelistet.

■ **Das Gefühl:** Die Gefühlsveränderungen zeigen Unterschiede je nach Phase. Zunächst entsteht das Gefühl der Unentbehrlichkeit und zu wenig Zeit zu haben. Es treten Stimmungsschwankungen, vermindertes Selbstwertgefühl, Gereiztheit, Misstrauen, Ungeduld oder Unzufriedenheit auf. In der zweiten Burnout-Phase kommt es zum Abstumpfen, zu Arbeitsunlust, Bitterkeit oder Erschöpfung. Das Gefühl, ausgebeutet zu werden, kann auftre-

**Tab. 1-2** Körpersymptome bei Burnout (Auswahl)

| | |
|---|---|
| • Banalinfektionen treten vermehrt auf (Erkältungen) | • Schlafstörungen jeder Art |
| • „Bandscheibenvorfall" | • Schulter-Arm-Syndrom |
| • Enge in der Brust | • Schwindel |
| • Herzrasen | • sexuelle Lust nimmt ab |
| • Kopfschmerzen | • Tinnitus (Ohrgeräusche) |
| • Müdigkeit | • Übelkeit |
| • Muskelschmerzen | • Verdauungsstörungen (sowohl Durchfall wie Verstopfung) |
| • Rückenschmerzen | • Zähneknirschen |

ten. Das Empfinden innerer Leere beginnt. Die Betroffenen fühlen sich überfordert, ihr Idealismus verliert sich. Angst, depressive Episoden, Schuld- und Versagensgefühle können erscheinen. In der dritten und letzten Phase werden die Gefühle nochmals heftiger: Einsamkeit, existenzielle Verzweiflung, Hilflosigkeit, Hoffnungslosigkeit oder Leeregefühl dominieren das Leben, die eigenen Emotionen verflachen.

■ **Das Verhalten:** Auch das Verhalten passt sich den einzelnen Phasen an. Zunächst sind die Betroffenen überaktiv. Sie nehmen neue Tätigkeiten an und gern Arbeit mit nach Hause. Ohnehin können sie kaum genug arbeiten. In der zweiten Phase nimmt die Leistungsfähigkeit ab, was lange Zeit nicht bemerkt wird. Andere Menschen werden gemieden, zumindest wird mehr Distanz gesucht. Krankheit, Partnerschaftsprobleme, Schuldzuweisungen sind weitere Phänomene. Im späten Verlauf der zweiten Phase wird nur noch Dienst nach Vorschrift gemacht, was auch im eigenen Unternehmen möglich ist. Echte Ziele fehlen, die Flexibilität nimmt ab. Hinzu kommen Konzentrationsschwäche und innerer Widerstand vor Veränderungen. In der dritten Phase herrschen allgemeines Desinteresse, die Aufgabe von Hobbys und starres Denken vor. Der Gedanke, dem Leben ein Ende zu bereiten oder Vorbereitungen dafür sind möglich. Das Ausleben einer Sucht ist der Ausdruck einer Todessehnsucht oder auch der Sehnsucht, etwas oder mehr empfinden und wahrnehmen zu können. Der „Kick" muss immer stärker werden, um irgendetwas fühlen zu können.

## 1.5    Die neun Stufen der Burnout-Prävention

Sowohl das *Äußere* (wie der Arbeitsplatz oder die Arbeitsbedingungen), das *Innere* (die Persönlichkeit und das Verhalten des Einzelnen) als auch das *Zwischen* (wie wir uns mit anderen in Beziehung setzen) können Burnout auslösen. In der Tat ist die Verflechtung der Bereiche so stark, dass alle drei im Sinn einer Risikoerhöhung für Burnout wirken. Für die Burnout-Prävention ist wichtig, was der Einzelne wie und in welchem Ausmaß ändern kann.
Burnout kommt in vielen, sehr unterschiedlichen Berufen vor. Weder die Kreativität, welche der Beruf ermöglicht, erfordert oder verhindert, noch die berufstypischen Inhalte allein sind offenbar vorrangige Auslöser. Dafür spricht die Tatsache, dass es keinen Beruf gibt, in dem mehr als die Hälfte der Beschäftigten von Burnout betroffen sind.
Wer bereits Burnout hat, gibt meistens folgende fünf Faktoren als dessen Auslöser an (es sind eher die bekannten Gründe für Burnout):
● Zeitdruck; dieser Druck wird von Betroffenen oft als der zentrale Faktor für Burnout überhaupt bezeichnet; Zeitdruck kommt dann auf, wenn letztlich der notwendige Zeitrahmen regelhaft zu eng gefasst ist, egal ob nötig oder gar erzwungen oder nicht. Zeitdruck hängt bei den Burnout-Spitzenreitern (das sind Berufe in sozialen Bereichen) praktisch immer di-

rekt mit der Anzahl der Kontakte mit Kunden, Klienten, Schülern, Fluggästen oder Patients zusammen;

- anhaltende oder immer wiederkehrende Situationen, in denen bei hoher Belastung zu geringer Eigeneinfluss gespürt wird – das ist das verunsichernde Gefühl der Fremdbestimmtheit, eine Form der Machtlosigkeit;
- anhaltende Unzufriedenheit;
- Stress (mit Unzufriedenheit gepaart);
- vorrangig alle Tätigkeiten, die mit hoher persönlicher Zuwendung zu anderen Menschen verbunden sind. Das betrifft Berufe, in denen es um Dyaden, also um Zweierbeziehungen, geht. Diese Zweierbeziehungen müssen in der Regel rasch aufgebaut werden und bleiben nur kurz bestehen. Es sind immer Dyaden mit einem Machtgefälle. Dabei bekommt derjenige Burnout, der in der (scheinbar) mächtigeren Position ist. Offenkundig ist das so bei Ärzten, Krankenschwestern und -pflegern mit ihren Patients. Schauen wir uns andere, von Burnout vermehrt betroffene Berufe an wie Lehrer oder Stewardessen, trifft dies nur auf den ersten Blick nicht zu. Auch diese Berufe leben im Detail davon, dass sie eine Aneinanderreihung teils extrem kurz dauernder Dyaden sind. Wenn dann die Fähigkeiten im Umgang mit den eigenen Emotionen und denen anderer nicht ausreichen, wird es eng.

Daneben gibt es vier zentrale, persönlich sehr unterschiedliche Faktoren für ein erhöhtes Burnout-Risiko. Es sind die weniger bekannten, *unbewussten* Ursachen für Burnout:

- die scheinbare Unmöglichkeit, eine *Situation weder verlassen noch verändern* zu können, die als *unerträglich* empfunden wird; bei Burnout wird häufiger die berufliche als die private Situation angegeben; ob das so zutrifft, ist fraglich;
- eine gewünschte oder ersehnte *Rolle* (beruflich wie privat) nicht ausüben zu können;
- eigene, in aller Regel vollkommen unbewusste und dadurch feststehende *Ziele* nicht zu erreichen;
- sich vom *Sinn des eigenen Lebens* mehr und mehr zu entfernen statt sich ihm zu nähern.

Auf diesen nachgewiesenen Hauptursachen für Burnout basiert das 9-Stufen-Präventionsprogramm gegen Burnout (Abb. 1-1).

- ■ **Stufe 1 Zeitsouveränität:** Diese Stufe nimmt sich des Zeitdrucks an. In den typischen Burnout-Berufen ist es bei genauer Betrachtung kein reiner *Zeitdruck*, sondern *Termindruck*. Dagegen hilft eine fundierte, sichere Haltung gegenüber der Zeit als solcher als auch der korrekte Umgang mit Terminen und der Zeit. Das nenne ich Zeitsouveränität. Übliches Zeitmanagement wirkt bei Burnout nicht ausreichend, denn es berücksichtigt kaum die üblichen Konstellationen an den Arbeitsplätzen, die Burnout fördern. Zum Zeitumgangsmanagement muss ein wirkungsvolles Terminmanagement hinzugesetzt werden.

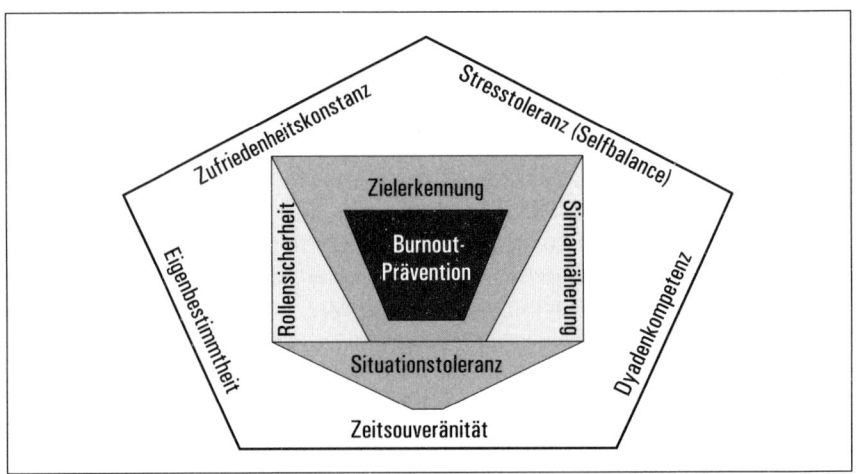

**Abb. 1-1** Die neun zentralen Wege der Burnout-Prävention

■ **Stufe 2 Eigenbestimmtheit:** Wer Burnout bekommt, den begleitet das Gefühl, fast nichts mehr selbst bestimmen zu können. Dieses Gefühl kann sowohl durch private Belastungssituationen (wie z. B. die lange Pflege von
kranken Angehörigen) als auch im beruflichen Umfeld auftreten. Deshalb
ist es sinnvoll, die Eigenbestimmtheit zu stärken.

■ **Stufe 3 Zufriedenheitskonstanz:** Viele „Anti-Burnout-Programme" verfolgen ausschließlich das Ziel, Stress zu vermindern. Das reicht nicht aus. Untersuchungen haben bewiesen, dass *Stress allein Burnout nicht verursacht.*
So wichtig es ist, Stress zu vermindern: Es ist erheblich wichtiger, die persönliche Zufriedenheit zu steigern. Zufrieden sind wir dann, wenn unsere
Erwartungen erfüllt werden und wir uns sicher fühlen. Zufriedenheit
hängt so mit Selbstkenntnis und Ehrlichkeit zusammen. Stufe 3 der Vorbeugung und der Maßnahmen gegen Burnout ist deshalb der Steigerung
und dem Bestehenbleiben der persönlichen Zufriedenheit im Sinne von
Zufriedenheitskonstanz gewidmet.
In einem Vortrag, den ich vor Jahren hörte, hieß es: „Zufriedenheit – das
ist Stillstand, das ist der Tod! Ich will unzufrieden sein! Das ist mein Antrieb!" Sicher kann Unzufriedenheit auch als Antrieb fungieren. In aller
Regel hat aber echte, innerliche Zufriedenheit die beste gesundheitserhal-
tende Wirkung. Bei Burnout-Prävention geht es um Gesundheit und nicht
um Erreichung von immer neuen, meist materiellen Zielen.
Zufriedenheit hat viel damit zu tun, das Innen wahrzunehmen und das
daraus entstehende Selbstbild mit dem Außen in Gleichklang zu bringen.
Da wir oft nur geringen Einfluss (erst recht im beruflichen Rahmen) auf
die äußeren Faktoren haben, hat Zufriedenheit in der Praxis überwiegend
mit unseren Selbstmanagement-Fähigkeiten zu tun. Sehen Sie diesen Abschnitt also vorrangig unter dem Gesichtspunkt, damit Ihre Selbstwahrnehmung und entsprechend Ihr Selbstmanagement zu fördern. Dieser

Abschnitt nimmt insofern einen Teil der Informationen über Dyadenkompetenz vorweg, fokussiert jedoch auf den Aspekt der Zufriedenheit.

■ **Stufe 4 Stresstoleranz:** Stress ist immer ein individuell *empfundenes* Phänomen, in diesem Sinn unseren Gefühlen nahe. Einige fühlen sich erst richtig wohl, wenn es rund geht, andere sind dann schon kurz vor dem Zusammenbruch und wollen am liebsten fliehen. Stress wird empfunden, wenn wir in eine innerliche Abwehrhaltung (Antipathie) gehen; das kann auch uns selbst gegenüber geschehen. Die Hinwendungsanteile unserer Gefühle und unseres Verhaltens (Sympathie) werden immer geringer. Mit Stress korrekt umgehen zu lernen bedeutet, Anti- und Sympathie in sich in Einklang zu bringen. Das nenne ich Selfbalance.

■ **Stufe 5 Dyadenkompetenz:** Die Tatsache der engen Verbindung von Burnout mit beruflichen Dyaden hängt direkt mit der Bedeutung von emotionaler Kompetenz zusammen. Emotionale Kompetenz setzt sich aus den Bereichen Selbstwahrnehmung, Selbstmanagement, Selbstmotivation und aus sozialer Kompetenz zusammen. Diese bilden ein stabiles Fundament gegen Burnout. Emotionale Kompetenz steigert nach meiner Beobachtung unsere Selbstsicherheit mehr als alles andere – das ist ein guter Nebeneffekt. Wir konzentrieren uns auf emotionale Kompetenz unter dem Gesichtspunkt des Dyaden-Phänomens bei Burnout (und weil die anderen Themen in anderer Stelle behandelt werden). Stufe 5 dient dazu, Dyadenkompetenz aufzubauen. Das bedeutet, Beziehungen zu beleben und auch zuzulassen – im Sinne eines kommunikativen Beziehungsmanagements.

■ **Stufe 6 Situationstoleranz:** Burnout hat auch mit dem Gefühl zu tun, eine konkrete Situation nicht zu ertragen und sie zugleich weder verändern noch verlassen zu können. Es geht deshalb bei Stufe 6 um ein Grundthema des Menschseins, um den erfolgreichen Umgang mit scheinbar unerträglichen Situationen, kurz um Situationstoleranz.

■ **Stufe 7 Rollensicherheit:** Burnout droht oder entsteht dann, wenn wir eine von uns angestrebte Rolle nicht ausfüllen können. In Stufe 7 geht es deshalb darum, erwünschte Rollen zu erkennen und uns gemäß auszuüben, also um Rollensicherheit. Es geht dabei auch um Rollen, die in uns nicht nur zu unserem Vorteil wirken. Wichtig ist, wie Sie Ihre wirklich erwünschten Rollen einnehmen können.

■ **Stufe 8 Zielerkenntnis:** Burnout steht in engem Zusammenhang damit, seine wirklichen Ziele nicht zu erreichen. Wir alle haben tief in uns auch Ziele, die wir zusätzlich mit der Berufswahl oder der Art, unser Leben zu leben, verbinden. Stufe 8 des individuellen Programms gegen Burnout befasst sich deshalb damit, die wirklichen inneren Ziele zu erkennen und wie wir uns diesen Zielen nähern können.

■ **Stufe 9 Sinnannäherung:** Die Erkenntnisse aus den ersten acht Stufen dienen der letzten Stufe. In ihr geht es um die Sinnannäherung. Burnout berührt die Frage nach dem Sinn des eigenen Lebens. Wenngleich diese Frage
eine der am weitesten gehenden des Lebens sein dürfte und dieses Buch
keine philosophische Abhandlung darstellt, hat Burnout so eng mit dem
Sinn des eigenen Lebens zu tun, dass die Frage berücksichtigt wird.

Diese neun Stufen zusammen bedeuten ein wirkungsvolles und seriöses
Programm gegen Burnout. Diesen Anforderungen, die sich aus den wissenschaftlichen Erkenntnissen über Burnout ergeben, sollte ein effektives Burnout-Präventions-Programm genügen. Wenn die Chancen gegen Burnout
noch weiter konzentriert werden, erkennen wir eine abbauende Richtung
(Stress, Termin- und Zeitdruck), aufbauende Inhalte (Zufriedenheit, Eigenbestimmtheit und emotionale Kompetenz) und erkennende Komponenten
(Rollen, tatsächliche Ziele, Umgang mit Unveränderlichem, Sinnannäherung).
Am wirkungsvollsten sind die Veränderungen, die Sie selbst herbeiführen. Der
Mensch im Allgemeinen neigt dazu, auf andere oder höhere Instanzen zu warten. Vielleicht wird damit versucht, sich der Eigenverantwortung für das eige-
ne Leben zu entziehen. Bei Burnout geht es aber gerade darum, sich selbst die
Kontrolle über das eigene Leben und den Beruf zurückzuholen. Die Aktivie-
rung der eigenen inneren Ressourcen wirkt stärker gegen Burnout und seine
Auswirkungen als die Aktivierung von externen Ressourcen.

## 1.6   Wie Sie das Buch für sich nutzen

*Schweigen vergiftet die Seele.* Dieter Strecker

Sprechen heilt [129]. Wenn Sie dieses Buch für sich allein bearbeiten, rate ich
Ihnen deshalb, Ihre Gedanken und Gefühle, Ihre Ideen und Erkenntnisse sowohl aufzuschreiben als auch auszusprechen, selbst wenn Sie der einzige Zuhörer sind. Am besten wäre es natürlich, wenn Sie sich für wesentliche Momente einen Zuhörer wählen; jemanden, der nichts kommentiert und wertet,
außer Sie bitten ihn darum.
Es gibt viele Möglichkeiten, Änderungen zu erreichen [69]. Wir können
- unser Verhalten betrachten und überlegen, was wir daran verändern können;
- den Fokus darauf richten, was uns einer Lösung unserer Probleme näher
  bringt;
- einfach immer positiv denken;
- uns nur ganz kleine Schritte vornehmen;
- versuchen, unsere Flexibilität zu erhöhen;
- unsere Gedanken stark auf die Zukunft als solche richten.

Damit haben wir die wichtigsten Ansätze der Verhaltenstherapeuten kennengelernt. Von allem werden Sie in diesem Buch etwas erfahren.

> Können Sie Klavier spielen? Falls ja, ersetzen Sie im Folgenden das Wort „Klavier" durch ein Instrument, das Ihnen völlig fremd ist – vielleicht ein Saxophon.
>
> Stellen Sie sich nun also vor, Sie begännen damit, Klavier zu spielen. Ihre Klavierlehrerin, Frau Wohlklang, sagt Ihnen, als Erstes müssten Sie die *Appassionata* von Beethoven lernen (ein sehr schwieriges Stück). Ihnen entgleiten Worte des Entsetzens, Sie verweisen auf Ihre leicht steifen Finger, aber Frau Wohlklang bleibt dabei. Sie schauen die Noten an (die können Sie seit Ihrem Musikunterricht vor einigen Jahren lesen) und hoffen, Frau Wohlklang entstamme nicht einer geschlossenen Einheit. „Unmöglich", sagen Sie, „das kann ich nicht."
>
> Frau Wohlklang hakt sich bei Ihnen ein und sagt: „Wir fangen ganz, ganz langsam an!" Sie gibt Ihnen eine Kopie der Noten, auf der nur der erste Takt abgedruckt ist. Sieht schon anders aus, denken Sie sich. Nun wollen Sie gleich loslegen, aber Frau Wohlklang sagt: „Sie spielen das nun zehnmal langsamer als es gespielt werden müsste."
>
> Beim ersten Mal klingt es noch jämmerlich, aber Sie wiederholen und wiederholen in dieser ersten Klavierstunde Ihres Lebens immer wieder den ersten Takt – und am Ende der Stunde klingt es schon hörenswert. Diesen einen Takt können Sie nun. In der nächsten Stunde nehmen Sie sich den zweiten Takt vor.

Training besteht aus kleinen Portionen, die verlangsamt geübt werden, und niemals darin, etwas sofort in der endgültig erforderlichen Geschwindigkeit zu absolvieren. Das ist auch der fatale Irrtum, dem viele Führungskräfte unterliegen, wenn sie neue Mitarbeiter „schulen", denn dies wäre eine Schulung mit direktem Abzweig ins Burnout.

Mit der folgenden Übung entwickeln Sie für sich eine Art Leitfaden, mit dem Sie individuell für sich selbst entscheiden können, was Sie als Erstes, als Zweites und dann noch später bearbeiten sollten. Diese Übung leitet Ihren Weg durch das Buch.

> **Übung: Richtschnur durch das Buch**
>
> Sie kennen bereits das Schema von 1 bis 10. 1 bedeutet, dass Sie der Aussage oder der Gewichtung in keiner Weise zustimmen, mit 10 ist genau Ihre Lage beschrieben. Bitte bewerten Sie entsprechend folgende Aussagen:
>
> | Stufe | Aussage | Wertung |
> |---|---|---|
> | 1 | Ich fühle mich nie gehetzt und habe immer genug Zeit. | 1... 2... 3... 4... 5... 6... 7... 8... 9... 10 |

| Stufe | Aussage | Wertung |
|---|---|---|
| 2 | Ich kann in meinem Leben das meiste mir Wichtige selbst bestimmen. | 1... 2... 3... 4... 5... 6... 7... 8... 9... 10 |
| 3 | Ich bin mit mir und meinem Leben voll und ganz zufrieden. | 1... 2... 3... 4... 5... 6... 7... 8... 9... 10 |
| 4 | Stress ist letztlich ein Fremdwort für mich – ich bin ausgeglichen. | 1... 2... 3... 4... 5... 6... 7... 8... 9... 10 |
| 5 | Meine Fähigkeit, über Gefühle meine Kontakte zu lenken, ist gut. | 1... 2... 3... 4... 5... 6... 7... 8... 9... 10 |
| 6 | Ich komme mit allem Unveränderlichem und Unvermeidbarem gut zurecht. | 1... 2... 3... 4... 5... 6... 7... 8... 9... 10 |
| 7 | Ich bin mir sicher, nur die Rollen auszuüben, die ich wirklich will. | 1... 2... 3... 4... 5... 6... 7... 8... 9... 10 |
| 8 | Mir ist klar, was ich in meinem Leben wirklich erreichen will. | 1... 2... 3... 4... 5... 6... 7... 8... 9... 10 |
| 9 | Der Sinn meines Lebens liegt wie ein offenes Buch vor mir. | 1... 2... 3... 4... 5... 6... 7... 8... 9... 10 |

Sie können nun so vorgehen, dass Sie Ihre persönliche Reihenfolge festlegen: Je niedriger die Zahl ist, umso wichtiger ist die Bearbeitung dieser Stufe für Sie. Da die einzelnen Stufen – bis auf Stufe 9 – voneinander unabhängig sind, können Sie so für sich bestimmen, was Sie rasch und was Sie vielleicht später angehen sollten. Stufe 9 zu bearbeiten ist erst sinnvoll, wenn Sie wesentliche andere Buchabschnitte kennen (s. Kap. 4.6 Situationstoleranz [Stufe 6], S. 222).

Dennoch ist es genauso möglich, die Kapitel dieses Buchs der Reihe nach zu lesen und zu bearbeiten. Maximalen Gewinn erzielen Sie immer dann, wenn Sie mit dem Buch *arbeiten*. Damit Sie sich wirklich erfolgreich von Burnout entfernen, sollten Sie auch die Übungen mitmachen. Das lässt sich durch nichts ersetzen. Wichtig ist, dass Sie sich bei der Bearbeitung schriftlich festlegen, denn jede der Aufgaben wird vielfach mehr bewirken, wenn Sie sie schriftlich lösen. Es ist sinnvoll, innerhalb eines Themenkreises nicht nur die Übungen zu machen, die Sie als interessant oder wie auch immer bewerten, sondern alle anzugehen.
Dieses Buch lässt sich nicht in einem Tag bewältigen. Lassen Sie sich trotzdem nicht davon abhalten, zu beginnen und einfach fortzufahren. Burnout

ist ein viel zu gewichtiges Phänomen, als es in einer *Lesenacht* lösen zu können.

Wer erkannt hat, dass Burnout eine reelle Gefahr für ihn ist, macht sich Gedanken. Zum Beispiel, was aus der eigenen Vergangenheit vielleicht noch nicht vollkommen bewältigt ist. Anderen ist so etwas weniger wichtig; sie wollen, dass sich vieles ändert und ihnen ist fast egal, woher welche Beschwerden tatsächlich stammen. Die eine Sicht richtet sich zeitlich vorrangig nach hinten, die andere nach vorn. Beides sind berechtigte Ansatzpunkte, um frei von Burnout zu werden. Wer seine Vergangenheit bewältigen will, muss die persönlichen Strukturen anschauen, welche die eigenen Probleme *in* der Vergangenheit und dann auch *mit* der Vergangenheit haben entstehen lassen. Das sind

- die eigene Wahrnehmung,
- die Lebenshaltung und
- der Kontext, vereinfacht die Art zu leben, wozu auch die sozialen Fähigkeiten gehören.

Vergangenheit *muss* nur dann bearbeitet werden, wenn sie so in Ihr Leben eingreift, dass sie Ihr Bewusstsein mehr oder minder in Besitz nimmt. Wenn Ihnen oft Sätze in den Sinn kommen wie

- „meine bösen Eltern",
- „früher war fast alles besser",
- „hätte ich doch damals nur nicht …",
- „wenn ich mich damals anders entschieden hätte",
- „könnte ich doch nur das Rad der Zeit zurückdrehen",
- „dem kann ich niemals verzeihen",
- „wie konnte ich nur …",
- „wenn mir das nur nicht geschehen wäre",

dann sollten Sie Ihren Fokus vielleicht zunächst auch intensiv auf Ihre Vergangenheit richten. Ihnen helfen dabei wahrscheinlich die Kapitel 3.4 Individuelle Basis für Burnout (Abschnitt Depression, S. 61), 4.3 Zufriedenheitskonstanz (darin besonders Abschnitt Opferrollen erkennen und aufgeben lernen, S. 130), 4.5 Dyadenkompetenz (Abschnitt Bewertungen erkennen und managen, S. 215) und 4.6 Situationstoleranz (S. 222) am ehesten.

Wer zu sehr in der Vergangenheit verhaftet bleibt, entwickelt in der Regel zu wenig neue Impulse und notwendige Handlungen bleiben aus. Burnout-Prävention verlangt jedoch meistens eine Reihe von aktiven und überlegten Entscheidungen. Die Übungen und Tests in diesem Buch benötigen die Fähigkeit zur Innenschau und Selbsteinschätzung. Wenn Sie nicht willens oder fähig sind, sich selbst zu beurteilen (das nennt sich die Fähigkeit zur Dissoziation), werden Sie weniger davon profitieren. Auf jeden Fall sollten Sie es versuchen.

Es ist sinnvoll, an die Übungen so heranzugehen, dass Sie sich zwei Räume, einen äußeren und einen inneren, schaffen:

- einen *äußeren Raum* mit folgenden Kriterien:
  - absolute Ungestörtheit – kein Telefon, keine anderen Termine, niemand, der direkt oder über technische Mittel zu Ihnen kommen könnte,
  - Ruhe: keine Musik, kein Verkehrslärm;

- einen *inneren Raum* mit
  - entspannter Wachsamkeit,
  - Offenheit – jedes Ergebnis ist, wie es ist, und so ist es in Ordnung,
  - Ehrlichkeit – schonungsloser Ehrlichkeit; niemand außer Ihnen wird das Ergebnis erfahren, wenn Sie es nicht wollen,
  - Ernsthaftigkeit.

Beantworten Sie alle Übungen nach dem SSE-Schema: schnell – spontan – ehrlich. Schnell meint ohne großes *Nachdenken,* spontan meint ohne großes *Zögern.*

# 2 Die Lösung ist die Lösung

*Nicht das Problem ist die Lösung, sondern die Lösung ist die Lösung.* Steve de Shazer

## Flutlicht sein und als Glühwürmchen leben

Gewiss gibt es Menschen, die sich oder ihre Fähigkeiten überschätzen. Die Regel ist eher das Gegenteil: Viele Menschen haben wundervolle Potenziale in sich: Sie sind wie ein Flutlicht, das die Erde erhellen kann, leben jedoch als Glühwürmchen, das im Dunkeln umherschwirrt – besonders bei sich anbahnendem Burnout.

> Martin ist Mitte 40, sehr feinsinnig und sowohl der Mode als auch der Kunst zugewandt. Er trägt ein Schicksal: Seine Eltern haben ein mittelständisches Unternehmen, einen Baumaschinenvertrieb. Das ist für ihn ein Knochenjob, ununterbrochen mit weniger empfindsamen Leuten vom Bau zu tun zu haben. Er hat sich aus (falsch verstandener?) Liebe dafür entschieden, die Firma der Eltern fortzuführen. Deshalb kann er wichtige Lebensbereiche nicht so gestalten, wie er es gerne täte. Er lebt sein Leben zu einem großen Teil an sich selbst vorbei und ist deshalb unglücklich.

Dieses Unglücklichsein wird von einem Grundgefühl der Unzufriedenheit begleitet, das viele haben, denen bestimmte Interessen und Fähigkeiten sozusagen in die Wiege gelegt wurden, die sie aber nicht oder nur ungenügend umsetzen können. Das ist eine der *Grundkonstellationen für Burnout.* Es ist eine wichtige Aufgabe, *mit* der eigenen Persönlichkeit und nicht *gegen* sie aus Burnout herauszukommen. Auch deshalb, weil unsere erwachsene Persönlichkeitsstruktur fast unveränderbar ist und alles Mühen, diese Struktur grundlegend zu ändern, in der Regel wenig erfolgreich ist. Das schützt unsere Einmaligkeit.
Vergleichen wir es mit dem Bergsteigen: Egal, wie gut wir es können, das meiste lässt sich *nicht* verändern – die Höhe des Berges, die Steilheit des Aufstiegs, die besonderen Felsformationen, die Beschaffenheit der Oberfläche, die Besonderheiten des Abstiegs und das Wetter. Aber wir können lernen, mit all dem besser umzugehen, uns dem anzuvertrauen und uns immer leichter darin und damit zu bewegen.
Sie können das Beste aus sich herausholen, so wie Sie sind. Nichts anderes tun Menschen, die charismatisch, authentisch und integer sind. Es gibt jedoch

eine therapeutische Regel, die beachtet werden sollte: Das Bemühen des Klienten um Heilung verstärkt sein Problem. Das heißt, der betroffene Mensch ist viel mehr in der Lage, seine Schwierigkeiten zu *steigern* als dagegen wirkungsvoll vorzugehen.

Burnout-Prävention bedeutet einerseits die Notwendigkeit, vielleicht auch einschneidende Entscheidungen zu treffen. Sie bedeutet andererseits, sich daran zu erinnern, welche Fähigkeiten, Einstellungen und Ressourcen längst da sind und nur verschüttet waren – und sie zu nutzen.

# 2.1 Individuell nutzbare Ressourcen gegen Burnout

In diesem Kapitel geht es darum, sich eine sichere und sehr individuelle Basis zu schaffen, die von Burnout wegführt. Die meisten Menschen haben mehr Kraft und Potenziale, als ihnen klar sind. Wenn Sie die hier vorgeschlagenen Übungen und Anregungen mitnehmen, haben Sie viel für sich gewonnen.

## Eigenlob

Sprechen Sie über sich selbst und Ihre persönliche Geschichte. Da Ihnen niemand zuhört, können Sie sagen, was immer Sie wollen.

---

**Übung: Eigenlob**

Bevor Sie sich mit sich selbst befassen, nehmen Sie einen Zettel zur Hand und schreiben Sie den Namen einer Person auf, die Sie bewundern. Schreiben Sie deren gute Eigenschaften darunter. Erst wenn Sie das getan haben, lesen Sie bitte weiter.

Sie haben nun diese Liste erstellt: Streichen Sie den Namen der bewunderten Person durch und setzen Sie stattdessen Ihren eigenen ein.

Wir bewundern an anderen gern, was uns selbst möglich ist oder uns ausmacht.

Wenn Ihnen diese Methode nicht liegt, nehmen Sie sich noch eine weitere Viertelstunde Zeit und verfassen Sie eine Lobrede über sich selbst. Was erkennen und erwähnen Sie? Schreiben Sie Ihre guten Seiten auf.

Nutzen Sie hierfür – wie für alle Test- und Übungsergebnisse – Ihr eigenes Burnout-Präventionsbuch. Nennen Sie diesen Teil: Meine Ressourcen, Teil 1.

Wenn Sie Zweifel haben, weil Sie der alten lutherischen Tradition folgen, nach der Eigenlob stinken soll, halten Sie sich im übertragenen Sinn die Nase zu und sprechen Sie einfach weiter. Allein für sich können Sie ja auch einmal Ihre wirklich guten und besonderen Seiten anerkennen. Ich wünsche Ihnen, dass Ihnen dadurch bewusst wird, dass viel Gutes in Ihnen ist und Sie sicherlich in Ihrem Leben schon viel Gutes bewirkt haben. Manche Menschen neigen auch angesichts der eigenen Aufzählung dazu, das Ganze als etwas abzutun, das selbstverständlich sei. Das ist es nicht!

Wenn Sie einen kleinen Ritus etablieren wollen, lesen Sie sich beispielsweise einmal pro Woche in einem ruhigen Raum diese Liste erneut durch. Wahrscheinlich fallen Ihnen immer wieder Dinge auf, die Sie bisher noch nicht notiert haben. Schreiben Sie auch diese in Ihre Liste.

## Werte erkennen – Integrität gewinnen

Ohne Werte ist menschliches Leben kaum vorstellbar. Sie sind erst recht von Bedeutung, wenn sie missachtet werden. Denn die Missachtung eigener Werte weist Burnout den Weg [105]. Wertearbeit ist zudem sinnvoll für das persönliche Wohlgefühl [23].

Es besteht die Tendenz, Werte an äußeren Maßstäben zu orientieren. Das ist zum Beispiel der Fall, wenn ein Arzt versucht, idealistisch zu sein, weil er meint, das würde von einem Arzt erwartet werden, dieser Wert (Idealismus) aber nicht seiner ist: Der einzige Maßstab für die eigenen Werte ist die *eigene*, innere Welt.

Werte sind für jeden Menschen und für die Gesellschaft fundamental. Wer seine Werte lebt und zeigt, wer sich für sie und sie für sich einsetzt, der wirkt integer. Echte Integrität ist ein Zeichen höchster Persönlichkeitskraft und bedeutet die Übereinstimmung Ihrer Werte mit Ihren Taten. Integrität ist eine zentrale Basis für ein Leben ohne Burnout. Ein intaktes und in sich stimmiges Wertebild schafft im Innen eine Struktur der Sicherheit, die im Außen widergespiegelt wird und so die wichtige Bestätigung des Individuums im Außen ermöglicht. Werte wirken als wichtige Wegweiser im Leben: Wer sie missachtet, fühlt sich unwohl. Wer sie verletzt, kommt auf Dauer nicht weiter. Wer sie mit Füßen tritt, wird zurückgetreten. In diesem Sinn kann Burnout auch ein solcher Fußtritt sein.

Leben Sie soweit es geht nach Ihren Werten. Ansonsten schädigen Sie sich selbst. Nicht nur Ihre Integrität würde leiden, sondern auch Ihre Selbstachtung. Wünsche formen Werte und umgekehrt. Wenn Sie sich zutiefst etwas wünschen, wird es einer Ihrer Werte.

Werte folgen vier Kriterien [93]. Sie sind

- flexibel,
- von anderen angenommen oder selbst erkannt und *nicht* untrennbar mit uns verbunden (damit verändern sie sich im Laufe des Lebens),
- realistisch oder
- erweiternd.

Inhalte, die uns einschränken, sind keine Werte.
Es ist von besonderer Bedeutung, sich seiner Werte bewusst zu werden. Wiederholen Sie die folgende Übung in regelmäßigen Abständen von etwa drei bis fünf Jahren, denn Ihre Werte unterliegen einem langsamen Wandel. Wenn Sie Ihre Werte definiert haben, können Sie noch besser beginnen, gute Entscheidungen zu treffen.

---

**Übung: Die eigenen Werte**

Gehen Sie nun die Begriffe von Tabelle A-1 (Anhang, S. 259) durch. Markieren Sie die Begriffe, die in Ihnen für das Thema Ihrer Werte große Resonanz erzielen. Insgesamt sind es höchstens zehn bis 15 eigene Werte, die im individuellen Alltag *relevant* sind. Versuchen Sie, sich auf diese Anzahl zu beschränken.

Notieren Sie Ihr Ergebnis, indem Sie sich eine eigene Liste Ihrer persönlichen Werte erstellen. Die Liste ist eine Goldgrube der besonderen Art: Die eigenen Werte sind zentral wichtig. Wenn einer Ihrer Werte nicht aufgeführt ist, ergänzen Sie ihn in Ihrer Werteliste (und nennen Sie ihn mir bitte unter *info@burnoutfrei.de*).

---

Werte bilden eine eigene Hierarchie in uns. Noch wissen Sie vielleicht nicht, welche der Werte Ihre höchsten sind. Dazu dient die nächste Übung.

---

**Übung: Gewichtung meiner Werte**

Vielleicht ist Ihnen mit dem Anblick Ihrer eigenen Werteliste bereits klar, welcher Wert Ihr höchster ist, welche Werte an zweiter Stelle stehen und welche von weniger großer Bedeutung sind. Wenn dies nicht der Fall sein sollte, gehen Sie paradox vor, um ihre Hierarchie zu erkennen: Gehen Sie die von Ihnen bisher festgelegten eigenen Werte durch und stellen Sie sich für einen jeden eine Situation vor, in der der jeweilige Wert *nicht* erfüllt wird. Es ist gleich, ob Sie diese Situation konkret erlebt haben oder nicht.

Wie ergeht es Ihnen mit der Missachtung dieses konkreten Wertes oder wie würde es Ihnen damit gehen? Empfinden Sie die Missachtung als *unangenehm, schlimm* oder als *unerträglich*?
- *Unerträglich* bedeutet, das Nichterfüllen dieses Wertes empfinden Sie als eine Katastrophe. Sie halten es fast nicht aus. Dieser Wert bedeutet Ihnen also extrem viel.
- *Unangenehm* heißt, das Nichterfüllen dieses Wertes empfinden Sie als unpassend, aber durchaus auch als tolerabel.
- *Schlimm* liegt dazwischen.

Gehen Sie Ihre Werte durch: Welche Gefühle und Empfindungen kommen auf, wenn dieser konkrete Wert missachtet wird?

Über diesen Weg können Sie erkennen, welcher Ihrer Werte der höchste ist (in der Regel ist das einer, selten sind es zwei oder drei). Sie haben nun etwas Einmaliges geschaffen: Ihre eigene Wertepyramide. Ganz oben steht Ihr höchster Wert, in der Mitte stehen die Werte von hoher und am Schluss die Werte von nicht ganz so hoher Bedeutung. Gestalten Sie nun Ihre eigene Wertepyramide:

---
**Übung: Die Wertepyramide**

Zeichnen Sie sich Ihre individuelle Wertepyramide – in die Spitze den einen oder die wenigen höchsten Werte, als Basis die weniger wichtigen Werte und dazwischen die Werte von hoher Bedeutung.

Mit Ihren Werten haben Sie sich weitere Ihrer Ressourcen bewusst gemacht. Wertschätzen Sie auch unter diesem Gesichtspunkt Ihre Werte und schreiben Sie über Ihre Pyramide: Meine Ressourcen, Teil 2.

---

Die Wertepyramide ist so individuell wie Menschen eben individuell sind. Gewiss gibt es Werte wie Freiheit oder Gerechtigkeit, welche überdurchschnittlich häufig angegeben werden. Trotzdem erscheint es unter Berücksichtigung der weiten Streuung fragwürdig, wenn im Zusammenhang mit der aktuellen Wertediskussion der Gesellschaft einzelne Werte quasi „von oben" als für uns wichtig definiert werden sollen.

## Kontextbezug von Werten

Werte sind immer in einen Kontext (Zusammenhang) gebettet. Ein Beispiel: Nehmen wir an, für Sie ist es wichtig, dass Ihre Beziehung Bestand hat. Eine dauerhaft bestehende Beziehung ist natürlich wertvoll, aber kein Wert als solcher. Der eigentliche Wert ist die Treue. Nun spielen Sie mit dem Gedanken, doch einmal fremdzugehen und Ihr Partner tut es ebenso. Treue bedeutet in diesem Zusammenhang keine Flexibilität, eher Starre. Der Wert der Treue mag von anderen Instanzen wie der Kirche oder den Eltern übernommen sein, er ist jedoch offenbar für Sie inzwischen realitätsfern und schränkt Sie ein, denn Sie sind unglücklich damit. Treue ist in solch einer Situation kein Wert, sondern ein Hindernis.
Machen Sie sich deshalb nun klar, was Ihre eigenen Werte, diese zunächst abstrakten Begriffe, für Sie individuell bedeuten.

---
**Übung: Was meine Werte für mich bedeuten**

Was bedeutet jeder von Ihnen erkannte eigene Wert konkret für Sie? Das heißt: Woran und wie erkennen Sie in Alltagssituationen, dass der Wert erfüllt oder missachtet wird? Wie leben Sie ihn?

Ein Beispiel: Der Wert Freiheit kann für den einen bedeuten, niemals zu heiraten, für den anderen, beruflich immer selbstständig tätig zu sein und für den nächsten, auf einer Ranch in Montana zu leben.

In aller Regel wird diese so geschaffene Ergänzung der eigenen Werteliste als besonders wertvoll und innerlich klärend empfunden.

Ich möchte am Ende dieses Abschnitts noch einmal wiederholen: Werte hängen auf zweierlei Weise mit Burnout zusammen:
- Wer Werte anderer Menschen missachtet, schädigt und schwächt sich damit selbst und bereitet eine Basis für Burnout.
- Wer seine eigenen Werte missachtet (was leichter geschehen kann, wenn er diese nicht kennt), kommt in innere Dissonanz und bereitet ebenso die Basis für Burnout.

## Hilfe und Helfer

Soziale Kontakte sind sehr wichtige Ressourcen des Menschen. Burnout bringt Menschen dazu, diese nicht mehr zu nutzen.
Menschen, die in einer glücklichen Partnerschaft leben, bekommen seltener Burnout [12]. Um glücklich zu sein, braucht es aber immer wieder auch andere Menschen als nur den Partner.

Karl ist ein 38-jähriger, erfolgreicher Rechtsanwalt. Seine Kanzlei läuft gut. In der letzten Zeit merkt er, wie angestrengt er oft ist. Deswegen hat er im letzten Jahr einige der lange etablierten Kontakte abgebrochen: Mit dem Stammtisch, an dem er sich mit einigen anderen Familienanwälten einmal monatlich traf, machte er den Anfang. Danach gab er seinen privaten Stammtisch auf, obwohl er immer gerne Skat spielte. Als vor kurzem das Ehemaligentreffen anlässlich des 20-jährigen Abiturjubiläums stattfand, sagte er kurzfristig ab. Karl hat einfach keine Lust mehr.

Bearbeiten Sie nun Ihr soziales Umfeld, wozu gehören:
- Ihr Partner,
- Ihre Kinder,
- Ihre Eltern,
- Ihre Verwandten,
- Ihre Freunde,
- Ihre Bekannten,
- Ihre Mitarbeiter und Kollegen,
- Ihr Friseur,
- Ihr Zeitschriftenverkäufer,
- Ihr Postbote
- usw.

┌─ **Übung: Soziales Umfeld** ──────────────────────

Schreiben Sie zunächst auf, welche Menschen Ihr soziales Umfeld positiv beleben oder belebten. Dies sollten die Menschen sein, mit denen Sie gerne Kontakt hatten, haben oder hätten. Schreiben Sie die Namen untereinander in eine Liste und bilden Sie daneben noch drei weitere Spalten.

Über die erste Spalte schreiben Sie: *Mit diesem Menschen hatte ich so lange keinen Kontakt mehr.*

Bitte rechnen Sie die Dauer aus und notieren Sie sie.

Über die zweite Spalte schreiben Sie: *Passt mir./Passt mir nicht.*

Das heißt, Sie sind einverstanden mit der Dauer des nicht mehr bestehenden Kontaktes oder nicht.

Über die dritte Spalte schreiben Sie: *Was ich wann konkret tun werde, um das zu ändern.*

Für diese dritte Spalte beachten Sie ausschließlich die Namen, bei denen Sie „passt nicht" notiert haben.

Damit haben Sie sich wichtige Aufgaben klargemacht, die Sie sofort anpacken können. Nutzen Sie die großen Chancen, die Ihnen andere Menschen bieten. Denn so wie diese Ihnen helfen, helfen Sie ununterbrochen anderen Menschen. Auf diesem wechselseitigen Geben und Nehmen basiert vieles, das Burnout verhindert.

Vielleicht ist Ihnen bei dieser Übung aufgefallen, wie viele Kontakte Sie früher hatten. Wenn Sie darüber hinaus das Gefühl nicht loswerden, all diese Kontakte hier und heute nicht mehr zu wollen oder zu brauchen, wenn Ihnen das alles nichts mehr „bringt", kann das ein Warnhinweis für Burnout sein.

Hilfe von anderen zu bekommen spielt im Leben eine wichtige Rolle. Jeder Mensch bekommt in seinem Leben unzählige Hilfen. Es ist gut, sich das klarzumachen (Tab. 2-1).

Unzählige Menschen helfen uns wieder und wieder, unser Leben zu leben. Vielleicht fällt es Ihnen im Moment schwer, das nachzuvollziehen. Dann ist es erst recht sinnvoll, diese Helfer als solche zu erkennen und deren Hilfe auch anzunehmen. Bearbeiten Sie nun dieses wichtige Burnout-Präventions-Thema.

**Tab. 2-1** Eine Dankbarkeitsliste

| Name | Hilfe | Meine Empfindung |
|---|---|---|
| Hausmeister Tragschwer | Müll weggebracht, als ich schwanger war | Dankbarkeit |
| Ärztin Schreibviel | Formblatt für Versicherung ausgefüllt, was meine Aufgabe gewesen wäre | Achtung |
| Steuerberater Macher | Finanzierung besorgt | Verbundenheit |
| Lehrer Streng | Tipps gegeben, um das Abitur zu schaffen | Verwunderung |
| Hebamme Leben | intensiv bei der langen Entbindung beigestanden | Liebe |
| Kindergärtnerin Licht | oft getröstet | Berührung |
| Busfahrer Rasant | auf der Strecke angehalten und mich mitgenommen | Dankbarkeit |
| Beamtin Moneypenny | hat ein Auge zugedrückt und die Steuererklärung wohlwollend beurteilt | Achtung |
| Bäckersfrau Krume | gab mir immer das größte Stück Kuchen | Freude |
| Professor Menschlich | gab mir wichtige medizinische Hinweise, die mein Leben beeinflussten | Demut |
| Frau Großzug | ermöglichte mir einen Indonesien-Aufenthalt | Dankbarkeit |
| Lehrer Weitblick | hat mir eine Sicht dafür vermittelt, was geschichtlich wirklich wichtig ist | Größe |
| Klavierlehrerin Wohlton | hat mir eine neue Welt eröffnet | Einklang |
| Mein Vater | begrüßte mich innerlich auf der Erde mit: „Gut, dass du da bist. Ich habe so gewartet auf dich!" | Liebe |

---

> **Übung: Meine Helfer**
>
> Schaffen Sie sich eine Übersicht über einige der Menschen, die Ihnen helfen. Vielleicht spüren Sie, wie verbunden Sie all diesen Menschen sind. Ohne sie wäre vieles anders gekommen.
>
> - ■ **1. Teil:** Für diese Übung lassen Sie wichtige und scheinbar banale Szenen Ihres Lebens an sich vorbeiziehen und schreiben auf, welche Menschen Ihnen dabei geholfen haben – egal, ob für oder ohne materiellen Lohn. Beschränken Sie sich je Lebensjahrsiebt (0–7 Jahre, 7–14 Jahre, 14–21 Jahre usw.) auf eine oder zwei Szenen, die Ihnen – warum auch immer – gerade so in den Kopf kommen.
>   Wenn Ihre Liste fertig ist, legen Sie sie ein bis zwei Tage beiseite.
>
> - ■ **2. Teil:** Lesen Sie die Liste durch und versuchen zu fühlen, welche Empfindungen bei welchem Namen auftauchen. Notieren Sie sich diese Gefühle neben dem zutreffenden Namen.
>   Ab jetzt können Sie diese Liste für Ihren Ausgleich, für Harmonie, Anerkennung und inneren Frieden nutzen. Sie können mit ihr erkennen, nicht allein gelassen zu sein, egal, in welchem Lebensabschnitt.
>
> - ■ **3. Teil:** Wenn Ihnen von Zeit zu Zeit noch andere Menschen einfallen, denen Sie danken können, ergänzen Sie den Namen und Ihre Gefühle für diesen Menschen. Schaffen Sie sich auf diese Weise eine Liste ähnlich der Tabelle 2-1.
>
> Nennen Sie die Aufstellung Ihrer wichtigen Helfer: Meine Ressourcen, Teil 3.

## Ressourcen

Es gibt eine Vielzahl von Ressourcen (Tab. 2-2), die zum Teil nicht im Ruf stehen, solche zu sein.

> **Übung: Spektrum der Ressourcen**
>
> - ■ *Vorbemerkung:* Die folgende Übung braucht korrekt bearbeitet viel Zeit.
>
> Schauen Sie sich Tabelle 2-2 an. Hier finden Sie wichtige Kraftgeber (Ressourcen), die Sie haben. Es geht nun darum, sich diese klarzumachen.
>
> Gehen Sie nun Begriff für Begriff durch und schreiben Sie alles auf, was Ihnen zum Stichwort Kraftgeber bzw. Ressourcen einfällt. Wenn Ihnen zu einzelnen Begriffen nichts einfällt, gehen Sie zum nächsten Begriff. Bleiben Sie immer konkret; es geht hier ausschließlich um Sie, Ihre Ressour-

cen, Ihr Leben ohne Burnout. Sicherheit beispielsweise gibt Ihnen wahrscheinlich innere Ruhe, aber was ist Sicherheit konkret für Sie? Ist es die Sicherheit einer festen Partnerschaft, eine sichere Wohnsituation, sind es sichere finanzielle Verhältnisse oder eine sichere berufliche Stelle? Auch diese Ressourcen wirken Burnout-präventiv.

Schreiben Sie Ihre Ressourcen auf und nennen Sie diesen Teil: Meine Ressourcen, Teil 4.

Sie haben sich die Schatztruhe Ihrer Ressourcen erweitert, aber sie ist noch längst nicht voll.

# Erfolge

*Erfolg besteht darin, dass man genau die Fähigkeiten hat, die im Moment gefragt sind.* Henry Ford

Angeblich wird man aus Fehlern klug. Das mag sein, aber ich glaube, wir lernen noch stärker aus unseren Erfolgen [53]. Deshalb erspare ich Ihnen eine Fehlersuche und möchte Sie zu einer Erfolgsstatistik animieren. Auch das Wissen um Erfolge hilft, Burnout zu verhindern.

**Tab. 2-2** Ressourcen [nach 4]

| | | |
|---|---|---|
| • Absichten | • Freiheit | • Motive |
| • Allianzen | • Geschicklichkeiten | • Regeln |
| • Begabungen | • Gewohnheiten | • Sicherheiten |
| • Beziehungen | • Hilfsbereitschaft | • Talente |
| • Bindungen | • Hoffnungen | • Tugenden |
| • Einflüsse | • Ideale | • Überzeugungen |
| • Einstellungen | • Interessen | • Veränderungen |
| • Entscheidungskraft | • Kenntnisse | • Visionen |
| • Erfahrungen | • Kontakte | • Werte |
| • Erfolge (bisherige) | • Lebensmuster | • Wünsche |
| • Erwartungen | • Liebe | • Ziele |
| • Fähigkeiten | • Loyalität | • Zuversicht |
| • Fertigkeiten | • Möglichkeiten | |

┌─ **Übung: Bisherige Erfolge** ────────────────────────────────┐

Bitte vervollständigen Sie folgende Aussagen – wie immer sowohl schnell, spontan und ehrlich als auch in äußerer und innerer Ruhe.

1.  Meine bisher wichtigsten Erfolge im Leben sind: _____

2.  Um aus meinen schlechten Zeiten wieder gestärkt und mit guter Grundeinstimmung aufzutauchen, habe ich Folgendes bisher erfolgreich angewendet: _____

3.  Ich erwarte folgendes Positive von meiner Zukunft: _____

4.  Das Positive an meiner beruflichen Situation ist: _____

5.  Das Positive an meiner privaten Situation ist: _____

6.  Ich bin stolz auf: _____

7.  Mein Selbstbewusstsein gründet sich auf: _____

8.  Einige meiner Stärken sind: _____

9.  An mir empfinde ich Folgendes positiv: _____

Schreiben Sie Ihre Erfolge, auf die Sie stolz sein können und die Ihnen einen Lebensweg ohne Burnout weisen, auf und nennen Sie diesen Teil: Meine Ressourcen, Teil 5.

└──────────────────────────────────────────────────────────────┘

Sie haben sich viele Erfolge Ihres bisherigen Lebens klargemacht. Vielleicht entwickeln Sie bereits eine Vorstellung davon, wie Sie daraus Kraft schöpfen können. Vielleicht fällt es Ihnen mit dem Wissen um Ihre Ressourcen leichter, sich in freier Entscheidung und im Wissen um das Negative trotzdem auf das Positive zu konzentrieren. Die gerade wieder erinnerten Erfolge, Ihre Ressourcen, Ihre aktivierten sozialen Kontakte, Ihre Helfer und Ihre Werte sind so etwas wie Ihre seelische Tankstelle. Schauen Sie hin und tanken Sie auf!
Und hier noch ein Beispiel, was einer meiner Klienten über seinen Weg ins und aus dem Burnout bei dieser Aufgabe erkannte:

Meine wichtigsten Ressourcen habe ich lange Zeit vernachlässigt. Sie haben so gar nichts mit meinem Beruf als Wirtschaftsprüfer zu tun. Da geht es nur um Zahlen, Zahlen, Zahlen. Eben wurde mir klar, wer für die Zahlen zahlt. Also, es gibt zwei Dinge, die mich befreien, mich zu meiner eigenen Mitte bringen und mich zutiefst erfreuen, befriedigen und beglücken: die klassische Musik und die moderne Kunst des 20. Jahrhunderts. Früher hatte ich ein Abonnement bei den Berliner Philharmonikern. Als der neue Chefdirigent anfing und stetig auch ganz moderne Musik aufführte, war das für mich Anlass genug, das Abo zu kündigen. Wenn ich ehrlich bin, fand ich die moderne Musik gar nicht so schlecht. Aber tief drinnen hatte ich keine Kraft mehr, all dies zu „ertragen". Früher besuchte ich auch viele Vernissagen und in jeder Stadt schaute ich nach Museen mit moderner Kunst. Dort einige Zeit für mich zu sein und den Ausdruck der anderen Seele über das Bild zu spüren, gab mir viel. Auch das habe ich dann sein lassen. Ich habe mich immer mehr verschlossen. Mit dem Wissen um Burnout-Prävention habe ich mein Abonnement wieder aufleben lassen. Welch ein Gefühl, endlich wieder Musik hören zu können, die mich befreit und beglückt. Das mit der Kunst war schwieriger – aber ich hatte eine wichtige Helferin, meine Tochter. Sie malt so gerne und gut und ist inzwischen wirklich daran interessiert, Kunst zu erleben und zu sehen. Wir gehen nun gemeinsam in jede Ausstellung, auf die wir neugierig sind.

## Stärken – das Selbstvertrauen

Versuchen Sie nicht vorrangig, Schwächen zu korrigieren (Kap. 4.3, Abschnitt Schwächen sind auch Chancen, S. 129). Konzentrieren Sie sich auf Ihre Stärken und bauen Sie diese aus. Es geht jedoch nicht darum, sich zu immer neuen Höchstleistungen zu zwingen. Vielleicht hat der eine oder andere von Ihnen schon zu viel vermeintlich vorhandenes Potenzial erschöpft und deshalb Burnout bekommen. Es kommt darauf an, aus dem, was jetzt vorhanden ist, das Beste zu machen. Es kommt nicht darauf an, das Letzte herauszuholen.
Stärken werden übrigens dann zu Schwächen, wenn wir sie in ungeeigneten Situationen einsetzen oder übertrieben betonen. Wenn Ihre Stärke das Sprechen sein sollte und Sie tun das in *jeder* Situation, werden Sie wahrscheinlich anecken. Dieses Stärken-Schwäche-Paradoxon hat Erich Fromm erkannt [28]. Bei Beachtung der zwei Einschränkungen (die Situation muss passen und die Stärke darf nicht übertrieben werden) gibt es eine Grundregel, von der es praktisch keine Ausnahme gibt: Konzentrieren Sie sich bei sich *und bei anderen* ausschließlich auf die Stärken – das gilt erst recht für Ihren Partner.
Nicht allen Menschen sind ihre wirklichen Stärken tatsächlich klar. Auch ihre Stärken beschreiben die Einmaligkeit ihres Wesens. Bearbeiten Sie nun Ihre Stärken.

---

**Übung: Stärken**

Schreiben Sie zunächst ohne Vorlage Ihre konkreten Stärken auf, so, wie sie Ihnen in den Sinn kommen.

Wenn Ihnen aktiv nicht genügend eigene Stärken einfallen, schauen Sie im Anhang Tabelle A-1 (S. 259) durch. Wortgleich mit den Werten sind hier hunderte mögliche Stärken aufgeführt. Stärken sind oft gelebte Werte. Gehen Sie diese Liste durch – das dauert in der Regel weit weniger als eine halbe Stunde – und entscheiden Sie schnell, ehrlich und spontan, welche der Stärken Ihre sind. Notieren Sie diese. Wenn Sie deutlich mehr als zehn Begriffe als Ihre Stärken notiert haben, beschränken Sie sich auf etwa zehn, hinter denen Sie fest stehen, die Sie ohne Wenn und Aber als *Ihre* Stärken benennen. Auch Ihre Stärken sind so einmalig wie Sie.

Schreiben Sie Ihre Stärken auf. Sie sind ein wesentlicher Teil Ihrer Persönlichkeit. Sie werden Ihnen einen Lebensweg ohne Burnout erleichtern. Nennen Sie diesen Teil: Meine Ressourcen, Teil 6.

Es gibt vieles, was uns von den eigenen Stärken abbringt – *ein* Weg ins Burnout. Trotzdem, wenn Ihnen Ihre wirklichen Stärken klar sind, können Sie diese ab jetzt noch besser nutzen. Wenn Sie sich in einer Situation unwohl oder schwach fühlen, machen Sie sich Ihre Stärken klar. Es kann hilfreich sein, sie in Listenform bei sich zu tragen. Im Notfall ziehen Sie sich zurück und vergegenwärtigen Sie sich Ihre Stärken.

## 2.2    Was soll Gutes herauskommen?

*Wenn ich weiß, wie ein Karren in den Dreck gefahren wurde, weiß ich noch lange nicht, wie er wieder herauszuziehen ist.* Gunthard Weber

Was Gutes herauskommen soll, ist ein erfülltes, glückliches und erfolgreiches Leben ohne Burnout. Über Ihre Vergangenheit haben Sie sich bisher wahrscheinlich viele Gedanken gemacht. Vielleicht sind Sie auch neugierig darauf, wie Ihre Zukunft aussehen soll? Ich lade Sie deshalb ein, sich ein Bild von Ihrer Zukunft zu machen. Halten Sie dabei fest, wie sie aussieht, nachdem die Schwierigkeiten und Probleme der Vergangenheit tatsächlich vergangen sind. Lösungsorientiert zu denken bedeutet, die jetzigen Probleme erst einmal beiseite zu lassen. Aber wie das *konkret* aussieht, das können nur Sie selbst festlegen. Was Ihnen eine gute Entwicklung ohne Burnout ermöglicht ist das Gleiche, was Ihnen Veränderungen ermöglicht: Ohne Ausnahme sind es allein *Ihre* Ressourcen. Sie sind das einzige „Material", das zur Verfügung steht [4]. Keine Therapie und kein Buch werden etwas bewirken, was nicht längst in Ihnen als Samenkorn angelegt ist.
Gehen Sie nun auf eine virtuelle Einkaufstour. Ihr Ziel ist, weitere wertvolle Ideen und Ressourcen für sich selbst zu sammeln. Dazu dient folgende Übung.

---

**Übung: Einkaufstour der besonderen Art**

1. Gab es eine Zeit (und welche), während der Sie von einem Interesse vollkommen gefesselt waren? Von welchem? Und wo ist das heute?

2. Was ist Ihnen wichtig, das Ihre Nachkommen über Sie wissen sollten?

3. Was müssen Sie unbedingt noch in Ihrem Leben verwirklichen?

4. Was möchten Sie unbedingt erleben oder getan haben?

5. Welche Fantasien hatten Sie für sich und Ihr Leben, als Sie Anfang 20 waren?

Schreiben Sie das alles auf und nennen Sie diesen Teil: Meine Ressourcen, Teil 7.

---

Noch immer sammeln Sie Ihre Kräfte. Dafür bitte ich Sie nur das anzuschauen, womit Sie zufrieden sind – egal, ob es da noch etwas gibt, das Sie gerne entwickeln oder verbessern wollen [nach 4]. Die Ursache für Burnout mag in der Vergangenheit liegen, aber die Ursache für die Lösung liegt mit Sicherheit in der Gegenwart und der Zukunft. Die Kehrtwende geht nach vorn, nicht nach hinten!

---

**Übung: Die Lösung ist die Lösung**

Unter dieser Sicht, konzentriert auf Ihre Stärken und Ihre Zufriedenheit, vervollständigen Sie bitte folgende Aussagen:

1. Wenn mich meine Mitmenschen anziehend finden, dann meist, weil

_____.

2. Und wenn Sie mich dann näher kennen, schätzen sie oft auch noch

_____.

3. Ich selbst mag an mir am meisten _____.

4. Dazu gehört für mich auch _____.

5. Wenn ich mich heute loben oder belohnen wollte, dann weil

_____.

6. Meinem Körper bin ich dankbar, denn _____.

7. Seine ganze Kraft spüre ich, wenn _____.

8. Ich will deshalb Gutes für meinen Körper tun, und zwar _____.

9. Und ich denke, er braucht noch mehr _____.

10. Meine wichtigste berufliche Fähigkeit ist _____.

11. Wirklich begeistert bin ich, dass ich es geschafft habe, _____.

12. Wenn ich einmal Schwierigkeiten im Beruf habe, vertraue ich auf

_____.

13. Gut an meinem jetzigen Leben ist _____.

14. Die Situation, in der ich Zufriedenheit spüre, ist _____.

15. Ich habe die Hoffnung, dass _____.

16. Wenn ich Trost brauche, dann _____.

17. Ein Motto für mich und mein Leben lautet _____.

Nennen Sie diesen Teil: Meine Ressourcen, Teil 8.

Nun haben Sie eine Vielzahl von wichtigen Fakten gesammelt, die Sie gut gebrauchen können: Wer Burnout abwenden will, muss für Veränderungen bereit sein. Konstruktive Veränderungen erfordern eine Vision, damit Sie *proa-
gieren* können – *reagiert* haben Sie lange genug. Eine eigene Vision bildet die
Basis für Flexibilität, Zufriedenheit, Eigenbestimmtheit und für Ausgeglichenheit.

# Der 75. Geburtstag

Paracelsus sagte sinngemäß, dass die höchste Kraft des Menschen seine Kraft
ist, fest an etwas zu glauben. Was Sie als visionäre, von Ihnen gebildete Ideen
in sich tragen, hat die Kraft zur Verwirklichung. Machen wir uns eines klar:
Alles außerhalb der Natur war ursprünglich eine menschliche Idee. Alles!
Ohne eine einzige Ausnahme, ob das Rad, das Geld, die Autobahn, das Inter-
net, der Aufdruck auf der Milchtüte.
Ideen sind sehr wichtig, um voranzukommen, sie sind die wirklichen Macher.
Damit sich etwas *ändern* kann, brauchen Sie neue Ideen für Ihre Zukunft.

---

**Übung: Der 75. Geburtstag**

Sie laden zu Ihrem 75. Geburtstag alle Menschen ein, die Sie gerne einladen wollen. Sie können auch bereits Verstorbene einladen und Menschen, die Sie auf andere Weise aus den Augen verloren haben.

Nun steht Ihnen bevor, eine Rede zu halten. In dieser Rede erwähnen Sie, was die wirklich besonderen (die besonders schönen, die besonders ergreifenden, die besonders glücklichen und die besonders weisen) Momente Ihres Lebens waren. Da Sie das heute nur zum Teil wissen können, erfinden Sie es geradewegs so, wie es Ihnen bestmöglich erscheint.

Sie gehen auch auf Ihren Beruf ein, erläutern Ihren Gästen, den Menschen, die Sie und Ihr Leben begleitet haben, warum Sie ihn denn wirklich ergriffen und vielleicht manchmal auch ausgehalten haben, was er Ihnen zutiefst geschenkt hat und in welchen Punkten Sie von ihm enttäuscht waren.

Möglicherweise erkennen Sie bei Ihrem 75. Geburtstag, weshalb Sie früher vielleicht Ihren Beruf gewechselt haben oder wechseln wollten.

Schreiben Sie nun Ihre Rede. Ich hoffe, sie ist mindestens eine Stunde lang. Sie können sie genauso frei halten und dabei mit einem Diktiergerät (das heute in vielen MP3-Playern und Handys integriert ist) aufnehmen.

Vielleicht haben Sie damit ein wenig mehr Klarheit geschaffen, was Sie vor Burnout schützen oder Ihnen bei Burnout helfen kann. Nennen Sie diesen Teil: Meine Ressourcen, Teil 9.

Mit Ihrer Rede haben Sie begonnen, sich neue Horizonte zu öffnen. Diese Rede ist die Basis Ihrer Vision – ich denke, einer Vision ohne Burnout.

---

**Übung: Vision – erste Fassung**

Ihre Vision hilft Ihnen, sich selbst näherzukommen. Damit können Sie sich Ihrer wichtigen Strukturen klarer und sicherer werden. Vielleicht gelingt es Ihnen schon jetzt ein wenig besser, sich so zu akzeptieren wie Sie sind. Wenn Sie wie eben den Kunstgriff anwenden und heute von einer alten erfahrenen Position aus Ihr Leben betrachten, dann werden Sie vielleicht auch darauf geachtet haben, dass es den anderen gut geht mit Ihnen. Denn Sie wissen, dass es Ihnen selbst dann umso besser geht.

Sie erkennen sich als ein einzigartiges Wesen, das wertvoll ist und eine wichtige Aufgabe für alle erfüllen kann. Sie wollen voranschreiten und Sie sind für die Gesellschaft ein Gewinn. Damit gewinnen Sie stetig für sich selbst.

> Vielleicht überarbeiten Sie Teile Ihrer Geburtstagsrede noch einmal mit diesen neuen Anregungen.
>
> Ihre Rede ist die Rohfassung für etwas, wofür Sie sich zuvor eine wirklich breite Basis (Ressourcen Teil 1 bis Teil 9) geschaffen haben: die erste Version Ihrer eigenen Vision.

Wir leben fast immer in drei Zeiten gleichzeitig – in der Vergangenheit, der Gegenwart und der Zukunft. Unsere Zukunft ist etwas, das kommen wird, weil wir aus der Vergangenheit etwas gewonnen haben, was wir in unserer Gegenwart umsetzen.

Was vergangen ist, wirkt weiter in uns, daran besteht kein Zweifel. Wir müssen die Vergangenheit mit unseren Erinnerungen und Erfahrungen nutzen – sie ist eine Notwendigkeit [34]. Damit können wir die Gegenwart mit unseren Gedanken und Handlungen als Realität anerkennen und die Zukunft, welche fest mit unseren Erwartungen verbunden ist, als Möglichkeit anstreben. Aber: *Wir können die Vergangenheit nicht zur Option für unsere Zukunft machen.* (Karl Heinz Delhees)

Wenn wir uns an unsere Vision herantrauen, sollten wir das Wissen um die drei Abschnitte der Zeit integrieren. Beachten Sie bitte: Die Zukunft ist nicht nur das, was Sie tun werden, sondern auch das, was Sie unterlassen.

Unsere Vision ist das Bild von dem, was aus uns werden soll. Sie weist uns damit bildhaft die Richtung. Das Bild sollte klar, plastisch und für uns selbst glaubwürdig sein. Eine Vision steht auf dem Boden der Realität. Das unterscheidet sie von der Utopie, die viel mit Zukunftsromantik gemein hat. Das visionäre *Bild* Ihrer eigenen Zukunft vor Augen sollte Ihnen ausschließlich gute, kraftvolle, erstrebenswerte Gefühle machen.

Visionen haben eine Schutzfunktion: Wenn sie in innerer Ruhe und mit Ernsthaftigkeit gebildet wurden, berühren sie den Sinn unseres Lebens. Damit schaffen sie uns eine besondere Art von Zufriedenheit. Die Frage: „Was tue ich hier eigentlich?" kommt erheblich seltener und zumindest in schwächerer Ausprägung auf, wenn Sie die eigene Vision als Leitfaden für Ihr Leben verstehen und annehmen.

Bei Ihrer Vision geht es in keiner Weise um inhaltliche Plausibilität. Lassen Sie Ihrer Fantasie völlig freien Lauf. Versuchen Sie den Spagat, einerseits im Rahmen Ihrer persönlichen Wirklichkeit reell zu bleiben und andererseits expansiv zu sein. Die Vision ist etwas wirklich Neues. Sie bedeutet auch, den Mut zu haben, voranzuschreiten. Dafür müssen Sie sich von dem trennen, was Sie haben. Eine Vision bedeutet, massiv, radikal und scheinbar versponnen über den Tellerrand hinauszuschauen, ohne den Boden der Realität völlig zu verlassen. Machen Sie sich Ihr positives Bild klar, fühlen Sie sich voll und ganz hinein. Beschäftigen Sie sich mit der Person, die Sie sein könnten. Schreiben Sie Ihre Vision als eine Art Kurzgeschichte zusammen. Versuchen Sie, die einzelnen Bereiche zu einem großen Ganzen zu vereinen. *Sie müssen ja nicht an Wunder glauben, damit sie geschehen.*

Ihre Vision sollte Ihnen Kraft schenken und eine sichere, eigenverantwortliche Perspektive eröffnen. Sie ist der Leitfaden für Ihre Zukunft, abgelöst von konkreten Zielen (die Sie später bearbeiten werden), denen immer auch der Aufgabencharakter anhängt. Ihre Vision zeigt Ihnen, dass es sich lohnt, das eigene Leben zu intensivieren. Sie sind fähig, über aktuelle Tatsachen hinauszugehen. Es gibt ein Leben ohne Burnout-Risiko für Sie.

Eine Vision zeugt vom kreativen Vermögen des Menschen, sich die eigene Zukunft und sich selbst darin vorzustellen [34]. Die Vision hat damit Vorbildcharakter für einen Wandlungs- oder Veränderungsvorgang. Eine Vision beinhaltet unsere Vorstellung davon, wie die eigene Zukunft aussehen könnte, die durch unsere Handlungen *erschaffen* wird. *Zur Vision gehören* die nachfolgenden Punkte.

- **Die Vorstellung:** Think big! Die Vision ist unsere Vorstellung von dem, was *bestenfalls* sein wird. Dabei ist es wichtig, unsere Ideen mit einem Bild zu verbinden, das ein Symbol für ein Leben weit weg von Burnout ist. Die *Technik* dafür ist, die Intuition mit der Fantasie und der Kreativität zu verbinden und das auf dem Hintergrund dessen, was uns im besten Fall möglich ist, zu vereinen.

- **Die Ausrichtung:** Eine Vision gibt eine klare Richtung vor. Dabei sollten wir uns nach dem richten, was bisher vielleicht zu wenig beachtet wurde und wert ist, eine zentrale Rolle zu spielen. Diese Ausrichtung sollte uns Kraft spenden und neue Wege bahnen. Diese neuen Wege müssen zu etwas führen, das einen merkbaren positiven Unterschied zu heute darstellt. In unserer Vision müssen wir uns sicher aufgehoben fühlen und zugleich ahnen, dass sie dem Sinn unseres Lebens entspricht. Eine Vision muss uns ganz und gar überzeugen. Sie wirkt nur, wenn keine Restzweifel bestehen.

- **Die Kraft:** Vision, das bedeutet Neuland. Neuland zu betreten erfordert Mut und Willen. Beides erfordert wiederum unsere Kraft. Die Vision kann damit zu unserem internen Maßstab werden. Eine Vision sollte kraftspendend aufgebaut sein. Unsere Kraft wird vermindert durch zu hoch gesteckte oder definitiv unerreichbare Ziele. Eine Vision kann nicht in Utopia gelebt oder erlebt werden.

- **Die Überschreitung:** Wenn Sie in Ihren heutigen Grenzen blieben, könnten Sie keine Vision aufbauen. Eine Vision verdrängt das Bestehende, sie ist eine Innovation – und jede Innovation ist eine Grenzüberschreitung. Um bisher gewahrte Grenzen zu überschreiten, müssen wir unsere Vergangenheit und unsere Gegenwart hinter uns lassen, loslassen.

- **Die Begleitung:** An Ihrer Vision selbst hingegen sollten Sie festhalten. Sie müssen mit Widerstand rechnen, was Ihre eigene Vision angeht. Der Widerstand kann von außen kommen, gefährlicher ist der von innen. Ihre alten Gewohnheiten, Ihre Lebensmuster [11], Ihre Trägheit wirken weiter. Die Vision wirklich zu realisieren und sie nicht als einen der vielen Träume im Leben vorbeiziehen zu lassen, ist eine echte Herausforderung. Wer sich erfolgreich dieser Herausforderung gestellt hat, den kennen viele Menschen. Reinhold Messner, der Bergsteiger, oder Karl-Heinz Böhm mit seiner Stiftung Menschen für Menschen sind Beispiele dafür.

Die *Merkmale einer Vision* [34] sind vielfältig:

- **Realitätssinn:** Jeder von uns ahnt nicht, was alles in den nächsten Jahren geschehen wird oder kann – und dennoch wird es Realität werden. In der Vision entdecken wir, was möglich ist.

- **Ausweitung:** Die Vision ist ein Entwurf der Zukunft, ohne andere Entwürfe auszuschließen oder zu beschneiden.

- **Pragmatismus:** Eine Vision muss auch durchführbar sein.

- **Eigensinn:** Ihre Vision beachtet ausschließlich und strikt nur die *eigenen* Entschlüsse. Sie bedeutet nicht, die Vorstellungen beispielsweise der Eltern zu verwirklichen, aber genauso wenig, die Interessen der Partner oder Familie zu missachten.

- **Stärken basiert:** Jede Vision nutzt die individuellen Stärken.

- **Offenheit:** Offenheit bedeutet, dass die Vision flexible Reaktionen ermöglicht. Deshalb darf sie nicht allzu konkret formuliert werden.

- **Freiheit und Freiraum:** Keine Vision zeichnet nur einen Weg vor. Sie lässt Ihnen über mindestens eine Alternative die Chance, einen anderen Weg zu gehen, wenn es angebracht erscheint.

- **Bejahung:** Eine Vision verzichtet auf *jede* Verneinung.

- **Gegenwart:** Die Vision wird ausnahmslos in der Gegenwart formuliert, als ob alles bereits erreicht sei (*nicht:* Ich werde ein eigenes Unternehmen führen ..., *sondern:* Ich führe ein eigenes Unternehmen ...).

- **Nutzen:** Auch eine individuelle Vision muss dem Großen und Ganzen nutzen.

- **Werteorientiert:** Wenn Ihre Vision Ihren Werten widerspricht, hat sie keine Chance. Da sich Werte, wenngleich nur langsam, ändern, sollte Ihre Vision flexibel gestaltet sein.

- **Überzeugungskraft:** Eine Vision muss Sie durchdringen können, sodass es keinen Zweifel mehr gibt. Wenn nicht Ihre Vision, was dann? Um sie zu erreichen, werden Sie andere davon überzeugen müssen, denn wir sind nicht allein auf der Welt.

■ **Gemeinschaftssinn:** Eine Vision muss deshalb auch Gemeinschaftssinn ermöglichen.

■ **Macht:** Eine Idee, welche die Welt bewegt, ist kein vor sich hin kümmern-
des machtloses, kleines Pflänzchen. Ihre Vision muss deshalb eine eigene,
ihr innewohnende Macht haben.

---
**Übung: Vision – zweite Fassung**

Ich weiß, dass ich Ihnen hiermit viel zumute; ich denke sogar, für viele
könnte die Erstellung ihrer Vision eine der schwersten aller hier angebotenen Chancen sein. Dennoch: Bearbeiten Sie Ihre erste Vision nochmals
unter Beachtung der soeben genannten Kriterien. Erstellen Sie damit eine
zweite und zunächst endgültige Vision Ihres erfolgreichen, zufrieden stel-
lenden Lebens ohne Burnout oder Burnout-Risiko.

---

Herzlichen Glückwunsch! Sie haben eine zentrale Aufgabe Ihres Lebens gelöst
– und das ist doch etwas, das Sie feiern sollten. Also tun Sie es. Belohnen Sie
sich dafür, so weit gekommen zu sein. Vielleicht spüren Sie bereits den Hauch
eines Lebens, befreit von Burnout. Unabhängig davon sollten Sie sich noch
folgender Übung annehmen:

---
**Übung: Der weise, alte Mann**

Sie haben Ihre Vision erstellt. Wenn Sie mögen und können, versetzen Sie
sich nun einmal voll und ganz in das Bild der Person, die Sie selbst in Ihrer
Vision sind.

Stellen Sie sich vor, diese Person bereits zu sein und als solche gehen Sie
in einen tiefen Keller. In diesem Keller wartet ein alter, weiser Mann. Welchen Ratschlag gibt Ihnen dieser Mann jetzt?

---

# 3 Der Stand der Dinge

Sie haben sich im vorhergehenden Kapitel wichtige Ihrer Ressourcen klargemacht. Nun ist es an der Zeit, sich mit den vielleicht nicht ganz so positiven Aspekten auseinanderzusetzen. Wenn Sie die durchaus legitime Einstellung haben, ausschließlich an *Lösungen* für sich interessiert zu sein, können Sie sich den Blick ins Novembergrau sparen und mit Kapitel 4 weitermachen. Es geht nicht vorrangig darum, dass Sie Ihre Probleme besser verstehen oder erkennen, sondern darum, Ihre *eigenen Lösungen* zu definieren. Lösungen sind es, die Sie weiterbringen.

In diesem Kapitel finden Sie zahlreiche Tests, um Ihr aktuelles Burnout-Risiko abzuschätzen. Vielleicht sind Sie sicher, noch kein Burnout zu haben. Aber Sie wissen ja bereits, dass Burnout gerade im Anfangsstadium nur schwer zu erkennen ist, da sich die Betroffenen noch recht wohlfühlen, und der Weg hinaus umso schwerer ist, je weiter Burnout fortgeschritten ist. Deshalb lohnt es sich auf jeden Fall, die Ergebnisse der Übungen genauer zu betrachten.

## 3.1 Ein Blick ins Novembergrau

### Wo ich stehe

---

**Test: Burnout oder kein Burnout?**

Lesen Sie nun die folgenden 27 Aussagen und entscheiden Sie, ob Sie jede dieser Aussagen so (oder weitgehend so) für sich treffen können. Ist das der Fall, suchen Sie die entsprechende Nummer in Abbildung 3-1 und kreuzen Sie die Nummer der bejahten Aussage an. Wenn Sie der Aussage für sich nicht zustimmen können, verzichten Sie einfach darauf. Es ist auch möglich, dass Sie keiner Aussage zustimmen.

1. Nichts hat einen Sinn mehr.

2. Ich arbeite immer mehr im Beruf.

3. Ich fühle, dass es ohne mich an der Arbeitsstelle/im Beruf kaum geht.

4. Was um mich herum geschieht, interessiert mich nicht mehr wirklich.

5.  Von himmelhoch jauchzend bis zu Tode betrübt: Ich habe deutliche Stimmungsschwankungen.

6.  Ich weiß nicht, wie ich mir helfen kann oder wer mir helfen kann.

7.  Ich stelle fest, dass ich mich wohler fühle, wenn ich mich beruflich absichere (z. B. wegen sonst möglicher juristischer Probleme).

8.  Ich habe immer wieder das Gefühl, vom System (dem Unternehmen) oder auch von meiner Klientel oder von Partnern ausgebeutet zu werden.

9.  Ich habe so viel zu tun, dass soziale Kontakte außerhalb der beruflich wirklich notwendigen kaum mehr möglich sind.

10.  In mir regt sich immer wieder so etwas wie Widerstand vor Veränderungen. Besser es bleibt so, wie es ist (denn noch schlechter darf es nicht werden).

11.  Wenn ich in mich hineinspüre, freue ich mich nicht mehr richtig – vielleicht bleibt die Freude mehr oder minder an der Oberfläche.

12.  Ich merke, dass es mir letztlich doch angenehmer ist, zu meiner Klientel eine Art professioneller Distanz zu haben. Vielleicht habe ich das inzwischen auch etwas forciert.

13.  In der letzten Zeit habe ich einige Aufgaben oder Positionen abgegeben, auch meine Hobbys sind mir weniger wichtig.

14.  Meine Probleme mit der Familie und/oder dem Partner werden mehr.

15.  In der letzten Zeit habe ich eine oder einige neue Tätigkeiten neben der bisherigen angenommen (das kann nicht nur beruflich sein, sondern auch privat, im Verein usw.).

16.  Vielleicht auch, weil ich immer wieder zu wenig Zeit habe, denke ich manchmal, ich sei kein wirklich guter … (hier setzen Sie Ihren Beruf ein).

17.  Ich habe überhaupt keine Lust, zu arbeiten.

18.  Manchmal denke ich mir, wie schön es wäre, wenn alles ein Ende hätte.

19.  So richtig interessiert mich nichts mehr.

20.  Ich kann ohne Alkohol oder Drogen oder bestimmte Medikamente praktisch nicht mehr sein, so schwer diese Einsicht mir auch fallen mag.

21. Ich genieße es sehr, mir vieles leisten zu können – und tue es auch oft (egal, ob über Einkäufe, Autos, Urlaube etc.).

22. Ich bin sehr oft müde und erschöpft.

23. Ich bin innerlich vollkommen verzweifelt über meine Situation.

24. Inzwischen ist mir alles egal.

25. Ich will nur noch meine Ruhe haben, deshalb habe ich nahezu alle Kontakte aufgegeben.

26. Für mich selbst darf ich so ehrlich sein: Der Satz „Ich will da nicht hin" beschreibt ziemlich gut mein Gefühl, wenn ich zur Arbeit fahre.

27. Es fällt mir sehr schwer, nach einem Arbeitstag zu Hause abzuschalten.

**Auswertung**

Sie haben nun jeweils fünf typische Verhaltensweisen und vier typische Gefühle für die drei Stadien von Burnout bearbeitet. Aufgrund der Verteilung Ihrer Kreuze auf der Skala in Abbildung 3-1 können Sie ablesen, wie weit fortgeschritten Ihr Burnout wahrscheinlich ist.

Da die Symptome der früheren Stadien nicht unbedingt aufhören, je weiter Burnout voranschreitet, kommt es nur darauf an, bis wohin Ihre Symptome reichen – bis in C oder B oder nur bis in A? Es spielt keine Rolle, wie viele Kreuze Sie gesetzt haben oder wie diese sonst verteilt sind.
- A steht für die Anfangsphase von Burnout (zu den Phasen s. Kap. 1.4 Burnout erkennen, S. 8). Sie ist gekennzeichnet durch (Hyper-)Aktivität und das Grundgefühl des Ärgers oder der Aggression.
- B ist die Rückzugsphase. Hier ist der Betroffene wie auf der Flucht vor sich und seinen Problemen, genauso auf dem Rückzug vor den Anforderungen des Alltags. Das Grundgefühl ist das der Furcht.
- In der dritten und letzen Phase C fühlt sich der Betroffene isoliert und reagiert mit einer Art Lähmung; er ist passiv.

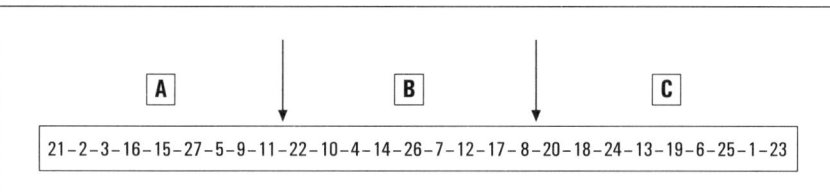

**Abb. 3-1** Burnout-Stadien

## Schnelltest

Sie können nun mit zwei Fragen überprüfen, ob Ihre Ergebnisse im Großen und Ganzen stimmen.

┌─ **Test: Schnelltest zu Burnout** ─────────────────────────────────┐

■ 1. Bitte schätzen Sie die Höhe Ihres Eigeneinflusses im Beruf (und nachrangig auch im Privatleben) ein.

1 bedeutet, Sie haben auf fast nichts in Ihrem Leben Einfluss. 10 bedeutet, Sie können praktisch über alles selbst bestimmen. Solche Berufe gibt es, zum Beispiel als erfolgreicher Romanautor können Sie das empfinden, was die 10 meint. Bedenken Sie bei Ihrer Einschätzung, dass beispielsweise ein Rechtsanwalt den Ausgang von Gerichtsprozessen oder die Reaktion der Gegenpartei viel weniger beeinflussen kann als er gerne möchte. Oder dass ein Altenpfleger bestimmte Erkrankungen der ihm anvertrauten Menschen nicht immer verhindern kann. Trotz meiner Suggestion geht es hier ausschließlich um *Ihre Einschätzung Ihrer Situation*.

Meinen Einfluss im (Berufs-)Leben schätze ich ein mit:

1... 2... 3... 4... 5... 6... 7... 8... 9... 10

■ 2. Wie hoch schätzen Sie Ihre Belastung im (Berufs-)Leben ein?

1 meint, alles geht Ihnen mehr als leicht von der Hand und 10 bedeutet, Ihre Belastung ist in Ihrem eigenen Empfinden so hoch, dass Sie sich eine höhere praktisch nicht vorstellen können und erst recht nicht ertragen.

Meine Belastung im (Berufs-)Leben schätze ich ein mit:

1... 2... 3... 4... 5... 6... 7... 8... 9... 10

Übertragen Sie Ihre zwei Werte in das Koordinatensystem der Abbildung 3-2.

└────────────────────────────────────────────────────────────────┘

Wenn Sie sich detaillierter mit Ihren Herausforderungen auseinandersetzen wollen, bearbeiten Sie auch die folgenden Abschnitte in diesem Buchteil.

## 3.2    Burnout-typische Phänomene erkennen

Erst einmal können wir davon ausgehen, dass wir alle einem mehr oder minder großen Burnout-Risiko ausgesetzt sind. Die das Risiko beeinflussenden Außenfaktoren existieren innerhalb einer Berufsgruppe in einem wenig veränderlichen Maß. Sicher gibt es innerhalb einer Berufsgruppe bessere und

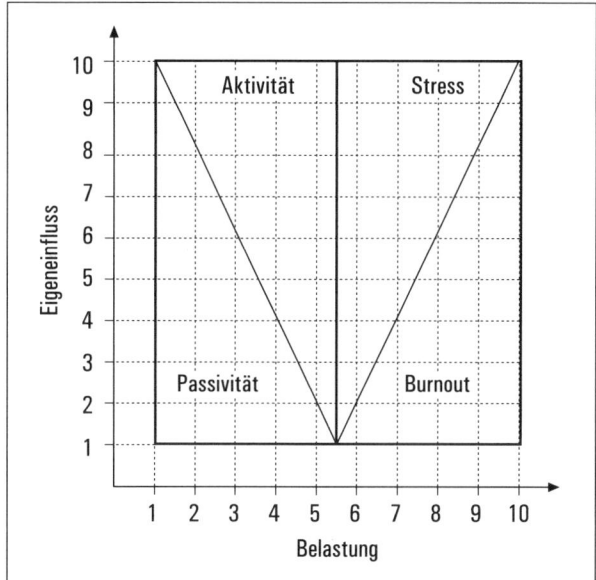

**Abb. 3-2** Vier-Felder-
Tafel zur Einschätzung
des Burnout-Risikos

schlechtere Arbeitsbedingungen, die Unterschiede halten sich jedoch in Grenzen. Deshalb ist der Kern, das Burnout-Risiko, gleich groß (Abb. 3-3).

Das Maß, mit dem sich die individuelle Persönlichkeit vor Burnout schützen kann, ist jedoch sehr unterschiedlich. Deshalb ist der „Speckgürtel", der Burnout verhindert oder abpuffert, mal sehr dick (Abb. 3-3a) und mal sehr dünn (Abb. 3-3b).

Der individuelle Schutz besteht vorrangig aus einer emotional stabilen Persönlichkeit. Diese Personen erscheinen realistisch, denn sie wissen um ihre

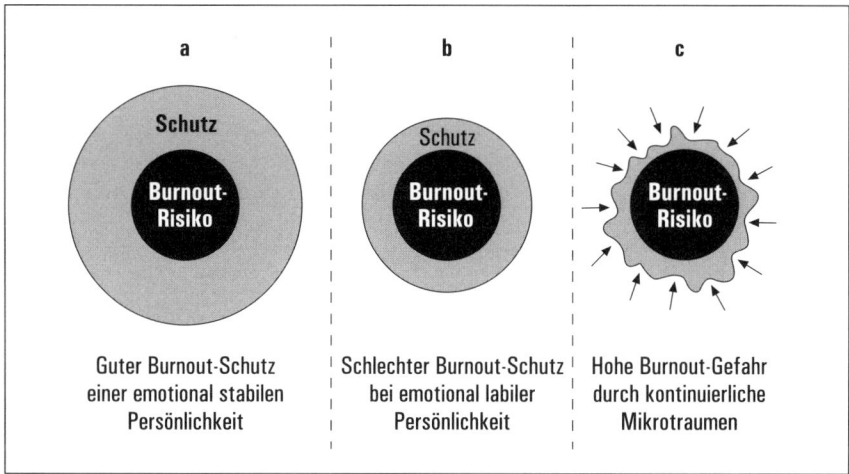

**Abb. 3-3** Minimaltraumen und individueller Burnout-Schutz

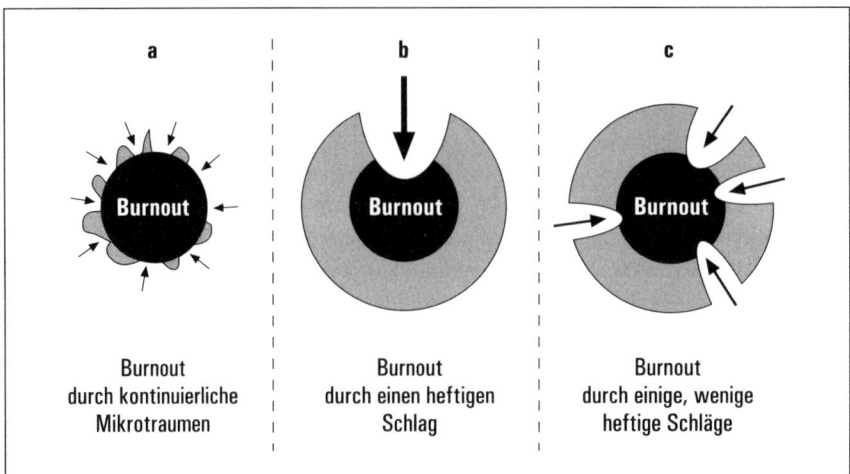

**Abb. 3-4** Burnout bei unterschiedlichen Traumen

Stärken und neigen kaum zu Idealismus oder Perfektionismus. Sie sind emotional kompetent.

Es gibt im Leben zahlreiche Anforderungen und in der Regel sind es viele kleine Mikrotraumen, die den Puffer unmerklich und stetig verletzen (Abb. 3-3c), bis er so weit erodiert ist, dass Burnout kein Risiko, sondern Realität ist (Abb. 3-4a). Selten bringen *ein* massives Ereignis (Abb. 3-4b) oder wenige größere (Abb. 3-4c) den Menschen bis ins Burnout.

## Emotionale Erschöpfung

*Ein Mensch sagt, und ist stolz darauf,*
*er gehe ganz in seiner Arbeit auf.*
*Bald aber, nicht mehr ganz so munter,*
*geht er in seiner Arbeit unter.* Eugen Roth

Emotionale Erschöpfung führt zu Hoffnungslosigkeit oder Hilflosigkeit. Hoffnungslosigkeit ist das Gefühl, dass niemand helfen *kann*. Hilflosigkeit ist das Gefühl, dass ich mir nicht helfen kann und auch, dass mir niemand *hilft* (also dass jemand helfen könnte, wenn er es wollte, wüsste usw.).

---
**Test: Emotionale Erschöpfung**

Beurteilen Sie, wie weit Sie den entsprechenden Sätzen für sich zustimmen können oder nicht.

1 bedeutet: Trifft überhaupt nicht auf mich zu. 10 bedeutet: Trifft ohne jede Einschränkung auf mich zu.

| | |
|---|---|
| Ich habe keine Kraft mehr für meinen Beruf. | 1... 2... 3... 4... 5... 6... 7... 8... 9... 10 |
| Ich fühle mich leer. | 1... 2... 3... 4... 5... 6... 7... 8... 9... 10 |
| Ich habe keine Reserven mehr. | 1... 2... 3... 4... 5... 6... 7... 8... 9... 10 |
| Mir fehlen die Antworten auf wichtige Fragen in meinem Leben. | 1... 2... 3... 4... 5... 6... 7... 8... 9... 10 |
| Ich weiß nicht mehr, warum ich meinen Beruf auf diese Weise ausübe. | 1... 2... 3... 4... 5... 6... 7... 8... 9... 10 |
| Ich möchte meinen Beruf am liebsten an den Nagel hängen. | 1... 2... 3... 4... 5... 6... 7... 8... 9... 10 |
| Ich kann mir heute nicht vorstellen, den Beruf bis zur normalen Altersgrenze durchzuhalten, ich will vorher aufhören. | 1... 2... 3... 4... 5... 6... 7... 8... 9... 10 |
| Ich brauche dringend Urlaub. | 1... 2... 3... 4... 5... 6... 7... 8... 9... 10 |
| Ich kann Aufgaben außerhalb der Reihe fast nicht mehr durchstehen. | 1... 2... 3... 4... 5... 6... 7... 8... 9... 10 |
| Ich fühle mich wie ausgebrannt. | 1... 2... 3... 4... 5... 6... 7... 8... 9... 10 |

**Auswertung**

Bitte zählen Sie zunächst Ihre Punkte zusammen, die Punktzahl liegt zwischen 10 und 100. Je höher der Wert, umso größer ist Ihre emotionale Erschöpfung. Es gibt keinen festen Grenzwert, ab dem man sicher von Burnout sprechen kann, weil viele andere Faktoren eine Rolle spielen. Die Erfahrung zeigt, dass ein Wert unter 30 gegen Burnout spricht. Werte ab 60 sind starke Indizien für Burnout. Wenn Sie auch nur einmal mit 10 geantwortet haben, ist das ebenfalls ein deutlicher Hinweis auf Burnout.

# Depersonalisation

Als Depersonalisation wird ein reduziertes Engagement für seine Klientel und für andere allgemein (Mitarbeiter, Partner, Freunde, Verwandte) beschrieben. Sie ist das zweite Hauptsymptom von Burnout.

**Test: Depersonalisation**

Beurteilen Sie, wie weit Sie den entsprechenden Sätzen für sich zustimmen können oder nicht. Entscheiden Sie mit einem Ja oder Nein.

|                                                                                                           | Ja | Nein |
|-----------------------------------------------------------------------------------------------------------|----|------|
| 1.  Über meine Kollegen denke ich letztlich nicht allzu positiv.                                          | ❏  | ❏    |
| 2.  Meine Klienten sollten meine fundierten und wohlmeinenden Ratschläge annehmen.                        | ❏  | ❏    |
| 3.  So manche Situation im Beruf belastet mich. Warum auch immer, ich zeige das in der Regel nicht.       | ❏  | ❏    |
| 4.  Meine Klienten können mich schon ganz schön nerven.                                                   | ❏  | ❏    |
| 5.  Wenn ich ehrlich bin, könnte ich manche von ihnen auf den Mond schießen.                              | ❏  | ❏    |
| 6.  Ich finde, Perfektionismus ist in meinem Beruf eher von Vorteil.                                      | ❏  | ❏    |
| 7.  Ich ertappe mich manchmal dabei, dass ich meine Klienten und deren Verhalten abfällig bewerte oder kommentiere. | ❏  | ❏    |
| 8.  Ich habe meine Arbeitszeit in der letzten Zeit reduziert (oder zumindest würde ich das gerne tun).    | ❏  | ❏    |
| 9.  Ich mag nicht mehr gerne ausgehen.                                                                    | ❏  | ❏    |
| 10. Manchmal schäme ich mich dafür, mit welcher inneren Einstellung ich meinen Beruf ausübe.              | ❏  | ❏    |
| 11. Ich kann alle verstehen, die sich über das System, in dem sich unser Unternehmen befindet, lautstark beklagen. | ❏  | ❏    |
| 12. Ich versuche inzwischen, den Abstand zu meiner Klientel zu vergrößern oder sicher zu wahren.          | ❏  | ❏    |

**Auswertung**

Zählen Sie die Anzahl Ihrer Ja-Antworten. Bereits eine Ja-Antwort kann als ein Hinweis auf Depersonalisation gewertet werden.

# Leistungsabnahme

Leistungsabnahme erklärt sich durch den Begriff selbst.

---

**Test: Leistungsabnahme**

Entscheiden Sie, ob die Aussage für Sie zutrifft oder nicht. Wenn sie eher zutrifft, kreuzen Sie Ja an, wenn sie eher nicht zutrifft, Nein.

|  | Ja | Nein |
|---|---|---|
| **Block 1** |  |  |
| Ich engagiere mich voll und ganz im Beruf. | ☐ | ☐ |
| Ich bin wirklich aktiv und tue vieles als _____ [1] | ☐ | ☐ |
| Meine Kollegen tun deutlich weniger als ich. | ☐ | ☐ |
| **Block 2** |  |  |
| Ich bin an der Grenze meiner Belastungsfähigkeit. | ☐ | ☐ |
| Ich brauche inzwischen schon einige Willenskraft, um meinen Beruf noch so effektiv wie bisher ausüben zu können. | ☐ | ☐ |
| Ich weiß nicht warum, aber der Beruf macht mir mehr Mühe als früher. | ☐ | ☐ |
| **Block 3** |  |  |
| Wahrscheinlich fällt es jedem schwer, das zuzugeben, aber ich kann nicht mehr. | ☐ | ☐ |
| Wenn ich nicht unverzüglich kürzer trete, könnte ich sehr negative Auswirkungen für mich nicht ausschließen. | ☐ | ☐ |
| Ich bin fix und fertig. | ☐ | ☐ |

**Auswertung**

Sie haben die Fragen in drei Dreierblocks beantwortet. Es ging dabei um Ihre Leistungsfähigkeit. Wenn Sie zwei oder drei Fragen eines Blocks bejaht haben, zählt dieser als „+" in der folgenden Auswertung. Wenn nur eine oder keine Frage bejaht wurde, bekommt der Block ein „–".

| Block 1 | + | + | + | + | – | – | – | – |
|---|---|---|---|---|---|---|---|---|
| Block 2 | – | + | – | + | – | + | + | – |
| Block 3 | – | – | + | + | + | – | + | – |
| **Ergebnis:** | **A** | **B** | **C** | **D** | **E** | **F** | **G** | **H** |

A:  Sie befinden sich wahrscheinlich entweder nicht im Burnout oder in
    der Anfangsphase.

B:  Sie befinden sich wahrscheinlich in der beginnenden zweiten Phase
    von Burnout.

C:  Diese Antwortkombination ist bei ehrlicher Beantwortung nicht mög-
    lich, entweder Sie sind voll aktiv oder nicht. Beides zeitgleich ist
    schwer vorstellbar.

D:  Auch diese Kombination enthält viele Widersprüche in sich. Bitte kon-
    trollieren Sie Ihre Antworten.

E:  Es besteht der berechtigte Verdacht, dass Ihr Burnout weit fortge-
    schritten ist.

F:  Sie sind wahrscheinlich auf dem Weg ins manifeste Burnout oder be-
    reits darin.

G:  Es besteht der berechtigte Verdacht, dass Ihr Burnout weit fortge-
    schritten ist.

H:  Sie haben keine Hinweise auf verminderte Leistungsfähigkeit und auch
    nicht auf Hyperaktivität. Burnout ist damit unwahrscheinlich, sofern Sie
    Ihren Zustand und Ihre Leistungsfähigkeit korrekt eingestuft haben.

[1]  Hier setzen Sie Ihren Beruf ein.

Die Leistungsfähigkeit bei Burnout ist im Anfangsstadium nicht vermindert,
eher für eine gewisse Zeit sogar vermehrt. In dieser Zeit hat der Betroffene
manchmal das Gefühl, sich in einem Hamsterrad zu bewegen. Über lange Zeit
fällt die Leistungsfähigkeit nur langsam ab und der Betroffene nimmt es in der
Regel nicht wahr. Das führt zu einer klaren Einschränkung der Aussagekraft
dieser Fragen, ist aber in Buchform nicht anders zu lösen – es sei denn, Sie gehen noch einmal in sich und versuchen mit noch größerer innerer Aufmerksamkeit, die Fragen neu zu beantworten.
Irgendwann reicht der Wille nicht mehr aus und dann geht es mehr oder minder rasch: Burnout ist nicht mehr wegzudiskutieren, die Leistungsfähigkeit
nähert sich dem Nullpunkt.
Aus den genannten Gründen ist die Leistungsfähigkeit das anfangs unsicherste
der drei Hauptdiagnosekriterien.

# Körperliche Beschwerden

Burnout führt in aller Regel auch zu körperlichen Beschwerden.

## Test: Körperliche Beschwerden

Geben Sie bitte an, welche körperlichen Beschwerden oder Verhaltens-
auffälligkeiten Sie bei sich kennen oder vermuten.

| | Sicher vorhanden | Wahrscheinlich ausgeprägt | Fehlt sicher |
|---|---|---|---|
| Alkoholabhängigkeit[1] | ❏ | ❏ | ❏ |
| Blutdruckauffälligkeiten | ❏ | ❏ | ❏ |
| Chronische Schmerzmittel-einnahme | ❏ | ❏ | ❏ |
| Durchfall | ❏ | ❏ | ❏ |
| Engegefühl in der Brust | ❏ | ❏ | ❏ |
| Gewichtsabnahme | ❏ | ❏ | ❏ |
| Gewichtszunahme | ❏ | ❏ | ❏ |
| Häufige Erkältungen | ❏ | ❏ | ❏ |
| Kopfschmerzen | ❏ | ❏ | ❏ |
| Verminderte oder verlorene sexuelle Lust | ❏ | ❏ | ❏ |
| Müdigkeit (über ein normales oder erklärbares Maß hinausgehend) | ❏ | ❏ | ❏ |
| Muskelschmerzen | ❏ | ❏ | ❏ |
| Verstopfung | ❏ | ❏ | ❏ |
| Potenzstörungen | ❏ | ❏ | ❏ |
| Rückenschmerzen bis Band-scheibenvorfall | ❏ | ❏ | ❏ |
| Schlafmitteleinnahme[2], öfter als einmal monatlich | ❏ | ❏ | ❏ |

| | Sicher vorhanden | Wahrscheinlich ausgeprägt | Fehlt sicher |
|---|---|---|---|
| Schlafstörungen (Einschlaf-, Durchschlaf- oder Aufwach- störungen) | ❏ | ❏ | ❏ |
| Schulter-Nacken-Syndrom | ❏ | ❏ | ❏ |
| Herzrasen | ❏ | ❏ | ❏ |
| Tics | ❏ | ❏ | ❏ |
| Ohrgeräusche | ❏ | ❏ | ❏ |
| Übelkeit | ❏ | ❏ | ❏ |
| Zähneknirschen | ❏ | ❏ | ❏ |
| Zeitweise Atemnot | ❏ | ❏ | ❏ |
| Zittern | ❏ | ❏ | ❏ |

[1] Für die Beantwortung dieser Frage gehen Sie bitte nach dem CAGE-Schema vor (s. Kap. 4.2, Abschnitt Sucht, S. 121).
[2] Hier sind auch pflanzliche Präparate gemeint.

Wenn Sie körperliche Beschwerden haben, führt an einer Abklärung durch einen Arzt kein Weg vorbei. Seelische Erkrankungen als Ursache für diese Beschwerden sind grundsätzlich eine Ausschlussdiagnose *nach* körperlichen Gründen.

## Verdammt noch mal, ich bin nicht aggressiv

Burnout führt über lange Phasen zu starken Frustrationen. Die normale Reaktion darauf ist, aggressiv zu werden.

### Test: Aggressionspotenzial

Beurteilen Sie, ob folgende Aussagen für Sie zutreffen oder nicht.

| | Ja | Nein |
|---|---|---|
| 1. Ärger ist fast an der Tagesordnung, wenn nicht im Beruf, dann zumindest zu Hause. | ❏ | ❏ |
| 2. Am liebsten würde ich einigen meiner Klienten mal so richtig sagen, was ich von ihnen halte. | ❏ | ❏ |

| | Ja | Nein |
|---|---|---|
| 3. Es gibt nicht wenige, die unsere staatlichen Systeme nach Strich und Faden ausnutzen. | ❏ | ❏ |
| 4. Immer wieder spüre ich, wie schnell mich andere reizen können. | ❏ | ❏ |
| 5. Die ganzen Ausländer[1] belasten unser Sozial- und Gesundheitssystem. | ❏ | ❏ |
| 6. Bereits heute ist die Bezahlung für meinen Beruf zu gering. Wenn sich das weiter so entwickelt, habe ich in überschaubarer Zeit echte Probleme. | ❏ | ❏ |
| 7. Mit meinen Mitarbeitern und/oder Klienten und/oder Kollegen gibt es immer wieder ein paar Hühnchen zu rupfen. | ❏ | ❏ |
| 8. Ich bezweifle, dass sich etwas zum Besseren wenden wird. | ❏ | ❏ |
| 9. Es ist besser, wenn ich vieles, was meine Mitarbeiter machen, nachkontrolliere. | ❏ | ❏ |
| 10. Ich meine, jetzt bin ich mal dran! | ❏ | ❏ |
| 11. Geduld mag eine Tugend sein, meine ist es aber nicht. | ❏ | ❏ |
| 12. Wenn ich ehrlich bin, denke ich manchmal, dass einem meiner Klienten das herbe Schicksal zu Recht geschieht. | ❏ | ❏ |
| 13. Wenn ich nicht dauernd in Bewegung bin, halte ich es kaum aus. | ❏ | ❏ |
| 14. Wenn auch manche Schmetterlinge im Bauch haben, bei mir ist es eher Wut. | ❏ | ❏ |

**Auswertung**

Sie hatten nun 14-mal die Gelegenheit, verschiedene Spielformen von Aggression für sich zu bewerten. Je häufiger Sie Ja angekreuzt haben, umso aggressiver sind Sie anderen und/oder sich selbst gegenüber. Aggression ist das Hauptsymptom im Anfangs- und beginnenden Rückzugsstadium von Burnout.

Sollten Sie *immer* Nein angegeben haben, spricht dies für eine nicht ganz korrekte Beantwortung. Menschsein ganz ohne Aggression ist Illusion.

[1] Und wenn es nicht die Ausländer sind, sind es vielleicht die Hartz-IV-Empfänger, die Rechten oder die Linken, die Jungen oder die Alten oder wer auch immer.

# 3.3   Berufliche Belastungen und Unklarheiten lösen

## Berufliche Anforderungen

Berufliche Belastungen gibt es viele. Machen Sie sich klar, welche für Sie von besonderer Bedeutung sind. Das bedeutet nicht, sie auch ändern oder verlassen zu können, hier geht es erst einmal um eine klare Bestandsaufnahme. Wer weiß, woran er ist, kann entscheiden, was als Erstes zu verändern ist.

---

**Test: Berufliche Belastungen**

Beurteilen Sie die folgenden Inhalte in Bezug auf Ihre Belastung durch Ihre eigene Berufstätigkeit [nach 113].

1 bedeutet: Ich bin überhaupt nicht belastet. 10 bedeutet: Ich bin dadurch vollkommen belastet.

| | |
|---|---|
| Konkurrenz mit Kollegen | 1... 2... 3... 4... 5... 6... 7... 8... 9... 10 |
| Ethische Konflikte | 1... 2... 3... 4... 5... 6... 7... 8... 9... 10 |
| Langweilende Routine | 1... 2... 3... 4... 5... 6... 7... 8... 9... 10 |
| Eigene gesundheitliche Probleme | 1... 2... 3... 4... 5... 6... 7... 8... 9... 10 |
| Körperliche Belastungen | 1... 2... 3... 4... 5... 6... 7... 8... 9... 10 |
| Konflikte mit Vorgesetzten oder Institutionen | 1... 2... 3... 4... 5... 6... 7... 8... 9... 10 |
| Geistige Anstrengung | 1... 2... 3... 4... 5... 6... 7... 8... 9... 10 |
| Persönliche Spannungen mit Mitarbeitern oder Klienten | 1... 2... 3... 4... 5... 6... 7... 8... 9... 10 |
| Arbeitszeiten (zu lang, Dienste) | 1... 2... 3... 4... 5... 6... 7... 8... 9... 10 |
| Arbeitsbedingungen (zu kleine Räume, fehlende Klimatisierung) | 1... 2... 3... 4... 5... 6... 7... 8... 9... 10 |
| Unklare Anweisungen (als Angestellter) | 1... 2... 3... 4... 5... 6... 7... 8... 9... 10 |

Mangelnde Informationen
(z. B. über neue Regelungen)                    1... 2... 3... 4... 5... 6... 7... 8... 9... 10

Fehlende Anerkennung                            1... 2... 3... 4... 5... 6... 7... 8... 9... 10

Zeitdruck                                       1... 2... 3... 4... 5... 6... 7... 8... 9... 10

Finanzdruck                                     1... 2... 3... 4... 5... 6... 7... 8... 9... 10

Seelische Belastung durch berufs-
typische Inhalte                                1... 2... 3... 4... 5... 6... 7... 8... 9... 10

Häufige Störungen                               1... 2... 3... 4... 5... 6... 7... 8... 9... 10

Hohe Verantwortung                              1... 2... 3... 4... 5... 6... 7... 8... 9... 10

**Auswertung**

Bei der Auswertung Ihres Ergebnisses liegen Sie dann auf der „normalen" Seite, wenn auf der Tabelle nach unten die persönliche Belastung zunimmt. Die Kurve, die sich zwischen den einzelnen Punkten ergibt, nimmt dann in etwa folgende Form ein: ↘. Sie weist also von links oben nach rechts unten.

Wenn Sie Werte von 8 oder höher haben, spricht dies eindeutig für eine außergewöhnliche, dauerhafte Belastung mit Gefahr für Burnout.

Sie erkennen vor dem Punkt „Fehlende Anerkennung" eine Lücke. Sie weist darauf hin, dass sich in Vergleichsgruppen bei ähnlichen Befragungen ab diesem Punkt mehr als die Hälfte der Befragten belastet fühlte: Wenn Sie ab hier erst den Wert 6 und höher angegeben haben, liegen Sie im Normbereich.

# Schwierige Klientel

*Ein schwieriger Mensch ist ein Mensch mit Schwierigkeiten.*

Es ist nicht möglich, immer und überall freundlich zu sein; das gelingt weder uns selbst noch den Menschen, mit denen wir arbeiten. Diejenigen bewerten wir dann gern als schwierig. Jetzt geht es darum, dass Sie sich klarmachen, auf welche Weise für Sie eine Klientel von einer „normalen" zu einer schwierigen wird. Wenn Sie auffallend oft andere Menschen als schwierig empfinden, liegt es im Sinne einer Burnout-Prävention auch an Ihnen, sich auf Menschen anders einzustellen.

**Test: Schwierige Menschen**

Bitte kreuzen Sie an, was für Sie – vorrangig im beruflichen Rahmen – zutrifft.

Manche nerven mich, indem sie ...

mich als Partnerersatz sehen.                                                        ❑

Erwartungen an mich haben, die ich nicht erfüllen kann, darf oder will.                                                                                ❑

meinen Rat nicht erst nehmen.                                                        ❑

sich an anderer Stelle zum zweiten, dritten oder soundsovielten Mal neu beraten lassen.                                                            ❑

ihre Einfältigkeit vor sich her tragen.                                              ❑

sich noch nicht einmal bemühen, deutsch zu sprechen.                                 ❑

sich in mich verlieben.                                                              ❑

alles besser wissen, zum Beispiel übers Internet.                                    ❑

gegen mich intrigieren.                                                              ❑

Ja und Amen sagen und etwas anderes denken.                                          ❑

mich manipulieren wollen.                                                            ❑

zu intim werden, zum Beispiel wollen sie Persönliches über mich erfahren.                                                                           ❑

nur kommen, um zu tratschen.                                                         ❑

mich – warum auch immer – abstoßen.                                                  ❑

aggressiv wirken oder handeln.                                                       ❑

mich mit ihrem Kram belasten wollen.                                                 ❑

einfache Sachverhalte bereits nicht verstehen.                                       ❑

nichts dazulernen können oder wollen.                                                ❑

meinen, mich beschäftigen zu müssen.                                                 ❑

unfreundlich sind.                                                                   ❑

**Auswertung**

Wenn Sie hier Wichtiges erkannt haben, wird es sich für Sie wahrscheinlich besonders auszahlen, die Kapitel über die Dyadenkompetenz (Kap. 4.5 Dyadenkompetenz [Stufe 5], S. 192) und über Situationstoleranz (Kap. 4.6 Situationstoleranz [Stufe 6], S. 222) zu lesen: Denn die Persönlichkeit anderer Menschen ist mindestens so wenig veränderbar wie unsere eigene.

# 3.4    Individuelle Basis für Burnout

Burnout entsteht nicht einfach so und ist auch kein unerklärlicher Schicksalsschlag. Burnout hängt mit der individuellen Persönlichkeit zusammen [89, 94], und um die soll es jetzt gehen. Obwohl es weder eine Eigenschaft gibt, die Burnout sicher auslösen wird, noch eine, die es sicher verhindern könnte, zeigen wissenschaftliche Ergebnisse, dass es bestimmte Persönlichkeitseigenschaften gibt, die Burnout den Weg erleichtern.

In diesem Abschnitt geht es darum, sich selbst noch etwas besser verstehen zu lernen. Es geht hier nicht um Änderung. Ihre Einstellungen, Ihre Sehnsüchte, alles, was Sie ausmacht, bilden Ihre Persönlichkeit. Genauso wenig wie Sie Teile Ihres Körpers verbannen können, geht das auf Dauer mit den Anteilen Ihrer Persönlichkeit.

## Emotionale Labilität

Die Persönlichkeitseigenschaft emotionale Labilität trägt auch die Bezeichnung „Neurotizismus". Sie ist die am engsten mit Burnout verknüpfte Eigenschaft. Zur Verdeutlichung schildere ich Ihnen im Folgenden einen Abschnitt aus dem Leben eines solchen Menschen:

Christiane war schon immer sehr strebsam, bereits in der Schule war es ihr wichtig, gute Noten nach Hause zu bringen. Ihr *Bedürfnis nach Erfolg* wurde während ihrer beruflichen Laufbahn eher mehr. Das führte zunächst auch dazu, dass sie die Karriereleiter schnell hinaufkletterte und rasch zur Managerin in der Computerbranche ernannt wurde. Sie hatte in ihrer Chefin eine wesentliche Förderin und Stütze. Auf deren *Bestätigung* und auf die *Belohnungen* durch Incentives war Christiane *angewiesen*. Wenn die mal ausblieben, sank ihr *Selbstwertgefühl* stark ab, es war letztlich *instabil* und wenig ausgeprägt. Längere Zeit gelang es ihr, im Beruf den Schein zu wahren, aber zu Hause bei ihrem Partner und auch noch immer bei ihren Eltern wechselten ihre Launen stetig. „Sie war schon immer sehr *labil*", sagten ihre Eltern dazu.

Christianes Chefin entschied sich, in die USA zu wechseln – und das war scheinbar eine große Chance: Christiane beerbte ihre Chefin und stieg eine Managementebene auf. Plötzlich hatte sie Personalverantwortung zu tragen und musste selbst viel mehr entscheiden. Mit dieser Situation kam sie kaum zurecht, fühlte sich immer *hilfloser* und *sehnte* sich danach, von *außen angeleitet zu werden*. Ihre Mitarbeiter fühlten sich nicht wohl und wenn sie einmal kleine Fehler machten, zog sich Cristiane sofort den Schuh an und *übernahm innerlich deren Schuld*. Schließlich fühlte sich Christiane immer weniger unwohler und wechselte in eine technische Laufbahn ohne Personalverantwortung.

Sie haben *kursiv unterlegt* nun die typischen Merkmale eines „neurotischen" oder emotional labilen Menschen gelesen, eines Menschen mit überdurchschnittlichem Neurotizismus. Vielleicht konnten Sie auch etwas von sich darin wiederfinden.

Menschen mit ausgeprägtem Neurotizismus gehen recht schnell auf die Palme und sind rasch von sich – und gerne auch von anderen – enttäuscht. Das kann bis zur Verbitterung führen. Werden sie nach ihren Gefühlen befragt, fällt es ihnen eher schwer, ihren Ärger so zu formulieren, dass er nicht verletzend, sondern verständig aufgenommen wird.

Da sie meinen, zu oft oder unberechtigt kritisiert, abgewertet oder beleidigt zu werden, sind sie eher Einzelgänger. In Gesellschaft fühlen sie sich selten wohl, manchmal auch deshalb, weil sie übertriebene Angst vor eigenen Fehlern haben. Sie sind ohnehin grundsätzlich eher ängstlich und angespannt. Die Welt wird voller Grübeln und Zweifel betrachtet. Deshalb verwundert es nicht, dass sie sich schnell gestresst fühlen. Immer wieder einmal kommt Verzweiflung in ihnen auf. Das Problem bei ihrer Art des Umgangs mit Stress ist, dass sie unbewusst beginnen, sich nur noch mit sich selbst statt mit Lösungen zu befassen. Gerade diese Neigung prädestiniert zu Burnout. Sie sind auch impulsiv, nicht im Sinne von raschen Sozialkontakten, sondern indem sie Verlockungen schlecht widerstehen können. Verlockungen gibt es viele, zum Beispiel Zwischenmahlzeiten, Süßes, Alkohol, Zigaretten. Geben sie den Verlockungen nach, fühlen sie sich nicht selten schuldig. All diese Persönlichkeitseigenschaften können mehr oder minder stark sein. In ihrer Summe werden sie begleitet von einer eher depressiven Grundstimmung, vom Gefühl, allein gelassen zu werden oder einsam zu sein. Die Grundstimmung kann durch Selbst- und Fremdvorwürfe eine aggressivere Note bekommen. Letztlich lassen sich diese Menschen leicht entmutigen. Sie brauchen Anerkennung von außen, weil sie sich selbst diese nicht ausreichend geben.

Vielleicht haben Sie sich bei dieser zweiten Beschreibung von Neurotizismus noch etwas mehr wiedergefunden oder Ihnen ist klar geworden, dass Sie damit nichts zu tun haben.

---

**Test: Emotionale Labilität**

Beantworten Sie nun folgende zehn Fragen [aus 12].

|  | Ja | Nein |
|---|---|---|
| 1. Ich bin der Überzeugung, Misstrauen ist grundsätzlich angebracht. | ☐ | ☐ |
| 2. Zufall gibt es nicht oder sehr selten. Meistens ist es Schicksal, etwas, das nicht in unserer Macht liegt. | ☐ | ☐ |
| 3. Ich glaube, das Schicksal ist ungerecht. | ☐ | ☐ |
| 4. Ich bin öfter besorgt. | ☐ | ☐ |
| 5. Ich neige zum Grübeln. | ☐ | ☐ |
| 6. Manchmal habe ich Probleme, mich zu konzentrieren. | ☐ | ☐ |
| 7. Meine Angst, von anderen abgelehnt zu werden, ist groß (vielleicht sogar so groß, dass ich diese Angst nicht spüre oder nie zugäbe). | ☐ | ☐ |
| 8. Nein zu sagen fällt mir schwer. | ☐ | ☐ |
| 9. Ich bin eher gehemmt. | ☐ | ☐ |
| 10. In meinem Leben habe ich immer wieder Sorge, verlassen zu werden. | ☐ | ☐ |

**Auswertung**

Je mehr der vorangehenden Fragen Sie mit Ja beantwortet haben, umso größer ist Ihre emotionale Labilität, umso näher rückt das Vollbild von Neurotizismus.

---

# Helfersyndrom

Das Helfersyndrom kommt bei Weitem nicht nur in Gesundheitsberufen wie bei Ärzten oder Krankenpflegekräften vor. Auch in anderen, vermehrt von Burnout betroffenen Berufen sammeln sich Menschen mit einem Helfersyndrom (z. B. Lehrer, Stewardessen, Sozialarbeiter). Diese erkennen wir daran, dass sie einen großen Teil ihrer beruflichen wie privaten Tätigkeiten darauf ausrichten, Anerkennung zu erringen. Anerkennung, das können stetig höhere Hierarchiepositionen sein, immer mehr Einnahmen oder ständiges Heischen um Lob. Wir alle freuen uns über solche Anerkennung, aber die innerliche Abhängigkeit von ihr ist typisch für einen Menschen mit Helfersyndrom. Solche Menschen können mit Kritik schlecht umgehen, sie sind sehr schnell zutiefst beleidigt. Sie leben, um für das geliebt zu werden, was sie *tun*, nicht dafür, wie und wer sie *sind*. So können sie kaum glauben, geliebt zu werden, so wie sie sind. Meister in Beziehungen sind sie dementsprechend nicht. Das steigert ihr Burnout-Risiko.

## Verkopfung

Wer aus seinen Gefühlen und Emotionen heraus entscheidet und sie in seinem Leben mit den eigenen Gedanken und Ideen verbindet, bekommt nur schwer Burnout. *Bauch* und *Kopf* in Einklang zu bringen ist eine sehr effektive Möglichkeit, Burnout zu vermeiden. Auch wer eher bauchbetont lebt, also sich mit seinen Gefühlen durchs Leben bewegt, ist wenig gefährdet. Burnout droht vorrangig bei der sogenannten Verkopfung. Verkopft sind Menschen, die

- alles genau wissen wollen,
- nur wissenschaftliche Erkenntnisse gelten lassen,
- gerne analysieren,
- viel nachdenken,
- eher Angst vor Gefühlen haben,
- auf Fakten pochen,
- recht haben wollen oder
- in innerer Distanz zu ihren Gefühlen leben.

Vielleicht haben Sie sich eben in der Auflistung wiedererkannt. Dann beachten Sie bitte: Verkopfung wirkt in zweierlei Hinsicht negativ: Zum einen nehmen diese Menschen ihre eigenen Gefühle nicht oder nicht ausreichend wahr. Täten sie das, würden sie die rechtzeitig vor Burnout warnenden inneren Stimmen hören und entsprechende Gegenmaßnahmen ergreifen. Zum anderen nehmen verkopfte Menschen andere Menschen kaum in deren Gesamtheit wahr und werden sich den eigenen und fremden Gefühlen zumindest teilweise verschließen.

Wenn Sie Ihrer Gefühlswelt näherkommen wollen, bearbeiten Sie den Abschnitt Liebe und Selbstliebe (Kap. 4.4 Stresstoleranz [Stufe 4], S. 134, darin insbesondere den Abschnitt Innere Stimmen, S. 174) und das Kapitel 4.5 Dyadenkompetenz (S. 192).

## Kohärenzsinn

Es gibt Menschen, die in einer stetigen inneren Unsicherheit leben, und andere, deren Vertrauen in sich und die Welt kaum zu erschüttern ist. Diese Unerschütterlichkeit wird Kohärenzsinn genannt und hat eine gute Schutzwirkung gegen Burnout.

---
**Test: Kohärenzsinn**

Beurteilen Sie folgende Aussagen für sich selbst.

|  | Ja | Nein |
|---|---|---|
| 1. Oftmals kann ich ahnen, was mir oder in meiner Umgebung geschehen wird. | ❏ | ❏ |
| 2. Ich verstehe im Allgemeinen, was um mich herum geschieht. | ❏ | ❏ |
| 3. Meine eigene Kraft reicht in aller Regel aus, mit den Anforderungen zurechtzukommen. | ❏ | ❏ |
| 4. Ich habe genügend Möglichkeiten, um allein oder mit anderen das zu tun, was ich will. | ❏ | ❏ |
| 5. Fast immer lohnt es sich, auf die Aufgaben einzugehen, die sich mir stellen. | ❏ | ❏ |
| 6. Es macht Sinn, etwas zu investieren, selbst wenn zunächst nicht klar ist, ob es sich lohnt. | ❏ | ❏ |

**Auswertung**

Sie haben gerade Ihr Verhältnis zu Verstehbarkeit, Machbarkeit und Sinnhaftigkeit geklärt – daraus setzt sich der Kohärenzsinn zusammen. Je mehr der vorhergehenden Aussagen von Ihnen bejaht werden können, umso höher ist Ihr Kohärenzsinn. Fehlt er Ihnen, steigt Ihr Burnout-Risiko an.

---

# Depression

Depression (Tab. 3-1) zieht uns herunter und wirkt damit sehr ähnlich wie Burnout, das in einem fortgeschrittenen Stadium meist mit Depression einhergeht.

**Tab. 3-1** Depressionssymptome [aus 7]

| | |
|---|---|
| • Angstgefühle | • Energie fehlt |
| • Antriebslosigkeit | • Ermüdung (rasch und ungewohnt stark) |
| • Appetitlosigkeit (anfangs auch Fressattacken) | • Freudlosigkeit |
| • Durchschlafstörungen | • Gefühlsleben wird eingeschränkt empfunden |

**Tab. 3-1** Fortsetzung

| | |
|---|---|
| ● Grübeln | ● Selbstmordgefahr |
| ● Hoffnungslosigkeit | ● Selbstvertrauen fehlt |
| ● Isolierung (selbst initiiert) | ● Sinnlosigkeit des eigenen Lebens |
| ● Konzentrationsprobleme | ● Teilnahmslosigkeit |
| ● Lustlosigkeit (sexuelle) | ● Traurigkeit |
| ● Niedergeschlagenheit | ● Wertlosigkeit der eigenen Person |

**Test: Depression**

Lesen Sie folgende Aussagen durch und entscheiden Sie, welche davon für Sie zutreffen.

|  | Ja | Nein |
|---|---|---|
| 1. So richtig lachen kann ich nicht mehr. | ❑ | ❑ |
| 2. Ich blicke eher pessimistisch in meine Zukunft. | ❑ | ❑ |
| 3. Fast nichts mehr hat einen Sinn. | ❑ | ❑ |
| 4. Egal, ob mir angenehme oder weniger angenehme Gefühle: Sie werden weniger. | ❑ | ❑ |
| 5. Ich finde, ich kann immer weniger bewegen. Die Vorschriften von außen mauern mich ein. | ❑ | ❑ |
| 6. Das meiste im beruflichen Bereich und auch vieles im Weltgeschehen berührt mich zunehmend weniger. | ❑ | ❑ |
| 7. Wenn ich in meinem Leben zurückblicke, war ich früher sicher lockerer als heute. | ❑ | ❑ |
| 8. Ich befürchte, meine Leistungen lassen nach. | ❑ | ❑ |
| 9. Immer mal wieder ertappe ich mich dabei, gedanklich kaum anwesend zu sein. Ich träume mich dann woanders hin. | ❑ | ❑ |
| 10. Ich fühle mich innerlich leer. | ❑ | ❑ |
| 11. Ich fühle mich schwach oder geschwächt. | ❑ | ❑ |
| 12. Vielleicht würde ich es nicht offen zugeben, aber eigentlich tue ich mir selbst manchmal leid. | ❑ | ❑ |

|                                                                                              | **Ja** | **Nein** |
|---|:--:|:--:|
| 13. Es macht mich bitter, wenn ich die letzten Jahre meines Lebens Revue passieren lasse.    | ☐ | ☐ |
| 14. Mir fällt auf, dass ich zunehmend weniger belastbar bin.                                 | ☐ | ☐ |
| 15. Ich muss immer wieder scheinbar grundlos weinen.                                         | ☐ | ☐ |

Je öfter Sie Aussagen bejaht haben, umso wahrscheinlicher leiden Sie an Depression. Diese kann erfolgreich behandelt werden – falls Sie darunter leiden, nutzen Sie bitte auf jeden Fall die Chance einer fachärztlichen Beratung und Behandlung. Denn Depression verstärkt Burnout und Burnout verstärkt Depression.

## Omnipotenzanspruch

Nicht nur Ärzte können sich als Halbgott fühlen. Auch Lehrer, Steuerberater oder Manager kennen solch ein Gefühl. Es wird Omnipotenz genannt. Menschen, die einen Omnipotenzanspruch haben,
- verbeißen sich in Ziele, die sie nicht korrigieren können,
- wollen *unbedingt* Wirkung auf Menschen (auf die Klientel) erzielen und
- wollen andere *unbedingt* in ihrem eigenen Sinne beeinflussen, verändern oder verbessern.

Wer sich bei ehrlicher Innenschau in diesen Motiven wiederfindet, hat einen Omnipotenzanspruch. Das Problem an ihm ist seine Unbedingtheit. Dieser Anspruch bedeutet nicht die Vorstellung, alles zu können, sondern die Idee, *alles tatsächlich* selbst beeinflussen zu können. Das ist immer ein Trugschluss: Selbst bei hervorragendem Fachwissen und hoch ausgeprägten menschlichen Kompetenzen hört der Einfluss da auf, wo der des anderen oder der des *Schicksals* beginnt. Ein Omnipotenzanspruch führt zu einer Art Scheuklappendenken und -leben. Ein solches Leben birgt eine größere Gefahr für Burnout in sich.

## Idealismus

Der Schaden durch Idealismus ist in der Regel größer als der Nutzen, der nur scheinbar existiert [42]. Deshalb ist Idealismus nur für einen ideal – für den Arbeitgeber, und selbst das nur scheinbar. Wenn Sie selbstständig sind, dann wirkt sich die schädigende Komponente meistens stärker aus als die nützliche. In bestimmten Berufen (Arzt, Krankenschwester, Altenpfleger usw.) wird Idealismus nahezu verlangt – übrigens nicht unbedingt von Menschen, die selbst bereit sind, ihn in ihrem Bereich vorzuleben. Aber auch in vielen anderen Berufen wird Idealismus gern gesehen – er wird dann umschrieben mit Sätzen

wie „Unsere Mitarbeiter zeigen vollen Einsatz" oder „Wenn es darauf an-
kommt, leisten unsere Mitarbeiter auch mal 180 %".

---

**Test: Idealismus**

Bitte beurteilen Sie [nach 113] die Aussagen mit der bekannten Skala von
1 bis 10.

1 bedeutet: Dem stimme ich überhaupt nicht zu. 10 bedeutet: Dem stimme
ich voll und ganz zu.

Mein Beruf als ... *(bitte setzen Sie in jeder der folgenden Aussagen Ihren
Beruf ein)* erfordert, die materielle Seite hintanzustellen. Gutes erreicht
man nicht, wenn man diesen Beruf vorrangig unter den Aspekt des Geld-
verdienens stellt.

1... 2... 3... 4... 5... 6... 7... 8... 9... 10

Wer als ... nicht mit Idealismus arbeitet, sollte sich besser einen anderen
Beruf suchen.

1... 2... 3... 4... 5... 6... 7... 8... 9... 10

Ich fühle, wie ich als ... anderen Menschen in ihrem Leben wirklich stüt-
zend geholfen habe. Das hat mich für die Belastungen meines Berufes entschädigt.

1... 2... 3... 4... 5... 6... 7... 8... 9... 10

Als ... muss man bereit sein, um der Aufgabe willen auch einschneidende
persönliche Opfer zu bringen.

1... 2... 3... 4... 5... 6... 7... 8... 9... 10

**Auswertung**
Zählen Sie Ihre Gesamtpunktzahl zusammen. Wenn Sie insgesamt 25 oder
mehr Punkte haben, könnten Sie an zu viel Idealismus „leiden" – der ist mit
einem erhöhten Risiko für Burnout verbunden.

---

# Mangelnde Selbstachtung (Selbstschädigung)

*Ich wollte, man finge damit an, sich selbst zu achten: Alles andere folgt daraus.*
Friedrich Nietzsche

Selbstachtung ist für so manchen ein heikles Thema. Vielleicht arbeiten wir
auch deshalb so vehement dagegen. Selbstschädigung ist an der Tagesord-
nung. Das schafft keine Basis für ein gesundes Leben, sondern für Burnout.

---

**Übung: Selbstschädigung**

Vielleicht mögen Sie aufschreiben, was Sie alles gegen sich tun. Typische Zeichen fehlender Selbstachtung enthält die nachfolgende Aufstellung.

- Alkoholkonsum
- Nikotinkonsum
- (zu viel) Fernsehen schauen oder im Internet surfen
- zu wenig Schlaf
- falsches Essen (zu süß, zu fett, zu wenig Ballaststoffe, zu wenig Leben im Essen – d. h. zu wenig pflanzliche Anteile)
- zu wenig Entspannungsphasen
- Urlaub in Stress ausarten lassen
- auf Urlaub verzichten
- zu wenig Pausen
- zu ehrgeizige Ziele
- zu wenig Bewegung, aber auch zu viel oder falsche Bewegung
- keine körperlichen Wohltaten wie Massagen
- Rolle einer/s Geliebten
- nicht Nein sagen
- mit 30 noch zu Hause wohnen („Hotel Mama")

---

Wer sich selbst schädigt, ist *zu* sich böse und vielleicht auch *auf* sich. In diesem Zusammenhang möchte ich anregen, auch einmal Ihren Partner oder Freunde zu fragen, ob denen in letzter Zeit oder schon länger etwas an Ihnen aufgefallen ist, das Sie selbst schädigt. Vielfach sind Menschen für sich selbst „betriebsblind".

---

**Übung: Selbstachtung**

Wenn es Ihnen einleuchtet, dass Sie sich mehr Gutes tun sollten, beginnen Sie am besten mit dem Punkt der Übung Selbstschädigung, der Ihnen zu ändern am leichtesten erscheint. Erstellen Sie sich nun einen kurzen Plan, wie Sie ein neues, sich selbst nicht mehr schädigendes Verhalten trainieren. Arbeiten Sie sich langsam vor zu den für Sie aufwendigeren Themen.

Wie Sie sich professionell Ziele setzen, lesen Sie im Abschnitt Ziele und Lösungsorientierung (Kap. 4.8 Zielerkenntnis [Stufe 8], S. 235) nach.

---

# Krafträuber

Vielleicht kennen Sie das: Sie verbringen Zeit in angeregter Gesellschaft, jedoch bemerken Sie nach der Verabschiedung, wenn Sie wieder mit sich allein sind, dass Sie sich schon seit Stunden schlecht oder unwohl fühlen. Das Gespräch hatte dieses Gefühl gut überdeckt. Gesprächsinhalt oder Gesprächs-

**Tab. 3-2** Typische Krafträuber

| | |
|---|---|
| • Hoffnungslosigkeit | (in Bezug worauf?) |
| • Schwäche, Hilflosigkeit | (welche?) |
| • Erkrankungen | (welche/bei wem?) |
| • Tod | (wer?) |
| • Verluste | (welche?) |
| • Angst | (wovor?) |
| • Starrheit | (wobei?) |
| • Unbeweglichkeit | (soll Sie wovor schützen?) |
| • festgefahrene Meinungen | (welche?) |
| • Chancenlosigkeit | (wobei?) |
| • Ärger | (womit/mit wem?) |
| • Macht | (anderer?) |
| • Manipulation | (wobei?) |
| • Eifersucht | (auf wen und weshalb?) |
| • kritische finanzielle Situation | (weshalb/wodurch verursacht?) |
| • Trennung, Verlust | (von wem oder wovon?) |

partner haben Sie letztlich Kraft gekostet, haben Ihnen Kraft entzogen. Aber es gibt nicht nur kraftraubende Menschen und Gespräche mit Ihnen, sondern auch kraftraubende Einstellungen (Tab. 3-2).

---

**Übung: Krafträuber**

Machen Sie sich eine Liste von dem, was Ihnen Kraft raubt. Sie können die Anregungen aus Tabelle 3-2 dafür nutzen. Seien Sie besonders offen und ehrlich mit sich. Die Liste muss ja sonst niemand sehen. Die Listenerstellung mag zunächst unangenehm sein, aber Sie werden später sehen, wie Sie die Liste in eine Kraftquelle verwandeln können (Kap. 4.4, Abschnitt Kraft aus scheinbar Negativem ziehen, S. 181).

# 4 Die neun Stufen der Burnout-Prävention

Die neun Stufen der Burnout-Prävention sind nicht isoliert zu betrachten, sondern diese Unterteilung soll lediglich den Blick auf ein Gesamtwerk „Burnout-Prävention" erleichtern. Bitte missverstehen Sie die zahlreichen Ratschläge nicht als voneinander unabhängig – oftmals lässt sich erst aus einer übergeordneten Sicht deren individuelle Bedeutung entnehmen (z. B. in Stufe 9 Sinnannäherung; Kap. 4.9, S. 250).

Wenn Ihnen die konsequente Bearbeitung zu mühsam oder nicht notwendig erscheint, ist es möglich, die vielen Anregungen gleich einem Markt zu nutzen: Sie gehen durch und wählen aus, was für Sie das Richtige ist. Dann können Sie die Ratschläge als Inspirationsbasis für eine neue Sicht Ihrer Dinge verwenden.

## 4.1 Zeitsouveränität (Stufe 1)

*(Es ist eine) angeborene Unart, nie den Augenblick ergreifen zu können; und immer an einem Ort zu leben, an welchem ich nicht bin; und in einer Zeit, die vorbei oder noch nicht da ist.* Heinrich von Kleist

### Bedeutung der Zeit

#### Die Achse der Angst, Teil 1 – oder: Zeitdruck

Einer meiner Klienten berichtete mir einmal von seinem „Eustress" (damit meinte er gewollten und genossenen Stress): Morgens sei er von Schwaben aus mit dem Auto zum Münchner Flughafen „gebrettert" und nach Düsseldorf geflogen. Dort habe er einen Vormittagsworkshop geleitet. Dann sei er für ein Interview nach Hamburg geflogen und schließlich wieder zurück nach München. Dort sei er kurz in ein Hotel und dann gleich zu einem Saal geeilt, um einen Vortrag zu halten. Danach sei es leider zu spät gewesen, um noch nach Hause zu fahren. Ohnehin habe er am nächsten Morgen wieder von München aus abfliegen müssen.

Gleich, ob es wirklich *Eustress* oder schlicht mörderisch ist: Zeitdruck wird als das größte berufliche Problem angesehen und meistens als der Hauptauslöser für Burnout bewertet.

Viele Menschen arbeiten unter fast ununterbrochenem Zeitdruck. Ersetzen wir das Wort durch ein anderes, das den Zustand vielleicht noch besser beschreibt: Sie leben in einer *Not,* in der *Zeitnot.* Wer in einer dauernden Not lebt, in dem wird zutiefst ein bestimmtes Gefühl entstehen müssen: *Angst.* Auch eine andere sprachliche Parallele unterstützt diese Erkenntnis: Wir fühlen uns gehetzt. Hetze bedeutet Jagd. Gleich, ob dahinter die Jagd nach Anerkennung, nach Liebe oder nur nach Geld steckt: Auch Hetze macht Angst.

So existiert eine Achse der Angst, welche für Burnout typisch ist: Am einen Ende sitzt die Zeitnot, am anderen die *Unzufriedenheit* (Kap. 4.3 Zufriedenheitskonstanz, S. 122).

Die Tatsache, unter Zeitdruck zu stehen, bringt die betroffenen Menschen in eine – in der Regel unbemerkte, aber stetig vorhandene – Angststimmung. Es ist, als befände man sich in einem angsterfüllten Raum. Das mag auch als ein Kristallisationskeim für die Ausprägung weiterer Ängste wirken. Den wenigsten ist die Stimmung klar, in die sie sich selbst bringen. Die Kraft der Instanz der Zeit wird uns meistens erst dann bewusst, wenn sie uns drückt – viele Berufstätige mit Burnout geben an, der Zeitdruck, unter dem sie arbeiten mussten, habe sie dorthin gebracht. Wenn das überdurchschnittlich viele Mitarbeiter eines Unternehmens trifft, ist es ein deutlicher Hinweis auf dessen institutionelles Burnout [1, 58].

Untersuchungen belegen die große Bedeutung von Zeitdruck für die Entstehung von Burnout [49, 138]. Kein Wunder, wenn man sich einmal klargemacht hat, in welcher Stimmung die Betroffenen über Jahre arbeiten und leben müssen. Die Erfahrung zeigt jedoch, dass sich Menschen auch selbst unter Zeitdruck setzen, weil sie ihn *brauchen* oder *gebrauchen:*

- Manche Menschen setzen sich selbst unter Zeitdruck, weil sie sich damit *spüren* können.
- Andere verursachen ihn, um sich überhaupt noch zu etwas *aufraffen* zu können.
- Ab und zu wird erkannt, dass der Zeitdruck die Funktion hat, sich *gehalten* zu fühlen.
- Andere fühlen sich durch den Zeitdruck in ihrer scheinbaren Wichtigkeit *bestätigt.*

Wenn Sie also unter stetigem Zeitdruck arbeiten – oder schon erkannt haben, dass Sie *nur so* arbeiten *können* –, stellt sich die Frage, welchen *Nutzen* Sie davon haben. Wenn der Nutzen wie beim Gefühl, bestätigt zu werden, groß ist, werden Sie auf den Zeitdruck nicht verzichten, bis Ihnen etwas anderes dieses Gefühl gibt, beispielsweise eine erfüllende Partnerschaft. Deshalb ist es sinnvoll, sich mit diesen Inhalten zu befassen. Das bedeutet, dass Sie sich vielleicht auch eines Spiegels *bedienen* müssen, zum Beispiel über einen Coach oder Therapeuten. Also: Wie gehen Sie mit der Zeit um?

---

**Übung: Selbstachtung und der Umgang mit der eigenen Zeit**

Beantworten Sie für sich zunächst folgende zwei grundsätzliche Fragen [108]:
- Wie viel wollen und können Sie, ohne sich zu schädigen, arbeiten?
- Wo, woran und auf welche Weise wollen Sie arbeiten?

Wenn Sie sich im Detail damit befassen wollen, beantworten Sie die nun anstehenden Fragen:

1. Wie lange wollen Sie maximal vormittags arbeiten?

2. Wie lang sollte Ihre Mittagspause sein (Briefe diktieren, Telefonate führen, Tageszeitungen lesen usw. sind Arbeit und keine Mittagspause)?

3. Wie lange wollen Sie maximal nachmittags arbeiten?

4. Wie viele Klienten ertragen Sie am Stück und an einem Halbtag und Tag?

5. Wie viele Tage können Sie in einer Woche mit Ihrer Klientel arbeiten?

6. Nach wie viel Zeit müssen Sie eine echte Auszeit im Sinne eines Urlaubs haben?

7. Wie lang muss ein einzelner Urlaub mindestens sein?

---

Akzeptieren Sie Ihre zeitlichen Beschränkungen, also Ihre Kapazität. Die Wochenarbeitszeit sollte 40 (+ max. 5) Stunden betragen, auf jeden Fall unter 50 Stunden, da sich ansonsten das Herzinfarktrisiko zu dramatisch erhöht [in 12]. Das Burnout-Risiko steigt bei über 40 Stunden Wochenarbeitszeit je 5 Stunden mehr um jeweils ca. 15 % an. Das bedeutet: Bei ansonsten völlig gleichen (also nicht verschlechterten) Arbeitsbedingungen *verdoppeln* Menschen, die statt 40 etwa 60 Stunden in der Woche arbeiten, ihr Burnout-Risiko.

## Gegenwart – eine eigene Dimension

Da viele Menschen verlernt haben, in der Gegenwart zu leben und sich so selbstverständlich zu spüren, gieren sie nach Erlebnissen, nach etwas *Ein-Drücklichem*. Das machen sich die modernen Medien zunutze – die stetig wachsende Zahl von Horror und „Reality" in der größten Illusion, dem Fernsehen, ist dafür Sinnbild. Diese Erlebnisse dienen als heftige und weiter stetig in der Intensität zu steigernde Reize, um überhaupt noch etwas zu spüren oder zu empfinden.

Um mit den heftigen Eindrücken klar zu kommen und eine Art von Balance zu erreichen, bräuchte der Zuschauer die Möglichkeit, seine *Eindrücke* auch wieder *auszudrücken*. Das funktioniert aufgrund der vollkommen einseitigen Berieselung aber nicht: Was deshalb vorherrscht, ist weitgehende Sprachlosigkeit, eine Grundkonstellation für Burnout, die zur innerlichen Erschöpfung führt.

Wer sein Verlangen nach etwas Eindrücklichem virtuell nicht und auch sonst nicht genügend auslebt, nutzt dafür Möglichkeiten wie Bungee-Jumping, Triathlon, Bergsteigen im Himalaja, Tauchen, Fallschirmspringen, Autorennen – oder Technomusik, deren Einfluss ist so heftig, dass man sich ihm praktisch nicht entziehen kann. Wir können daran auch erkennen, dass wir unsere *Sinne brauchen,* um in die Gegenwart zu gelangen.

Wer Burnout hat, lebt in aller Regel *nicht* in der Gegenwart, sondern in der Vergangenheit. Kaum ein Mensch mit Burnout ist wirklich in der Gegenwart präsent oder tut noch Entscheidendes mit ihr. Wir erfahren uns letztlich jedoch ausschließlich im gegenwärtigen Augenblick. Es ist wichtig, *jetzt* zu leben, damit das Gefühl aufhört, vom Leben gelebt zu werden. Jeder Mensch lebt natürlich immer nur in den unendlich kurzen Momenten der Gegenwart, aber er entflieht ihr mit seinen Gedanken, mit Panikattacken oder der Depression.

Auch wenn es zum Beispiel in der Meditation möglich ist, den Zeitfaktor für eine gewisse Zeit auszuschalten: In der Realität des Alltags muss die Zeit beachtet werden. Sie müssen natürlich wissen, wann Ihr Flugzeug startet oder, wenn Sie ein Soufflé machen wollen, wann Ihre Gäste kommen – und Sie müssen sich auch darauf verlassen können.

Deshalb spielt Zeitsouveränität eine große Rolle. Sie beachtet nicht nur die Gegenwart, sondern auch die Zukunft und die Vergangenheit. Zeit ist eine wichtige Ressource, die alle Menschen eint: Jeder hat genau 24 Stunden pro Tag. Zeit kann niemand kaufen oder befehlen; Lebenszeit übrigens auch nicht. Zur Zeitsouveränität muss gehören, genügend freie Zeit für sich und seine sozialen Beziehungen zu planen [61].

Das Leben findet in der Gegenwart statt. Sie können den Sonnenuntergang von vorgestern nicht heute genießen oder den Geschmack der Erdbeere, die Sie morgen essen werden, jetzt auf der Zunge haben. Deshalb tun Sie möglichst immer nur eine Sache, nicht zwei Dinge gleichzeitig, denn dann machen Sie wahrscheinlich beides nicht wirklich intensiv. Ein Beispiel: Sie essen und lesen zugleich. Sie sind dann nicht beim Essen und auch nicht beim Lesen. Und selbst während des Essens denken Sie beim Kauen an den Schluck Wasser, den Sie danach nehmen werden. Und wenn Sie trinken, sind Sie innerlich schon wieder beim nächsten Bissen. Das zu unterlassen, bedeutet, im Hier und Jetzt zu leben – also immer der Reihe nach. Das Hier und Jetzt kann für manchen trotzdem ein großes Problem sein, da jeder Mensch seine gesamte Erfahrung aus der Vergangenheit mitbringt. Alles, was er heute spürt, durchläuft diesen Vergangenheitsfilter.

## Zeit zwischen hoher Instanz und persönlicher Souveränität

Es geht bei Zeit und Burnout-Prävention nicht darum, über effiziente und effektive Zeitplanung „Zeit zu sparen". Niemand kann Zeit aufs Sparbuch legen. Niemand kann etwas sparen, das ihm weder gehört noch irgendwie beeinflussbar ist. So mancher verschwendet sein Leben, weil er der Idee folgt, Zeit sparen zu können. Anschaulich verdeutlicht dieses Phänomen das Buch *Momo* von Michael Ende. Es zeigt auch die Lösung auf.

Wenn Sie etwas managen wollen, so ist es sinnvoller, Ihre wirkliche, innerliche *Anwesenheit* zu managen, Ihr *Da-Sein,* Ihre Aufmerksamkeit; darum wird es in späteren Abschnitten des Buchs noch gehen. Wenn Sie Zeitmanagement mit dem Ziel wollen, den Stress zu managen – und Zeitdruck damit als gegeben hinnehmen –, ist das ein falscher Weg (Kap. 4.4, Abschnitt Innere Achtsamkeit, S. 156; Kap. 4.5, Abschnitte Empathie steigern, S. 198; Einfühlsam kommunizieren, S. 201). Kosten Sie die Zeit aus, indem Sie diese leben statt sie sparen zu wollen. Sie *haben* nämlich keine Zeit. Sie können sich allenfalls Zeit *nehmen.*

Es ist wirkungsvoll, in diesem Sinn ein hohes Maß an Zeitsouveränität zu gewinnen, das heißt, die zur Verfügung stehende Wachzeit von etwa 16 Stunden täglich für die eigenen persönlichen, beruflichen und familiären Belange bestmöglich einzusetzen. Wollen Sie Ihr Leben mit Terminen füllen? Dann sind Sie vielleicht bald abgefüllt mit Terminen. Oder wollen Sie ein erfülltes Leben *leben*? Dann sollten Sie zwei Balancen beachten: Die eine ist zwischen der Zeit Zeit *für sich selbst* und *für andere* zu finden, die andere zwischen Arbeit und *Freizeit.*

Zeit bedeutet viel mehr als unsere Uhr oder der berufliche Zeitdruck. Zeit verläuft auch in großen Zyklen, in den Lebenszyklen, die in einem Rhythmus von etwa sieben Jahren ablaufen. Wir alle folgen ihnen, ob wir wollen oder nicht [nach 12]. Dafür haben wir Ausdrücke geprägt wie Kindheit, Jugendzeit, Pubertät, das Erwachsenwerden, die Familiengründung, die Berufsfindung, die Hochzeit, die Wechseljahre, das Reifwerden, der Lebensabend.

Die *graue Eminenz der Zeit* spiegelt sich wider in Worten wie *sich Zeit zu nehmen* und es ist von Bedeutung, zu spüren, wann es *Zeit für etwas* ist. Zeitsouveränität erfordert unter anderem das *erkennende* Einbinden des Phänomens Zeit in den Alltag. Das bedeutet, Geduld zu entwickeln, sich und anderen *zeitliche Freiräume* zu gestalten, warten zu lernen. Es bedeutet auch einen Wechsel zwischen Ruhe und Aktion, also *rhythmisches* Arbeiten, einerseits erzwungen durch die Nacht und den Schlaf, andererseits selbst bestimmt im Rahmen der Tätigkeit. Das schließt ein, den Umgang mit irreversiblen und chronischen Prozessen zu lernen, *Zeitrituale* zu installieren und sich der *Zukunft* im Sinne von eigenen Zielen zu widmen. Nicht zuletzt verlangt es, *Zeitdruck* zu minimieren.

## Persönlichkeit und Zeitdruck

Wie grundsätzlich dem Zeitdruck zu begegnen ist, das hängt auch mit der Persönlichkeit des „Gedrückten" zusammen [nach 28].

┌─ **Test: Persönlichkeit und Zeitdruck** ─────────────────────────────

Entscheiden Sie nun selbst, welche der Aussagen über Ihre persönliche Art des Zeitdrucks zutreffen.

|  | Trifft zu | Trifft nicht zu |
|---|---|---|
| **Typ A** | | |
| Ich habe Probleme, weil ich bei zu vielen Leuten Ja sage. | ❑ | ❑ |
| Ich will alles perfekt machen. | ❑ | ❑ |
| Es fällt mir sehr schwer, Prioritäten zu setzen. | ❑ | ❑ |
| **Typ B** | | |
| Es kostet mich immer wieder Zeit, weil ich auf etwas wie meiner Ansicht beharre. | ❑ | ❑ |
| Das meiste empfinde ich als dringend. | ❑ | ❑ |
| Am liebsten würde ich alles auf einmal machen. | ❑ | ❑ |
| **Typ C** | | |
| Es gibt so viele Handlungsmöglichkeiten, dass ich mich manchmal verzettele. | ❑ | ❑ |
| Ich befürworte Veränderungen und will diese auch durchsetzen. | ❑ | ❑ |
| Manchmal wird mir gesagt, ich wartete darauf, dass andere etwas tun. | ❑ | ❑ |
| **Typ D** | | |
| Ich komme manchmal nicht in die Puschen, weil ich es übergenau wissen will. | ❑ | ❑ |
| Der Schreib-/Verwaltungskram wächst mir über den Kopf. | ❑ | ❑ |
| Ab und zu denke ich zu sehr über das Wie nach und vergesse das Tun. | ❑ | ❑ |

**Auswertung**

Die Typencharakterisierung basiert auf einer der vielen Möglichkeiten, Menschen in Schubladen zu packen (hier: LIFO®-Verhaltenstypologie). Sie eignet sich recht gut, um zu sehen, wie es der Einzelne macht, um in Zeitdruck zu geraten. Typ A wird als werte-, Typ B als aktivitäts-, Typ C als kooperations- und Typ D als vernunftorientiert beschrieben. Da „Mischtypen" durchaus regelhaft auftreten, ist die Aussagekraft des Tests beschränkt. Schauen Sie nach, ob Sie in einem oder zwei der Drei-Aussagen-Felder eine *Häufung* Ihrer eigenen „Methode der Zeitknappheit" entdecken. Dann bringen Ihnen die folgenden Hinweise zu den Typen mehr.

**Typ A:** Vielleicht haben Sie Angst, zu wenig Anerkennung zu erhalten, sonst würden Sie sich weniger einsetzen. Oder Sie wollen sich nicht ausgeschlossen fühlen. Wie dem auch sei, grundsätzlich ist es für Sie wichtig, das Nein besser zu trainieren (s. Abschnitt Orales Burnout-Verhütungsmittel, S. 87, und Kap. 4.2, Abschnitt Grenzziehung und Selbstbegrenzung, S. 105) und klar zu dem zu stehen, was Sie wirklich wollen. Wenn Sie zeitliche Enge spüren, handeln Sie so: Das (und nichts anderes) *möchte ich* tun.

**Typ B:** Vielleicht wollen Sie auf keinen Fall Chancen verpassen. Ihnen wäre es zu peinlich, als inkompetent beurteilt zu werden. Dann wäre es für Sie wichtig zu lernen, zu Ihren Schwächen zu stehen. Höchstwahrscheinlich ist es sinnvoll, dass Sie sich auf weniger Aufgaben noch mehr konzentrieren. Wenn die Zeit drückt, richten Sie sich nach Folgendem: *Genau das* werde ich heute tun. Lesen Sie in den Abschnitten Dringend oder wichtig (S. 84) und Prioritäten setzen (S. 85) nach, wie Sie Wichtiges von Dringendem unterscheiden.

**Typ C:** Sie sehnen Sie sich danach, im Mittelpunkt zu stehen, zumindest brauchen Sie Zustimmung von anderen, um ausgeglichen zu sein. Dann wäre es gut, wenn Sie wirkliche Selbstliebe üben würden (Kap. 4.4, Abschnitt Liebe und Selbstliebe, S. 165). In Zeitnot sollte Ihnen schneller auffallen, was Sie wirklich wollen und wohin Sie wollen. Sagen Sie sich dann: Das ist es, was *getan werden muss*.

**Typ D:** Ab und zu wundern Sie sich, was da um Sie herum geschieht. Oder Sie fürchten sich, Ihre Aufgaben nicht vollständig erledigen zu können. Für Sie gilt eine schlichte Regel: Es gibt nichts Gutes, außer Sie tun es. Sie sollten noch mehr in die wirkungsvolle Tat umsetzen (Kap. 4.8, Abschnitt Ziele und Lösungsorientierung, S. 238). Richten Sie die Botschaft an Ihr Innen: Genau das werde ich *jetzt tun*.

## Effizienz oder Effektivität?

Geht es Ihnen eher um Effizienz, also darum, möglichst viel in möglichst kurzer Zeit erledigen zu können? Oder geht es Ihnen eher um Effektivität, um die eigene Wirkkraft und damit darum, die *richtigen* Sachen zu erledigen? Effektivität braucht erheblich weniger ausgeklügeltes Zeitumgangsmanagement. Wahrscheinlich antworten Sie: Beides! – Das wird mühsam. Ich rate Ihnen, sich für eines von beiden zu entscheiden. Was ist sinnvoll?

Schauen Sie sich Abbildung 4-1 an. Ihre Aufgabe ist es, die Quadrate in die richtige Reihenfolge zu bringen. Das ist recht schwierig, viele kennen dieses Spiel von früher. Aber es ist zu schaffen.

Wollen Sie die Effizienz in diesem Spiel steigern? Abbildung 4-2 zeigt Ihnen, wie es geht.

Jetzt haben Sie jeden Platz ausgenutzt, den es gibt … Die Effizienz wurde jedenfalls um mehr als 10 % gesteigert – die Auslastung liegt nun bei angeblich anstrebenswerten 100 %. Wenn Sie vorrangig effizient arbeiten, bewegen Sie sich demzufolge rasch in die falsche Richtung. Es ist sogar so, je optimierter Ihre Effizienz wird, umso mehr entfernen Sie sich von den wirklichen Zielen. Da gilt: „Wir haben uns verirrt, kommen aber gut voran." [35] In solcher Weise nach Effizienz strebend, füllen sich nicht wenige ihre Terminkalender und wundern sich, warum sie unter Zeitdruck arbeiten müssen. Unter Zeitdruck denken wir aber nicht schneller, eher fahriger. Durch Druck von außen wurde das Denken noch nie gefördert. Wenn Sie einen Beruf ausüben, der Denken erfordert (und das trifft auf die Berufe zu, in denen Burnout wahrscheinlich wird), ist es sinnlos, den Druck zu steigern, da nur die Fehlerquote zunehmen wird.

Wenn Sie hingegen effektiv arbeiten, aber weniger effizient, bewegen Sie sich wenigstens (vielleicht langsam) in die Richtung, in die Sie wollen.

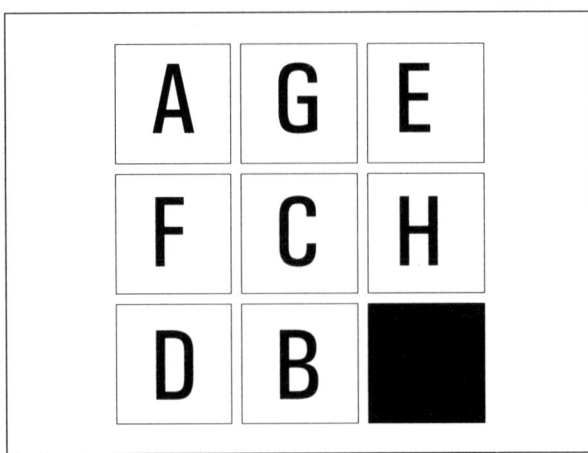

**Abb. 4-1** Bestens ausgelastet

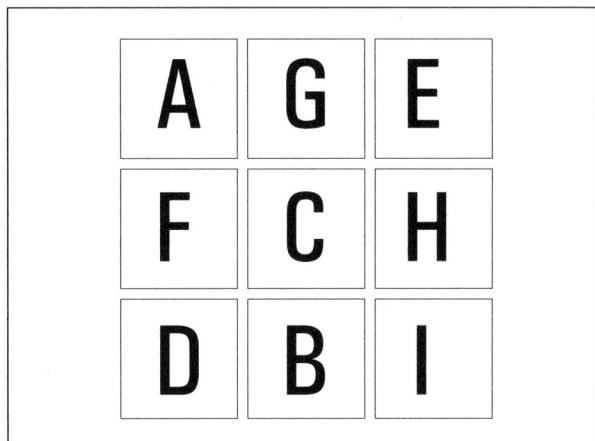

**Abb. 4-2** Höchst effizient ...

## Weshalb die Zeit knapp wird

Die Ressource, die am meisten vermisst wird, ist Zeit. Das liegt auch daran, dass bis zu 90% (!) der Manager [16] – und das dürfte bei Ärzten oder Lehrern nicht fundamental anders sein – ihre Zeit mit einem weiten Spektrum von *ineffektiven* Aktivitäten verschwenden. In diesem Zusammenhang gibt es eine hoch interessante Erkenntnis: Nicht nur Patienten haben das Gefühl, heute beim Arzt so schnell wie möglich *abgefertigt* zu werden. Auch Ärzte glauben, sie hätten heute weniger Zeit für jeden Patienten als früher. In der Tat aber ist es umgekehrt: Die Zeit, die Patient und Arzt zur Verfügung steht, wird seit Jahrzehnten mehr [95]. Objektiv scheint also kein Grund zu bestehen, die Zeitsouveränität zu steigern. Tatsächlich sollte ebenso der Zeitdruck zumindest zwischen Patient und Arzt weniger werden.

Offenbar bestehen zwischen *Zeitmessung* und *Zeitempfinden* gravierende Differenzen. Es gibt eine Reihe von Gründen, weshalb die Zeit als knapp empfunden wird. Bei Ärzten sind das unter anderem:

- die Notwendigkeit, Behandlungsalternativen darzustellen, weil erstmals Alternativen existieren;
- besser informierte Patienten, die mehr nachfragen;
- die juristische Notwendigkeit für ausführliche Aufklärungen, zum Beispiel vor Operationen;
- die größere Erwartungshaltung der Patienten (und auch der Ärzte sich selbst gegenüber);
- das Einholen einer zweiten Meinung (das braucht erst einmal je Arztbesuch nicht mehr Zeit, aber dadurch müssen Ärzte mehr Termine vergeben und geraten dadurch in Zeitnot);
- das Doctorhopping: dann, wenn ein Arzt einen Patienten bereits länger kennt, entsteht beim einzelnen Termin rasch ein vertrauensvoller Raum, in dem zügiger gearbeitet werden kann; jeder neue Arzt (das „Hopping") braucht eine Kennenlernphase;

- erdrückend zunehmende und zunehmend erdrückende Verwaltungsarbeiten;
- zunehmende Überwachungsmaßnahmen von dritter Seite bei Verlust der Autonomie.

Einiges lässt sich auf die anderen, vermehrt von Burnout betroffenen Berufe übertragen: Der unendliche Wust von Verwaltung und mehr und mehr zu vermittelnde Information in Verbindung mit immer höherer Angst vor Rechtsverfolgung haben direkt mit der größer werdenden Zeitnot zu tun. Bei Angestellten ist es zudem eine andere Angst, die vor Entlassung – nur keinen Fehler machen.

## Terminmanagement

Was bei einer Vielzahl der Menschen mit Burnout-Risiko hilft, ist ein Terminmanagement. Worin unterscheiden sich Termin- und Zeitmanagement? Der Unterschied liegt in der Menge pro Zeiteinheit (Abb. 4-3). Es gibt Berufe wie Kunden beratende Bankangestellte, Manager, die einen Stab von zum Beispiel Verkäufern leiten, oder Stewardessen, die in kurzer bis kürzester Zeit einen Menschen nach dem anderen behandeln, beraten oder bedienen müssen. Sie haben dutzende und mehr Termine am Tag. Diese Termine sind aber das Zentrale des jeweiligen Berufes, also höchst wichtig. Klassisches „Zeitmanagement" ist mit solch einer Konstellation überfordert, geht es doch von einem oder wenigen wirklich wichtigen Terminen am Tag aus.

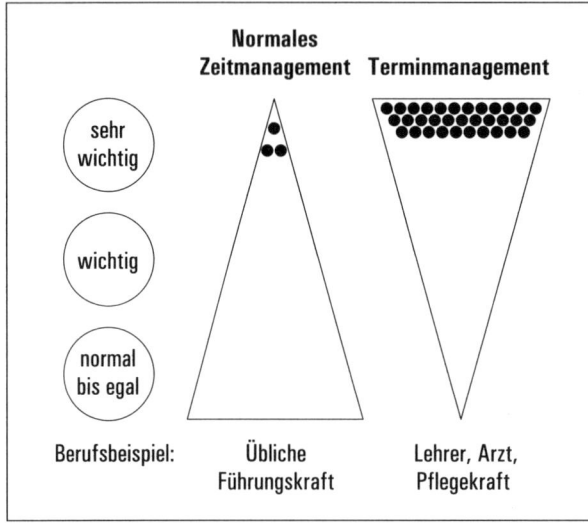

**Abb. 4-3** Unterschied von Termin- und Zeitmanagement

# Der individuell-souveräne Umgang mit Zeit und Terminen

Die Bezeichnung „Zeitmanagement" ist in etwa so intelligent wie „Wettermanagement". Beides, Zeit und Wetter, sind vom Menschen vollkommen unabhängige und unbeeinflussbare Dimensionen. Deshalb kann es Zeitmanagement so nicht geben, allenfalls Zeitumgangsmanagement. Die Zeit ist so stark, dass sich, um sie zu achten, der *Weltraum* beugt! Dennoch kommen Menschen auf die Idee, sie managen zu können [116]. Ausschließlich der *Umgang* mit dieser absolut unveränderlichen Instanz kann verbessert werden. Dies ist ein Teil des Selbstmanagements, weil Probleme im Umgang mit der Zeit vorrangig selbst gemacht sind. Letztlich bleiben drei wesentliche Chancen, den Umgang mit der Zeit zu verbessern [35]:

● Realitätssinn: Das bedeutet, die Termine *realistisch* zu vergeben.
● Zeitrespekt: Wer die Zeit als hohe Instanz und unveränderbare Größe respektiert, *nutzt* sie statt sie zu *verschwenden.*
● Aufgabenstrukturierung: Es muss festgelegt werden, welche Aufgaben zu erfüllen, zu verändern, zu streichen, zu verschieben oder zu delegieren sind.

Es gibt nur ein Kriterium, das unsere individuelle Zeitnutzung bestimmt, zumindest bestimmen sollte: Was uns etwas wert ist, was uns wichtig ist, dafür nehmen wir uns Zeit.

## Realitätssinn

Es gibt eine Reihe von Fallen, die dazu führen, dass zu viel Arbeit oder zu viele Termine angenommen werden:

● zu schwache Delegierfähigkeit (Kap. 4.2, Abschnitt Delegieren, S. 106);
● fehlende Erfahrung;
● Perfektionismus (Kap. 4.2, S. 98);
● falsch bearbeitete oder gesetzte Prioritäten;
● Zeit wird durch unnötige Arbeit vergeudet;
● Verzettelung.

Wenn die Zeit drückt, neigen viele dazu, die Gesamtarbeitszeit auszuweiten. Aber das funktioniert nur für einen Moment, denn auf Dauer wird die Belastung so groß, dass die Ergebnisse schlechter werden – als hätten sie die Arbeitszeit nie verlängert.

Ich habe so oft in Arztpraxen erlebt, wie offensichtlich absurd Termine für Patienten vergeben werden. Es gibt Ärzte, die bestellen drei Patienten zu demselben Termin mit der Begründung, dass Patienten immer wieder auch nicht kämen.

Erfahrungen mit Führungskräften und Managern sind in keiner Weise anders, auch sie überfrachten ihren Tag mit Aufgaben. Sie hasten durch den Tag, verzichten auf Pausen oder das Mittagessen und arbeiten viel zu viele Stunden. Einige tun es, weil sie dem Fehlurteil aufsitzen, damit als besonders begehrte oder fähige Manager zu wirken. Eindruck macht aber nur ein Manager, der nicht ins Schwitzen gerät oder hektisch wird. Wirklich erfolgreiche Unternehmen und ihre Mitarbeiter (auch Manager sind Mitarbeiter) fallen nicht als besonders betriebsam auf, sondern wirken insgesamt eher gelassen.

Sich selbst im positiven Sinn im Griff zu haben, bedeutet auch, die Macht der Zeit anzuerkennen und die Termine deshalb realistisch zu planen. Was dabei helfen kann, sind Slots.

## Slots

Eine wichtige Chance zum wirkungsvollen Umgang mit vielen täglichen Terminen wurde mir klar, als ich in einem Flugzeug auf dessen Abflug wartete.

> Das Bordpersonal war überaus aktiv, jemand war mit neuem Kartenmaterial gerade ins Flugzeug gekommen. Die angegebene Abflugminute rückte näher und der Pilot meldete sich. Er teilte den Passagieren mit, ihm sei ganz kurzfristig eine neue Flugroute zugeteilt worden und er müsse noch kurz das aktuelle Informationsmaterial dazu studieren. Der Abflug würde sich jedoch nur um wenige Minuten verzögern, er wolle unbedingt den zugewiesenen Slot einhalten. Er erläuterte uns noch, es handele sich um eine vorab gegebene Zeitspanne, während der das Flugzeug abfliegen müsse. Ansonsten drohten Geldstrafen und ein neuer Slot würde mit meistens deutlicher Verspätung zugewiesen.

Das ist eine mögliche Lösung, wenn viele Termine zu vergeben sind: Vergeben Sie keine Termine mehr, sondern Slots. Sagen Sie beispielsweise einem einzelnen Ihrer Klienten, dass er zwischen 10.00 Uhr und 10.30 Uhr an der Reihe sein wird. Das nimmt den starken Druck aus der Terminfrage, aber an den Zeitraum müssen Sie sich verbindlich halten. Es entbindet Sie also nicht, eine korrekt (niedrige) Maximalzahl von Terminen festzulegen. Die Maximalzahl von Terminen ist eigentlich eine Rechenaufgabe für die vierte Schulklasse. Sie müssen herausfinden, wie lange Sie im Mittel für welche Aufgaben brauchen, ob Vor- und Nacharbeiten notwendig sind und die Ihnen zur Verfügung stehende Zeit durch eine von Ihnen ermittelte durchschnittliche Terminzeit teilen. Damit errechnen Sie die mögliche Terminanzahl. Es gibt zwei Ausnahmen:

1. Dann, wenn mit hoher Wahrscheinlichkeit regelhaft Termine kurzfristig ausfallen oder abgesagt werden, können Sie das tun, weshalb sich schon so mancher Fluggast über Fluglinien geärgert hat: geringes Überbuchen, also mehr Termine vergeben. Aber Vorsicht: Wenn Sie bereits gefährdet sind, Burnout zu bekommen, rate ich von dieser Überbuchung strikt ab. Gönnen Sie sich bei ausfallenden Terminen lieber eine kurze Ruhezeit.
2. Dann, wenn mit hoher Wahrscheinlichkeit regelhaft zusätzliche Termine notwendig werden (sog. Notfälle), planen Sie diese in der durchschnittlichen Häufigkeit ein. Wenn dann mal kein Notfall kommt, gönnen Sie sich eine kurze Ruhezeit. Geschadet hat diese noch niemandem.

## Zeitrespekt

Zeitrespekt bedeutet, Zeitfresser so weit wie möglich aus dem Leben zu verbannen. Denn das ist die wirkungs- und respektvollste Möglichkeit, mit der eigenen Zeit und der anderer umzugehen. Dafür müssen „Zeitfresser" erkannt werden. Es gibt eine Reihe von Zeitfressern, die nicht auf den ersten Blick auffallen (Tab. 4-1).

Im beruflichen Alltag treten Zeitfresser sowohl bei der Planung als auch bei der Organisation oder der Leitung auf [62]. Natürlich kann die Einstellung vertreten werden, jeder Zeitfresser, den Sie zulassen, habe nur mit Ihnen zu tun. Ich sehe es etwas anders: Es gibt einerseits Zeitfresser, die nur mit uns selbst zu tun haben wie die Unfähigkeit der kontinuierlichen Eigenmotivation. Es gibt aber auch solche, die von außen kommen, wie beispielsweise unangemeldete Termine. Sicher ist auch die Bearbeitung der von außen kommenden

**Tab. 4-1**  Zeitfresser (Auswahl)

- zu viele Kontakte mit der eigenen Klientel im Block (Ermüdung!)

- ungünstige Gestaltung des Arbeitszimmers oder der gesamten Kanzlei, des Büros, der Praxis (ungünstige Raumergonomie)

- wiederholte Störungen von außen (Mitarbeiter kommen ungefragt in den Raum usw.)

- Arbeit während der physiologischen Tagestiefs (Hoch: morgens bis etwa 12 Uhr; Tief: zwischen 13 und 15 Uhr sowie abends ab 19 Uhr)

- falscher Beruf

- übertriebenes Styling

- falsches Unternehmen (die Unternehmenskultur ist mit den eigenen Vorstellungen nicht vereinbar; die entstehenden inneren Widerstände kosten in der Regel Zeit)

- zu lange Anfahrtszeit zur Arbeit

- Unzufriedenheit mit Mitarbeitern (zeitraubende, unnötige Gespräche)

- Schwierigkeiten zu Hause (beruflich nicht so bei der Sache sein, wie es sonst möglich wäre)

- Telefonate und Besprechungen unnötig führen oder endlos in die Länge ziehen

- Schwierigkeiten mit dem PC oder mit dem manuellen Schreiben

- den eigenen Redefluss nicht aufhalten

- eigene Krankheit (nur gesund brauchen wir am wenigsten Zeit je Arbeitseinheit)

- Fachzeitschriften und -bücher, die zu lesen keinen wirklichen Gewinn bringt

Störungen wichtig, effektiver ist jedoch, mit sich selbst zu beginnen. Denn Zeitsouveränität ist auch eine Übung in Selbstbeherrschung.

Fernsehen und/oder das Surfen im Internet sind die Spitzenreiter aller Zeitfresser. Was gibt es für Argumente, das dennoch beizubehalten?

■ **„Ich kann nicht darauf verzichten, abends muss ich die Nachrichten sehen. Ich muss doch wissen, was in der Welt geschieht."** Warum eigentlich? Interessiert es Sie wirklich, dass die Brücke am Hululu-Fluss heute eingestürzt ist? Wozu dient es Ihnen und Ihrer Gesundheit, vom nächsten Selbstmordattentat und dem folgenden Grauen zu erfahren? Das alles hat wenig mit Ihnen zu tun. Sicher, alles hängt mit allem zusammen. Aber meiner Meinung nach bringen Nachrichtensendungen – und auch das Fernsehen im Allgemeinen – kein auch nur annäherungsweise komplettes und ehrliches Bild der Realität. Jede Nachrichtensendung lebt vom Negativen, von einer extremen Auswahl und verkürzten Darstellung. Täglich werden aus zehntausenden Nachrichten ein Dutzend herausgesucht. Das ist höchst subjektive *Meinungsmache* und keine tatsächlich objektive Informationsvermittlung. Davon unabhängig gibt es Berufe, die möglichst viele berufsspezifische Informationen brauchen wie Redakteure, Börsenmakler, Politiker. Diese Informationen bekommen sie aber in der Regel gerade nicht durch das Fernsehen.

■ **„Fernsehen bildet."** Die Tatsache, dass viele bereits am nächsten Morgen Mühe haben, sich an das zu erinnern, was sie in der letzten Nacht gesehen haben, mag die Ausprägung der Bildung relativieren. Außerdem ist wirkliche Bildung nicht durch eine Informationsvermittlung zu erreichen – erst die eigene Verarbeitung des Gesehenen oder Gehörten (die beim Fernsehen oder Internetsurfen in der Regel nicht stattfindet) ermöglicht es, sich die äußere Information zu eigen zu machen.

■ **„Ich brauche das zur Entspannung."** Informationen, egal ob „Unterhaltung" oder „News", *fordern* immer etwas – sie können also keine Entspannung sein; ganz im Gegensatz zu einem sinnlichen Bad oder einem Spaziergang in der Natur. Dass Fernsehen jeden Menschen stresst, lässt sich durch Messungen nachweisen.

■ **„Ich bin so fertig, ich kann nichts anderes mehr tun."** Sind Sie auch zu fertig, um ins Bett zu gehen oder sich von einem Buch inspirieren zu lassen oder einfach nur auszuspannen?

Wenn Sie täglich nur 60 Minuten fernsehen, dann schauen Sie pro Jahr 21 900 Minuten. Wenn Sie diese Zeit im Block 16 Stunden pro Tag ausrechnen, wären das 23 Tage im Jahr – fast ein ganzer Jahresurlaub. Den können Sie wahrscheinlich schöner verbringen. Im Übrigen vergeudet der Durchschnittsbürger täglich nicht eine, sondern drei und einviertel Stunden vor dem Fernseher – das bedeutet etwa so viel Zeit wie 75 % der tatsächlich beruflich gearbeiteten Zeit! Menschen mit geringerer Bildung schauen durchschnittlich mehr als fünf Stunden täglich Fernsehen.

Vielleicht können Sie mit folgendem Test, unabhängig vom Zeitfresser Nummer eins, erkennen, woran es nun konkret liegt, wenn Ihre Zeit immer wieder knapp wird [nach 68].

---

**Test: Zeitfresser bei unzureichender Aufgabenstrukturierung**

| | Häufig | Manch-mal | Selten | Nie |
|---|---|---|---|---|
| **Teil I** | | | | |
| Ich habe Schwierigkeiten, Prioritäten zu setzen. | ❐ | ❐ | ❐ | ❐ |
| Ich kann nicht Nein sagen. | ❐ | ❐ | ❐ | ❐ |
| Ich möchte oft für andere da sein. | ❐ | ❐ | ❐ | ❐ |
| Ich lasse mir immer wieder Arbeiten aufdrängen. | ❐ | ❐ | ❐ | ❐ |
| Ich möchte alles perfekt machen. | ❐ | ❐ | ❐ | ❐ |
| Ich kann mich schwer/schlecht entscheiden. | ❐ | ❐ | ❐ | ❐ |
| Ich meine, alles gleichzeitig machen zu sollen. | ❐ | ❐ | ❐ | ❐ |
| Unangenehmes schiebe ich gerne vor mir her. | ❐ | ❐ | ❐ | ❐ |
| Ich kann schwer delegieren und will es selbst machen. | ❐ | ❐ | ❐ | ❐ |
| Ich brauche die Anerkennung für meine Arbeit. | ❐ | ❐ | ❐ | ❐ |
| Ich will es wissen, ich muss ganz hoch kommen. | ❐ | ❐ | ❐ | ❐ |
| Eigentlich habe ich Angst, nichts zu tun zu haben. | ❐ | ❐ | ❐ | ❐ |

|  | Häufig | Manch-mal | Selten | Nie |
|---|---|---|---|---|

**Teil II**

| Ich habe Probleme, Arbeiten zu beginnen. | ❏ | ❏ | ❏ | ❏ |
| Ich bin angespannt und fühle mich wie unter Strom stehend. In der Hektik passieren immer wieder Fehler. | ❏ | ❏ | ❏ | ❏ |
| Ich springe hin und her zwischen Teilaufgaben. | ❏ | ❏ | ❏ | ❏ |
| Ich plane kaum Zeit für Unvorhergesehenes ein. | ❏ | ❏ | ❏ | ❏ |
| Ich erwische mich dabei, Unwichtiges vor Wichtigem zu erledigen. | ❏ | ❏ | ❏ | ❏ |
| Ich arbeite täglich weit mehr als 8 Stunden. | ❏ | ❏ | ❏ | ❏ |
| Ich habe Schwierigkeiten, Arbeiten abzuschließen. | ❏ | ❏ | ❏ | ❏ |
| Ich weiß nicht, wann ich fertig bin und wann nicht. | ❏ | ❏ | ❏ | ❏ |
| Ich komme praktisch nie zu Pausen. | ❏ | ❏ | ❏ | ❏ |
| Ich kann schwer abschätzen, wie viel Zeit ich für einzelne Aufgaben benötige. | ❏ | ❏ | ❏ | ❏ |

**Teil III**

| Ich werde zu oft ans Telefon gerufen. | ❏ | ❏ | ❏ | ❏ |
| Ich verbrauche viel Zeit, weil mir Ziele unklar sind. | ❏ | ❏ | ❏ | ❏ |
| Ich ersticke in (unnötigem) Papierkram. | ❏ | ❏ | ❏ | ❏ |
| Mir geht viel Zeit durch Staus verloren. | ❏ | ❏ | ❏ | ❏ |
| Zur Arbeitsstätte oder innerhalb derselben sind es zu lange Wege. | ❏ | ❏ | ❏ | ❏ |
| Ich werde laufend unterbrochen. | ❏ | ❏ | ❏ | ❏ |

| | Häufig | Manch-mal | Selten | Nie |
|---|---|---|---|---|
| Ich muss an zu vielen Besprechungen teil-nehmen. | ❏ | ❏ | ❏ | ❏ |
| Ich leide unter ständig wechselnden Auf-gaben. | ❏ | ❏ | ❏ | ❏ |
| Für Banalitäten wie dem Schlange stehen bei der Essensausgabe geht viel Zeit ver-loren. | ❏ | ❏ | ❏ | ❏ |

**Auswertung**

- Teil I klärt Ihre eigenen Fehler bei der Planung.
- Teil II klärt Ihre Einstellungen und Verhaltensweisen.
- Teil III beschreibt äußere Faktoren der Aufgabenstrukturierung.

Äußere Faktoren bedeuten nicht, Sie selbst könnten sie nicht beeinflussen – was erst recht für die selbstständig Berufstätigen unter den Lesern gilt.

---

**Übung: Individuelle Zeitfresser**

Schreiben Sie sich nun Ihre häufigsten und die wiederkehrenden Zeitfres-ser auf – mit diesen werden Sie noch weiter arbeiten.

---

## Rhythmus

Aus der Geisteswissenschaft wissen wir, dass in einem Rhythmus zu leben die Lebenskräfte steigert. Im Gegensatz zu einem Takt, also einer vorhersehbar gleichen, strikten Abfolge, ist Rhythmus weicher, nicht genau vorhersehbar. Ein Rhythmus ist in der Ausprägung immer etwas beweglich. Alle Lebenspro-zesse, wie der Herzschlag, die monatliche Periode der Frau, das Wachsein und der Schlaf, laufen deshalb rhythmisch ab. Erst wenn aus dem Rhythmus ein Takt wird, droht Gefahr: Kurz vor einem Herzinfarkt schlägt das Herz in ei-nem Takt und nicht mehr im Rhythmus.
Übertragen auf die Berufswelt bedeutet das: Wenn ein strikter Takt vorgege-ben wird (alle 15 Minuten ein Termin oder alle 90 Sekunden), um etwas (wie am Fließband) zu tun, wirkt es destruktiv. Ein Rhythmus hingegen wirkt auf-bauend. Zeit, sofern sie rhythmisch erlebt und gelebt wird, wirkt belebender als Monotonie. Ein Rhythmus spannt an und entspannt wieder. Wer größten-teils im Bett liegt oder arbeitssüchtig ist, verlässt diesen Rhythmus mit uner-wünschten Folgen.

## Aufgabenstrukturierung

„Keine Zeit" bedeutet: Anderes ist mir wichtiger [113]. Ob dies bei Ihnen so ist, kann folgende Übung klären.

---

**Übung: Zeitstatistik – kurze Übersicht**

Erstellen Sie nun aus Ihrem Wissen heraus eine Liste, in die Sie schreiben, wie viel Zeit Sie pro Tag (oder pro Woche) wofür nutzen, also in etwa so:
- täglich
  - Schlafen: 6 Stunden
  - Essen: 45 Minuten
  - Arbeit: 11 Stunden
  - …

Formulieren Sie bitte nun eine zweite Liste (die Ihrer Wichtigkeiten), in die Sie schreiben, wie viel Zeit Sie bei vollkommen freier Wahl wofür nutzen wollten, also in etwa so:
- täglich
  - Schlafen: 8 Stunden
  - Zeit für Familie: 3 Stunden
  - Zeit für Partner: 3 Stunden
  - Arbeit: 6 Stunden
  - …

Ich vermute, die zwei Listen sind sehr unterschiedlich.

Nun kommt der dritte Teil der Arbeit: Gehen Sie in sich. Fühlen Sie, welche Liste auf *Ihren Entscheidungen* basiert und damit die ehrliche ist. Fast immer ist es die Liste, welche die Zeitnot und die Überbetonung der Berufstätigkeit beschreibt. Das ist dann in Ordnung, wenn Sie aufgeben, darüber zu jammern und Burnout für Sie kein Thema ist.

---

## Dringend oder wichtig

An der Frage, ob dringend oder wichtig, scheitert so manches. Viele wichtige Aufgaben sind zunächst nicht dringend. Die meisten dringenden Aufgaben sind nicht (wirklich) wichtig. Die Grundregel heißt: Lassen Sie nie wichtige Aufgaben dringend werden! Und die Schlussfolgerung daraus: Wichtigkeit geht vor Dringlichkeit. Um diese Grundregel [131] konsequent umzusetzen, können Sie so vorgehen:

┌─ **Übung: Dringend oder wichtig?** ─────────────────────────────

Nehmen Sie die eben erstellte Liste Ihrer Zeitfresser und wenn sie Ihnen
nicht genügt, starten Sie eine neue Sammelphase. In ihr geht es darum, die
Arbeiten, die Sie *delegieren* oder auf die Sie *verzichten* können, zu erkennen. Ein anderer Ausdruck für diese Tätigkeiten ist Zeitfresser. Wenn Ihnen
diese durchaus auch wiederkehrenden und dringlichen (aber eben nicht
wichtigen) Arbeiten klar sind, können Sie beginnen, entweder darauf zu
verzichten oder sie zu delegieren. Details dazu finden Sie im folgenden Abschnitt Prioritäten setzen.

Mit gewisser Wahrscheinlichkeit erkennen Sie jetzt auch Aufgaben, die
zugleich dringend und wichtig sind. Notieren Sie diese ebenfalls.

## Prioritäten setzen

Setzen Sie Prioritäten und halten Sie diese ein: Was ist erstrangig, zweitrangig
oder nachrangig? Ordnen Sie Ihre Aufgaben und einzelnen Tätigkeiten in folgende fünf Kategorien, und zwar immer wieder, wenn sinnvoll, auch mehrmals täglich, im Privaten wie im Beruflichen:

- **Kategorie 1: Ich muss es sofort tun.** Das sind die wichtigen und zugleich
  dringenden Dinge. Diese erledigen Sie sofort. Sie haben diese in der oben
  genannten Übung „Dringend oder wichtig" bereits erkannt.

- **Kategorie 2: Ich lasse es. Ich tue es überhaupt nicht.** Das ist für viele die
  schwerste Übung. Es geht um die Notwendigkeit, etwas loszulassen, und ab
  und zu um das Phänomen, sich wichtig zu fühlen, wenn man vor Zeitdruck nicht mehr ein noch aus weiß. Für diese Kategorie gibt es reihenwei-
  se Beispiele, die jeder kennt, wie die Fotos der letzten Urlaube, die man
  schon immer ordnen und ins Album kleben wollte. Ganze Bücher über die
  Ordnung befassen sich mit solch allgegenwärtigen Beispielen. Kategorie 2
  wurde im Abschnitt Zeitrespekt (S. 79) detailliert beschrieben.

- **Kategorie 3: Ich verschiebe es. Ich lege es auf einen anderen Termin.** Wenn
  der Termin gekommen ist, entscheiden Sie erneut, zu welcher Kategorie es
  gehört. Das darf nicht in einem unstrukturierten Haufen namens „mein
  Aufgeschobenes" oder „mein Unerledigtes" enden. Schaffen Sie sich eine
  Mappe an, in der Sie solche Dinge zeitlich geordnet ablegen und wieder
  anschauen.

- **Kategorie 4: Ich verändere es (den Arbeitsauftrag).** Die Veränderung sollte
  zu einer Verkürzung oder Vereinfachung der Aufgabe führen.

■ **Kategorie 5: Ich delegiere es.** Meister dieser Kategorie kommen ganz hoch. Wenn Sie etwas delegieren, dann mit der Festlegung, wie der Beauftragte es einzuordnen hat: in Kategorie 1 oder 3 und bitte nicht in Kategorie 2. Diesen Mut müssen Sie schon selbst aufbringen. In der Regel lässt sich am meisten Zeit mit den Kategorien 2 oder 4 gewinnen. Wenn Sie täglich – wie im folgenden Übungsbeispiel – 85 Minuten im Auto sitzen, ist das auch Zeitvergeudung. Vielleicht kommt doch ein Umzug oder eine näher gelegene Arbeitsstelle in Betracht? 85 Minuten am Tag machen bei 200 Arbeitstagen im Jahr 17 000 Minuten Fahrzeit. In 40 Berufsjahren sitzen Sie also fast zwei Jahre ununterbrochen im Auto. Überlegen Sie sich, ob es Ihnen das wert ist. Zudem zeigt die Erfahrung, dass das Burnout-Risiko mit überlanger Anfahrtsstrecke zur Arbeit steigt.

Die folgende Übung erfordert etwas mehr Zeit, entschädigt dafür aber auch damit, dass nachher eine besonders große Portion Zeitsouveränität winkt. Nutzen Sie dafür auch die Erkenntnisse aus den vorhergehenden Tests und Übungen.

---

**Übung: Zeitprotokoll**

Führen Sie drei Werktage hintereinander ein Zeitprotokoll. Das geht schneller als manche denken – ein kleines Notizheft mitnehmen und dann stichpunktartig eintragen:
- 7 Uhr aufstehen,
- bis 7.20 Uhr Badezimmer,
- bis 7.40 Uhr Frühstück,
- bis 8 Uhr Zeitunglesen,
- 8.20 Uhr bis 8.40 Uhr Fahrt zur Arbeit,
- bis 9.10 Uhr E-Mails sichten,
- …

Führen Sie dieses Protokoll fort, bis Sie zu Bett gehen – jeden der drei Tage. Fassen Sie nach den drei Tagen die verbrauchte Zeit pro Tätigkeit erst tageweise zusammen und bilden Sie dann aus allen drei Tagen einen Mittelwert. Schreiben Sie diesen in Ihre Zeitliste:

|                             | Morgens | Tagsüber | Abends | Gesamt        |
|-----------------------------|---------|----------|--------|---------------|
| Badezimmer                  | 20      | 0        | + 15   | = 35 Minuten  |
| Fahrt zur und von der Arbeit| 40      | 0        | + 45   | = 85 Minuten  |
| Zeitunglesen                | 20      | +15      | 0      | = 35 Minuten  |
| E-Mails sichten             | 0       | 30       | + 20   | = 50 Minuten  |
| usw.                        |         |          |        |               |

Jetzt geht es ans Einordnen. Was davon gehört in welche der oben genannten Kategorien 1 bis 5? Eventuell müssen Sie dabei bestimmte Tätigkeiten in Untergruppen aufschlüsseln (wie E-Mails privat und E-Mails geschäftlich).

> Wenn Sie auch an Wochenenden das Gefühl nicht loswerden, zu wenig Zeit zu haben, machen Sie diesen Zeitcheck ebenso für ein typisches Wochenende.
>
> Bearbeiten Sie in gleicher Weise die von Ihnen bereits erkannten Zeitfresser im Abschnitt Zeitrespekt (S. 79).

## Orales Burnout-Verhütungsmittel

> Karl hat Nachtdienst, es ist morgens um 3.30 Uhr, und er schläft erst seit einer Stunde. Das Notfalltelefon klingelt und Karl wird in die Ambulanz gerufen. Dort vergnügt sich eine Gruppe Betrunkener. Einer verlangt akut Hilfe für eine Erkrankung an beiden Fußsohlen. Karl bittet ihn allein ins Behandlungszimmer und schaut sich die Sache an: Der Patient hat eine Schuppenflechte an den Füßen. Wie sich im Laufe des kurzen Gesprächs herausstellt, weiß der Mann um die Krankheit, an der er schon seit über 30 Jahren leidet. Sie verursacht ihm keinerlei Beschwerden, auch jetzt nicht. In genau diesem Moment lernt Karl das kleine Wort anzuwenden, das auch Ihnen am meisten Zeit spart: Nein. Es ist das beste orale Burnout-Verhütungsmittel.

In individuell sehr unterschiedlichen Zusammenhängen kostet das Nein erst einmal Mut, aber der Lohn ist gewonnene Zeit. Karl bittet übrigens dann den Patienten, am nächsten Vormittag in die reguläre Sprechstunde zu kommen. Er behandelt ihn um 3.45 Uhr bewusst nicht und nimmt seine gegrölten Verbalattacken gelassen hin.

Setzen Sie Grenzen, bevor Sie sich Burnout oder einen Herzinfarkt erarbeiten. Dafür ist Nein das beste orale Burnout-Verhütungsmittel.

Untersuchungen in der Informationstechnologiebranche haben ergeben: Je mehr wir auch von unwesentlichen Details überfrachtet werden, je mehr Informationen auf uns einströmen, umso stärker erschöpfen wir [73]. Das bedeutet, Burnout wird *direkt* durch Informationsüberfrachtung *gefördert*. Auch in diesem Zusammenhang geht es darum, Wichtiges von Unwichtigem zu trennen und Nein zu sagen.

## Auszeiten und Sabbaticals

Sabbaticals als geplante, gewünschte Auszeiten vom normalen Alltag haben sich als segensreich erwiesen [46]. Ein Sabbatical ist ein sinnvoller Rückzug, für eine gewisse Zeit einfach und still zu leben, ähnlich den Mönchen oder Nonnen. Für ein Sabbatical bietet sich beispielsweise für den einen ein Kloster an, für andere eine Segeltour oder der Urlaub inmitten der Berge. Stille vermittelt eine enorme Kraft. In den USA ist diese Form der Auszeit möglich und anerkannt; erst recht bei Burnout. Hierzulande ist diese Chance auch aufgrund der Tarifregelungen de facto ausgeschlossen; allenfalls zwischen zwei Stellen wäre so etwas vorstellbar. Ein Sabbatical im wirkungsvollen Sinne bedeutet nicht, einige Zeit zu Hause zu verbringen, sondern in einer anderen Umgebung, die durchaus deutlich einfacher gestaltet sein kann als das Zuhause. Mit der räumlichen Distanz ist es leichter möglich, von festgefahrenen Beziehungen und Abläufen, von den Wünschen der anderen, von Problemen und scheinbar unkündbaren Verpflichtungen Abstand zu bekommen. Distanz kann sehr gesund sein, genauso wie Ruhe, Enthaltsamkeit und Einfachheit – keine E-Mails, kein Telefon, kein Fax, kein Internet, kein Fernsehen, keine Zeitungen oder Zeitschriften. Nach möglichen anfänglichen Schwierigkeiten werden Sie den großen Nutzen solch einer Maßnahme schätzen lernen.

Ein Sabbatical sollte genutzt werden für Sammlung und Kontemplation. Nach innen schauen, loslassen, sich dem Raum der eigenen Seele öffnen. Ob Sie sich dafür nur wenige Tage einräumen können oder deutlich länger: Tun Sie es. Durch die Veränderung eines Standpunktes hat schon so mancher eine neue Sicht gewonnen.

Ein Sabbatical gewinnt durch einen strengen Rhythmus: Aufstehen, Essen, gegebenenfalls Meditieren, Schlafen – alles geschieht in einem festen Ablauf. Rhythmus ordnet – innere Ordnung tut gut bei Burnout und wirkt in gewissem Maß protektiv.

## Short Cut

Im Folgenden erhalten Sie noch einige Hinweise zur Stress abbauenden Zeitsouveränität [nach 70]:

1. Nutzen Sie Ihre Pause nicht für Zigaretten oder Kaffee (oder gar für Alkohol). Unterbrechen Sie diesen Teufelskreis und machen Sie beispielsweise einen Spaziergang – je nach Länge der Pause.

2. Wenn Sie an Ihrer Arbeitsstätte angekommen sind, nehmen Sie sich fünf Minuten nur für sich, indem Sie bewusst atmen und den kommenden Tagesablauf innerlich Revue passieren lassen.

3. Versuchen Sie, nicht mehr reflexartig auf Anforderungen von außen zu reagieren: Wenn das Telefon klingelt, gehen Sie nicht sofort ran, sondern nutzen Sie es als Erinnerung, kurz zu sich zu kommen. Konzentrieren Sie sich zum Beispiel kurz auf Ihren Atem (s. Übung in Kap. 4.4, Abschnitt Erdung, S. 153).

4. Lassen Sie am Abend Ihren Arbeitstag und Ihre Leistungen an sich vorbeiziehen und entwickeln Sie Stolz darauf, was Sie wie gut geleistet haben.

5. Wenn Sie zu Hause sind: Ritualisieren Sie Ihr Ankommen dort, indem Sie duschen oder baden und auch damit den Tag „abwaschen". Begrüßen Sie Ihre Familie wirklich, indem Sie Ihren Familienmitgliedern bei der Begrüßung in die Augen schauen und Körperkontakt pflegen.

6. Es ist sinnvoll, nach 90 Minuten Arbeit 20 Minuten Pause einzulegen. Das Messbare (wie Zeit und Ziele) ist das uns Überfordernde. Es kommt auf das individuell Angemessene an, erst recht bei der Prävention von Burnout.

# 4.2    Eigenbestimmtheit (Stufe 2)

Die Überzeugung, Wissen sei das Höchste, übersieht, dass wir mit Wissen allein noch nichts können. Selbst wenn wir etwas können, werden wir noch nichts verändern. Nur das Tun verändert die Welt. Auch wenn ab und zu allein schon Gedanken etwas in Gang setzen können: Im ganz normalen menschlichen Alltag verlangt es nach dem Tun. Tatsachen schaffen durch eigene Tatkraft – auch wenn wir nicht alles in der Hand haben. Die Tat ist es, die uns am ehesten das Gefühl schenkt, selbstbestimmt zu leben. Selbstbestimmt sind wir, wenn wir Eigenverantwortung suchen und leben. Das Gefühl von Fremdbestimmtheit kommt bei ausreichender Übernahme von Eigenverantwortung nur schwerlich auf. Das Abschieben von Verantwortung und ein Leben ohne Burnout sind wie Feuer und Wasser. Eigenbestimmtheit beginnt bei der Sprache, die wir nutzen.

## Sprachliche Eigenverantwortung

Sprachliche Eigenverantwortung drückt sich auch dadurch aus, auf das *Man* zu verzichten. Hören und schauen Sie sich einmal ein Interview mit einem Laien an. Achten Sie dabei nur darauf, in welchen Zusammenhängen der Befragte *man* gebraucht und wie oft. Sie werden feststellen: Manche reden von sich nur in der „Man-Form", andere gebrauchen das *Ich* und wechseln in die „Man-Form", sobald der Inhalt des Gesprächs sie gefühlsmäßig berührt. Davon sind auch trainierte Interviewpartner wie Politiker nicht frei. Fast keiner bleibt in solchermaßen „kritischen" Situationen beim *Ich*. Ein Beispiel: „Ich ging die Straße entlang und da lag ein Toter auf dem Boden. Man ist ja schließlich auf solch einen Anblick nicht vorbereitet und das nimmt einen (*einer* ist keiner und ist damit wie *man*) ja auch mit. Dann habe ich die Polizei gerufen." Der Gebrauch von *man* macht einen zum Opfer, der Gebrauch von *ich* zum Täter, oder: *Ich* führt, *man* folgt. *Man* wird auch im Sinne einer zulässigen Verallgemeinerung benutzt (man muss verreisen, um fremde Länder zu erleben). Um dieses *Man* geht es hier aber nicht.

> ┌─ **Übung: Mein „Man"** ──────────────────────────────
>
> Ihre Aufgabe ist, an Ihrem Man-Verhalten zu feilen: Bitten Sie jemanden, Sie immer dann im Gespräch zu unterbrechen, wenn Sie *man* gebrauchen. Wiederholen Sie jeden unterbrochen Satz mit *ich* statt *man*. Fühlen Sie, wie anders Ihr Empfinden dabei ist.
>
> Bitten Sie Ihren Gesprächspartner, Ihnen mitzuteilen, wie er sich bei Ihren Man- und bei Ihren Ich-Sätzen fühlt.
>
> Zuerst sprechen Sie über Ihr Hobby oder etwas anderes, wenig Verfängliches. Dann wechseln Sie im Gespräch zu einem Thema, das Sie emotional beschäftigt.

Sie werden wahrscheinlich spüren, wie schwer es sein kann, von *ich* zu sprechen, wenn *ich* gemeint ist. Mit dem eigenen Ich lebt es sich viel intensiver.

Diese Übung können Sie auch mit einer Videokamera allein machen oder indem Sie eventuell von Ihnen vorhandene Sprachsequenzen auf Audio- oder Videoaufnahmen daraufhin anschauen.

Neben dem *Man* gibt es andere Möglichkeiten, um sprachlich Verantwortung zu meiden. Einige Beispiele sind in Tabelle 4-2 aufgeführt.
Burnout verleitet zur Abschiebung der Eigenverantwortung. Die Sprache, die wir gebrauchen, ist ein Indiz dafür. Trainieren Sie Ihre Sprache in Richtung der Eigenverantwortung, denn Sprache hat gestalterische Kraft. Wenn Sie diese richtig einsetzen, spüren Sie – zunächst langsam, dennoch stetig – Ihre Kraft wieder mehr.

## Veränderung von Situationen – Ohnmacht oder Allmacht?

Der Zusammenhang von Burnout mit emotionaler Labilität (Neurotizismus) wurde bereits in Kapitel 3.4, Abschnitt Emotionale Labilität (S. 57) besprochen. Die aufgrund von emotionaler Labilität veränderten Verhaltensweisen

**Tab. 4-2** Sprachliche Flucht vor Eigenverantwortung [nach 110]

| | |
|---|---|
| **Gruppendruck** | Ich habe mit dem Trinken angefangen, weil alle meine Freunde trinken. |
| **Die Taten anderer** | Ich habe mein Kind eingesperrt, weil es dauernd geschrien hat. |
| **(Scheinbare) Vorschriften einer Autorität** | Ich habe die Steuerunterlagen weggeworfen, weil es mir mein Chef so gesagt hat. |
| **Unklare Mächte und Einflüsse** | Ich bin so zwanghaft, weil ich Steinbock bin. |
| **Gesetze, Regeln, Vorschriften** | Bei diesem Verhalten muss ich Sie der Bibliothek verweisen – so sind die Regeln. |
| **Ein Zustand oder eine Erkrankung, die persönliche Vorgeschichte** | Ich habe mit dem Rauchen angefangen, weil meine Eltern geraucht haben. |
| **Übermächtige Impulse** | Ich muss jetzt ein Stück Schokolade essen, das ist der Unterzucker. |
| **Rollen** | Ich muss die Leute so hart anpacken, ich bin ja der Chef. |

können letztlich ein Ohnmachtsgefühl bewirken. Das kann sich bei Burnout bis zu dem Gefühl steigern, *absolut nichts* mehr wirklich beeinflussen zu können.

Die Gefühle der Ohnmacht *begleiten* Burnout nicht nur, zu einem gewissen Teil *verursachen* sie es sogar. Das Gegenteil von Ohnmacht ist Allmacht. Wie stark der Wunsch danach ist, können wir an den hohen Auflagen erkennen, die Bücher mit solchen Versprechen bislang erzielen.

> Markus trifft seinen Steuerberater, Herrn Walz, in einem Supermarkt. Herr Walz hat offenbar ein banales Gesprächsgeplänkel erwartet, jedenfalls überrascht ihn die Frage von Markus: „Na, Herr Walz, haben Sie alles im Griff?" Der antwortet ohne großes Überlegen: „Ich denke, soweit schon." Daraufhin meint Markus: „Niemand hat alles im Griff." So ist es.

Natürlich ist es unmöglich, *alles* im Griff zu haben. Es ist der Wunschtraum von Macht.

Es war bislang verpönt, sich in der Gesellschaft als *ohnmächtig* zu outen. Inzwischen gibt es jedoch zahlreiche Bücher und Zeitschriftenberichte, die sich mit der allgegenwärtigen Ohnmacht zum Beispiel bei Depression befassen.

In der frühen Burnout-Phase wird die eigene Ohnmacht kaum erkannt, sie wird weder gefühlt noch wahrgenommen (Abb. 4-4).

Je weiter Burnout voranschreitet, umso mehr tritt dieses Gefühl an die Oberfläche. Die Psychotherapie hat belegt: Je schwerer die Neurose, umso eher ist ein Mensch bereit, seine Ohnmacht zuzugeben. Das klingt heftig, bedeutet aber ganz einfach: Wenn ich wirklich nicht mehr kann, muss ich Hilfe annehmen und mich nicht mehr zwingen, mich über das Gefühl der eigenen Ohnmacht hinwegzutäuschen. Menschen mit Burnout in der dritten und damit letzten Phase (Isolation und Passivität) sind letztlich dazu bereit, die eigene Ohnmacht zu äußern: „Ich kann nicht mehr."

Wie geht es einem, der sich ohnmächtig fühlt? Er wird eine tiefe Angst spüren. Diese Angst begleitet ihn aber längst, also auch zu Zeiten, wo er ohnmächtig war, ohne dies erkennen zu können oder zu wollen. Ohnmacht tritt in folgenden drei Ausprägungen auf:

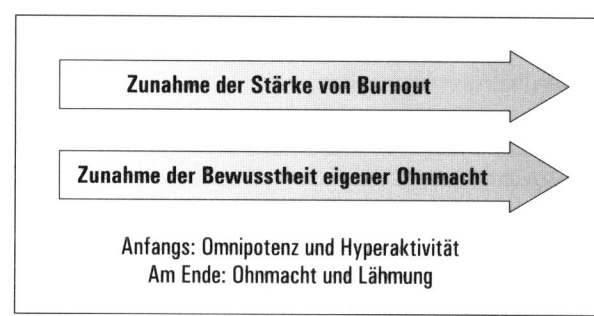

**Abb. 4-4** Burnout und Ohnmacht

■ **Der Betroffene ahnt nichts von seiner Ohnmacht (Burnout-Phase 1):** Die eigenen Ohnmachtsgefühle werden vollständig verdrängt – die unterdrückten Energien entladen sich zunächst aktiv in Form der ersten Phase von Burnout. Es ist die Phase der Aktivität und der Aggression: heftige Geschäftigkeit. So erscheinen diese Menschen als besonders „mächtig", „tatkräftig" und „einflussreich". Das wird gern auch über die fortdauernde Hilfe für andere Menschen ausgelebt. Menschen mit anfänglichem Burnout konzentrieren sich dann jedoch mehr auf Nebenschauplätze. Sie lösen die wirklichen eigenen Probleme nicht, haben entsprechend stetig Zeitnot (Kap. 4.1, Abschnitt Die Achse der Angst, Teil 1, S. 67. Sie haben den Bezug zu den eigenen, tief vergrabenen Aufgaben verloren. Weitere, scheinbare Lösungen des vollkommen verdrängten Ohnmachtproblems sind Kontrollverhalten und Perfektionismus. Wer sich tief innen völlig ohnmächtig fühlt, versucht in aller Regel außen (im Beruf, bei den Mitarbeitern oder der Familie, im Alltag) zu kontrollieren, was nur zu kontrollieren ist, denn Kontrolle gaukelt Sicherheit vor. Damit wird ein Teufelskreislauf in Gang gesetzt: Der Wunsch nach Kontrolle ist eine Reaktion auf das Ohnmachtsgefühl und Anlass für dessen Verstärkung.

■ **Die geringer werdende Macht ahnt der Betroffene ansatzweise (Burnout-Phase 2):** In diesem Zustand neigen Menschen dazu, nicht mehr mit dem Kopf begründen zu wollen (das ist deshalb so, weil ...), sondern vertrösten sich zum Beispiel mit dem Glauben an das Wunder oder die Zeit [47].
Wunder können neben der Hoffnung auf einen Glücksspielgewinn („Diesmal klappt es mit den sechs Richtigen") auch andere Orte („Ich muss weg hier") oder ein neuer Job („Da werde ich schnell Karriere machen") sein, selbst ein neuer Anzug („Damit trete ich viel souveräner auf") usw.
Wer die Zeit bemüht, schiebt die Probleme und die notwendigen Entscheidungen vor sich her.
Das Prinzipielle hinter all diesen Argumenten ist die Flucht vor der Eigenverantwortung. Wer an das Wunder glaubt, versucht sich weitgehend aus seiner eigenen Verantwortung zu stehlen. *Andere* (das Wunder oder die Zeit) sollen es richten – und sei es die Lottogesellschaft mit dem Hauptgewinn.
Dieser Fluchtneigung liegt Angst zugrunde, die konkrete Angst, es allein nicht mehr zu schaffen. Wer zu realisieren beginnt, das Wenigste tatsächlich bestimmen zu können, bekommt Angst. Das ist die Burnout-Situation im zweiten Stadium.

■ **Die Ohnmacht wird dem Betroffenen klar (Burnout-Phase 3):** Wer sich ohne Macht fühlt, reagiert oft mit einer der folgenden drei Taktiken. Sie wirken nicht effektiv, dennoch wird es versucht [nach 48]:
1. *Rationalisierung:* Das bedeutet, beispielsweise die eigene psychische Ohnmacht auf scheinbar objektive wie körperliche „Defekte" zurückzuführen:
   ● „Weil ich so hässlich bin, werde ich gemobbt."
   ● „Weil ich Bluthochdruck habe, schaffe ich meine Arbeit nicht mehr."
   ● „Weil ich stottere, komme ich beruflich nicht mehr voran."

2. *Schädigung durch andere (meistens Eltern, Partner oder Geschwister):* Der Betroffene meint, dass die anderen und ihre „unverschämten" Verhaltensweisen daran schuld sind, dass es ihm heute noch so schlecht geht:

   - „Weil meine Mutter mich nicht gestillt hat, konnte ich kein Vertrauen aufbauen."
   - „Weil mein Bruder mich immer wieder verhauen hat, habe ich heute so viel Angst vor meinen Vorgesetzten."

3. *Echte oder ausgedachte Schwierigkeiten sammeln:* „Ich kann nicht mehr, weil es inzwischen so viel ist: der Ärger mit dem Vermieter, die Probleme in der Partnerschaft, die unsichere Arbeitsstelle." Immer mehr, immer mehr, immer mehr – auf diese Weise wird versucht, sich Mitleid zu verdienen wegen all der Schwierigkeiten, für die der Betroffene (scheinbar) nichts kann.

   Die ersten beiden Verhaltensweisen lenken von der eigenen Ohnmacht ab und führen damit letztlich in eine Art Isolation. Letztgenannte Strategie führt zu Entsetzen und Lähmung, weil ohnehin alles zu spät scheint – alles scheint aussichtslos – und deshalb wird nichts getan. Die dritte und letzte Phase von Burnout ist erreicht.

## Selbstmanagement für Eigenbestimmtheit nutzen

Wir können davon ausgehen, dass jeder, der raucht, um die Risiken des Rauchens weiß oder informiert ist. Trotzdem ändert er nichts an seinem Verhalten. *Wissen führt zu keiner Tat;* jedenfalls nicht bei Sucht und auch sonst erschreckend selten.

Wissen allein verursacht nur selten eine Verhaltensänderung. Wenn Sie nie selbstbewusst waren, haben Sie kein inneres Bild und Gefühl davon, wie das für Sie selbst und für andere *aussieht* und wie sich das *anfühlt.* So ist es nur schwer möglich, sich selbstbewusst in Szene zu setzen. Eine Aufforderung wie „Jetzt gehen Sie selbstbewusster an die Aufgabe heran" ist nicht einfach so zu realisieren.

Sie können sogar Ihre eigene Realität nicht vollkommen frei gestalten. Ihre Persönlichkeitsstruktur ist fest und muss festgelegt sein. In der Regel ist den Menschen das ganze Spektrum ihrer Glaubenssätze, Deutungen und Bewertungen nicht bewusst, auch deshalb haben sie keine echte Chance, dagegen anzukommen. Es ist erheblich wirksamer, zu sich selbst mit all den unerschlossenen Anteilen zu stehen und *mit sich, so wie man wahrscheinlich ist,* seinen Weg zu gehen.

Effektives Selbstmanagement basiert auf realistischen Vorstellungen. Mit der notwendigen Portion Selbstehrlichkeit und dem Willen, etwas zu verändern, wirkt Selbstmanagement besonders positiv bei Burnout. Wer mehr und mehr die Beobachtung machen kann, etwas in seinem Sinne zu bewegen, schöpft daraus Mut und Kraft zu noch mehr Taten [99]. So hat das Gefühl, seinen Beruf besser im Griff zu haben, positive und auch Burnout-präventive Effekte, beispielsweise bei Lehrern [145].

Unser Selbstvertrauen und das Vertrauen in andere wachsen vielleicht langsam, aber stetig, wenn wir uns engagieren. Vertrauen bedeutet immer einen Vorschuss zu geben und damit mutig zu sein. Je mehr wir bereit sind, uns auf unseren Mut einzulassen, umso mehr seelische Widerstandsfähigkeit (Resilenz) werden wir aufbauen. Selbstvertrauen, Fremdvertrauen und seelische Widerstandsfähigkeit gehen immer Hand in Hand – das eine wird ohne das andere nicht wachsen.

## Selbstsicherheit

Selbstsicherheit ist ein wesentlicher Teil von Selbstmanagement und Eigenbestimmtheit. Es hilft, weniger Konfliktpotenzial aufzubauen, indem eine wohlmeinende Sichtweise gepflegt wird.

### ABCDE-Schema

Das ABCDE-Schema stammt von Ellis [40] aus seiner Rational-Emotiven-Therapie.

■ **A steht dabei für Auslöser:** Es sind Ereignisse, das Verhalten anderer Menschen, Wahrnehmungen über den eigenen Körper, Erinnerungen oder auch Phantasien.

■ **B steht für Beurteilung:** Damit sind Gedanken gemeint, ein innerer Dialog, der bewusst gemacht werden oder automatisch auftreten kann. Letztlich sind es oft irrationale Gedanken.

■ **C meint C(K)onsequenz:** Was also entsteht in mir durch diesen Auslöser? C steht deshalb für Gefühle wie Ärger, Anspannung oder Freude.

■ **D diskutiert mit sich selbst:** In dieser Diskussion werden vier Fragen beantwortet:
  ● Ist es wirklich wahr? Entspricht das den Tatsachen?
  ● Bringt es mich meinem Ziel näher, so zu denken?
  ● Schädige ich mich selbst dadurch? Bringe ich mich in einen Konflikt?
  ● Schädige ich jemand anderen? Bringe ich andere in einen Konflikt?

■ **E bedeutet Effekt:** Wie will ich mich mit/bei dieser Aufgabe oder Herausforderung fühlen, hätte ich es allein in der Hand?

Stellen wir uns einen Lehrer mit Burnout vor. Er ist der Meinung, dem neuen G8 nicht gewachsen zu sein (G8 = Gymnasialzeit in acht statt bisher neun Jahren). Das ist für ihn der *Auslöser* von Burnout. Wenn er gefragt wird, welche einzelnen *Beurteilungen* dahinter stehen, antwortet er:
a   Das wird den Schülern nicht mehr gerecht. Es ist nicht möglich, den Stoff in einem Jahr weniger zu vermitteln.

b  Ich kann nichts mehr tun, das System überrennt mich.

c  Es ist sinnlos, weitere Energie dahinein zu stecken.

d  Ich sehe, wie sehr sich viele Schüler damit quälen. Wäre alles beim Alten geblieben, hätte ich ihnen helfen können.

e  Ich selbst kann es kaum schaffen, noch mehr Stoff in einer Stunde zu vermitteln.

In der *Konsequenz* empfindet der Lehrer Ärger, Unlust, Unsicherheit, Zukunftsangst, Sorge. Wenn er sich nun fragt, welche rationalen Erkenntnisse er seinen Beurteilungen in den oben genannten Punkten a bis e entgegensetzen kann, antwortet er vielleicht:

a  Es trifft nicht zu, dass alle Schüler unter dem neuen System leiden. Es gibt eine Reihe von Schülern, die sich positiv gefordert fühlen und nicht mehr einschlafen.

b  Ein System überrennt mich nur, wenn ich passiv werde. Werde ich selbst aktiv, zum Beispiel eine kurze Zeit auch mit einem Menschen, der mir hilft (Coach), lasse ich mich nicht mehr überrennen.

c  Meine Aufgabe als Lehrer ist, den Schülern mein Wissen und meine Menschlichkeit zu geben. Es macht immer Sinn, dahinein Energie zu stecken.

d  Erst recht, wenn es einigen schwerfällt, ist es meine Aufgabe und Herausforderung, ihnen jetzt im neuen System beizustehen und nicht (gegen sie) aufzugeben.

e  Vielleicht gibt es neue, innovative, effizientere oder effektivere Möglichkeiten, den Stoff unterzubringen?

Wenn der Lehrer nun gefragt wird, wie er das Problem jetzt fühlt, sagt er wahrscheinlich: „Ich will gelassen bleiben und hoch befriedigt sein, auch in kürzerer Zeit den Schülern das zu geben, wofür ich viele Jahre studiert habe."

Das ABCDE-Schema bietet damit eine Möglichkeit, etwas neu zu greifen und eine neue Sichtweise zu etablieren.

Es gibt noch andere Faktoren, die unsere Selbstsicherheit steigern – beispielsweise ein gutes Körpergefühl (s. Abschnitt Der Körper, S. 118) oder die innere Sicherheit, für die eigenen Bedürfnisse zu sorgen.

---

**Übung: Selbsthilfe**

Diese Übung kann schwerfallen. Sie besteht aus der Beantwortung einiger Fragen:

- Womit könnte ich mir selbst helfen, obwohl ich es nicht tue?
- Was brauche ich, um meine Lebensenergie wieder aufzuladen?
- Was davon tue ich und was nicht?
- Was hindert mich konkret, es zu tun?
- Wie kann ich das so integrieren (oder im Einzelfall auch umgehen), dass ich meine Lebensenergie erhalte oder wieder aufbaue?

Wenn Sie damit so gar nicht weiterkommen, wenn Ihnen bei diesen Fragen scheinbar jede kreative Idee fehlt, wenn Ihnen nur Lösungen einfallen, die Sie meinen, nicht umsetzen zu können, sollten Sie diese Fragen mit einem Menschen, dem Sie vertrauen, gemeinsam bearbeiten.

## Sich anderen zumuten

Stellen Sie sich einmal vor, Sie sitzen in einem großen Kongresssaal. Der Referent betritt die Bühne und ist spürbar aufgeregt. Seine Aufregung wird immer größer, sodass er kaum mehr stehen kann. Das wirkt beunruhigend und Sie selbst werden bereits nervös. Schließlich kommt ihm die rettende Idee: Er gibt es vor dem Publikum zu, nimmt sich einen Stuhl und hält seinen Vortrag im Sitzen. Wie geht es Ihnen damit? Sind Sie ihm böse? Ziehen Sie über ihn her? Verachten Sie ihn gar oder meiden Sie ihn zukünftig? Lachen Sie ihn aus? Verdient er deshalb keine finanzielle Honorierung oder Anerkennung? Ich denke, Sie verneinen jede dieser Fragen. Machen Sie sich bitte klar, dass fast alle anderen Menschen ebenso urteilen. Das bedeutet für Sie: Sie dürfen sich auch mit Ihren Schwächen oder Unpässlichkeiten anderen zumuten.

Der Vortragende hat eine scheinbare Schwäche gezeigt, indem er seine große Aufregung offenbarte. Er hat eine Lösung dafür gefunden und weitergemacht. Wahrscheinlich war es ihm erst einmal peinlich. Dann aber ist er den richtigen Schritt gegangen und alles hat sich in Wohlgefallen aufgelöst.

Zu den eigenen Schwächen zu stehen, kann schwerfallen. Wie unnötig das ist, konnten Sie vielleicht bei der Beantwortung der eben aufgeführten Fragen bemerken. Die gleiche Menschlichkeit und Güte, die aus Ihren Antworten spricht, hat jeder andere auch. Es sollte also gar kein Problem sein, über seine sogenannten Schwächen zu sprechen. Sie sind eine hohe menschliche *Kompetenz*, die ein Teil unserer Einmaligkeit ausmacht. Menschlich hoch kompetent ist, dazu zu stehen, wenn einen die Situation überwältigt oder überfordert. Das gilt ohne Einschränkung auch für Burnout.

### Übung: Outen I

Wenn Sie inzwischen recht sicher sein sollten, selbst Burnout zu haben, steht Ihnen nun eine wichtige Aufgabe bevor: Besprechen Sie Ihren Verdacht mit einem Menschen Ihres höchsten Vertrauens – outen Sie sich und Ihre Vermutung.

Sie werden ganz sicher auf Verständnis und Hilfsangebote stoßen.

# Einstellungen

## Selbstwirksamkeitsüberzeugung

---

**Übung:  Der tägliche Erfolgs-Check**

Wer lernt, genauer wahrzunehmen, lernt auch, seine eigenen Erfolge besser zu erkennen. Nehmen Sie sich für die Abende der kommenden drei Wochen (nicht länger) folgende Aufgabe vor:

Lassen Sie den Tag vom Aufstehen bis kurz vor dem zu Bett gehen Revue passieren. Gehen Sie dabei vom aktuellen Moment bis zum Aufstehen rückwärts vor.[1] Wie oder womit haben Sie heute Ihre kleinen oder großen Ziele erreicht oder Wirkungen erzielt?

Schreiben Sie dazu auf, was Ihnen in den Sinn kommt. Bedenken Sie: Auch kleine Ziele, die wir erreichen, fördern unsere eigene Erfolgsbilanz und vermitteln uns das Gefühl, eigenbestimmt zu leben.

[1] Eine solche Tagesrückschau ist sehr hilfreich, sie stärkt die Lebenskraft. Der Ablauf rückwärts hat einen Sinn: Nur dann ist es möglich, Widersprüche aufzudecken und zu enttarnen, wann sich etwas aufgeschaukelt hat. Ein Beispiel: Jemand bekommt am Ende des Tages eine Abmahnung. Lässt er den Tag chronologisch vorwärts ablaufen, dann erkennt er vielleicht nur, irgendwann den Vorgesetzten angeschrien zu haben, weil er zuvor Ärger mit Kollegen hatte. Alles scheint folgerichtig, es scheint nicht sein Tag zu sein und der Vorgesetzte ist ohnehin unfähig. Es ist aber vielleicht genau umgekehrt: Wenn er von der Abmahnung ausgeht, dann auf den Disput mit dem Vorgesetzten schaut, dann auf den Krach mit den Kollegen und schließlich dahin, dass *er und niemand anders* von Anbeginn des Tages nicht gut drauf war, hat es vielleicht doch mehr mit ihm selbst als allen anderen zu tun, was ihm geschieht.

---

## Zweifeln – eine wirkungsvolle Methode

Wenn Sie nicht zweifeln, leben Sie vielleicht gerade in einer wunderbaren Phase – Sie sind nicht bei Verstand. Verstand bedeutet Analyse, Trennung, Nachforschung. Zweifel ist eine wichtige Eigenschaft des Verstandes und dem haben wir viel zu verdanken. Wenn es nach Karl dem Großen gegangen wäre, gäbe es noch heute keine Autos („Ich setze aufs Pferd"). Wenn niemand je an Kräftigeres als Pferde geglaubt hätte, wäre nie ein Auto entwickelt worden. Übrigens meinte trotzdem Henry Ford Anfang des letzten Jahrhunderts, die Entwicklung des Autos sei abgeschlossen. Gut, dass andere daran zweifelten. Bei neuen Ideen spielen fast immer zwei Aspekte eine Rolle: *Zweifel* am Alten und *Begeisterung* für Neues. Burnout kann auch als ein überdimensionales Zweifeln an dem verstanden werden, was der Betroffene tut. Sehen Sie es einmal von dieser Warte aus: Vielleicht ist der Zweifel ja berechtigt – oder wollten

Sie heute noch in einem Auto von 1910 herumfahren? Wenn Sie diesen Zweifel aufnehmen, wird er Sie in die Eigenentwicklung bringen.

## Anspruchsniveau austarieren

Wer Gefahr läuft, Burnout zu entwickeln, hat meistens ein hohes Anspruchsniveau an seine eigenen Leistungen, zum Beispiel an die Höhe seiner Einnahmen. Auch sind die eigenen Ziele (Kap. 4.8, Abschnitt Praktische Umsetzung, S. 243) oft sehr hochgesteckt und am gesellschaftlichen Status sollte ohnehin niemand rütteln. Es ist mühsam, ein solches Anspruchsniveau auf Dauer aufrechtzuerhalten. Der Teufelskreislauf setzt spätestens dann ein, wenn immer mehr Bereiche vom Anspruchsdenken erfasst werden. Mag es zunächst ausschließlich die berufliche Position sein, gesellt sich irgendwann das Verlangen nach einem „adäquaten" Wohnen dazu. Dann folgen Partner und Kinder, bei denen erst „nur" die Kleidung, später die Privatschule usw. Zu hohe Ansprüche an sich selbst enden in einer Selbstüberforderungsfalle. Sowohl für private wie für berufliche Zwecke werden zu hohe Ausgaben getätigt. Es gibt genügend Angebote von A wie Auto bis Z wie Zahnkosmetik. Dann wird es eng und enger, es ist, als legte sich eine Schlinge um den Hals. Bis das Anspruchsniveau an das Materielle im eigenen Leben aufgegeben wird oder aufgegeben werden muss, kann Burnout schon stark ausgeprägt sein.

Zum nichtmateriellen Anspruchsniveau gehören auch irrationale Erwartungen an den eigenen Beruf, beispielsweise das damit erreichbare Ansehen oder der einem entgegengebrachte Respekt. Solche Erwartungen haben ursprünglich eine erwünschte Auswirkung. Damit erreichen wir es, einen bestimmten Beruf auch ausüben zu können. Wer jedoch beispielsweise als Architekturstudent meint, er könne später ausschließlich feinste Einfamilienhäuser bauen oder die Stadtplanung revolutionieren, der wird mit gewisser Wahrscheinlichkeit sein Anspruchsniveau im beruflichen Alltag senken müssen. Wer als Medizinstudent meint, Patienten wirklich im besten Sinn *lenken* oder immer wieder den Tod *besiegen* zu können, wird ebenso herabsteigen müssen.

Den Weg zu einem konkreten Beruf begleiten somit häufig irrationale Träume und Fehleinschätzungen. Die Mühen vieler Berufsausbildungen, welcher Art auch immer, lassen sich nur *ohne* ausreichenden Realitätssinn durchhalten und zugleich nur *mit* einem solchen.

## Perfektionismus schützt vielleicht vor Reichtum, aber nicht vor Burnout

Als Bill Gates vor einigen Jahren der Weltöffentlichkeit ein neues Betriebssystem vorstellte, stürzte das System vor den Augen von Millionen Zuschauern und hunderten Journalisten ab. Von Perfektionismus keine Spur. Was machte Herr Gates? Er lachte und scherte sich nicht darum, weil er wusste, es gibt keinen Perfektionismus. Wenn er darauf gewartet oder hingearbeitet hätte, wäre er vielleicht heute weder Milliardär, noch hätte die Welt auch nur von einem

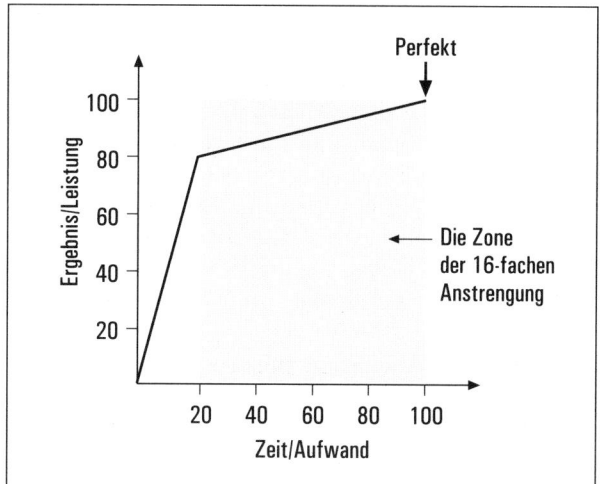

**Abb. 4-5** Die 80:20-Regel auf dem Weg zum Perfekten

seiner Programme jemals profitieren können. Niemand ist perfekt, auch wenn viele unglaubliche Energie hineinstecken, perfekt zu erscheinen. Eines ist klar: Das letzte kleine Stück zum Bessersein kostet Sie entscheidende Teile Ihrer Lebens- und Arbeitszeit. Ist es Ihnen das wert?

Die 80:20-Regel gilt in vielen Lebensbereichen und auch für den Perfektionisten. Sie besagt: Mit 20 % Ihres Einsatzes erreichen Sie 80 % der maximal möglichen Wirkung. Für die noch fehlenden 20 % zum Perfekten benötigen Sie dann aber 80 % der Zeit und des Aufwandes. Das bedeutet, nachdem Sie etwa 80 % des Erreichbaren tatsächlich erreicht haben, kippt das Verhältnis von Aufwand zu Ergebnis von rationellen 1:4 auf 4:1 – das ist eine Versechszehnfachung der notwendigen Energie je Ergebniseinheit.

Wir alle kommen also weit vor der vielleicht angestrebten Perfektion in die Zone einer 16-fachen Anstrengung. Deshalb wiederhole ich die Frage: Ist es Ihnen das wert? Wie Sie Abbildung 4-5 entnehmen können, ist das Risiko, sich in dieser Anstrengungszone aufzuhalten, viermal wahrscheinlicher, als sich in der angenehmen und sinnvollen Zone zu bewegen, in der wir mit wenig Einsatz viel erreichen.

**Perfektionismus ist etwas vollkommen anderes, als viele meinen**

Auch wenn wir beim Stichwort Perfektionismus daran denken, wie sich jemand detailbesessen mit etwas beschäftigt und alles bestmöglich zu Ende führen möchte, stimmt dieses Bild nicht: Perfektionisten zeichnen sich dadurch aus, das Wenigste fertigzustellen, weil es eben *nicht* perfekt geworden und damit nicht fertigzustellen ist – ihrer Meinung nach. Wer perfekt sein will, kann also erreichbare von unerreichbaren Zielen nicht wirklich unterscheiden. Ein Perfektionist muss deshalb lernen, zu einem Ende zu kommen. Wer perfekt sein will, strebt dies oft an, um scheinbar unangreifbar zu sein: „Wenn meine Ergebnisse bestmöglich sind, kann mir keiner etwas vorwerfen" – das könnte der Hintergrund sein. Dann ist Perfektionismus ein Hilfsmittel zum Zweck der Unverletzlichkeit. Nur: Die gibt es nicht. Unverletzlichkeit ist ebenso wie Perfektion de facto unerreichbar und alle Kraft, sie zu erreichen, ist vergeudet. Das Menschliche und alles Unvorhersehbare (das ist mehr, als sich vorher ausgemalt wird) setzt dem Streben nach Perfektion ein jähes Ende. Perfektionismus ist eine häufige Basis und Begleitung von Burnout. Perfektionismus hat auch mit Kontrolle zu tun. Die Beobachtung lehrt, dass viele unserer Belastungen damit zusammenhängen, dass wir Dinge, Situationen und Menschen kontrollieren wollen, die sich nicht kontrollieren lassen. Menschen, die dazu neigen, vernachlässigen nicht selten Dinge, die sie kontrollieren sollten. Dazu zählen die eigenen Gedanken und Verhaltensweisen.

---

**Übung: Perfektionismus abbauen**

Wie verzichten Sie auf Perfektionismus? Indem Sie sich beispielsweise zuerst überlegen, welche Ihrer Tätigkeiten dazu dienen, das Ergebnis letztlich nur minimal zu verbessern. Dafür müssen Sie sich über Ihre inneren Abläufe etwas klarer werden und darüber, wie viel Zeit Sie worin investieren und welches Ergebnis jeweils folgt.

Wenn Ihnen das eine oder andere klar ist, was Ihnen eventuell bereits von anderer Seite vorgeworfen wurde, kostet es erst einmal Kraft, gegen das eigene Streben nach Perfektionismus vorzugehen.

Damit Sie sich nicht überfordern, legen Sie fest, *wann konkret oder nach welchem Energie-/Arbeitseinsatz oder bei welchem Ergebnisstand* Sie stoppen, *bevor* Sie eine typische Tätigkeit anfangen, in der Sie sich verzetteln werden.

---

# Verhalten

Materielles und Immaterielles loszulassen kann sehr schwerfallen. Dabei geht es um Dinge und Erlebnisse, welche nicht mehr gebraucht werden, beispielsweise:

- alte Bücher, die kein Mensch mehr lesen wird;
- Geräte, die ihren Geist längst aufgegeben haben;
- schlechte Erinnerungen an Menschen, von denen sie sich äußerlich längst getrennt haben.

Wer solche Probleme hat, verlagert sein *Erleben* aus der Gegenwart in die Vergangenheit. Damit erfordert jeder neue Umzug mehr und mehr Laderaum im Umzugswagen und jeder neue Schritt im Leben wird gehemmt durch den Ballast eines voluminöseren „seelischen Laderaums".
Den „seelischen Laderaum" können Sie mithilfe der im Buch vorgeschlagenen Übungen entlasten. Ich empfehle Ihnen nun, das anzugehen, was ich die „Grabbeigaben" nenne: Sachen wie Dekoartikel, Kleidung, Bilder, Bücher, Ak-

ten, Kücheneinrichtung, Schallplatten, die alte Nilpferdsammlung, Dinge, die seit Jahren nicht mehr benutzt wurden – gehen Sie Kiste für Kiste, Schublade für Schublade, Regal für Regal durch und holen Sie alles heraus, was Sie seit zwei Jahren oder länger nicht mehr in der Hand hatten bzw. nicht mehr gebraucht haben. Wozu heben Sie diese Sachen auf?

---

**Übung: Umgang mit „Grabbeigaben"**

Es gibt vier sinnvolle Möglichkeiten im Umgang mit eigenen „Grabbeigaben":
- Versteigern Sie sie, zum Beispiel über ein Internetportal.
- Spenden Sie sie.
- Verschenken Sie sie.
- Schmeißen Sie sie weg.

Vielleicht haben Sie Probleme, eigene Sachen selbst wegzuwerfen. In diesem Fall könnte es ja ein Partner oder ein Freund für Sie tun.

---

## Angst

*Es gibt keine Grenzen. Nicht für den Gedanken, nicht für die Gefühle. Die Angst setzt die Grenzen.* Ingmar Bergmann

Viele Menschen mit Burnout bekommen Angst, anfangs ist sie noch im üblichen Bereich. Um diese Angst soll es im Weiteren vorrangig gehen, denn bei Burnout-Prävention geht es um den korrekten Umgang mit Angst, bevor sie krankhaft wird. Auf pathologische, behandlungsbedürftige Angsterkrankungen gehe ich hier nicht ein, da ein Buch bei den genannten Prämissen eine individuelle, ärztliche Diagnose und Behandlung nicht ersetzen kann und darf [5, 41, 63, 84, 109].

Angst als normaler menschlicher Gefühlsausdruck gehört zum Leben des Menschen wie alle anderen Gefühle auch. Es gibt kein Leben ohne Angst. Deshalb braucht es auch keinen Sieg über die Angst. Zunächst ist Angst eine natürliche Reaktion des Menschen auf mögliche innere und äußere Gefahren. Sie bietet uns Schutz davor und macht Vorsicht erst möglich.

Auch bei einer markanten Neuorientierung im Leben, wie sie beispielsweise durch Burnout notwendig werden kann, tritt oft Angst auf. Diese Angst zeigt die Grenzen der bisherigen Denk-, Gefühls- und Verhaltensrahmen auf.

### Angst erkennen

Es gibt viele Verhaltensweisen und Anzeichen, die bei sich und anderen Angst erkennen oder vermuten lassen.

> **Übung: Eigene Angstzeichen**
>
> Wenn Sie Tabelle 4-3 durchschauen, entdecken Sie vielleicht eigene körperliche Anzeichen oder Verhaltensweisen, die auf Angst hinweisen. Machen Sie sich diese zunächst nur bewusst.

Im Gegensatz zur Angst hat Furcht stets einen realen Inhalt. Furcht kennt ein Objekt, gegen das sie sich richtet. Deshalb lässt sich Furcht durch Mut überwinden, Angst nicht. Angst ist immer in die Zukunft gerichtet, also in die Zeit, von der wir nie wissen, wie sie sein wird. Das macht die Angst so unklar und unfassbar – denn tief innen wissen wir, nur im Jetzt handeln zu können. Angst führt also zu einer Paradoxie: Sie leitet in der Vielzahl der Fälle in eine Zeit, die nie kommt, und verhindert damit, in der aktuellen Zeit etwas gegen sie tun zu können. Um mit Angst zu leben und sie gewinnbringend einzusetzen, nutzt die Sicht, dass uns unsere Angst vielleicht sogar bei etwas hilft.

Wenn Menschen nach ihrer Angst gefragt werden, dann geben sie sehr individuelle Angstbeispiele an, zum Beispiel vor Krankheit, Arbeitsplatzverlust, Umweltzerstörung, Terror, Einsamkeit, vor dem Tod.

Menschen haben *vor* etwas Angst. Die Angst kommt also zeitlich *vor* der möglicherweise Angst auslösenden Situation. Die menschliche Angst dreht sich selten um konkret fassbare Inhalte. Wer hat denn in Deutschland z. B. persönlich schon einen extremistischen Terroranschlag erlebt?

Übrigens haben recht wenige Angst vor Burnout, weil das Risiko noch so unbekannt ist und es schwer vorstellbar ist, in welch dramatische Situationen Burnout führen kann.


### Einstellung zur Angst

Angst meint Enge (lat.: angus). Deshalb fühlt sich in einer Angstsituation der Brustkorb oft so eng an. Die Enge, also Angst, lässt nur wenig durch und verhindert einen breiten Strom an Gefühlen.

90 % aller deutschen Führungskräfte gehen mit Angst zur Arbeit [28], über 70 % aller deutschen Führungskräfte berichten von eigenen psychosomatischen Störungen – 0 % geben das zu. Angst ist verpönt. Wer managen kann, für den sollte Angst angeblich kein Thema sein. Es gibt Menschen, die meinen, *alles* machen und managen zu können. Diese Einstellung fordert Angst nahezu heraus, denn kein Mensch kann alles im Griff behalten. Je mehr Sie sich darum bemühen, umso schwieriger wird die Aufgabe – aufgrund der tatsächlichen *Ohn-Macht*. Der erste hilfreiche Schritt ist, Angst für sich selbst zuzulassen und sich zuzugestehen, in bestimmten Situationen Angst zu spüren. Das ist menschlich und normal. Danach sollte man sich auf die eigene Angst einlassen, das heißt, damit beginnen, hinter die eigenen Kulissen zu schauen.

Auch wenn immer wieder behauptet wird, Angst fordere auf: *Da müssen Sie durch!* – ich meine, Angst bedeutet viel mehr: *Ich will woanders hin!* Das Woanders bedeutet den unerfüllten Wunsch, um den es tatsächlich geht, wie die

**Tab. 4-3** Verhalten bei und mögliche Zeichen von Angst

| | |
|---|---|
| • Arztbesuche | • Sterbensangst |
| • psychogene Lähmungen | • Suchtprobleme: Alkohol, Medikamente und Drogen |
| • aufwendige Diagnostik veranlassen: CT, EEG | • Symptome eines Herzinfarkts |
| • Bauchschmerzen (vor … Schule, Prüfungen, einfach so) | • der Umwelt besonders aggressiv gegenübertreten |
| • Depersonalisation (hier im Sinne des Gefühls, kein eigenständiger Mensch mehr zu sein) | • unentwegtes Beobachten des eigenen Körpers |
| • Derealisation (das Gefühl, nicht da zu sein, wo man gerade ist) | • Unfähigkeit, an einer Kasse oder sonst wo anzustehen |
| • Durchfall | • Unfähigkeit, selbst Auto zu fahren |
| • Erschöpfungsgefühl | • unregelmäßiger Herzrhythmus |
| • Erstickungsgefühl | • unruhige Beine |
| • Geräusche im Ohr wahrnehmen | • Vermeidung von Sozialkontakten |
| • Herzrasen oder Herzklopfen | • Vermeidungsverhalten, usurpatorisch: ungewöhnliches Verhalten breitet sich mehr und mehr aus (auf zunächst nicht Angst auslösende Situationen) |
| • Konzentrationsschwierigkeiten | |
| • Konzentrationsstörungen | |
| • Kopfschmerzen | |
| • Krämpfe | • wiederkehrende Idee, schwer erkrankt zu sein |
| • Kribbelgefühl in Armen und Beinen | • Wackeln im Bett |
| • Magenschmerzen | • *Zwänge* wie: |
| • magische Beschwörungen | – auf den eigenen Atem achten |
| • manische Arbeitswut | – bestimmte Reihenfolge einhalten, z. B. bei Kleidung |
| • Migräne | |
| • Minderwertigkeitsgefühle | – immer gleiche Einkaufsrituale (hole Brot nur bei Bäcker xy) |
| • Panikattacken | |
| • Riten | – immer gleiche Urlaubsorte und Hotels, sogar Hotelzimmer |
| • Schlafstörungen (sowohl beim Ein als auch beim Durchschlafen und zu viel schlafen) | – keine Hand geben |
| | – völlig fest geplanter Tages- und Wochenablauf |
| • Schweißausbrüche | – zwanghafte Kontrollen |
| • Selbstmordgedanken | – zwanghaftes Abzählen |
| • Spannungsgefühle | |
| • Sprachstörungen | |

nicht ausgeübte Rolle (Kap. 4.7 Rollensicherheit [Stufe 7], S. 230) oder das nicht erreichte Ziel (Kap. 4.8 Zielerkenntnis [Stufe 8], S. 235).

Wenn wir uns verändern wollen, sollten wir unsere Angst zwar ernst nehmen, jedoch letztlich anderen Impulsen, wie denen der Hoffnung und Zuversicht, vorrangig aber der tiefen Lust auf das Andere, das Neue, folgen. Wer immer der eigenen Angst *gehorcht*, wird seine Probleme behalten. Denn damit bleiben auch die zugrunde liegenden Wünsche bestehen; sie werden ja nicht befriedigt.

**Angst sollte nicht bekämpft werden**

Sicher gibt es viele, die ihre Angst nicht (mehr) haben wollen; denn sie fühlt sich unangenehm an. Wenn die Angst missachtet oder ablehnt wird, entspricht das einer Zurückweisung des Gefühls. Es ist normal, dass sie dann stärker werden muss, um beachtet und angenommen zu werden. Deshalb ist es besser, sich mit der Angst erst einmal so genau wie möglich zu beschäftigen, ohne sie zu be- oder verurteilen. Das bedeutet, in sich hineinzuspüren, vielleicht dabei zu ahnen, wozu die Angst dienen könnte. Etwas, das uns und zu uns gehört, meint es wahrscheinlich auch gut mit uns.

In Angst sind Chancen verborgen und sie hat zwei wichtige Funktionen: Sie *weist* auf etwas hin und sie *hindert* erst einmal an etwas. An dem, was die Angst verhindert, können wir erkennen, wozu sie uns *nützt*. Angst kann die Veränderung eines ganzen Lebens bewirken, auch im Positiven. Fürs Erste reicht es, die Idee aufzugeben, Angst unbedingt bekämpfen zu müssen.

---

**Übung: Umgang mit unangenehmen, ängstigenden Situationen**

Wenn Sie es wagen wollen, sich der unangenehmen Situation nicht mehr zu entziehen, *konzentrieren* Sie sich darauf. Greifen Sie die Gedanken und Gefühle auf, die Sie ohnehin schon bedrängen. Wenden Sie sich dem Unangenehmen zu. Wenn sich jemand an Sie wendet, sind Sie in aller Regel letztlich erfreut. So geht es dem Unangenehmen auch – kaum schauen wir es an, geht es uns anders damit. Wenn Sie hinschauen, versuchen Sie das mit Ihren Erfahrungen aus Entspannungsübungen (Kap. 4.4, Abschnitt Ausgeglichenheit, S. 152) zu kombinieren. Vielleicht werden Sie zweifeln, ob das geht, sich zugleich zu entspannen und auf das Belastende zu konzentrieren. Es ist eine Frage der Übung.

Sie werden selbst ohne den Versuch der gleichzeitigen Entspannung nach recht kurzer Zeit merken, wie das unangenehme Gefühl nachlässt.

---

**Übung: Intensive Fragen zur eigenen Angst**

Wenn Sie noch intensiver in dieses Thema einsteigen möchten, geht das mit der Bearbeitung folgender Fragen:
- Wozu *dient* mir meine Angst?
- Was *genau* verhindert sie?
- Was wird damit *noch* erreicht?
- Welcher Zustand wird damit *festgehalten*?
- Wovon *lenkt* sie *ab*?
- Was *tritt nicht ein* oder erscheint deshalb nicht?

---

Wenn es Ihnen gelingt, sich und Ihre Situation wie von außen oder oben zu betrachten, also mit Distanz, erscheint vieles in neuem Licht [54]. Es gibt einige Möglichkeiten, diese Distanz zu erreichen, zum Beispiel:

- das aktuelle Ereignis mit einem weit schlimmeren vergleichen („Es hätte ja viel schlimmer kommen können");
- sich überlegen, was konkret tatsächlich geschieht, wenn das befürchtete Ereignis eintritt;
- sich vorstellen, wie Sie selbst im Nachhinein darüber denken werden;
- sich dissoziieren, das heißt zu versuchen, in eine andere Person zu schlüpfen, die das Ereignis als nicht belastend empfindet, und es von deren Warte aus betrachten.

## Grenzziehung und Selbstbegrenzung

Grenzen dienen der Selbst- und Fremdkontrolle. Sie sind wichtig für geistige und auch körperliche Gesundheit [20]. Grenzen spielen eine wesentliche Rolle bei Burnout: Es zeigt uns unsere Grenzen. Sich zuzugestehen, was angemessen ist, bedeutet eine Beschränkung und damit eine Grenzziehung [115]. Burnout kann auch dazu führen, sie erstmals zu erkennen und vielleicht auch, sie annehmen zu müssen.

Wir müssen nicht nur die Grenzen anderer wertschätzen und wertschätzen lernen, sondern auch die eigenen. Durch diesen Schritt der Integrität entsteht innere Geborgenheit bei gleichzeitiger Distanz, welche die Wahrung des anderen bedeutet.

Grenzen führen zur Festlegung eines eigenen Raums, in dem wir uns gefahrlos bewegen können. Das Problem jeder Grenzziehung ist jedoch, dass sie zum Gefangensein und zur Erstarrung führen kann. Die Berührung der eigenen Grenze ist eine erste Realität: Hier bin ich – da bist du. Unser Selbst ist innerhalb der Grenze, und wir erkennen es durch den Gegensatz zum anderen. Das, was anders ist, ist außen, und das, was gleich ist, ist innen. Grenzen sind nicht starr, sie wollen immer wieder neu erfahren und festgelegt werden, im Wissen, dass sie *nicht definitiv* festlegbar sind.

An Grenzen ereignen sich die meiste Erfahrungen des Menschen – Grenzerfahrungen. An ihnen ist Begegnung möglich, Bewusstheit, Kontakt und Erlebnisse – schlicht das Leben. Kontakt unterscheidet und verbindet zugleich, es ist ein Ereignis. Jede Grenze ermöglicht Ereignisse. Kontakt ist eine Grenzbegehung und somit ein Risiko. Kontakt findet nur an Grenzen statt. Kontakt ist lebensnotwendig. So ist es Pflicht jedes Menschen, andere Menschen auf gleicher Ebene zu suchen und Kontakt mit ihnen zu halten.

Grenzen sind Schutz und doch sind sie durchlässig, verletzlich. Grenzen werden oft überschritten, und zwar ohne sich dessen bewusst zu werden. Das führt bei dem, den es trifft, zu Rückzug oder Angriff. Die Missachtung von Grenzen ist ein häufiges Phänomen, wenn Menschen nicht ehrlich in Kontakt treten wollen. Wer seine und andere Grenzen nicht kennt, kann nicht oder nur schwer in echten Kontakt treten. Grenzen einzuhalten ist eine wichtige Aufgabe heute, und zwar für jeden Einzelnen. Das hat schützende Wirkung vor Burnout. Burnout hat viele Aspekte von Missachtung der eigenen Grenzen – es fehlt das richtige Maß. Auch die Grenzen der anderen zu respektieren, um mitmenschlich aufzutreten, macht es Burnout schwerer.

Grenzen werden häufig über die Sprache gebrochen. Folgende Formulierungen sind Warnhinweise für Grenzüberschreitungen:

- Aber hören Sie mal ...
- Finden Sie das *wirklich*? Ich finde ...
- Man macht das aber anders, nämlich so ...
- An Ihrer Stelle würde ich ...
- Sie sollten stets bedenken, dass ...
- Ich will Ihnen ja nicht zu nahe treten, aber ...

## Delegieren

*Ich arbeite nach dem Prinzip, dass man niemals etwas tun sollte, was ein anderer für einen erledigen kann.* John D. Rockefeller

Delegieren ist die gezielte Übertragung persönlicher Verantwortung auf andere mit dem *Ziel einer Verbesserung der gemeinsamen Arbeit* [62]. Sinnvolles Delegieren hat nichts mit Abschiebung im Sinne von „Machen Sie mal" zu tun. Viele Menschen haben jedoch große Hemmungen, etwas zu delegieren (Tab. 4-4). Eher lassen sie sich zusätzlich fremde Aufgaben aufdrängen.

Delegieren ist die Disziplin für Eigenbestimmtheit, welche gerade in Wirtschaftsunternehmen die Spreu vom Weizen trennen kann [77]. Sie entlasten sich damit (auch das will nicht jeder) und eröffnen bei korrektem Delegieren anderen Chancen, sich zu entwickeln. Der Entwicklungsaspekt desjenigen, dem Sie Aufgaben übertragen, muss gewürdigt werden [29]. Tabelle 4-5 zeigt, wie Sie zu Ihrem Wohl und zum Wohl Ihrer Mitarbeiter richtig delegieren.

**Tab. 4-4** Weshalb Delegieren so schwerfallen kann [62]

- Angst vor der Erkenntnis der anderen oder der eigenen Erkenntnis, dass es ohne mich geht
- fehlende Führungskompetenzen
- Kaschieren von anderen Inkompetenzen
- Machtbesessenheit, Angst vor Machtverlust
- mangelnde Einsicht in Notwendigkeiten
- mangelnde persönliche Ziele
- mangelnde unternehmerische Verantwortung
- Misstrauen in andere
- Perfektionismus
- schlechtes Zeitumgangsmanagement
- Wichtigtuerei („Ohne mich geht nichts")

**Tab. 4-5** Die 8 W, damit Delegieren nicht W tut [nach 29]

| W für | Bedeutet konkret |
|---|---|
| Was ist zu tun? | • Inhalt oder Aufgabe festlegen |
| Welches Wissen oder welche Fähigkeiten sind dafür nötig? | • Inhalt oder Aufgabe kurz analysieren und bereits an die folgende Frage denken, denn die Person muss dem Anforderungsprofil der Aufgabe gewachsen sein |
| Wer soll es tun? | • Person, an die es delegiert wird, festlegen |
| Warum soll sie/er es tun? | • Argumente für die Motivation und die Zielfindung festlegen (Was lernt die Person dadurch neu?) |
| Wie soll sie/er es tun? | • konkrete Definition des Umfangs und der Teilaufgaben vornehmen |
| Wann soll sie/er es tun? | • klare Zeitvorgaben; wenn der Mitarbeiter wirklich bereits voll ausgelastet ist: Wovon stelle ich ihn frei? |
| Womit soll es getan werden? | • Arbeitsmittel definieren |
| Warum soll es überhaupt erledigt werden? | • Zwischen- und Endziele definieren |

Mit dem Delegieren zeigt eine verantwortungsvolle Führungskraft, wie ernst sie ihre Mitarbeiter nimmt und dass sie ihnen Gestaltungs- und Entfaltungsräume gewährt. Delegieren ist Ausdruck von hoher personaler und sozialer Kompetenz. Delegieren Sie in diesem Sinn, was nur geht.

## Entscheidungsstärke

*Das Gefühl mag uns täuschen, der Verstand hingegen betrügt uns.*

Der Verstand analysiert, er bietet uns praktisch immer eine oder mehrere Alternativen – und damit mindert (!) er nicht selten unsere Entscheidungsstärke. Gerade das weite Spektrum verschiedener Möglichkeiten zeichnet den Verstand aus. Wenn Sie aber wenigstens zwei Alternativen haben, kommen Sie in einen *Zwei-fel*. Das ist ein Phänomen des Kopfes. Wenn wir die richtige Entscheidung treffen, sagt im besten Fall unser Bauch: „Das ist es!" Uns wurde abtrainiert, auf unseren Bauch zu hören und genauso oft haben wir es auch nie wirklich gelernt [74].
Wenn Ihnen eine Entscheidung schwerfällt, treffen Sie sie offenkundig nicht spontan. Dann können Ihr Kopf und Ihr Bauch unterschiedlicher Auffassung sein. Wenn Sie gegen Ihren Bauch entscheiden müssen (und es gibt viele Situationen, in denen das sinnvoll und notwendig ist), brauchen Sie Ihren Willen.

Fast immer gilt: Besser ab und zu eine falsche Entscheidung als gar keine. Lassen Sie sich die Macht der Ihnen möglichen Entscheidungen nicht durch zu langes Zaudern aus der Hand nehmen. Das Schicksal wird sich nicht unbedingt nach Ihren Wünschen richten. Aber Sie können es. Damit arbeiten Sie am Gefühl der Eigenbestimmtheit.

## Die Aufgeschobenen

Für Ihren Weg jenseits von Burnout brauchen Sie Kraft. Die wird Ihnen auch durch das genommen, was ich *die Aufgeschobenen* nenne. Jeder Mensch schleppt üblicherweise davon eine ganze Reihe mit sich herum. Nehmen wir zum Beispiel die vielen (Fach-)Zeitschriften, die seit Ewigkeiten darauf warten, gelesen zu werden. Was wollen Sie damit? Lesen Sie sie oder werfen Sie sie weg, aber lagern Sie diese nicht weiter. Vielleicht bestellen Sie einige davon gleich ab. Anrufe, die Sie seit Wochen vor sich herschieben, oder der Zahnarzttermin: Das alles kostet Ihre Kraft, wenn Sie es weiter aufschieben. Solche Beispiele und unzählige andere für *die Aufgeschobenen* sind allen bekannt.
Die Aufgeschobenen blockieren unsere Lebensenergie. Wenn wir sie ablösen, kann sich ein tief befreiendes Gefühl einstellen.

---

**Übung: Meine Aufgeschobenen**

Schreiben Sie auf, welche eigenen Aufgeschobenen Ihnen in den Sinn kommen. Es gibt viele mögliche Bereiche und es ist gleich, ob es private oder berufliche Dinge sind. Alle Aufgeschobenen sind Energiefresser, aber Energie braucht jeder, erst recht bei Burnout-Gefahr. Deshalb ist es eine große Chance, Aufgeschobenes zu erledigen.

Was also sind Ihre Aufgeschobenen? Was schieben Sie vor sich her, ohne es zu erledigen?

Machen Sie zunächst die Übung, ohne in Tabelle 4-6 zu schauen. Wenn Sie hingegen das Gefühl haben, Ihnen fiele nicht genug ein, gehen Sie nach den Kategorien in der Tabelle vor.

Wichtig ist festzulegen, was der jeweils erste und der zweite Schritt zur Erledigung des Aufgeschobenen sind. Sie brauchen also nicht das Endergebnis zu definieren und auch nicht alle erforderlichen Schritte.

Konkretisieren Sie jetzt nur die ersten zwei Schritte. Legen Sie fest, wann genau Sie den ersten Schritt gehen werden. Dafür verwenden Sie die Zeitkategorien (Kap. 4.1, Abschnitte Aufgabenstrukturierung; Dringend oder wichtig; Prioritäten setzen, S. 84–87) und Ihr Wissen um korrekte Zielfestlegung (Kap. 4.8, Abschnitte Zielarbeit; Praktische Umsetzung; Angstabbau für unerreichbare Ziele; Ziel: Keine Ziele, S. 239–249).

**Tab. 4-6** Kategorien der Bearbeitung

| Ich | • Körper: Gesundheit, Sport, Ruhephasen, Ernährung |
| --- | --- |
| | • Seele: Gefühlswelt, Spiritualität |
| | • Geist: Bildung, Wissen, Erkenntnis |
| **Die anderen** | • Partner |
| | • Kinder |
| | • Freunde |
| | • Verwandte |
| | • Bekannte |
| **Beruf** | • Inhalt und Position |
| | • Einkommen |
| | • Organisation und Struktur |
| **Das Außen** | • Haus/Wohnung |
| | • Umwelt |
| **Weiteres** | • Hobby |
| | • Reisen |
| | • Abenteuer |
| | • anderes |

## Die Spannung nehmen

Es gibt zwei *all time high* beim Thema Entspannung. Das eine ist das autogene Training, das andere die progressive Muskelrelaxation. Beides können Sie grundsätzlich in zwei Wochenendkursen für den Eigengebrauch erlernen. Eine Methode genügt jedoch. Auch wenn sie allein gegen Burnout nicht ausreicht, ist es dennoch eine gute Möglichkeit, sich zu *ent-spannen*. Hier stelle ich Ihnen ausschließlich die Muskelrelaxation in einer Kurzform vor, weil sie
- besser als autogenes Training schriftlich vermittelbar ist,
- weniger schiefgehen kann,
- durch ihr Grundprinzip (Wechsel zwischen An- und Entspannung) dem Bedürfnis vieler näher kommt.

┌─ **Übung: Progressive Muskelentspannung** ──────────────────────

*Hinweis:* Wenn Sie diese Übung stetig durchführen wollen, empfiehlt es sich, diesen Text in der Ich-Form mit ruhiger, langsamer Stimme aufzunehmen und dann über einen Lautsprecher für sich abzuspielen und den Anweisungen zu folgen.

- Setzen Sie sich bequem und aufrecht auf einen Stuhl. Ihre Füße stehen fest und sicher auf dem Boden, Ihr Rücken ist angelehnt (aber nicht durchgebogen), Ihre Hände ruhen locker auf dem Oberschenkel. Manche richten ihre Handinnenflächen nach oben, andere in Richtung Boden, das ist gleich.
- Atmen Sie tief ein und langsam wieder aus, ebenso tief.
- Richten Sie als Erstes Ihre Aufmerksamkeit auf die Muskeln in beiden Armen. Spannen Sie jetzt beide Arme an. Achten Sie auf die Spannung. Halten Sie die Spannung noch an und erst mit dem nächsten Ausatmen lassen Sie ganz los und entspannen die Arme. Achten Sie konzentriert darauf, dass die Spannung nun nachlässt. Spüren Sie die Entspannung. Spüren Sie den Unterschied zwischen der Anspannung vorher und der Entspannung jetzt. Lassen Sie die Entspannung der Arme mit jedem Ausatmen immer noch tiefer werden. Nun sind auch Hände und Finger entspannt. Lassen Sie Ihre Arme ganz entspannt und locker.
- Richten Sie Ihre Aufmerksamkeit nun auf die Muskeln von Gesicht, Hals und Nacken. Spannen Sie jetzt Gesicht, Hals und Nacken an. Achten Sie auf die Spannung. Halten Sie die Spannung noch an und erst mit dem nächsten Ausatmen lassen Sie ganz los und entspannen Ihr Gesicht, Ihren Hals und Nacken. Achten Sie konzentriert darauf, dass die Spannung nun nachlässt. Spüren Sie die Entspannung. Spüren Sie den Unterschied zwischen der Anspannung vorher und der Entspannung jetzt. Lassen Sie die Entspannung mit jedem Ausatmen immer noch tiefer werden.
- Achten Sie nun auf die Muskeln Ihres Rumpfes. Spannen Sie Schultern, Rücken und Bauch gleichzeitig an. Achten Sie auf die Spannung. Halten Sie die Spannung noch an und erst mit dem nächsten Ausatmen lassen Sie ganz los und entspannen Ihre Schultern, Ihren Rücken und Bauch. Achten Sie konzentriert darauf, dass die Spannung nun nachlässt. Spüren Sie wieder die Entspannung. Spüren Sie den erneuten Unterschied zwischen der Anspannung vorher und der Entspannung jetzt. Lassen Sie die Entspannung mit jedem Ausatmen immer noch tiefer werden. Spüren Sie, wie gut Ihre Entspannung tut.
- Wenden Sie sich nun bitte Ihren Beinen zu. Spannen Sie beide Beine gleichzeitig an, jetzt! Achten Sie auf die Spannung. Halten Sie die Spannung noch an und erst mit dem nächsten Ausatmen lassen Sie ganz los und entspannen Ihre Beine. Achten Sie konzentriert darauf, dass die Spannung nun nachlässt. Spüren Sie ein weiteres Mal die Entspannung. Spüren Sie wieder den Unterschied zwischen der Anspannung vorher und der Entspannung jetzt. Lassen Sie die Entspannung mit jedem Ausatmen immer noch tiefer werden. Spüren Sie, wie sich die

Entspannung nun über Ihren ganzen Körper ausbreitet, einer sanften Welle gleich.

- Vertrauen Sie sich ganz diesem angenehmen Gefühl der Entspannung an. Genießen Sie die Entspannung in Ihrem ganzen Körper. Ein wohliges und angenehmes Gefühl! Bleiben Sie bei diesem guten Gefühl, solange Sie wollen.
- Wenn Sie es mögen, sagen Sie sich selbst, dass Sie die Übung gleich beenden werden. Nehmen Sie das Gefühl der Entspannung mit, um sich im Laufe des Tages daran zu erinnern und zu spüren, wie gut es tut.
- Ballen Sie nun Ihre Hände zu Fäusten. Strecken und räkeln Sie sich. Atmen Sie tief durch und öffnen Sie dann die Augen. Entspannen Sie Ihre Hände wieder.

Um Muskelrelaxation zu können, sollten Sie zweimal täglich 15 Minuten üben.

## Umgang mit der eigenen Aggression

Burnout wird von Aggression begleitet – anfangs offensichtlich, später wirkt sie mehr im Verborgenen. Kaum jemand wird sich an eine dauerhafte Periode im Erwachsenenleben erinnern, in der er sich über nichts und niemanden geärgert hat. So ist das Leben – wir werden immer wieder wütend oder aggressiv. Lange Zeit wurde uns gelehrt: Lasst Eure Wut raus. Es gab Schrei- und Boxkurse und andere Installationen, damit Menschen ihre Aggressionen ausleben konnten. Nur nichts hineinfressen, hieß es. Heute weiß man, das ist falsch. Aggressionen auszuleben, führt nur ganz kurz zu einer Entlastung. Der Spannungspegel steigt danach rasch wieder an. Allein nur über die eigenen Aggressionen *nachzudenken*, vermehrt bereits den messbaren Ärger [7]. Deshalb ist es am besten, wenn wir in einem akuten Aggressionsschub innehalten und warten, bevor wir reagieren. In dieser kurzen Wartezeit legt sich die Anspannung wieder etwas. Und dann erst sollten wir unseren Ärger auch ausdrücken, allerdings konstruktiv.

---

**Übung: Umgang mit den eigenen Aggressionen**

Wenn Sie sich so richtig ärgern und Ihrem Ärger Luft verschaffen wollen, verfahren Sie bitte nach folgendem Schema [nach 69]:
- innehalten;
- tief ein- und ausatmen;
- nochmals innehalten;
- sich klar werden, was Sie konkret am anderen verurteilen und ihm eigentlich unverblümt unterbreiten möchten;
- sich mit sich selbst verbinden: Welches Bedürfnis von *Ihnen* (!) wurde damit nicht erfüllt?
- Ihre *Gefühle* und unerfüllten *Bedürfnisse* aussprechen.

Ärger kommt dann in uns auf, wenn uns etwas trifft und somit betroffen macht und wir zunächst nicht wissen, was es genau ist oder wie wir damit konkret umgehen können.

Das kann unser Gegenüber erheblich leichter und besser annehmen, wenn wir ihn *nicht* anschreien. Wenn er wegen unserer Aggression denkt, er hätte etwas falsch gemacht, wird er sich verschließen.

Nun gibt es Situationen, in denen es sich nicht „ziemt" oder unratsam wäre, unseren Ärger nach dem ersten Verrauchen zu äußern. Wer auf eine Stelle angewiesen ist, wird sich zweimal überlegen, den eigenen Chef zur Rede zu stellen, wenn der ihn geärgert hat. Es gibt folgende andere Möglichkeiten zur Entlastung:

- ein Gespräch mit Menschen, denen wir vertrauen und die uns zuhören und verstehen – und mit denen wir vielleicht auch Streitgespräche führen können, wenn wir es denn wollten;
- eine Entspannungsübung wie Muskelrelaxation (s. o.);
- Bewegung – Dampf ablassen durch den Körper; das geht auch im Büro: Treppenhäuser gibt es überall; das ist physiologisch begründbar: Ärger steigert unseren Adrenalinspiegel, dieses Hormon hat den Sinn, uns in Bewegung zu bringen, die es dann wieder abbaut.

Passive Ablenkung (Kino, Fernsehen, Zeitschrift durchblättern) bringt hingegen nicht viel. Alkohol oder Tabletten, Zigaretten oder Essen belasten und entlasten nie.

## Langeweile

Manchmal wird Zeit zu sparen nur scheinbar gewünscht. Tatsächlich wollen viele ununterbrochen beschäftigt sein, denn Aktivität dient vielfach dazu, sich *nicht* mit *sich* befassen zu müssen. Diese Menschen wollen eines unbedingt *vermeiden:* Konfrontation mit sich selbst. Wenn die Weile zu lang wird und im Außen nichts geschieht, steigt die „Gefahr", sein Inneres zu spüren. Ganz zu Unrecht vermuten sie Schlimmstes, jedenfalls etwas Unangenehmes. Auf diese Weise verhindern sie Selbstwahrnehmung, vertun zugleich Chancen, die wundervolle Einmaligkeit von sich selbst zu spüren – und übersehen Anzeichen von Burnout.

┌─ **Übung: Langeweile** ─────────────────────────────────

Damit die Übung nicht zu schwer wird, nehmen Sie sich für den nächsten freien Tag eine Viertelstunde vor, in der Sie nichts tun, nicht sprechen, nicht lesen, nicht fernsehen, sondern einfach nur dasitzen. Wenn Gedanken kommen, ist das völlig in Ordnung. Gut ist, wenn die Gedanken kommen und auch wieder gehen können, quasi vorbeiziehen wie Wolken am Himmel. Lassen

Sie sich überraschen, wie lang oder kurz 15 Minuten sein können. Sie können sich einen sanften Wecker stellen, um die Zeit annähernd einzuhalten.

Beim zweiten Mal steigern Sie das Ganze um fünf Minuten, beim dritten Mal verlängern Sie ebenfalls, bis Sie die lange Zeit (ohne lange Weile) erreichen, die Sie möchten. Einzige Regel: Lassen Sie sich durch nichts ablenken und beobachten Sie, was während der langen Weile geschieht.

## Sinnlichkeit

Riccarda sitzt in der Philharmonie. Brendel spielt das erste Klavierkonzert von Beethoven. Eine schwierige Situation für Riccarda: Sie liebt dessen zweiten Satz und weiß, die Musik bewegt sie so, dass sie immer weinen muss. Die letzten Akkorde des ersten Satzes sind verklungen. Die ersten Töne des zweiten Satzes erklingen. Riccarda hat sich entschieden: Sie will und wird ihren Willen zur Unterdrückung der Tränen nicht verbrauchen: Sie weint, sie ist ganz in ihren Sinnen.

Sinnliches Empfinden hat nichts zu tun mit unserem Beruf, unserem Status, unseren Rollen, unseren Einnahmen, unserer Familie usw., sondern ausschließlich mit uns selbst. Nichts hat mehr mit dem so oft missbrauchten „Hier und Jetzt" zu tun als unsere Sinnlichkeit. Sie kennen sicherlich den Spruch „Übung macht den Meister". Das gilt ebenso für unsere Sinnlichkeit.

Ein Leben wird auch dann als sinnlos empfunden, wenn wir es zu wenig (oder gar nicht mehr) durch unsere Sinne erfahren haben. Wer sich sein Leben um seine Sinne herum aufbaut, bekommt selten Burnout. Der ist bei Sinnen und damit ist nichts mehr *Sinn-los*.

Mit den Sinnen gelangen wir aus dem Kopf in das Herz und damit in die Gegenwart. Sinnliches Erleben ohne Gegenwart ist unmöglich. Das ist beispielsweise der Effekt von gelebter Sexualität. So kommt es fast zwangsweise, dass Menschen mit Burnout nahezu keine Sexualität mehr leben; zumindest keine befriedigende.

Es ist höchst *Sinn-voll*, einige der Sinne zu aktivieren. Hier ein paar Anregungen, was wir tun können, um unsere Sinne etwas zu fördern:

---
**Übung: Sinnes-Anregungen**

■ **Geschirrspülen, ohne Geräusche zu machen:** Das ist eine Übung aus dem Zen. Versuchen Sie einmal Geschirr zu spülen, ohne ein Geräusch zu machen – vom Einfüllen des Wassers und Geschirrspülmittels bis zum Spülen als solchem. Sie werden merken, wie anders sich das anfühlt. Ihre Achtsamkeit steigt und Sie werden sich Ihres Tuns bewusster.

■ **Sehen lernen:** Fahren Sie anders als üblich zur Arbeit. Wenn Sie immer den gleichen Weg nutzen, tun Sie das in Trance. Bei einem neuen Weg müssen Sie schauen und wahrnehmen.

■ **Blind date:** Machen Sie etwas wie Zähneputzen oder in den Keller gehen mit geschlossenen Augen.

■ **Baselitzen:** Vielleicht kennen Sie Baselitz? Das ist ein Künstler, dessen Werke ab einem bestimmten Zeitpunkt seiner (kommerziellen) Karriere alles auf dem Kopf dargestellt abbilden. Tun Sie das mit Sachen, die Sie umgeben, wie Ihren Bildern auf dem Schreibtisch oder an der Wand. Auch kleine Lautsprecher oder Bücher können Sie verdrehen. Spüren Sie nach, wie es ist, etwas auf den Kopf zu stellen.

■ **Räumen:** Setzen Sie sich mit Stuhl und Tisch in eine andere Ecke Ihres Zuhause – mitten hinein, ganz nach hinten, ganz anders. Neue Stand- oder Sitzpunkte schaffen neue Perspektiven.

■ **Sich etwas herausnehmen:** Sie gehen immer zur gleichen Zeit zum Mittagessen? Sie essen immer die Suppe vor der Hauptspeise? Sie nehmen immer die gleiche Tasche mit zur Arbeit? Riten sind wichtig und wirksam, aber deren Bruch tut auch mal gut.

■ **Das esse ich nicht:** Wer kennt diesen Spruch nicht von sich selbst – zumindest als Kind. Wir alle können bestimmte Sachen einfach nicht essen. Das sind aber viel weniger als wir tatsächlich nicht essen. Kaufen Sie sich einmal etwas, das Sie noch nie gekauft oder gegessen haben, was Sie jedoch nicht ekelt oder sonst wie abstößt. Erleben Sie den neuen Geschmack. Vielleicht gibt es auch etwas, das Sie als Kind ablehnten und deshalb nie mehr in den Mund nahmen. Manche erinnern sich daran, wie sie als Kind das erste Mal Oliven aßen und sie nicht mochten. Als sie diese dann als Erwachsene erneut aufgetischt bekamen, mundeten sie ihnen.

■ **In der Stille liegt die Kraft:** Schweigen Sie beim Essen. Schweigen Sie beim Sex. Schweigen Sie einen Tag oder eine Woche lang. Erleben Sie, wie anders Sie sich fühlen, wenn Sie schweigen.
Beispiel: Lebens-Mittel zu sich zu nehmen, bedeutet, das Leben neu zu ergreifen und zu verlängern. Ohne Essen und Trinken stirbt Ihr Körper. Das Essen hat deshalb einen sehr besonderen Stellenwert im Leben. Diesen Stellenwert können Sie missachten, indem Sie sich bei jedem Essen unterhalten, nebenher die Zeitung lesen oder den Fernseher laufen lassen. Das alles lenkt vom eigentlichen Wert ab. Wenn Sie beginnen, während des Essens beim Essen zu sein, ist Schweigen eine logische Folgerung.

Onke macht sein erstes Persönlichkeitstraining als Teilnehmer mit. Der Kursleiter gibt nach dem üblichen Anfangsgeplänkel eine zentrale Regel für die kommenden fünf Tage bekannt: Es wird geschwiegen. Egal in welcher Situation, außerhalb der Trainingsaufgaben bleibt der Mund geschlossen – beim Essen, in den Pausen, morgens bis abends. Das ist für Onke sehr ungewohnt. Es ist ungewohnt gut! Diese Schweigeregel beschreiben später alle Teilnehmer als ein Highlight des Kurses.

- **Sitz und Platz:** Sitzen Sie immer am gleichen Platz, am Esstisch oder auf der Couch zu Hause, Mama neben Sohn und Papa neben Tochter oder ähnlich? Verlassen Sie Ihren angestammten Platz und erleben Sie, wie anders sich eine ungewohnte Sitzordnung anfühlt.

- **Wo laufen Sie denn? Oder: Wie laufen Sie denn?** Kontrollieren Sie, ob Sie immer nur eines zur gleichen Zeit machen. Vielleicht kennen Sie den Anblick von einem Jogger, der sich von Musik berieseln lässt. Oder von den Menschen, die im Squash-Center zusätzlich zum Sport per Lautsprecher bedröhnt werden. Oder Sie selbst lesen die Zeitung und lassen das Radio laufen. Was auch immer: Wenn Sie zwei Dinge zugleich machen, machen Sie keines davon richtig – jedenfalls nicht, was Ihre Sinne angeht.

## Burnout und Geld

Für 80% der Deutschen ist die wichtigste Voraussetzung für Glück, keine Geldsorgen zu haben. Geld schafft eine Art Sicherheit im Außen. Das Gefühl der Sicherheit wird von vielen als Voraussetzung von Glück betrachtet oder sogar als Glück selbst.

Äußere Sicherheiten können bis zu einem bestimmten Grad tatsächlich innerliches Vertrauen bilden, die Realität beweist das. Trotzdem bleibt die von anderen unabhängige innere Sicherheit, also *sich selbst sicher* zu sein, die entscheidende.

Burnout wird durch den zunehmenden Materialismus der Gesellschaft ausgelöst [12], zumindest stark gefördert. Wenn wir das so annehmen, bedeutet Burnout-Prävention zu einem großen Teil, mit Materiellem (das bedeutet mehr als nur Geld) klug umzugehen. Dieser wichtige Gesichtspunkt schwingt bei vielen der Übungen im Buch mit: Er bedeutet, sich auf sich selbst, seine Persönlichkeit und sein Tun zu konzentrieren, statt Geld oder Status ins Zentrum seines Strebens zu stellen.

Geld wird trotzdem zu einer zentralen Frage, und zwar dann, wenn es fehlt. Burnout und Schulden sind eine recht fatale Kombination. Die Finanzsorgen können der Heilung entgegenstehen. Ebenso können Probleme im finanziellen Bereich nicht nur durch Burnout entstehen, sondern die Entstehung von Burnout fördern.

Verstehen Sie die folgende Auflistung als ein Statement gegen den Abschluss von Krediten. Damit wird vorgegeben, Ihnen zu helfen, tatsächlich „helfen" Sie damit aber anderen und die Kredite selbst helfen in den meisten Fällen nicht (das gilt nicht für Existenz gründende Kleinkredite, um die es hier nicht geht); konkret:

- Bei Geldproblemen sollten Sie wach sein und lieber so schnell wie möglich handeln statt zu warten.
- Legen Sie einen monatlichen Betrag fest, der maximal ausgegeben wird.
- Eine Frage sollte jede Ausgabe begleiten: Muss das wirklich sein? Am besten kleben Sie sich einen Zettel mit dieser Frage ins Portemonnaie und auch auf die ec- und Kreditkarten.
- Wenn Sie eine langfristige finanzielle Herausforderung akzeptieren, beispielsweise für eine teure Maschine, dann sichern Sie diese langfristig ab und nicht über einen kurzfristigen Kredit.
- Konsumschulden sind Gift. Sie dämpfen Ihre Motivation und Ihr Selbstbewusstsein. Bauen Sie schnellstmöglich Ihre Schulden ab. Verzichten Sie dafür auf Reisen, Autos usw. Eine erschreckend hohe Zahl von Haushalten ist überschuldet. Schulden sind eine hohe Belastung für jeden, selbst wenn er meint, sie nicht zu spüren. Schulden blockieren innerliche Freiräume. Grundsätzlich gilt: *Niemals Kredite* für Konsumgüter wie Kameras, Handys, Fernseher. Egal, was Ihnen Händler und Banker möglich machen wollen. Die Bank freut sich jahrelang, Sie selbst nur kurze Zeit.
- Wenn Sie Ihre Schuldenlast drückt, sprechen Sie mit Ihrem Steuerberater darüber oder mit einer Schuldnerberatungsstelle, die es in den größeren Städten gibt. Dieses Problem muss beseitigt werden.
- Schulden sind ein Gesprächsthema bei Ihrem Steuerberater, Coach oder Therapeuten, sonst bleiben sie Ihr Geheimnis.
- Bauen Sie sich eine eiserne Bar- oder Notreserve auf, die Sie im Fall der Fälle mindestens sechs Monate über Wasser hält.

## Berufsunfähigkeit

Wenn Burnout trotz aller Präventions- und Behandlungsmaßnahmen zur Berufsunfähigkeit (bzw. zur weitgehenden Einschränkung der Erwerbsfähigkeit) geführt hat, sind die finanziellen Sorgen leider meistens groß. Es trifft im Regelfall Menschen zwischen 30 und 50 Jahren, also noch weit vor der üblichen Arbeitsgrenze von zukünftig 67 Jahren. Das bedeutet, vor dem finanziellen Nichts oder Ruin stehen oft junge Familien mit Kindern, in denen der Hauptverdiener ausfällt.

Eine Vielzahl von Versicherungen ist nutzlos und kann sofort gestrichen werden. Das, was Sie damit sparen können, ist in der Regel ein Vielfaches dessen, was die wirklich wichtige Versicherung kostet, die zur Berufsunfähigkeitsabsicherung. Sie ist neben der privaten Haftpflichtversicherung und der Krankenversicherung die einzige private Versicherung, die wirklich unbedingt notwendig ist.

Die Regel lautet: Sichern Sie sich vor allem gegen Ereignisse ab, die vielleicht wenig wahrscheinlich sind, aber deren Folgen Sie ruinieren könnten, so wie Burnout.

Beim Abschluss einer Berufs- und Erwerbsunfähigkeitsversicherung gibt es wichtige Fallen, in welche Sie nicht tappen müssen:

- **Wann schließen Sie eine solche Versicherung ab?** So früh wie möglich, das heißt mit Beginn der Berufstätigkeit. Burnout kommt nicht mit 70, manche Betroffenen sind jünger als 30 Jahre.

- **Wie lange sollten Sie sich absichern?** So lange, bis Ihre normale Altersrente sicher einsetzt.

- **Wie hoch sollte die ausbezahlte Rente sein?** So hoch, dass Sie einen nicht zu stark verminderten Lebensstandard fortführen können.

- **Was ist noch zu beachten?** Achten Sie darauf, dass in den Versicherungsbedingungen *keine Verweisungsklausel* steht. Damit können sich im Ernstfall die Versicherungen elegant aus ihrer Leistungspflicht herausreden – und Sie stehen mit leeren Taschen da. Diese Klausel bedeutet, die Versicherung hat das Recht und die Macht, Sie auf einen anderen, der Versicherung als möglich oder tauglich erscheinenden Beruf zu verweisen, den Sie ab jetzt ausführen können sollen. Lehnen Sie ab, zahlt die Versicherung nicht mehr. Die Folge sind langwierige Rechtsstreitigkeiten, zu denen Sie in diesem, von Burnout geschwächten Moment keine ausreichende Kraft besitzen.

- **Was ist darüber hinaus zu beachten?** Schließen Sie diese Versicherung zu einer Zeit ab, in der Sie noch gesund sind und noch keine Psychotherapie begonnen haben. Wenn Sie sich hingegen mit privater Bezahlung coachen lassen, ist dies keine Psychotherapie und Sie brauchen dies nicht beim Versicherungsantrag anzugeben.

- **Welche anderen Auswirkungen von Burnout sollten Sie im Zusammenhang mit Ihren Finanzen beachten?** Wenn Burnout droht, ist es möglich, dass Sie für eine gewisse Zeit einen Kredit brauchen. Denken Sie rechtzeitig daran, dafür eine Sicherheit aufzubauen. Sobald Sie sich entschieden haben, „offiziell" Hilfe über eine Psychotherapie zu suchen, wird Ihnen beispielsweise eine Risiko-Lebensversicherung de facto verweigert – oder mit so hohen Zuschlägen versehen, dass sie unbezahlbar wird. Sorgen Sie also *vorher* für ein gutes Risikomanagement.

Warum schreibe ich das so detailliert in einem Buch über Burnout? Weil Probleme im finanziellen Bereich nach meiner Erfahrung mit vielen Klienten immer einen sehr dunklen Schatten auf alle anderen Lebensbereiche werfen.

# Der Körper

*Der Körper ist das Aktionszentrum der Seele.* Rupert Sheldrake

Dem Körper kommt eine wichtige Rolle bei der Prävention von Burnout zu [24]. Es geht darum, ihn als hohe Instanz wahrzunehmen und entsprechend respektvoll zu behandeln. Unser Körper ist unsere intime Heimat auf der Erde. Ohne ihn können wir nicht sein. Umso erstaunlicher ist, wie manche Menschen mit ihm umgehen, indem sie ihn missachten. Missachtet wird ein Körper, der

- nicht gefordert oder überfordert wird,
- keine *Lebensmittel*, sondern Fast Food und Convenience-Produkte verdauen und damit auskommen muss,
- nicht ausreichend Schlaf zur Regeneration bekommt und
- mit schädigenden Substanzen wie Alkohol, Nikotin oder Medikamenten traktiert wird.

---

**Übung: Mein Körper**

Vielleicht mögen Sie sich jetzt einmal ehrlich folgende Fragen *für* Ihren Körper beantworten:

- Was braucht mein Körper?
- Wie kann ich es ihm geben?
- Warum tue ich es bisher vielleicht nicht?
- Wie kann ich diese Hindernisse so umgehen oder integrieren, dass ich meinem Körper endlich die nötige Zuneigung schenke?

---

Sich seines Körpers bewusst zu sein und ihn anzunehmen, so wie er ist, kann für manche eine schwere Übung sein. Der Körper braucht Sport, der einen angenehmen Nebeneffekt hat: Er strafft den Körper und wir empfinden unser Aussehen attraktiver, unser Selbstwertgefühl steigt. Leider ist Drohmedizin die häufigste Form, in der Öffentlichkeit über Sport zu reden. „Wenn Sie nicht Folgendes tun, werden Sie folgendermaßen dafür büßen." Nach diesem Muster arbeiten *alle* erfolgreichen Fitnesspäpste. Die Methode der Drohmedizin ist wohl deshalb so erfolgreich, weil ein ganz archaisches Prinzip verfolgt wird: Wer hat früher so mit Ihnen geredet? Vielleicht Ihre Mutter und/oder Ihr Vater. Es ist aber vollkommen egal, was Ihnen Fitnesspäpste mit erhobenem Zeigefinger vorschreiben wollen. Sie persönlich sind nicht dafür verantwortlich, dass diese Menschen ihre tiefen eigenen Probleme ausschließlich über ihren und Ihren (!) Körper lösen wollen.

Lassen Sie Ihren gesunden Menschenverstand sprechen. Ihr Körper ist Ihr höchstes Gut. Er steht in einem ununterbrochenen Dialog mit der Seele und dem Geist, auch wenn wir das leider oft erst spät mitbekommen, z. B. über ein Magengeschwür, einen Bandscheibenvorfall, Nierensteine oder Migräne. Es ist eine Maßnahme der Selbstliebe, den Körper in richtiger Weise zu achten. Richtig heißt: Er will bewegt werden. Entscheiden Sie sich für Sport. Dafür reichen die folgenden drei Regeln:

1. Niemals eine Sportart wählen, die Sie nicht mögen. Finden Sie heraus, welche Bewegung Ihnen gefällt. Wenn Ihnen überhaupt keine gefällt, bleiben nur Laufen, Schwimmen, Marschieren ohne oder mit Stöcken (Nordic Walking), Fahrrad fahren oder Tanzen. Welche Sportart ist für Sie das kleinste Übel?
2. Nicht überfordern, aber fordern: zwei- bis dreimal pro Woche 30 Minuten sind notwendig. Ihr Puls (Pulsmesser fürs Handgelenk kosten unter 20 €) sollte 130 Schläge pro Minute nicht übersteigen.
3. Den Sport nicht in Sucht übergehen lassen. Wer nicht mehr ohne Sport kann und nach 24 Stunden ohne ihn schon nervös wird, zeigt typische Suchtsymptome.

Wichtig ist, was Ihnen zusagt, wo Sie sich auf körperlicher, inhaltlicher und seelischer Ebene wiederfinden [45]. Grundsätzlich bieten Wald, Feld und Flur die besten Regenerationsmöglichkeiten. Wählen Sie möglichst einen Sport, der Sie ins Freie führt, also nicht in ein Fitnessstudio oder in eine Tennishalle. Wenn Sie sich absolut nicht auf Sport einlassen wollen, ist es wichtig, den Körper zumindest über die Ernährung liebevoll zu behandeln. Nutzen Sie das Thema Sport nicht für Selbstvorwürfe. Es gibt genügend Menschen, die ohne Sport sehr alt wurden, und genügend, die mit Sport oder sogar während oder aufgrund dessen früh starben.

## Schlaf

Es war auf dem Rückflug von einer seiner längsten Auslandsreisen. Papst Johannes Paul II. hatte zahllose Messen und Reden gehalten und Termine wahrgenommen. Ihm war trotz „Rentenalters" nichts von den Strapazen anzumerken. Eine Reihe von deutlich jüngeren Journalisten hatte ihn begleitet und war fix und fertig. Da fragte ihn einer, wie er das alles körperlich so gut schaffe. Der Papst sagte nur: „Ich schlafe nachts."

Viele Menschen spüren, ein oder zwei Stunden mehr Schlaf wären besser für ihren Körper und für Seele und Geist. Aber das Fernsehprogramm oder das Internet sind einfach zu verlockend (Kap. 4.1, Abschnitt Zeitrespekt, S. 79). Das ist schade, denn das raubt Lebensenergie. Und die wird nachts aufgefüllt, eben im Schlaf.

## Ernährung

*Lesen Sie keine Schlankheitsbücher. Essen Sie sie. Sie enthalten eindeutig mehr Ballaststoffe als nützliche Informationen zum dauerhaften Gewichtsverlust.* Paul Pearsall

Die Hälfte aller Herzinfarktpatienten weist keinerlei Risikofaktor wie Übergewicht oder Rauchen auf [101] – und mehr als die Hälfte aller Menschen mit
solchen Risikofaktoren erleidet keinen Herzinfarkt. Eine stabile Gesundheit
hat mit Kasteiung nichts zu tun, sondern mit *Mäßigung*. Genuss ohne Reue ist
möglich (Details Kap. 4.4, Abschnitt Genuss, S. 169). Dabei sind folgende drei
Gesichtspunkte zu beachten:

- Genuss richtig dosieren,
- Genuss auskosten,
- für Abwechslung sorgen.

---

**Übung: Genuss dosieren**

Genuss zu dosieren macht immer wieder Probleme. Zum korrekten Umgang
mit Genuss wird die Mäßigungsminute empfohlen [103]: Essen Sie ein Stück
Schokolade, kosten Sie den Genuss aus, was bedeutet: langsam zerschmel-
zen lassen statt kauen. Und nun kommt es: Warten Sie eine Minute bis zum
nächsten Stück. Danach besteht eine gute Chance, das zweite Stück nicht
mehr zu wollen, oder eben das dritte nach der zweiten Mäßigungsminute.

---

Grundsätzlich gilt – und es gibt kaum jemanden, der nicht irgendwo bereits
diese Erfahrung machte: Sich zu ändern, ist relativ leicht. Aber dann anders zu
*bleiben*, das ist schwer, erst recht beim Essen. Über Essen wissen die meisten
längst Bescheid. Ihnen ist klar, dass

- Vollkorn- und Vollwertprodukte,
- der Verzicht auf raffinierte Produkte,
- ballaststoffreiche Ernährung,
- viel Obst und Gemüse (bevorzugt roh),
- wenig tierisches Eiweiß, wenn, dann eher Fisch als Fleisch, sowie
- die starke Einschränkung von Konserven (übrigens auch von Tiefkühlkon-
  serven) zugunsten von frischen Produkten

die einzigen Regeln sind, die es zu beachten gilt.

## Sucht: Die Extremvariante von Fremdbestimmtheit

Die seit Jahrtausenden herrschende Diskriminierung von Suchtkranken hat
sich nicht gewandelt, auch deshalb wird Sucht oftmals verschwiegen. Der
Suchtkranke gilt als scheinbarer Schwächling und Versager, als einer, der seine
Leidenschaften nicht beherrschen kann. In Deutschland leben weit über drei
Millionen Alkoholabhängige, etwa 30 Millionen Nikotinabhängige, etwa sieben Millionen Haschischkonsumenten und mindestens eine Million Medika-
mentenabhängige. Und wenn man das so hochrechnet, dann ist statistisch gesehen jeder zweite Leser dieses Buches suchtkrank oder in Gefahr, es einmal zu
werden. Soweit zu den offiziellen Suchtmitteln. Aber es gibt eine Vielzahl anderer Suchtmittel wie Internet, Rachsucht, Streitsucht, Sucht nach Anerkennung usw. [ausführliche Liste in 12].

Burnout „kokettiert" immer auch mit Sucht. Die *Bedeutung* einer Sucht ist oftmals: *Ich sterbe langsam*. Wer süchtelt, der will sterben – zwar langsam, aber dennoch.

Die *Aufforderung* lautet: Der Betroffene sucht etwas, das er meint, in der Sucht zu finden. Wenn er das, worum es wirklich geht, auf andere Weise findet, kann er sich von seiner Sucht befreien. Wenn er es nicht findet, wird er vielleicht weiter die bisherige oder eine andere Sucht brauchen, auch wenn diese ihn auf Dauer schädigt oder umbringen wird.

Auf Süchte zu verzichten ist schwer. Die Erkenntnis, dass nur der Suchtmittelverzicht wirkliche persönliche Freiheit bedeutet, nämlich fehlende Abhängigkeit, bringt den Betroffenen nicht weiter. Es ist am besten, sich selbst die eigene Sucht zuzugeben und sich dann professionelle Hilfe zu holen. Ohne solche Hilfe schaffen nur etwa 10% der Betroffenen den Weg aus der Alkoholabhängigkeit – wenig im Vergleich zu den 90%, die allein nicht die Kraft dazu aufbringen.

Falls Sie ein Problem mit Alkohol bei sich vermuten, können Sie mehr Gewissheit mittels folgenden Tests bekommen:

---

**Test: Probleme mit Alkohol?**

Es gibt vier Fragen (das CAGE-Schema, benannt nach den englischen Stichwörtern *Cut down Drinking, Annoyance, Guilty, Eye Opener*), die recht gut eingrenzen, ob jemand Alkoholprobleme hat:

1. Haben Sie jemals daran gedacht, weniger zu trinken?

2. Haben Sie jemals bei anderen Menschen Anstoß erregt, weil Sie nach deren Meinung zu viel trinken?

3. Haben Sie sich jemals wegen Ihres Trinkens schuldig gefühlt?

4. Haben Sie jemals morgens als Erstes Alkohol getrunken, um sich seelisch zu stabilisieren oder einen Kater zu dämpfen?

**Auswertung**

Wenn Sie eine Frage mit Ja beantwortet haben, besteht der Verdacht, dass Sie ein Alkoholproblem haben. Wenn Sie zwei oder mehr Fragen mit Ja beantwortet haben, ist ein schädlicher Konsum oder ein Alkoholmissbrach wahrscheinlich. Dann sollten Sie unbedingt einen Arzt aufsuchen, um Alkoholabhängigkeit auszuschließen oder behandeln zu lassen.

# 4.3    Zufriedenheitskonstanz (Stufe 3)

Stress *allein* verursacht kein Burnout, niemals und bei niemandem. Burnout nur mit einer Stressminderung vorbeugen zu wollen, wird deshalb nicht funktionieren. Wer unter Stress steht und *zugleich zufrieden* ist mit seiner beruflichen Rolle, Position, seinem Einfluss und den einzelnen Tätigkeiten, bleibt fast immer von Burnout verschont.

*Unzufriedenheit* ist es, die Burnout den Weg bahnt – oder: Zufriedenheit hat beste schützende Wirkung gegen Burnout [44, 88, 121, 141]. Zufriedenheit gibt uns innere Sicherheit.

Im Einzelfall kann Unzufriedenheit durch Maßlosigkeit gefördert sein. Wer sehr bescheiden in seinen Erwartungen ist, ist in der Regel eher zufrieden.

Burnout hat in den meisten Fällen mit Dyaden, mit Zweierbeziehungen, zu tun. Die Dyaden können als Quelle der Unzufriedenheit dienen. Die Krux an der Sache ist, dass diese zugleich auch vor Burnout schützen [56]. Die größte Quelle der Zufriedenheit im Beruf ermöglicht eben der Kontakt mit den Menschen, für die man den Beruf ausübt.

## Alltägliche Zufriedenheit

Zufrieden sind wir dann, wenn wir mit dem Gefühl leben, den eigenen Weg zu gehen. Fehlt uns aber das *Gefühl* dafür, müssen wir prüfen, woran das liegt.

Zufriedenheit entwickelt sich, wenn wir *Ent-Scheidungen* treffen und zu diesen stehen. Zufriedenheit folgt damit dem Empfinden der eigenen Wirksamkeit.

Wenn wir eine Reihe von Menschen fragen, was sie unzufrieden macht, schälen sich drei grundsätzliche Ursachen heraus:

- **Etwas oder vieles ist nicht so, wie ich es gerne hätte:** Es geht um das vermeintlich Fehlende oder Vergangene, das nicht mehr Verfügbare. Es zeigt sich an der pausenlosen Suche nach Steigerung, nach mehr, mehr Glück, mehr Gesundheit, mehr Jugend, mehr Geld, mehr Ansehen, mehr Freude, mehr Urlaub, mehr Thrill usw.

- **Nichts geschieht so, wie ich es gerne hätte:** Die Auswirkungen des eigenen Tuns passen einem nicht.

- **Meine Seele wird nicht so angesprochen, wie sie es bräuchte:** Die Lebensgrundstimmung wird nicht genährt.

Wenn wir diese drei Ursachen genauer betrachten, stellen wir fest, dass es um ein einziges Thema geht, nämlich darum, dass wir *dann unzufrieden sind, wenn wir etwas gerne hätten, was wir nicht haben.* Unzufriedenheit ist also ein Thema des *Anspruchs,* des Verlangens, des *Mangels* oder der *Gier.*

Das erstgenannte Argument bedeutet Verlangen nach Materiellem (im Haben), das zweite ist die Nichterfüllung im Tun und das dritte ein Mangel im Sein.

Zufriedenheit erreichen wir, wenn in diesen drei menschlichen Ebenen unser Innen mit dem Außen übereinstimmt; dann mangelt es uns an nichts mehr. Unter diesem Aspekt ist Zufriedenheit eine Wenn-dann-Beziehung. Wenn uns nichts fehlt, dann sind wir zufrieden.

Viele Menschen sind unzufrieden mit ihrem Körper oder ihren Leistungen. Sie fühlen sich zu dick, zu klein, meinen, zu viele Falten zu haben oder eine zu kleine oder zu große Brust. Nehmen wir einmal an, Sie hätten Probleme damit, übergewichtig zu sein. Viele, fast alle, sagen sich innerlich: „Wenn ich wieder schlank bin, dann mag ich mich wieder." Sie warten (wie wir wissen, oftmals sehr lange oder vergeblich) auf Ihr Idealgewicht, um sich dann angeblich wohlgesonnen zu sein. Wichtig ist die Erkenntnis, dass Sie ein Recht und auch ein wenig die Pflicht haben, sich so zu mögen, wie Sie sind. Das heißt zum Beispiel: „Auch mit Übergewicht mag ich mich." Wann wollen Sie beginnen, sich zu akzeptieren, wenn nicht in dem Moment, in dem Sie leben: *Jetzt!*

Wenn Sie abnehmen wollen, bedeutet gerade die Einstellung, sich auch mit Übergewicht zu mögen, eine innere Heilung, die Ihnen das Abnehmen erleichtern wird.

Zufrieden sind wir dann, wenn wir uns als Meister des eigenen Lebens empfinden. Zufrieden kann werden, wer seine Aufmerksamkeit darauf richtet, wofür er sich entschieden hat – oder manchmal, wofür sich sein Leben entschieden hat.

*Dauerhaft* zufrieden sind wir in aller Regel nicht. Zufriedenheit hat eine kurze Halbwertszeit, sie muss immer wieder aufgebaut werden. Trotzdem geht es darum, ein konstantes Maß an Zufriedenheit nicht oder nicht für längere Zeit zu unterschreiten – das meint Zufriedenheitskonstanz. Bei Zufriedenheit geht es nicht nur um kleine Etappenziele, es geht auch um die ganz großen Lebensziele: um den Lebenssinn.

## Die Achse der Angst, Teil 2 – oder: Unzufriedenheit

Der Ausdruck Unzufriedenheit weist auf einen Zustand des fehlenden inneren Friedens hin. Mangelnder Friede führt zu innerer Unruhe – übrigens eine passende Analogie zur Unruhe, die eine Uhr antreibt. Denn Unruhe ist eine Form der Energie. Menschen mit Burnout gelingt es nicht ausreichend, diese wenig friedliche Energie im positiven Sinne für sich zu nutzen, als kreativen oder produktiven Antrieb zu Erfolgen. Vielmehr richten sie diese Energie gegen sich und auch gegen andere und geraten damit ins Burnout.

Wenn Frieden fehlt, haben wir Krieg. Krieg macht uns Angst. Deshalb hat innere Unzufriedenheit, egal ob sie bewusst erlebt wird oder nicht, immer auch eine angstvolle Seite. Damit gleicht sie der *Zeitnot*, die ebenso zu einem angsterfüllten, inneren Raum führt (Kap. 4.1, Abschnitt Die Achse der Angst, Teil 1, S. 67). Zeitnot und Unzufriedenheit bilden eine *Achse der Angst* im Rahmen von Burnout. Diese Angstachse wird genährt, wenn wir nicht (mehr) das bewirken, was uns erfüllt, wenn uns etwas fehlt. Es gibt zwei grundsätzliche Formen von Unzufriedenheit:

- die lähmende Unzufriedenheit – mit ihr geschieht wenig oder nichts, sie macht uns zu Opfern, zu Kleinen, welche eben unzufrieden mäkeln und meckern;
- die kreative oder produktive Unzufriedenheit – sie macht uns zu Aktiven, zu Menschen, welche verändern wollen und es auch tun.

Wohlgefühl und darin eingeschlossen Zufriedenheit hängen grundsätzlich mit Selbstkenntnis zusammen [106]. Selbstkenntnis dient der Zufriedenheit ganz besonders damit, wenn sie uns klarmacht, was wir alles bereits sind und dass wir zufrieden sind, so wie wir sind. Wahrnehmungsübungen sind damit *eine* Möglichkeit, verstärkt in zufriedene Stimmung zu geraten.

Aktiv für Zufriedenheit zu arbeiten gelingt dann, wenn wir an einem erfüllten, eigenen Leben arbeiten. Wer das berechtigte Gefühl hat, wirkungsvoll an der eigenen Erfüllung zu arbeiten, wird eine höhere Zufriedenheit entwickeln und – dank der verbesserten Selbstwahrnehmung – auch fühlen. Wir fühlen uns dann eher erfüllt und damit zufrieden, wenn wir das für uns Richtige tun, im materiellen, im seelischen und im geistigen Bereich. Auch hier gilt: Das Tun macht die Wirkung.

## Ausmaß der Zufriedenheit

Vielleicht sind Sie nicht zufrieden. Wenn Sie das *Ausmaß* Ihrer Zufriedenheit klären wollen, bietet sich folgende Übung an [aus 7].

---

**Übung: Zufriedenheit**

Lesen Sie die folgenden Aussagen und geben Sie an, wie weit sie für Sie zutreffen. Dabei geben Sie der Aussage Punkte, und zwar so: 1 trifft überhaupt nicht zu; 2 trifft nicht zu; 3 trifft meistens nicht zu; 4 weder noch; 5 trifft eher zu; 6 trifft zu; 7 trifft vollkommen zu.

**Punkte**

1. Meine Lebensbedingungen sind bestmöglich.  _____

2. Ich bin mit meinem Leben zufrieden.  _____

3. Wenn ich mein Leben neu beginnen könnte, würde ich fast nichts ändern.  _____

4. Mein Leben kommt meistens meinem Ideal nahe.  _____

5. Bisher habe ich die mir wichtigen Dinge in meinem Leben bekommen.  _____

**Auswertung**

31–35 Punkte    Sie sind außergewöhnlich zufrieden mit Ihrem Leben.

26–30 Punkte    Sie sind wirklich zufrieden mit Ihrem Leben.

21–25 Punkte    Sie sind alles in allem zufrieden mit Ihrem Leben.

15–20 Punkte    Sie sind unzufrieden mit Ihrem Leben.

10–14 Punkte    Sie sind sehr unzufrieden mit Ihrem Leben.

 5–9 Punkte     Sie sind extrem unzufrieden mit Ihrem Leben.

## Zufriedenheit und ihr Preis

Zunächst sollten wir uns klarmachen [126], dass uns niemand zwingt oder auch nur zwingen könnte, unser Leben so zu leben, dass es zu Burnout führt. Damit es soweit kommen *kann*, müssen wir Entscheidungen treffen und vielleicht besser zu uns passende Alternativen ablehnen. Abbildung 4-6 zeigt dies exemplarisch für einen Arzt, der meint, das Gesundheitssystem, die Politiker, die Krankenkassen oder auch seine Patienten seien schuld an seinem Zustand. Dabei ist er es selbst, der die wichtigen Entscheidungen in seinem Leben ge-

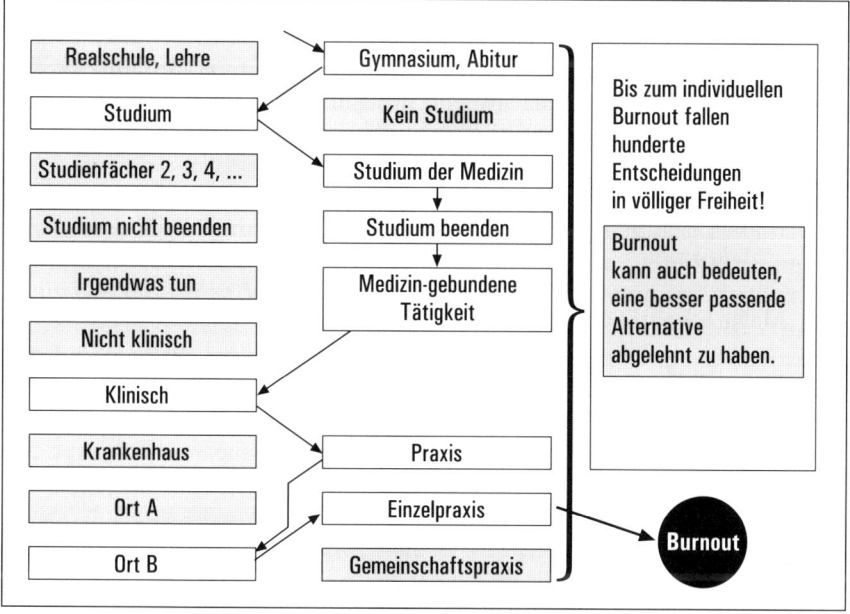

**Abb. 4-6** Burnout als Folge einer langen Kette unpassender Entscheidungen

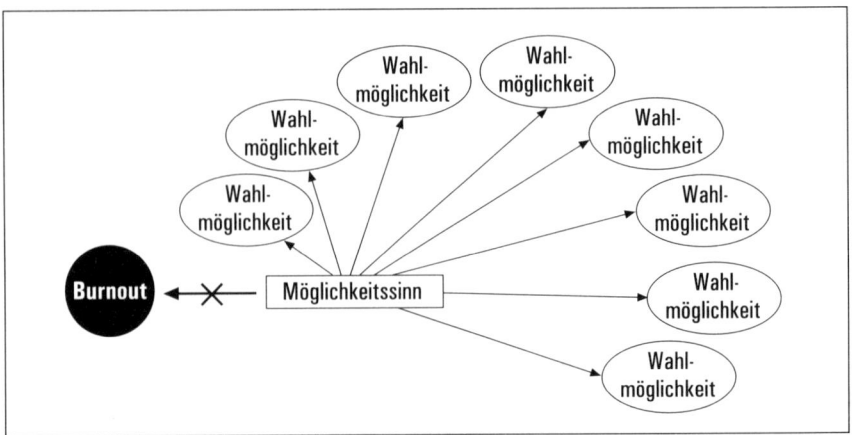

**Abb. 4-7** Burnout-Prävention bedeutet, die Wahlmöglichkeiten zu erkennen.

troffen hat, die ihn zumindest der Gefahrensituation Burnout sehr nahe brachten.

Der Weg aus Burnout und funktionierende Burnout-Prävention bedeuten, seinen Sinn für die eigenen Chancen und Möglichkeiten zu schärfen. Wer seine existierenden Wahlmöglichkeiten erkennt, annimmt und nutzt (Abb. 4-7), arbeitet damit an seiner Zufriedenheit.

Es gibt bei Weichenstellungen immer mindestens eine Alternative. Wenn wir diese nicht wählen, dann, weil Sie uns entweder nicht klar ist oder – was viel häufiger vorkommt – weil wir den Preis dafür nicht zahlen wollen.

Schauen wir uns den eben beschriebenen Arzt nochmals an (Abb. 4-6). Welche Preise wollte er nicht zahlen?

- Den Preis, trotz seiner sehr guten Abiturnote „nur" etwas zu studieren, was ihm besser gepasst hätte.
- Den Preis, das Studium wegen der durch die Studieninhalte ausgelösten unguten Gefühle abzubrechen.
- Den Preis, nicht als Halbgott in weiß durch die Praxis zu schweben.
- Den Preis, sich in einem gewollten Ort niederzulassen (mit höherer Konkurrenzdichte).
- Den Preis, im direkten Umfeld nicht alles allein entscheiden zu können.

Die Entscheidung *für* die eine und damit *gegen* die andere Alternative hat mit vielen, größtenteils unbewussten Aspekten zu tun – mit unserer Persönlichkeit, unserer Vorgeschichte, unserer Treue zu den Eltern usw. Aber es ist immer unsere Entscheidung. Es ist wichtig, beide oder mehr Alternativen als wirklich existente Möglichkeiten zu würdigen. Dann ist es eine *Ent-Scheidung* und keine Flucht [126].

Manche wenden zum Beispiel ein, sie hätten eine Ausbildung nur ergriffen und zu Ende geführt, die ihre Eltern für sie wollten. Aber dann war es trotzdem ihre Entscheidung, diesem Druck nachzugeben. Der Preis, den sie dafür zahlen müssen, nicht die gewollte Ausbildung zu bekommen, erschien geringer als der Widerstand gegen die Eltern. Das ist vollkommen in Ordnung. Nicht in Ordnung wäre, das den Eltern anzulasten.

Wenn Alternativen zu einem Weg nicht auffallen, bedeutet es nicht, dass sie nicht existierten. Burnout ist ebenfalls ein Preis für die bisherigen Entscheidungen und die damit fallen gelassenen Alternativen: Wir sind auch verantwortlich für das, was wir *nicht* tun.

Falls Sie bereits Burnout haben und dies stärker ausgeprägt sein sollte, ist die Erkenntnis wichtig, das Spielfeld noch dann und noch einigermaßen intakt zu verlassen, wenn der Preis dafür niedrig ist. Sucht oder Suizidgedanken sind zu hohe Preise.

Es ist zu jeder Zeit und an jedem Ort und ohne Ausnahme Ihre Entscheidung, wofür Sie bereit sind, welchen Preis zu zahlen oder nicht. Es ist ebenfalls zu jeder Zeit und an jedem Ort und ohne Ausnahme Ihre Chance, neu zu beginnen. Es geht dabei in keiner Weise um irgendeine Wertung oder um Allmachtsphantasien. Was wir tun oder lassen, dafür haben wir jedes Recht. Wesentlich ist zu erkennen, welche Macht wir in unserem Leben haben, wenn wir diese Macht nehmen würden.

Vielleicht kennen Sie einen Menschen persönlich, über den Sie bewundernd sagen: Der geht seinen Weg! Den hält niemand auf. Dabei ist das schlicht ein Mensch, der die Macht in seinem Leben nutzt.

# Der Nährboden für Zufriedenheitskonstanz

Den eigenen Weg zu *gehen* ist sinnvoller, als tatenlos und unzufrieden auf das Schicksal zu warten.

## Handlungsspielraum einschätzen

Wenn der eigene Handlungsspielraum zu sehr eingeengt ist oder als eingeengt empfunden wird, widerspricht dies der Erfüllung unserer Ziele und macht uns unzufrieden. Wie steht es bei Ihnen damit?

---

**Test: Handlungsspielraum (Teil 1)**

Bitte bewerten Sie Ihren beruflichen Einfluss in einer Skala von 1 bis 10.

1 bedeutet: Ich habe überhaupt keinen. 10 bedeutet: Ich bestimme das voll und ganz.

Wie ich meine Arbeit erledige, bestimme ich selbst.

1... 2... 3... 4... 5... 6... 7... 8... 9... 10

Ich bestimme, welche Klienten und welche Tätigkeiten mir zugeteilt werden.

1... 2... 3... 4... 5... 6... 7... 8... 9... 10

Ich habe alles in allem viele Möglichkeiten für eigene Entscheidungen im Beruf.

1... 2... 3... 4... 5... 6... 7... 8... 9... 10

**Auswertung**

Zählen Sie Ihre Gesamtpunktzahl zusammen. Wenn Sie insgesamt 12 oder weniger Punkte haben, ist Ihre berufliche Situation sehr beschnitten, Sie bestimmen zu wenig selbst. Das kann eine Basis für Burnout bilden. Überprüfen Sie an folgendem Test noch konkreter, ob Sie über einen ausreichend großen Handlungsspielraum verfügen.

---

**Test: Handlungsspielraum (Teil 2)**

Bitte beantworten Sie die folgenden Aussagen mit Ja oder Nein.

|                                                                          | Ja | Nein |
|--------------------------------------------------------------------------|----|------|
| Ich finde in meinem Beruf meine berufliche Identität.                    | ☐  | ☐    |
| Ich habe genügend großen Entscheidungsspielraum.                         | ☐  | ☐    |
| Ich habe genügend großen Einfluss.                                       | ☐  | ☐    |
| Ich habe genügend Zeit für meine Fortbildung.                            | ☐  | ☐    |
| Meine Fortbildung wird gern gesehen und unterstützt.                     | ☐  | ☐    |
| Ich bin insgesamt zufrieden, wo ich arbeite.                             | ☐  | ☐    |
| Ich habe klare berufliche Ziele und kann diese auch verwirklichen.       | ☐  | ☐    |

**Auswertung**

Je mehr Aussagen Sie mit Nein beurteilt haben, umso enger wird Ihr Handlungsspielraum sein. Enge macht Angst und führt zu Unlust, zur Unzufriedenheit und bereitet Burnout eine Basis.

## Anerkennung wahrnehmen

Nicht wenige Menschen meinen, sie bekämen keine oder zu wenig Anerkennung von außen und sind unzufrieden darüber. Es kann sich lohnen, ein Komplimente-Tagebuch zu führen.

---

**Übung: Komplimente-Tagebuch**

Beginnen Sie, auf Ihnen geschenkte Komplimente zu achten, indem Sie genau hinhören, was Ihnen gesagt wird.

Ein Komplimente-Tagebuch dient Ihnen, alle Anerkennungen, die Sie wahrnehmen, kurz aufzuschreiben. Im Alltag ist es oft nicht möglich, ein Buch zu zücken und die Anerkennungen aufzuschreiben. In diesem Fall notieren Sie die Komplimente tagsüber auf kleine Zettelchen und übertragen Sie sie abends in Ihr Buch. Sammeln Sie, was Ihnen Positives entgegengebracht wird.

Nehmen Sie sich am Wochenende rituell Zeit, das Tagebuch komplett durchzulesen.

---

Geben und nehmen Sie sich diesen Balsam für Ihre Seele [118]. Sie können in Ihr Komplimente-Tagebuch natürlich auch alle anderen Anerkennungen wie Gesten oder Geschenke aufnehmen, nicht nur sprachliches Lob. Beachten Sie zusätzlich die Anmerkungen zum Lob in Kapitel 4.5, S. 208.

## Schwächen sind auch Chancen

Wir werden darauf trainiert, unsere Schwächen zu entdecken. Wer viele Schuljahre lang in jedem Fach erlebt, dass immer die Schwächen (= Fehler) rot angestrichen werden, bei dem kann das im Erwachsenenleben dazu führen, sich auch bei anderen ausschließlich auf deren Schwächen zu konzentrieren, mitunter mit fatalen Folgen für die Kommunikation. Schwächen sind von uns so empfundene

- körperliche Besonderheiten,
- Wissenslücken,
- unzureichende Fähigkeiten,
- emotionale Barrieren,
- Persönlichkeitseigenschaften.

Diese Aspekte zu beleuchten kann schwerfallen. Es gibt Persönlichkeitseigenschaften, die allen um uns herum als Schwächen auffallen und von denen wir nichts ahnen. Eines bewirken Schwächen – auch uns nicht bewusste – aber fast immer: Unzufriedenheit mit uns selbst. Wer kennt schon Menschen, die voller innerlicher Zufriedenheit auf ihre Schwächen schauen? Trotzdem, darum geht es. Denn Schwächen machen uns liebenswert. Das können wir an Figuren wie Dick und Doof oder Charlie Brown oder Häger dem Schrecklichen und seiner Frau Helga sehen. Menschen, die perfekt erscheinen wollen, wirken aalglatt – wenn Menschen Schwächen haben, können wir uns mit ihnen identifizieren. Es gibt keinen Menschen ohne Schwächen. Sie sind ein wesentliches Hilfsmittel, um nicht bewundert, sondern geliebt werden zu können.

Oft haben also nicht die anderen ein Problem mit unseren Schwächen, sondern wir selbst. Das erste ist, sie anzunehmen. Auf keine andere Weise ist es möglich, wenn es denn nötig wäre, sie auch wieder los zu werden. Wenn wir unsere Schwächen nicht annehmen, entziehen wir uns Teile unserer eigenen Kraft, mit der wir Ziele erreichen können.

Wenn Sie meinen, eine Schwäche ändern zu müssen, fragen Sie sich zunächst, ob diese Schwäche überhaupt änderbar ist. Und wenn, was kostet Sie diese Änderung? Keine Schwäche kann *unabhängig* von dem, was gerade stattfindet, überhaupt immer *negativ* sein und damit *nur* eine Schwäche und sonst nichts. Ein und dieselbe Fähigkeit und ein und derselbe Vorgang werden je nach Situation Nach- oder Vorteile bringen. Schwächen und Stärken sind zwei Seiten einer Medaille: Selbst eine Stärke kann zu stark werden. Dann kehrt sie sich ins Gegenteil. Eine überdominante Stärke wirkt im Allgemeinen wie eine große Schwäche. Ein Beispiel: Wenn Sie Ihren Körper im Sinne von Muskeltraining aufbauen, ist das gut. Wenn Sie es übertreiben und mehr und mehr Muskelmasse aufbauen, ist das sowohl unter medizinischen Aspekten als auch unter praktischen Gesichtspunkten schlecht, nämlich lebensverkürzend und mühsam. Im schlimmsten Fall können Sie dann nicht mal mehr Ihre Schuhe selbst zubinden. Das ist zu viel *Stärke*.

## Opferrollen erkennen und aufgeben lernen

*Nein, man ist kein Opfer. Man ist nur Opfer von sich selbst.* Karl Lagerfeld

Wer Burnout hat oder kurz davor steht, fühlt sich schnell als Opfer – das ist normal menschlich. Bei Ärzten mit Burnout sind die Gesundheitspolitiker oder die Standespolitiker schuld, bei Lehrern das Kultusministerium und die schlimmen Schüler und noch mehr die angeblich erziehungsunfähigen Eltern, bei Managern die Obermanager, die nur noch auf den Profit schauen usw. Wenn Sie mögen, schauen Sie nun Ihre eigenen Opferpositionen an. Dies ist ein wesentlicher Aspekt der Selbstwahrnehmung.

---

**Test: Opferrollen**

Im Folgenden kreuzen Sie an, wer oder welcher Umstand Sie in Ihrem Leben in eine Opferposition gebracht hat. Ergänzen Sie, wenn Ihnen etwas in der Liste fehlt.

Beachten Sie auch, in welchen Momenten oder Zusammenhängen im Beruf Sie sich als Opfer fühlen.

Fast alle Opfersituationen bedingen unangenehme Gefühle, die Sie sich für diese Übung aber *nicht* herholen müssen. Wichtig ist, sich *klarzumachen*, wie oft Sie sich schon oder noch immer als Opfer fühlen.

**Ich bin/wurde Opfer**

☐ von Krankheiten

☐ der Kirche

☐ der Welt

☐ des Finanzamtes

☐ anderer Autofahrer

☐ der Umwelt

☐ der Regierung/Politik

☐ der Versicherungen

☐ meines Vaters

☐ meiner Mutter

☐ meiner Erziehung

☐ meines Partners

☐ meiner Kinder

☐ von Baumaßnahmen

☐ meines Vermieters

☐ von Richtern/Rechtsanwälten

☐ der Ernährung

☐ des Alkohols

☐ der Drogen

☐ von Ärzten

☐ von Journalisten

☐ von Sekten

☐ meines Erbmaterials

☐ der Lehrer

☐ fehlenden Sozialbewusstseins

☐ von Betrügern

☐ von Verbrechern

☐ meiner Gutgläubigkeit

☐ der Wirtschaftslage

☐ meines Chefs

☐ meiner Mitarbeiter

☐ meiner Ausbildung

☐ meiner Hilfsbereitschaft

☐ meiner (sexuellen) Neigungen

☐ eines Materialfehlers

☐ des Wetters

☐ einer Fehlinformation

☐ einer schlechten Beratung

☐ von Inkompetenz

☐ folgender Verwandter:[1]

☐ folgender Menschen:[1]

☐ folgender Situation (1):[1]

☐ folgender Situation (2):[1]

☐ folgender Tatsache (1):[1]

☐ folgender Tatsache (2):[1]

[1] Bitte setzen Sie hier Namen, einzelne Situationen bzw. Tatsachen ein.

Jede Opferrolle, egal ob sie scheinbar berechtigt ist oder nicht, hat viel von einer freiwilligen Machtaufgabe. Damit ähnelt sie Burnout, welches einer schrittweisen Machtaufgabe gleichkommt.

Wenn Sie *einen* anderen oder *etwas* anderes als Ihren Täter definieren, geben Sie Ihre Macht aus der Hand. Das zu ändern kann sehr schwierig sein. Vielleicht ist dieser Buchabschnitt dennoch ein Anlass, sich in dieser Frage um Hilfe zu kümmern, falls Sie allein damit nicht fertig werden. Eine Opferrolle bedeutet, etwas sehr negativ Empfundenes wirkt aus der Vergangenheit stark ins Heute. Daran kann und sollte jeder arbeiten – aber nicht an dem, was geschehen ist, sondern an dem, was er daraus heute macht, ob er dem Geschehenen weiter die Macht gibt, ihn zu beeinflussen.

Es geht darum, welche Kraft wir daraus schöpfen können, wenn wir aus der Opferrolle gehen, nun, wo alles vorbei ist, es als geschehen ruhen zu lassen. Beim Lösen aus der Opferrolle hat das Verzeihen als eine der höchsten menschlichen Fähigkeiten eine wesentliche Bedeutung. Es hilft, sich zu lösen, statt stur am Vergangenen festzuhalten, an der eigenen Ohnmacht, an der Wut, der Verzweiflung, der Handlungsunfähigkeit, an der schlimmen Verletzung. Und es geht darum, zu erkennen, dass eine Opferrolle *nicht* bedeutet, *nicht* geliebt zu werden.

Opferrollen sind eine Lose-lose-Situation: Wir verlieren, unser Gegenüber (der „Täter") verliert, und das Ergebnis (Ihre Lebensenergie) verliert auch.

Wer in eine Opferposition gekommen ist, kann das als eine Aufforderung des Schicksals verstehen, zu wachsen und stärker zu werden als der Täter. Wenn das Opfer den ersten Schritt auf den Täter zugeht und zugehen darf, wird es selbst zum Starken, das Ungleichgewicht wird aufgehoben.

## Bedürfnisse und Wünsche

Steven Reiss [in 28] hat 16 grundsätzliche Begriffe definiert, in denen sich alle unsere Bedürfnisse zusammenfinden.

---

**Übung: Die 16 Grundbedürfnisse**

Schreiben Sie nun auf, wonach Sie sich konkret beim jeweiligen Stichwort sehnen, was Sie brauchen. Vielleicht fällt Ihnen bei Status ein „großes Auto" oder „wissenschaftlicher Titel" oder „tolle Frau/toller Mann" ein. Lassen Sie Ihren Bedürfnissen völlig freien Raum!

| Das Bedürfnis nach … | ist/sind die/der/das … | und bedeutet für mich konkret … |
| --- | --- | --- |
| Ansehen | Status | _____ |
| Besitz | Sparen | _____ |
| eigenen Kindern | Familie | _____ |

| Das Bedürfnis nach … | ist/sind die/der/das … | und bedeutet für mich konkret … |
|---|---|---|
| Eigenverantwortung | Unabhängigkeit | _____ |
| einbezogen zu werden | Akzeptanz | _____ |
| Einfluss | Macht | _____ |
| Entspannung | Ruhe | _____ |
| Geselligkeit | soziale Kontakte | _____ |
| körperlicher Aktivität | Bewegung | _____ |
| Nahrung | Essen und Trinken | _____ |
| Organisation | Ordnung | _____ |
| Sex und Schönheit | Romantik | _____ |
| sozialer Gerechtigkeit | Idealismus | _____ |
| Vergeltung | Rache | _____ |
| Wissen | Neugier | _____ |
| Würde und Verantwortung | Ehre | _____ |

Es ist wichtig, dass unsere Partner unsere Bedürfnisse kennen. Darin liegt oft ein Quell von Unklarheiten und Missverständnissen, die zu Auseinandersetzungen führen. Uns gelingt es oft nur über Bewertungen, Interpretationen oder Vorstellungen, unsere dahinter liegenden Bedürfnisse auszudrücken. Das kommt nicht gut an, es wird als Kritik missverstanden.

Unser eigenes Verhalten können wir danach durchforsten, wie gut wir unsere Bedürfnisse damit erfüllen. Wer beispielsweise mehr und mehr Geld möchte, möchte wahrscheinlich ein ganz anderes Bedürfnis erfüllt bekommen als den Kontospiegel steigen zu sehen. „Worum geht es wirklich?" ist einmal mehr die wichtige Frage.

Vielen ist gar nicht klar, was sie wirklich brauchen und wozu. Bedürfnisse sind deshalb so wichtig, weil sie einen Mangel aufzeigen. Und ein Leben im Mangel führt zum Gefühl, nicht erfüllt zu sein. Nicht erfüllte Bedürfnisse sind *die* Basis für Unzufriedenheit. Stoppen Sie also den Mangel. Lernen Sie Ihre Bedürfnisse kennen. Wer Burnout entwickelt, hat auch auf seine Bedürfnisse nicht gehört. Wenn Sie die nächste Übung konsequent durchführen, werden Sie sich Schritt für Schritt über Ihre Bedürfnisse klar.

---

**Übung: Meine Bedürfnisse**

Beantworten Sie – unabhängig von den oben stehenden 16 Grundbedürf-
nissen – drei Wochen lang (nicht länger) jeden Morgen folgende Fragen
detailliert:
- Was brauche ich wirklich?
- Was will ich damit erreichen? (Wozu brauche ich es?)

Das tun Sie deshalb am besten morgens, weil dann Ihr Unterbewusstsein
über Nacht für Sie gearbeitet hat und Sie die Einflüsse des vorherigen Tages verarbeiten konnten. Denken Sie möglichst nicht daran, was Sie an
vorherigen Tagen aufgeschrieben haben.

Hier einige Antwortbeispiele:

Ich brauche …
- meine Familie, um mich geborgen zu fühlen.
- Anerkennung, um das Gefühl zu haben, leben zu dürfen.
- keine beruflichen Themen in der Freizeit, um abschalten zu können.
- den Spaziergang nach der Arbeit, um meinen Kopf auszulüften.
- Kaugummi, um das Außen zu vergessen.
- das Gefühl, gebraucht zu werden, um meine Minderwertigkeitsgefühle
  zu vergessen.

---

## 4.4    Stresstoleranz (Stufe 4)

Stress wird in Verbindung mit Unzufriedenheit von der Mehrzahl der Betroffenen als Auslöser für Burnout bezeichnet. Bevor es näher um das Thema
Stress geht, kann es sinnvoll sein, wenn Sie die *Art* Ihrer Stressreaktion testen
[nach 28].

---

**Test: Mein Umgang mit Stress**

Kreuzen Sie an, was am ehesten Ihrer Antwort entspricht.

|                                          | Oft | Häufiger | Selten | Nie |
|------------------------------------------|-----|----------|--------|-----|
| 1. Ich bin innerlich unruhig und nervös. | ☐   | ☐        | ☐      | ☐   |
| 2. Morgens wache ich ermattet auf.       | ☐   | ☐        | ☐      | ☐   |
| 3. Ich habe keinen Appetit.              | ☐   | ☐        | ☐      | ☐   |

|  | Oft | Häufiger | Selten | Nie |
|---|---|---|---|---|
| 4. Mich quälen düstere Gedanken und ich bin ängstlich. | ❑ | ❑ | ❑ | ❑ |
| 5. Ich leide unter Kurzatmigkeit. | ❑ | ❑ | ❑ | ❑ |
| 6. Mich plagen Nacken-/Kreuz-/Schulter-schmerzen. | ❑ | ❑ | ❑ | ❑ |
| 7. Ich bin physisch schnell erschöpft. | ❑ | ❑ | ❑ | ❑ |
| 8. Ich ertappe mich dabei, unaufmerksam und vergesslich zu sein. | ❑ | ❑ | ❑ | ❑ |
| 9. Ich habe Magen- oder Verdauungsbe-schwerden. | ❑ | ❑ | ❑ | ❑ |
| 10. Es fällt mir schwer, mich auf eine Sache zu konzentrieren. | ❑ | ❑ | ❑ | ❑ |
| 11. Ich spüre ab und zu ein Ziehen oder Schmerzen in der Brust. | ❑ | ❑ | ❑ | ❑ |
| 12. Ich schlafe schlecht. | ❑ | ❑ | ❑ | ❑ |
| 13. Ich habe das Gefühl, die Übersicht zu verlieren. | ❑ | ❑ | ❑ | ❑ |
| 14. Ab und zu habe ich Herzklopfen und -stechen. | ❑ | ❑ | ❑ | ❑ |
| 15. Es fällt mir schwer, mich so richtig zu entspannen. | ❑ | ❑ | ❑ | ❑ |
| 16. Ich leide unter kalten Händen und Füßen. | ❑ | ❑ | ❑ | ❑ |
| 17. Ich habe Sodbrennen. | ❑ | ❑ | ❑ | ❑ |
| 18. Während der Arbeit hänge ich gedanken-verloren irgendwelchen Wunschträumen nach. | ❑ | ❑ | ❑ | ❑ |
| 19. Ich fühle mich körperlich verspannt. | ❑ | ❑ | ❑ | ❑ |
| 20. Wenn ich etwas Schweres hebe, zittern mir die Arme oder Beine. | ❑ | ❑ | ❑ | ❑ |

|  | Oft | Häufiger | Selten | Nie |
|---|---|---|---|---|
| 21. Ich schwitze übermäßig. | ☐ | ☐ | ☐ | ☐ |
| 22. Es gibt Tage, an denen ich Schwierigkeiten mit dem Gedächtnis habe. | ☐ | ☐ | ☐ | ☐ |
| 23. Es kommt vor, dass Muskeln einfach zucken oder verkrampfen. | ☐ | ☐ | ☐ | ☐ |
| 24. Es gibt Tage, an denen mir einfach keine guten Ideen/Einfälle kommen. | ☐ | ☐ | ☐ | ☐ |
| **Punkte je Antwort:** | **6** | **4** | **2** | **0** |

**Auswertung**

Jede Antwort hat einen bestimmten Wert, von 6 für „oft" bis 0 für „nie".
- Addieren Sie Ihre Punkte zu folgenden Aussagen: 1, 4, 8, 10, 13, 18, 22, 24. Diese bilden die Summe A.
- Addieren Sie nun Ihre Punkte zu folgenden Aussagen: 3, 5, 9, 12, 14, 16, 17, 21. Diese bilden die Summe B.
- Addieren Sie zuletzt Ihre Punkte zu folgenden Aussagen: 2, 6, 7, 11, 15, 19, 20, 23. Diese bilden die Summe C.

Welche der drei Summen ergibt den höchsten Wert? Er weist darauf hin, dass Sie in Stresssituationen am ehesten über die damit getestete Ebene reagieren:
- Summe A weist auf die kognitiv-emotionale Ebene hin,
- Summe B auf die vegetative und
- Summe C auf die motorische Ebene.

■ Wenn Sie die höchste Summe bei A haben, leiden Sie am ehesten an Stressreaktionen auf der Ebene der Wahrnehmung, der Gefühle oder der Gedanken. Das bedeutet im Alltag, Sie sind leicht zu verärgern, spüren entsprechend innere Unruhe oder auch Angst. Einige der möglichen Langzeitreaktionen sind dann andauernde Nervosität und vermindertes Selbstwertgefühl. Hilfe finden Sie mit konkreter Zielarbeit (Kap. 4.8, Abschnitt Ziele und Lösungsorientierung, S. 238), verbesserter Dyadenkompetenz (Kap. 4.5 Dyadenkompetenz [Stufe 5], S. 192) und damit, wieder Genuss in Ihr Leben einkehren zu lassen.

■ Wenn die höchste Summe im Bereich B liegt, haben Sie eher Probleme im vegetativen Bereich. Das bedeutet, viele Ihrer Reaktionen bei Stress laufen auf der unbewussten, der körperlichen Ebene ab. Vielleicht diagnostizieren Sie oder Ihr Arzt „nur" hohen Blutdruck, Herzrasen, Durchfall und ähnliche Beschwerden (s. Tab. 1-2, S. 11). Auf Dauer können sich beständige Herzprobleme, Verdauungsprobleme oder Schlafstörungen entwickeln. Für Sie ist wichtig, mit Ihrem Körper noch besser umzugehen (Kap. 4.2, Abschnitt Der Körper, S. 118) und Ihre Zeitsouveränität (Kap. 4.1 Zeitsouveränität, S. 67) zu optimieren. Auch die Ebene der Selbstliebe kann Ihnen besonders helfen (Abschnitt Liebe und Selbstliebe, S. 165).

▪ Wenn Sie die meisten Punkte in Gruppe C haben, reagieren Sie bevorzugt mit motorischen Beschwerden, also auf der Ebene der Bewegung. Sie könnten deshalb an Spannungsbeschwerden (Spannungskopfschmerz, Rückenbeschwerden, Unruhe, Schulter-Arm-Syndrom u. Ä.) leiden. Auf Dauer werden Sie sich am ehesten erschöpft fühlen. Die Hinweise zum Sport (Kap. 4.2, Abschnitt Der Körper, S. 118) sind wesentlich für Sie, ebenso regelmäßige Entspannung (Kap. 4.2, Abschnitt Die Spannung nehmen, S. 109).

Für alle drei Bereiche ist jedoch die Bearbeitung der folgenden Abschnitte von Kapitel 4.4 essenziell und sollte vorrangig berücksichtigt werden.

## Was Stress ist

Es gibt sehr viele Definitionen über Stress, die folgenden vier stehen exemplarisch für die unterschiedliche Weltsicht dahinter:

*„Stress ist eine unspezifische Reaktion des Körpers auf jegliche Anforderung."* (Hans Selye, 1936; Selye, ein ungarisch-kanadischer Zoologe, ist der Begründer der Stressforschung)

*„Stress ist eine Belastung, Störung und Gefährdung des Organismus, die bei zu hoher Intensität eine Überforderung der psychischen und/oder physischen Anpassungskapazitäten zur Folge hat."* (Frederik Vester, 1976)

*„Stress gibt es nur, wenn Sie ‚Ja' sagen und ‚Nein' meinen."* (Reinhard Sprenger, 2000)

*„Stress wird verursacht, wenn du ‚hier' bist, aber ‚dort' sein willst, wenn du in der Gegenwart bist, aber in der Zukunft sein willst."* (Eckhart Tolle, 2002)

Bereits diese Aussagen zeigen, dass eine einheitliche Stressdefinition nicht existiert. Entsprechend existiert auch keine allgemein gültige, effektive Standardstrategie gegen Stress [68]. Es gibt ebenfalls recht anders klingende Stressdefinitionen [52]:

*„Stress sind immer wiederkehrende lang anhaltende Erlebnisse von Enttäuschung, Aufregung und extremem Unwohlsein (z. B. Ekelgefühle) ohne die*

*Fähigkeit, Verhaltensstrategien zu entwickeln, die es den Menschen ermöglichen, wieder in lang anhaltendes inneres Gleichgewicht zu kommen."*

Es ist eine akademische Beschreibung für das Ziel, das ich Stresstoleranz durch *Selfbalance* nenne und den Weg dorthin, der lautet: Fangen Sie jetzt an, Ihr Verhalten und Ihre Einstellung sich selbst gegenüber zu verbessern.

Wir alle haben ein Bild davon, was Stress bedeutet. Dieses Bild zeigt uns gehetzt und unter Druck, überfordert und ausgeliefert, ausgelaugt, ausgezehrt und erschöpft.

Bei Stress denken wir an zu viele Termine, an Hektik und Zeitnot, an zu hohe oder zu geringe Klientenzahlen, an zu hohe oder fehlende fachliche Herausforderungen, an Umweltfaktoren wie Lärm, Enge oder falsche Beleuchtung, an Finanznot, an Hunger und andere Körperempfindungen oder an unsere Angst, zu versagen. Auf diese Weise orientiert sich unser Stressbegriff im Alltag fast immer nach Außen.

Das, was im Allgemeinen als Stress bezeichnet wird, nennt die Wissenschaft *Stressor*. Stressoren sind alle äußeren Umstände, in deren Folge eine *Stressreaktion* ausgelöst wird. Die Stressreaktion in uns ist die Antwort auf den Stressor [68]. Diese Antwort läuft grundsätzlich gleichzeitig über verschiedene Kanäle oder Ebenen:

- *Körper*, beispielsweise beschleunigter Herzschlag oder erhöhte Muskelanspannung;
- *Geist*, wie mangelnde Übersicht, Leere im Kopf (Blackout), Denkblockaden;
- *Seele*, Gefühle wie Unruhe, Ärger, Angst, Hilflosigkeit;
- *Verhalten*, wie Essen schlingen, Ungeduld, hastiges Sprechen.

Die Stressreaktionen können sich gegenseitig *verstärken*. Wer Angst spürt und dann den beschleunigten Herzschlag bemerkt, wird wahrscheinlich noch mehr Angst empfinden. Dieses gegenseitige „Füttern" kann die Stressreaktionen auch *verlängern*. Der umgekehrte Weg geht ebenso: Wer ein Entspannungsverfahren übt, entspannt damit nicht nur seine Muskeln.

Letztlich gibt es wenige Situationen, wie Naturkatastrophen oder andauernder Zeitdruck, die von praktisch allen Menschen als Stressoren empfunden werden. Grundsätzlich kann aber jede (!) äußere Situation in uns das Gefühl von Stress auslösen. Denn vorrangig sind es die persönlichen Einstellungen, Fähigkeiten und Ressourcen, das, womit der Einzelne an die Situation herangeht, was die Stressreaktion (wie wir auf den Stress reagieren) tatsächlich bestimmt. Sofern diese Einstellungen und Fähigkeiten die Stressreaktion des Menschen verstärken oder auch erst ermöglichen, nennt man sie *Stressverstärker*. Die eigenen, quasi selbst gemachten Stressverstärker sind deshalb von besonderem Interesse, weil sich hier Ansatzpunkte bieten, die *unabhängig* von anderen Hilfe ermöglichen. Typische Stressverstärker sind beispielsweise Perfektionismus, Unfähigkeit, eigene Grenzen zu erkennen und einzuhalten oder der Unwille zur Mitmenschlichkeit, um nur einige zu nennen.

Ein Beispiel, das die meisten von sich kennen werden: Sie haben die Aufgabe, einen kurzen Vortrag über ein berufliches Thema zu halten. Sie üben den Vortrag zu Hause und fühlen sich wohl und ausgeglichen. Sie können ihn. Nun kommt der Moment, wo Sie vor der Gruppe stehen, und auf einmal sind Sie aufgeregt, gestresst. Der Stressor sind dann die Zuhörer, Ihr Stressverstärker kann Perfektionismus sein oder Angst davor, unangenehm aufzufallen, also Selbstunsicherheit. Auf diese Weise wird ein uns üblicherweise mögliches Verhalten durch einen eigenen Faktor gravierend erschwert. Typische Stressoren sind

- physikalisch: Hitze, Kälte, Lärm, Naturkatastrophen, Krieg;
- körperlich: Schmerzen, Behinderungen, Erkrankungen, Hunger, Durst, Krieg;
- leistungsbedingt: Zeitdruck, Prüfungen, Kontrollen, Über- und Unterforderungen;
- sozialer Art: Isolation, Konflikte, Trennungen, Todesfälle;
- Minimaltraumen: Stau zur Arbeit und zurück, soziale Spannungen, Unklarheiten.

Gerade für Berufe, die besonders belastet sind, gibt es kaum wissenschaftliche Untersuchungen zum erfolgreichen Stressmanagement [47]. Der nun von mir beschriebene Weg unterscheidet sich vielleicht von dem, was Sie üblicherweise zu diesem Thema lesen können.

Burnout liegt eine zu wenig (oder gar nicht) wirksame *Selbstregulation* zugrunde. Selbstregulation bezeichnet ein Verhalten, das sich nach den eigenen Bedürfnissen ausrichtet und welches uns in die Lage versetzt, positive Bedingungen herzustellen, die unsere Bedürfnisse befriedigen [52]. Damit werden Reaktionen möglich und Prozesse in Gang gesetzt, die zu Wohlbefinden und innerer Balance [65], zur Selfbalance, führen.

Das Außen ist es angeblich, was uns stresst – das wäre ein echtes Problem, denn es liegt meistens nicht in unserer Macht, dies zu verändern. Unbestritten ist, dass die Anforderungen, die im Beruf gestellt werden, stetig wachsen. Diese erhöhten Anforderungen haben jedoch auch die Freizeit erreicht: Wer mag sich schon auf dem Golfplatz die Blöße eines schlechten Handicaps geben oder den Tennisschläger falsch halten oder beim Nordic Walking durch falschen Bewegungsablauf auffallen? Kurzum: Was von außen auf uns zukommt, belastet uns viel mehr als noch vor wenigen Jahrzehnten, weil die Inhalte und Anforderungen weiter wachsen.

Beim Blick nach außen missachten wir, dass andere Menschen ähnliche und mitunter noch stärker belastende Bedingungen vorfinden. Dennoch fühlen sich diese Menschen nicht immer im gleichen Maß gestresst wie wir selbst. Andererseits gibt es Menschen, die bei Belastungen, die wir noch wegstecken, bereits von größtem Stress sprechen. Stress hat immer mit unserer persönlichen Einschätzung der Situation zu tun (Abb. 4-8) und damit, *wie wir auf die Anforderungen reagieren*. Es geht darum, welche *Bedeutung* wir dem Ganzen geben, also wie wir es *deuten*. Stress korreliert mit unserer inneren Einstellung. Aus dieser folgen Phänomene wie falsche Zeitplanung, Übernahme zu vieler Aufgaben, mangelnde Grenzsetzung wie die Unfähigkeit zum Nein oder fehlende Forderungen (z. B. an die Arbeitsumgebung). Stress ist subjektiv, die Erklärungen, die gefunden werden, sind oftmals pseudo-objektiv. Bei Stress geht es tatsächlich um unsere *Gefühle*, darum, wie wir mit den äußeren Belastungen *umgehen und sie empfinden*. Ein wirksames Anti-Stress-Programm wird

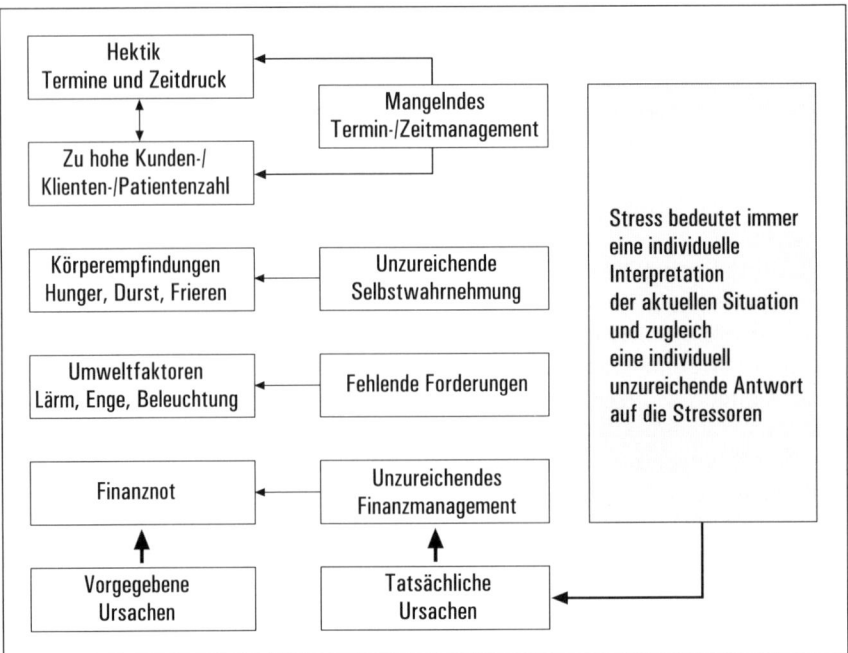

**Abb. 4-8** Das Individuelle am Stress

deshalb immer Ziele wie Entspannung oder Ausgeglichenheit haben, die mit dem Gefühlsleben zusammenhängen. Wirksame Anti-Stress-Programme werden Ihnen nicht empfehlen, Ihren Beruf aufzugeben. Weil Stress immer eine *individuelle Interpretation* des aktuellen Zustandes ist, wird er im nächsten Beruf auch auftreten, solange Sie nicht *an sich* arbeiten. Stress ist deshalb von einem selbst abhängig (also von den eigenen Stressverstärkern) und nur zweitrangig von den Stressoren, den Auslösern. Das ist eine gute Nachricht, denn daraus folgt, dass wir es sind, die es in der Hand haben, wie wir mit Stress umgehen.

## Selfbalance

Es gibt Menschen, die stehen wie ein Fels in der Brandung. Eine noch so starke Brandung umspült und berührt einen Fels zwar, wirft ihn aber nicht um. Der Fels ist sicher, ruht in sich, hat Gewicht, Bedeutung und Bodenhaftung. Das Außen berührt ihn und er berührt es. Solche Menschen sind bei Weitem nicht nur große Menschheitsführer wie Mahatma Gandhi, Albert Schweitzer oder Nelson Mandela. Auch im privaten Umfeld gibt es Menschen, die sicher und ruhig sind, weil sie eine innere, ihre eigene Balance für sich und mit sich gefunden haben.
Innere Balance ermöglicht uns ein Leben weitgehend ungestört von Stressempfinden [3, 25, 38, 59, 60, 117, 130, 139].

## Die fehlende Alternative

Stellen Sie sich einen Holzbalken vor, 12 cm breit, 12 cm hoch und 9 m lang. Dieser Balken liegt nun auf dem Boden vor Ihnen und ich fordere Sie auf, darauf zu gehen. Für die meisten dürfte das kein Problem sein. Wenn der Balken sicher auf dem Boden liegt, fällt es uns nicht schwer, die Balance zu halten. Dieses Bild steht für Phase 1, die Anfangsphase von Burnout. Natürlich kommt bei einem scheinbar sicher liegenden Balken niemand auf die Idee, bereits krank und bald oder später stark beeinträchtigt zu sein. Dabei ist dies die Phase, während der die Diagnose Burnout am einfachsten zu stellen ist und die Beschwerden abzustellen wären.

Nun lege ich denselben Balken auf zwei weit auseinanderstehende Tische auf 70 cm Höhe. Einige von Ihnen haben jetzt Probleme, den Balken erneut zu begehen. Kaum scheint die *Umgebung* unsicherer, schwindet offenbar unsere eigene, innere Sicherheit. Wenn wir uns fragen, was das wirklich Unsichere ist, dann ist es hier in der Regel noch nicht die Höhe. Fast jeder Mensch, der auf solch einem Holzbalken gehen kann, kann auch gefahrlos aus 70 cm Höhe herunterspringen. Wenn es nicht die Höhe ist, was ist es dann? In 70 cm Höhe beginnt bereits das *Phänomen der fehlenden Alternative*. Sobald wir eine Alternative erkennen, fühlen wir uns sicher und tun etwas. Diese Alternative beim Balken ist der Boden, den wir sofort und ohne Risiko betreten können, solange der Balken auf ihm liegt. Das entspricht dem Rückzugsstadium (Phase 2) von Burnout: Die Menschen gehen ihr Leben nicht mehr weiter. Die meisten verstehen und erkennen auch in dieser Phase noch nicht, was mit ihnen geschieht. Ein Unwohlsein stellt sich ein, das meiste wird und kann allerdings noch über konstruierte Erklärungen verneint werden. Während dieser Phase ist Hilfe dringend erforderlich – aber das wird leider oft nicht erkannt.

Gehen wir noch einen Schritt weiter: Ich lege den Balken nun zwischen zwei Wolkenkratzer in 200 m Höhe. Jetzt wird es kaum jemand mehr wagen, den Balken zu begehen. Aber der Balken ist derselbe, der auf dem Boden oder in 70 cm Höhe lag – und da fiel Ihnen das Gehen darauf leicht. Spätestens jetzt, in 200 m Höhe, fehlt scheinbar jede sichere oder vernünftige Alternative. Das entspricht dem Endstadium von Burnout, der Phase 3: Nichts kann mehr bewegt werden. Alles ist von Angst und Starrheit geprägt. Neben dem Stillstand scheint die einzige Alternative zu sein, vom Balken herunterzufallen.

So wie dieses Beispiel das Voranschreiten von Burnout versinnbildlicht, bedeutet es zugleich etwas ganz anderes: Damit wir uns sicher fühlen, verlangen wir im Innen nach Alternativen. Es gibt zwei Hauptkräfte in jedem von uns, generell und bei jedem einzelnen Gefühl, bei jeder Eigenschaft und bei jeder Fähigkeit, bei jedem Verhalten: Diese zwei Hauptkräfte sind Sympathie und Antipathie. Glass [in 62] schreibt:

*„Zugespitzt betrachtet gibt es zwei Extremfälle von Beziehungsgestaltung: das Gegeneinander oder das Miteinander. In der Praxis bedeutet es, dass uns beispielsweise das Gefühl der Zuneigung auf Dauer nur dann möglich ist, wenn wir die Freiheit spüren, auch Ablehnung empfinden oder entwickeln zu dürfen."*

Selfbalance bedeutet, das Gleichgewicht zwischen diesen zwei inneren Hauptkräften gefunden zu haben.

## Friedensengel und Krieger

Mit der Sympathie und der Antipathie leben gleichzeitig Friedensengel und Krieger in uns: Beide sind immer da. Solange beide Anteile im ausgewogenen Maß um eine individuelle innere Mitte schwingen, ist der Zustand der Selfbalance erhalten. Wird der Friedensengel zu stark, bewirken wir bei Weitem nicht nur Gutes. Wird jedoch der Krieger zu stark, wirken wir aggressiv oder zerstörerisch; das ist bei Burnout während aller drei Phasen so.

Der Krieger ist die Antipathie. Die eigene Gemütsbewegung richtet sich gegen etwas oder jemanden einschließlich sich selbst. In Antipathie können wir uns gegen etwas richten: →← – das ist eine Art Hinbewegung – oder etwas verlassen, uns davon entfernen: ←→. In dem einen Fall gehen wir auf Konfrontationskurs, im anderen Fall verhindern wir eine tatsächliche Auseinandersetzung und damit eine echte Entscheidung. Das Sich-Entziehen ←→ ist deshalb eher *stärker* antipathisch als die Hinbewegung →←.

Letztlich reicht unsere Sprache kaum aus, unsere Gefühlsvielfalt zu beschreiben, die auf den zwei grundsätzlichen Gefühlen Plus und Minus basiert [111]; sozusagen wie bei einem Computer, der nur Ein und Aus (eins und null) kennt und damit unvorstellbar viele Dinge schafft.

Sympathie (die als →→ oder als ←← dargestellt werden kann) und Antipathie sind nicht zwei Seiten einer Medaille, sondern verschieden und voneinander unabhängig. Sie kommen in der Regel *zeitgleich* in uns vor. Beim genauen Nachspüren fühlen wir fast immer sowohl Antipathie als auch Sympathie in unterschiedlichem Maß. Zum Beispiel können wir in einem Gespräch mit einem Klienten nur deshalb genau nachfragen, weil wir einerseits Misstrauen spüren (Antipathie), *zugleich* dem anderen aber viel Zeit und Raum geben möchten, seine Argumente zu nennen (Sympathie).

Sympathie und Antipathie sind auch in *einem einzigen Gefühl* enthalten. Zum Beispiel können wir einen Menschen gering schätzen, obgleich wir ihn zu einem gewissen Grad sympathisch finden. Bis auf zwei Ausnahmen – Hass (ausschließlich Antipathie) und Verschmelzung (ausschließlich Sympathie) – hat jedes Gefühl immer beide Anteile in sich, in sehr unterschiedlichem Ausmaß.

Auch im Gehirn haben wir Systeme für Annäherung (Sympathie) und Ablehnung (Antipathie). Diese Strukturen sind in den beiden Hälften des Großhirns ungleich verteilt.

## Antipathie ist lebensnotwendig

Antipathie in unserem Gefühlsleben ist weder etwas Schlechtes, Böses, Negatives noch etwas Unfreundliches. Antipathie ist überlebensnotwendig. Ohne sie würden wir allenfalls wenige Tage leben können. Sie ist das *Fundament unserer*

*Individualität,* die auf einer Grenzwahrung beruht. Das ist gut an einem Beispiel aus dem körperlichen Bereich zu erläutern:

Wenn wir von Keimen wie Bakterien oder Viren angegriffen werden, geht unser Körper sofort auf vollen Kollisionskurs. Das geschieht praktisch ununterbrochen und nur manchmal merken wir es überhaupt, zum Beispiel bei einer eitrigen Wunde oder einer Lungenentzündung. Erst wenn der letzte Keim getötet ist, ist unser Körper zufrieden. In diesem Sinne befindet er sich in einer ununterbrochenen Bereitschaft zu töten. Das ist eindeutig Antipathie. Sie garantiert unsere Abwehr und damit unser Überleben. Auf körperlicher Ebene sind es unsere Haut, die Verdauung, das Immunsystem sowie das Aufrechtsein und -gehen, welche uns und unsere Grenzen definieren. Diese Definition bedeutet Abgrenzung und ist ein antipathischer Vorgang.

Das ist mit unserer Persönlichkeit und unserer Seele nicht anders. Auch sie kennen und nutzen bei Weitem mehr als Sympathie, um sich zu behaupten. Selbst Liebe hat Anteile von Antipathie. Wenn unsere Sympathie hundertprozentig ist und keine Antipathie vorliegt, gehen wir gleichsam bedingungs- oder widerstandslos mit einem anderen mit. Wir lieben alles am Partner, stellen nichts infrage und begleiten ihn ohne Wenn und Aber auf jedem seiner Wege. Das klingt erst einmal wie die perfekte Liebe. Aber ist sie das auch? Was wäre, wenn der Partner in Gefahr gerät und wir ihn beherzt mit einem ihn schmerzenden Ruck aus der Gefahrenzone wegziehen sollten? Fehlte uns jede Antipathie, könnten wir ihm nicht rechtzeitig helfen. Es wäre uns auch fast unmöglich zu berichten, wie sehr uns oder andere der Partner gestört oder geschadet hat.

Wenn jede Grenze (die nur mittels Antipathie aufgebaut werden kann) fehlte, ist es keine Liebe mehr, weil der eigene, erkennende Wesenskern auf eine eigene Grenze angewiesen ist. Andernfalls fehlte jede Möglichkeit zur Erkenntnis, wo der andere und seine Rechte und Wünsche anfangen, damit er für mich greifbar und liebenswürdig wird. Liebe bedeutet eben nicht, dass unser Ich verschwindet, sondern bedeutet einen eigenständigen Bewusstseinsvorgang, der auch mit Antipathie zu tun hat.

Antipathie hat somit wichtige Aufgaben, unter anderem die Korrektur und Anpassung an die Realität. Das gilt auch für die Liebe zu uns selbst. Hätten wir keine Antipathie *für* uns selbst, würden wir alles, was wir tun, ohne Hinterfragen annehmen. So gibt es vieles, das ohne Antipathie kaum möglich wäre, wie

- Durchsetzungsvermögen,
- Gerechtigkeit,
- Handlungsfähigkeit,
- Mut,
- objektive Entscheidungsfindung,
- Respekt,
- Risikobereitschaft,
- Wille,
- Zielerreichung
- … und leider auch Burnout.

## Selfbalance – damit die Sympathie siegt

Es ist die Mitte, die sich leicht anfühlt. Im Sinne von Selfbalance bedeutet sie nicht ein streng mathematisches Verhältnis von eins zu eins beider Grundgefühlsanteile, sondern die individuell abzustimmende Mitte. In der Regel fühlen wir uns dann in innerer Balance, wenn wir Sympathie und auch Antipathie entwickeln. Es ist im Sinne eines aktiven und bejahenden Lebens sinnvoll, dass die Gefühle im Sympathiebereich auf Dauer diejenigen überwiegen, die im Antipathiebereich liegen. Wenn die Antipathie die Sympathie auf längere Zeit dominiert, beherrscht uns der innere Krieger. Das fühlen wir als Unausgeglichenheit. Wir fühlen uns dann gestresst oder mürrisch, aggressiv oder unlustig, lieblos oder nicht geliebt, erfolglos oder leer, ausgebrannt oder hoffnungslos.

In innerer Balance fühlen wir uns ausgeglichen, ruhig, wir haben das Gefühl, den Anforderungen gewachsen zu sein. Wir leben in Toleranz mit den Stressoren, eben in Stresstoleranz. Es kann so ein recht „unscheinbares", wenig prominentes Gefühl sein. Es ist das Gefühl, dass keine Zweifel bestehen und wenige Fragen des eigenen Lebens offen sind.

Selfbalance bedeutet keinen persönlichen Stillstand, sondern immer ein *Schwingen* um eine individuelle Mitte. Wenn wir uns selbst in eine innere Balance bringen, bedeutet es auch, gelernt zu haben, mit einem gewissen Maß an Unausgewogenheit richtig und energiesparend umgehen zu können. Das Leben ist Bewegung – eine Art von gut zu bewältigendem und gut zu ertragendem Chaos.

Die wissenschaftlichen Hinweise darauf, dass Gefühle und Gedanken voneinander kaum zu trennen sind, mehren sich [112]. Es gibt wohl keine Gedanken ohne damit zusammenhängende Gefühle. An unseren Gedanken hängen *immer* Gefühle – korrekter: An unseren Gefühlen hängen manchmal Gedanken. Diese Tatsache wird uns allerdings meistens nicht klar. Es gibt keinen einzigen Satz, den wir hören oder sprechen, der nicht von Gefühlen im Voraus, beim Sprechen selbst oder im Nachhinein begleitet werden würde.

Die Balance hat damit vorrangig mit der Aufnahme und Abgabe von Lebensenergie zu tun [66]. Dazu gehört auch, die eigenen Bedürfnisse mit denen der Klientel abzugleichen. Wenn der Beruf in einseitiges Geben ausartet, steigt das Burnout-Risiko. Eine Balance ist also auch zwischen dem Geben und Nehmen anzustreben [122].

In Abbildung 4-9 erkennen Sie vier Felder und einen Kreis. Die Felder geben an, ob jeweils die Sympathie oder die Antipathie dominiert, ob beide aktiv sind oder beide nur schwach wirksam (wenn Sie diese Abbildung aus meinem Buch *Burnout bei Ärzten* [12] schon kennen, lassen Sie sich bitte nicht von der Umdrehung der Quadranten irritieren – es hat didaktische Gründe). Unsere Gefühle gehören zu unterschiedlichen Inhalten (Tab. 4-7). Der Kreis zeigt den Bereich der Selfbalance.

Innere Ausgeglichenheit als Schutz gegen belastenden Stress kann letztlich in allen vier Feldern erreicht werden, wenngleich in sehr unterschiedlicher Ausprägung und Häufigkeit.

Um Stresstoleranz zu erreichen, gibt es zwei Wege: Der erste Weg ist, einen Ausgleich zwischen Gefühlen außerhalb mit denen innerhalb des Selfbalance-

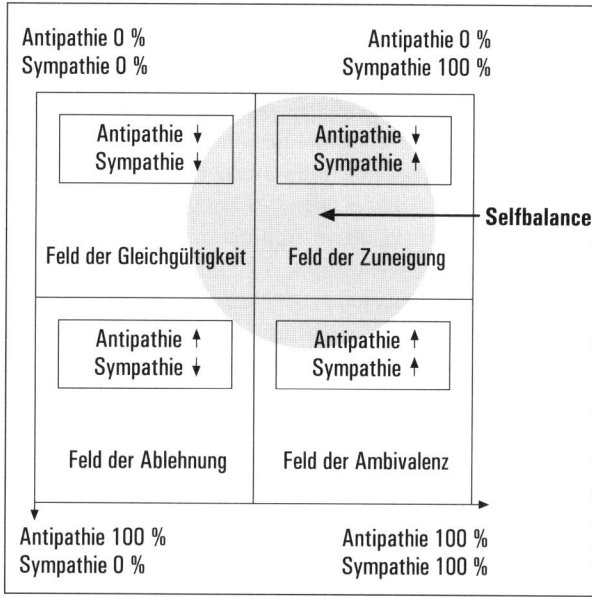

**Abb. 4-9** Vier-Felder-Tafel zur Selfbalance

Bereiches anzustreben. Dieser Ansatz funktioniert eine gewisse Zeit, ist auf Dauer meistens aber nicht haltbar. Er spielt im Weiteren keine Rolle. Er kommt infrage für Menschen, die sehr stark um einen möglichen Pol innerer Ruhe und Stärke hin- und herschwanken wie zum Beispiel Choleriker. Der zweite Weg eröffnet folgende doppelte Chance:

● Sie versuchen so oft wie möglich in den Bereich der Gefühle von Selfbalance zu kommen. Sie suchen sich also Anregungen, Aufgaben und Übungen, mit denen Sie Ihre Gefühle in diese Richtung bringen. Sie streben somit beispielsweise nach Liebe, Glück, Sicherheit, Fröhlichkeit, Erfolg oder Klarheit. Dieser Weg wird im Folgenden vorrangig vorgeschlagen.

● Sie lernen einen für Sie besseren, weniger belastenden Umgang mit der eigenen Dysbalance, mit all dem, was außerhalb des Selfbalance-Bereiches liegt.

**Tab. 4-7** Antipathie und Sympathie und deren vier Quadranten

|  | Sympathie | Antipathie | Beispiele |
|---|---|---|---|
| Gleichgültigkeit (oder Neutralität) | gering | gering | innere Leere, Hilflosigkeit |
| Ambivalenz (Mehrdeutigkeit) | hoch | hoch | Mitleid, Schuld |
| Ablehnung | gering | hoch | Misstrauen, Überlegenheit |
| Zuneigung | hoch | gering | Freude, Vertrauen |

Wahrscheinlich kennen Sie das Konzept der Work-Life-Balance. Dass es funktionieren kann, steht außer Zweifel, aber es hat ein Problem: Es meint, fast alles selbst beeinflussen zu können. Das, was wir aber tatsächlich selbst beeinflussen können, was wirklich unserer Macht unterliegt, sind wir selbst – darum geht es bei Selfbalance.

Die folgenden Abschnitte befassen sich mit der Verbesserung der Stresstoleranz über innere Balance und enthalten eine Vielzahl von Übungen. Es ist sicherlich nicht nötig, alle mitzumachen. Wie bereits anfangs geschrieben, entscheiden Sie bitte, welche der Übungen für Ihren individuellen Gebrauch sinnvoll sind und welche Sie lassen möchten. In der Regel gebe ich Ihnen im Text Hinweise, wofür die Übung besonders hilfreich ist.

# Sicherheit

### Die Wurzeln eigener Kraft

Goethe sagte: *Wohl dem, der seiner Ahnen gern gedenkt.* Einige Zeit nach ihm wird allmählich klarer, welche zentrale Rolle im persönlichen Schicksal das eigene Land, die eigenen Vorfahren und die eigene Familie spielen. Sabine Bode hat das in ihrem Buch *German Angst* eindrücklich belegt.

Die eigene Herkunft prägt uns. Wenn Sie in innerem oder äußerem Widerspruch zu Ihrer Familie leben, verursacht das beinahe zwingend Spannungen und Ungleichgewichte, die sich ungut auswirken.

> Michaela bespricht sich mit ihrer langjährigen Freundin. Michaela ist Ende 30 und erzählt, vor drei Wochen wegen Brustkrebs operiert worden zu sein. Alles sei ganz schnell gegangen, wenige Tage nach der erschütternden Diagnose sei der Operationstermin gewesen. Nun käme noch die Bestrahlung, und mit 90%iger Wahrscheinlichkeit sei dann alles wieder gut. Über die anderen 10% wolle sie gar nicht erst nachdenken. Dann ergänzt sie: „Meiner Mutter habe ich davon nichts erzählt. Meine Mutter hat in meinem Leben keinen Platz mehr." Vielleicht kennen Sie den medizinischen Fachbegriff für die Brust: Mama. Ihrer Mama wollte Michaela keinen Platz in ihrem Leben geben *und* ihre Brust (Mama) wurde amputiert. Eine bemerkenswerte Analogie.

Im Hinblick auf ein ausgeglichenes Leben ist es sinnvoll, sich mit der eigenen Herkunft gewinnbringend auseinanderzusetzen. Das Ziel sollte sein, sie als Kraftquelle spüren und nutzen zu können.

┌─ **Übung: Meine Familie** ─────────────────────────────────────────

Damit Sie sich bildlich klarmachen können, in welchem großen Ganzen Sie *sind,* zeichnen Sie Ihren Stammbaum mit all seinen (Seiten-)Zweigen. Wenn Sie damit überfordert sind, bitten Sie Ihre Eltern, Geschwister und andere Verwandte um Hilfe.

Schreiben Sie wichtige Fakten dazu auf wie frühe Tode, Fehlgeburten, besondere Schicksalsschläge, zum Beispiel angeborene Erkrankungen oder Insolvenzen. Schreiben Sie auch auf, welche Empfindungen Sie für wen haben. Vielleicht geschieht es sogar, dass Sie den Namen Ihres Urgroßvaters aufschreiben und dabei fühlen, wie sehr Sie ihm verbunden sind, selbst wenn Sie ihn nicht mehr persönlich kennenlernen konnten.

Möglicherweise *erkennen* Sie, wessen Namen Sie tragen und wie groß Ihre Familie und deren Schicksale sind.

Vielleicht gelingt es Ihnen beim großen Überblick, einzelnen Mitgliedern Ihres Stammbaums zu verzeihen, Groll oder Hass abzubauen.

Versuchen Sie zu fühlen, dass Sie der vorläufige Endpunkt einer unendlich langen Kette von Menschen sind, die alle da waren, damit Sie sein können. Das kann Ihnen neben der Ehrfurcht auch viel Kraft und grundlegende Sicherheit geben.

In *Ihrem* Leben sind Sie die *zentrale* Figur. Gut, wenn Sie einen Schritt in Richtung einer inneren Versöhnung mit Ihren Vorfahren gehen.

────────────────────────────────────────────────────────────────────

## Sicherheiten

Was Sie sichert, schränkt Sie ein. Sicherungssysteme bedeuten *immer* die Einschränkung der Beweglichkeit. Das können Sie an alltäglichen Beispielen sehen: Viele Autoversicherungen fordern inzwischen von Ihnen, nur Sie und Ihr Partner dürfen das versicherte Auto fahren. Was tun Sie, wenn Sie, alkoholisch angeheitert, verantwortungsvoll eine dritte Person bitten wollen, Sie heimzufahren? Das geht nicht. Sie müssen Ihr Auto stehen lassen, also im wahrsten Sinn eine Bewegungseinschränkung. Oder: Ihr Hausrat übersteigt einen bestimmten Wert, sodass Sie auf Forderung der Versicherung abschließbare Fenstergriffe montieren lassen müssen, die bei Ihrer Abwesenheit und nachts immer abzuschließen sind.
Jedes Sicherungssystem schränkt Ihre Freiheit ein und kostet Ihr Geld. Wer das eigene Burnout-Risiko spürt, strebt vermehrt nach Sicherheiten in seinem Außen, mit entsprechenden Folgen für die eigene Freiheit und das eigene Vermögen.

**Test: Sicherheiten**

Tragen Sie in die folgende Liste ein, wie bedeutsam die konkrete Sicherheit für Sie ist. Die Gewichtung nehmen Sie anhand der vierstufigen Skala vor. Bitte entscheiden Sie sich schnell, ehrlich und spontan für die Antworten.

| Art der Sicherheit | Ohne Bedeutung | Von geringer Bedeutung | Große Bedeutung | Geht nicht ohne |
|---|---|---|---|---|
| Datensicherung (Computer) | ❏ | ❏ | ❏ | ❏ |
| Versicherungen | ❏ | ❏ | ❏ | ❏ |
| Vereine (z. B. ADAC) | ❏ | ❏ | ❏ | ❏ |
| Wohnungs-/Haustüren/ Schlösser | ❏ | ❏ | ❏ | ❏ |
| Vitaminpräparate | ❏ | ❏ | ❏ | ❏ |
| Gesundheitsprodukte | ❏ | ❏ | ❏ | ❏ |
| ASR, ESP, Sicherheits- gurt, Airbags | ❏ | ❏ | ❏ | ❏ |
| Alarmanlagen | ❏ | ❏ | ❏ | ❏ |
| (Wach-)Hunde | ❏ | ❏ | ❏ | ❏ |
| Geld, Konten | ❏ | ❏ | ❏ | ❏ |
| Aktien | ❏ | ❏ | ❏ | ❏ |
| Sturzhelm | ❏ | ❏ | ❏ | ❏ |
| Heirat | ❏ | ❏ | ❏ | ❏ |
| Kinder | ❏ | ❏ | ❏ | ❏ |
| Tabletten (insb. Schmerz- u. Schlaftbl.) | ❏ | ❏ | ❏ | ❏ |
| Tempolimit | ❏ | ❏ | ❏ | ❏ |
| Verträge | ❏ | ❏ | ❏ | ❏ |

| Art der Sicherheit | Ohne Bedeutung | Von geringer Bedeutung | Große Bedeutung | Geht nicht ohne |
|---|---|---|---|---|
| Gesetze, Verbote | ❑ | ❑ | ❑ | ❑ |
| Waage | ❑ | ❑ | ❑ | ❑ |
| Blutdruckgerät/Puls-messer | ❑ | ❑ | ❑ | ❑ |
| Impfungen | ❑ | ❑ | ❑ | ❑ |
| Fitnesstraining/Sport | ❑ | ❑ | ❑ | ❑ |
| Kosmetik | ❑ | ❑ | ❑ | ❑ |
| Beruf | ❑ | ❑ | ❑ | ❑ |
| Titel | ❑ | ❑ | ❑ | ❑ |
| Kleidung | ❑ | ❑ | ❑ | ❑ |
| Feng-Shui | ❑ | ❑ | ❑ | ❑ |
| Kirche | ❑ | ❑ | ❑ | ❑ |
| Rituale | ❑ | ❑ | ❑ | ❑ |
| Steine, Kristalle, Kupfer-reif u. Ä. | ❑ | ❑ | ❑ | ❑ |
| vegetarische Kost, Bio-kost, gesunde Ernährung | ❑ | ❑ | ❑ | ❑ |
| Versand wichtiger Post per Einschreiben | ❑ | ❑ | ❑ | ❑ |
| Virenschutzprogramme | ❑ | ❑ | ❑ | ❑ |
| Abonnement (Zeitung/Zeitschrift) | ❑ | ❑ | ❑ | ❑ |
| Armee, Waffen | ❑ | ❑ | ❑ | ❑ |
| Polizei | ❑ | ❑ | ❑ | ❑ |
| Dämme (Flutkatastrophe) | ❑ | ❑ | ❑ | ❑ |

| Art der Sicherheit | Ohne Bedeutung | Von geringer Bedeutung | Große Bedeutung | Geht nicht ohne |
|---|---|---|---|---|
| Sozialstaat | ❏ | ❏ | ❏ | ❏ |
| Anti-Raucher-, -Raser-, -Drogen-, -Ausländer-, -Ausländerhass-, -AIDS- Kampagnen | ❏ | ❏ | ❏ | ❏ |
| elektrische Sicherungen | ❏ | ❏ | ❏ | ❏ |
| Tresor | ❏ | ❏ | ❏ | ❏ |
| Uhr/Zeit | ❏ | ❏ | ❏ | ❏ |
| Handy | ❏ | ❏ | ❏ | ❏ |
| Wecker | ❏ | ❏ | ❏ | ❏ |
| Rundfunk/Fernsehen | ❏ | ❏ | ❏ | ❏ |
| Nachrichten | ❏ | ❏ | ❏ | ❏ |
| Zeitung | ❏ | ❏ | ❏ | ❏ |
| Check-up beim (Zahn-) Arzt | ❏ | ❏ | ❏ | ❏ |
| Platzreservierung (Zug, Oper) | ❏ | ❏ | ❏ | ❏ |
| Vorratspackung (Essen, Trinken, CDs, Heimwer- kerbedarf usw.) | ❏ | ❏ | ❏ | ❏ |
| Auto-Inspektionen | ❏ | ❏ | ❏ | ❏ |
| Ersatzreifen | ❏ | ❏ | ❏ | ❏ |
| voller Tank/rechtzeitig tanken | ❏ | ❏ | ❏ | ❏ |
| Sonnenschutzcreme | ❏ | ❏ | ❏ | ❏ |
| Reise- und Haus- apotheke | ❏ | ❏ | ❏ | ❏ |

| Art der Sicherheit | Ohne Bedeutung | Von geringer Bedeutung | Große Bedeutung | Geht nicht ohne |
|---|---|---|---|---|
| Hausarzt | ❏ | ❏ | ❏ | ❏ |
| Vorausbuchung (Hotel) | ❏ | ❏ | ❏ | ❏ |
| Beratungen (Astrologie, Finanzen, Versicherungen usw.) | ❏ | ❏ | ❏ | ❏ |
| Sonnenbrille | ❏ | ❏ | ❏ | ❏ |
| Haustier | ❏ | ❏ | ❏ | ❏ |

Sie haben nun eine Aufstellung vor sich, welche die für Sie notwendigen Sicherheiten aufführt. Wir brauchen die Sicherheiten in der Regel, um uns sicher zu *fühlen*. Die meisten Sicherheiten sollen uns vor dem Fühlen von Angst schützen.

Vielleicht gibt es die eine oder andere Sicherheit, die Sie inzwischen nicht mehr brauchen, sozusagen seit langem mit sich herumschleppen. Vielleicht wundern Sie sich auch, was einzelne Punkte in dieser Tabelle sollen. Warum taucht hier z. B. das Abonnement auf? Weil auch das Ihnen Sicherheit gibt, nämlich jede Zeitschriftenausgabe zu erhalten oder bei jedem Konzert dabei zu sein.

---

**Übung: Sicherheiten und Angst**

Sicherheiten schützen vor eigener Angst. Im Anhang sind in der Tabelle A-2 alle Punkte in gleicher Reihenfolge aufgeführt wie bei dem soeben gemachten Test, ergänzt um die *möglicherweise ursächliche Angst*.

Schauen Sie sich die Sicherheiten an, die für Sie eine *große Bedeutung* haben oder ohne die es *nicht geht*.

Spüren Sie nach, ob die jeweils angegebene Angst eine Resonanz in Ihnen auslöst. Die Aufgabe mag leichter fallen, wenn Sie sich in Situationen hineinversetzen, wo die entsprechende Sicherheit fehlt.

---

Scheinbare Sicherheiten dienen dazu, Angst zu vermindern oder zu vermeiden. Angst lässt sich aber nicht einfach so bekämpfen, vernichten, ablegen. Sie lässt sich bestenfalls verdrängen, um sich dann an anderer Stelle zurückzumelden. Was alle scheinbaren Sicherheiten jedoch oft verhindern, ist Eigenverantwortung. So spiegeln Sicherheiten auch die Angst vor Eigenverantwortung wider. All diese Sicherheitsnetze bedeuten eine Suche nach Sicherheit im Außen. Das

Außen ist aber etwas Materielles – und Burnout hat mit zunehmendem Materialismus zu tun [12].

> Mathias führt eine hervorragend laufende Arztpraxis und wähnt sich damit in völliger Sicherheit. In seiner internistischen Praxis führt er auch Untersuchungen an Enddarm und Dickdarm durch. Eines Tages stellt sich eine Patientin bei ihm vor, die ihm schon länger auffällt: Sie kommt immer wieder ohne wirkliche Erkrankungen zu ihm. Ab und zu hat Mathias das Gefühl, die Patientin will mehr von ihm als seine fachlichen Fähigkeiten. Sie behauptet, immer wieder Blut im Stuhl zu haben. Mathias untersucht sie und kann keinerlei Auffälligkeiten entdecken. Während der Untersuchung ist eine Arzthelferin dabei, die jedoch für einige Minuten den Raum verlassen muss, weil sie woanders gebraucht wird. Die Patientin behauptet später, der Arzt hätte sie während dieser Untersuchung unsittlich berührt und „angemacht". Als sich die Behauptung wie ein Lauffeuer herumspricht, lässt der Andrang auf seine Praxis spürbar und dauerhaft nach. Mathias muss sich Sorgen machen, ob er die Praxis halten kann. Er muss eine seiner Arzthelferinnen entlassen.

Es ist nicht möglich, wirkliche Sicherheit durch irgendeine äußere Struktur aufzubauen oder zu halten. So ist es zur Burnout-Prävention eine überaus wichtige Aufgabe, *selbst-sicher* zu werden. Selbstsicherheit ist ein wesentlicher Faktor von Selfbalance und dient der Stresstoleranz. Sie braucht kaum Sicherheiten im Außen. Die wirkliche Sicherheit bekommen wir in uns selbst. Nur dort kann sie entstehen. Übrigens: Sobald wir bereit, willens und fähig sind, auf zumindest einige unserer Sicherheitsnetze zu verzichten, weil wir beginnen, unserem Schicksal und uns selbst mehr zu *vertrauen*, gehen wir ein gutes Stück in Richtung Freiheit.

## Ausgeglichenheit

Es gibt angespannte Momente im Leben, da können wir unsere Gedanken kaum mehr kontrollieren [7], vielleicht weil wir das Gefühl haben, unseren vielen Verpflichtungen nicht mehr nachkommen zu können. Zeitsouveränität ade – alles ist scheinbar weg und Hektik, Stress und Chaos sind in uns. In solchen Momenten können sich die freuen, welche eine Entspannungstechnik erlernt haben (Kap. 4.2, Abschnitt Die Spannung nehmen, S. 109).

### Innere Bedrängnisse

Um sich darüber klar zu werden, ob Sie etwas bedrängt, damit unausgeglichen macht und was es konkret ist, machen Sie bitte folgende Übung.

> **Übung: Konkrete Bedrängnisse**
>
> Beantworten Sie die eine Frage: Was belastet und bedrängt Sie aktuell?
>
> Werden Sie bei der Beantwortung so konkret wie möglich.
>
> Wenn Sie aufschreiben: „Mein Vorgesetzter bedrängt mich", was meinen Sie genau – den Termindruck, den er ausübt, seine körperlich aufdringliche Art oder seine Maßlosigkeit?
>
> Wenn Sie aufschreiben: „Die Verpflichtung, mehrfach wöchentlich meine Mutter anzurufen", was meinen Sie genau – stören Sie die Telefongebühren, das Gefühl, damit kontrolliert zu werden oder die Angst, irgendwann nähme Ihre Mutter einmal nicht mehr den Hörer ab?

Prüfen Sie später (Kap. 4.6, Abschnitt Umgang mit Unveränderlichem, S. 224), ob Sie auf dem Weg der schädlichen Anpassung sind oder nicht. Wenn ja, überlegen Sie sich, wie Sie auf den Weg des (späten) Einverständnisses wechseln können. Prüfen Sie zudem, ob Ihre Kraftquellen (Kap. 2.1 Individuell nutzbare Ressourcen gegen Burnout, S. 22) Ihnen hier weiterhelfen können. Was dann noch übrig bleibt, sollten Sie zunächst nicht mit sich selbst zu klären versuchen: Bitten Sie einen Freund um ein zeitlich offenes Gespräch und besprechen Sie das Thema bzw. wenden Sie sich dafür an einen Coach oder Therapeuten. Bitten Sie um uneingeschränkte Wahrheit. Es ist wichtig, die inneren Bedrängnisse möglichst abzubauen. Wenn das nicht gelingt, ist ein hilfreicher Schritt, sich mit anderen darüber auszutauschen. Warum? In solch einer Situation fühlen sich die meisten Menschen allein oder allein gelassen, was Burnout fördert oder ermöglicht.

## Erdung

Wer fühlt sich schon gut, wenn er aufgeregt ist? Eine Atemübung kann Sie zügig wieder von einem Erregungsplateau herunter begleiten.

> **Übung: Atmen zur Erdung**
>
> Suchen Sie für diese Übung einen ruhigen Raum auf; das kann auch im Sanitärbereich oder eine Garderobe sein.
>
> Schließen Sie Ihre Augen. Atmen Sie durch die Nase, wenn sie frei ist. Ansonsten atmen Sie durch den Mund. Wechseln Sie jedoch nicht zwischen Nasen- und Mundatmung. Nehmen Sie *ruhige,* gleichmäßige, tiefe Atemzüge, sodass es Ihnen angenehm und bewusst ist. Folgen Sie Ihrem Atem, wie er einströmt und wie er wieder ausströmt. Atmen Sie am Anfang tief in Ihren Bauch hinein und versuchen Sie, die bauchnächsten Bereiche Ihrer

Lunge zu durchlüften. Beobachten Sie in aller Ruhe, wie sich Ihre Bauch-
decke hebt und wieder senkt. Nach einiger Zeit konzentrieren Sie sich auf
Ihren Atem und führen Sie ihn so hoch es geht in die Lungenspitzen, so
hoch wie möglich in Ihre Schultern hinein. Beobachten Sie, wie sich Ihr
Oberkörper hebt und wieder senkt. Stellen Sie sich bildlich vor, wie Sie
beim Einatmen mit jedem Atemzug Kraft in sich aufnehmen. Stellen Sie
sich ebenso vor, wie Sie mit dem Ausatmen Ihre Anspannung und Probleme loslassen können. Ein und aus, ein und aus, der Kreislauf des Lebens
zwischen An- und Entspannung. Konzentrieren Sie sich immer mehr auf Ihren Atem.

Diese Übung machen Sie höchstens wenige Minuten, bis Sie sich besser
fühlen. Atmen Sie nicht zu schnell, sonst kann Ihnen schwindlig und krib-
belig werden.

## Spiritualität, Meditation und innere Achtsamkeit

Arbeit hat eine zentrale Bedeutung für unser Sein. Damit sie im Guten wirken
kann, müssen folgende Bedingungen erfüllt werden. Die Arbeit muss
- mit unserer Vision in Einklang stehen (Kap. 2.2, Abschnitt Der 75. Geburtstag, S. 35; Kap. 4.9 Sinnannäherung [Stufe 9], S. 250);
- einem höheren Sinn (dem Sinn unseres Lebens) folgen oder ihn teilweise
  erfüllen (Kap. 4.9 Sinnannäherung [Stufe 9], S. 250), dieser Sinn (und
  auch der Lohn) kann in jeder Tätigkeit gefunden werden und ist nicht abhängig von deren gesellschaftlichem Status;
- mehr bieten als den Lohn auf dem Girokonto;
- uns in Verbindung mit der Welt und den Menschen bringen.

Damit hängt zufriedenstellende Arbeit auch mit Faktoren wie Intimität, Spiri-
tualität, Transzendenz und Sinnerfüllung zusammen. Erreichen wir das, rückt
Burnout in weite Ferne [42]. Denn Burnout weist andernfalls darauf hin, *zu
wenig* oder *das Falsche* von unserer Arbeit zu verlangen. Wenn Arbeit diese
Kriterien nicht erfüllt, laugt sie aus statt zu bereichern. Wer sich ohne innere
Achtsamkeit an die Arbeit macht, psychisch abwesend ist, der hat ein deutlich
erhöhtes Risiko zur beruflich bedingten Unzufriedenheit und zur gefühlten
Dysbalance. Die Arbeit und das Privatleben sind es oftmals nicht, die unzufrieden machen, sondern die eingeschränkten Wahrnehmungen dabei. Die
Grundneigung ist, permanent etwas anderes zu tun als das, woran man denkt,
sich woanders hinzudenken als dorthin, wo man gerade ist und jemand anderes spielen oder sein zu wollen, als man ist.

### Spiritualität und Meditation
Gelebte und empfundene Spiritualität kann Burnout verhindern [127]. Spiritualität wirkt sich positiv auf den Körper, die kognitiven Aspekte des Lebens

und auf unsere Emotionen aus [64]. Meditation ist grundsätzlich eine erfolgreiche Methode, sich seiner Spiritualität zu nähern [30, 134], sie wird bisher jedoch fast nur in US-amerikanischer wissenschaftlicher Literatur als Möglichkeit gegen Burnout ohne Vorbehalte erwähnt. Das effektivste Stressmanagement, das Sie lernen können, ist Meditation [73]. Meditation ist eine Möglichkeit, sich selbst, seinen wirklichen Zielen und Bedürfnissen näher zu kommen. Trotzdem darf sie nicht als Mittel zum Zweck missbraucht werden.

In wissenschaftlichen Versuchen wurde bestätigt, dass Meditation diejenigen Hirnareale aktiviert, mit denen wir uns selbst definieren. Hirnforscher fanden heraus, dass bei Personen, die jahrelang regelmäßig meditierten, Hirnareale zu arbeiten begannen, die mit dem Verständnis des Ich zusammenhingen. Mit Meditation kommt man seiner wahren Natur näher. Vielleicht liegt darin die Stress mindernde Wirkung von Meditation.

Beim Thema Meditation verschließen sich manche rasch, das sei nichts für sie: zu esoterisch, zu versponnen, nahe an irgendwelchen Sekten. Meditation hat mit alldem aber nichts zu tun. Meditation ist echte Bodenhaftung und tief in der christlichen Tradition verwurzelt. Rudolf Steiner sagte darüber: *Kraft zum Leben, nicht Lässigkeit quillt aus der Meditation.*

Es gibt Untersuchungen, dass Sprechen die größte geistige Kraftanstrengung ist. Denn Sprechen ohne Denken gibt es nicht, Denken ohne Sprechen sehr wohl. So verwundert es nicht, dass die meisten Berufe, die für Burnout prädestiniert sind, Sprechberufe wie Lehrer, Ärzte, Bankangestellte oder Manager sind. Wer viel sprechen und telefonieren muss und nicht ausreichend lange Pausen hat, ist abends leer und mag mit niemandem mehr sprechen. Auch das gefährdet die Ehen und Partnerschaften. Der größte geistige Kraftverbrauch ist damit klar. Deshalb müsste ein großer Kraftspender, zumindest Kraftsparer, das Schweigen sein. Und Schweigen in höchster Form ist Meditation.

Erfahrungen mit Meditation lassen sich nur schwer beschreiben. Sie sind anders als gewöhnliche Erfahrungen und von großer Kraft. Meditation erschließt faszinierende, neue Welten. Vieles kann sich während des Meditierens lösen und klären; wir bekommen dadurch oft das richtige Maß für uns und unsere Welt.

Der Einstieg in die Meditation ist sehr individuell. Am Anfang ist es sinnvoll, eine Methode unter kompetenter Leitung zu lernen. Auch Volkshochschulen bieten oftmals hochwertige Kurse zu diesem Thema an.

Die Erfahrung, dass sich unsere Gedanken nur schwer ausschalten lassen, muss anfangs fast jeder machen. Grundsätzlich ist es sehr hilfreich,

- immer zur gleichen Zeit zu meditieren,
- immer am gleichen Platz zu meditieren,
- immer für wirklich passende Außenbedingungen zu sorgen (Ruhe, bequemer Sitz usw.),
- anfangs ein sanft tönendes Endsignal einzustellen wie eine Zeituhr,
- nichts erreichen zu wollen.

Eine durchaus skeptische, aber offene Grundeinstellung ist eine gute Voraussetzung für eine faire Chance dieser Methode gegenüber. Einstellungen wie Meditation nütze ohnehin nichts oder Meditation sei genau das Richtige können zu Frustration führen. Im ersten Fall wird zu rasch aufgegeben, wenn sensationelle Effekte ausbleiben. Im zweiten Fall ist die Enttäuschung groß, auch nach längerer Meditationspraxis festzustellen, noch immer derselbe Mensch zu sein.

### Innere Achtsamkeit

Eine Form der Meditation ist die innere Achtsamkeit, deren Wirkung bei Burnout genauer untersucht worden ist [61]. Innere Aufmerksamkeit trainiert, mehr das wahrzunehmen, was tatsächlich ist: *Wir sind nicht nur ein Teil eines Ganzen, wir sind das Ganze.*

Innere Achtsamkeit bedeutet, das eigene Verhalten und die eigenen Gefühle von einer neuen, inneren, soweit möglich neutralen Beobachterposition aus aufzunehmen. Sie bedeutet, einen beweglichen und betrachtenden Geisteszustand einzunehmen, in welchem wir unsere Aufmerksamkeit bewusst steuern und so verhindern, dass sie von Äußerlichkeiten abgelenkt wird, zum Beispiel Werbung, Schlagzeilen, Titelblätter, Musikberieselung, Verpackungen, Moden und Trends, das Verhalten anderer. Im zweiten Schritt bedeutet innere Achtsamkeit, ein langsames und langes Nachdenken anstelle voreiliger Bewertung zu trainieren.

Diese Methode führt zur Haltung der Freiheit:
- *bewertungsfrei,* zumindest bewertungsarm gegenüber den Situationen und den Reaktionen,
- *wunschfrei,* also sich und die anderen erst einmal akzeptieren zu können,
- *vorurteilsfrei* im Sinne von offen, neugierig, aufnehmend,
- *handlungsfrei,* das heißt nichts ändern wollen, sollen oder müssen.

Mit innerer Achtsamkeit können wir zwei grundsätzlich verschiedene Ziele verfolgen: Wir können mehr Informationen über uns und uns beschäftigende Situationen erhalten und wir können uns vom Alltagsrummel distanzieren.

Das Ziel innerer Aufmerksamkeit liegt in der dann möglichen Heilung von zerstörerischen Bewertungen, Eigenvorwürfen und Stressreaktionen.

Bewertungsfrei bedeutet nicht, alles gutzuheißen oder billigend in Kauf zu nehmen. Annehmen bedeutet nicht Gutheißen.

Mit einer solchen Haltung kann uns geholfen sein, wenn wir in tiefen emotionalen Verstrickungen festhängen, um loszulassen. Die Praxis der Achtsamkeit wird durch die innere Einstellung des Menschen geleitet. Innere Ruhe und Entspannung sind einige der Ziele der Achtsamkeit, beide lassen sich nicht erzwingen.

Achtsamkeit bedeutet, ständig aufmerksam zu sein, um die Dinge so sehen zu können, wie sie sind [67]. Es geht gerade darum, sie *nicht ändern* zu wollen – wir brauchen also in dieser Haltung nicht einzugreifen. Innere Achtsamkeit wirkt sich auf den Alltag aus; ihr folgt eine neue Haltung.

Am ehesten lernen Sie diese Haltung (deren tägliche Übung zum Erlernen notwendig ist) in weitgehend unbelasteten Situationen einzunehmen, beispielsweise wenn Sie sich beim Einkaufen im Nachhinein betrachten.

---

**Übung: Innere Achtsamkeit – Basis**

Hier nun eine Grundanleitung:

- Nehmen Sie eine bequeme Körperhaltung ein und schließen Sie Ihre Augen. Wandern Sie mit Ihrer Aufmerksamkeit durch Ihren Körper. Nehmen Sie sich wahr, Ihre Füße, Ihre Beine, Ihren Rücken und Bauch, Ihre Arme und Hände und Ihren Kopf. Nehmen Sie nun einige tiefe Atemzüge. Atmen Sie tief ein und langsam wieder aus. Jetzt lassen Sie Ihren Atem wieder laufen und beobachten, wie er kommt und geht. Es geht ganz von allein. Nehmen Sie einfach nur wahr, wie Ihr Atem einströmt und wieder ausströmt.

- Stellen Sie sich nun vor, jemand kommt zu Ihnen und sagt: „Es ist schön, dass es dich gibt." Beobachten Sie einfach nur, was in Ihnen geschieht, wenn Sie den Satz hören: „Es ist schön, dass es dich gibt." Welche Gefühle sind da und welche Gedanken? Welche Bilder sehen Sie? Was spüren Sie? Sie müssen nichts tun, einfach nur aufmerksam beobachten.

- Nun nehmen Sie wieder Ihren Körper wahr und richten Ihre Aufmerksamkeit auf Ihren Atem. Beobachten Sie das Ein- und Ausströmen Ihres Atems.

- Stellen Sie sich jetzt vor, es kommt jemand zu Ihnen und sagt: „Du wirst es nie schaffen." Beobachten Sie nur, was in Ihnen geschieht, wenn Sie den Satz hören: „Du wirst es nie schaffen." Welche Gefühle sind da und welche Gedanken? Welche Bilder sehen Sie? Was spüren Sie? Sie müssen nichts tun, einfach nur aufmerksam beobachten.

- Nehmen Sie nun bitte wieder Ihren Körper wahr und dass Sie die Übung gleich beenden werden. Ballen Sie Ihre Hände zu Fäusten, atmen Sie einige Male kräftig ein und aus, strecken und räkeln Sie sich und Ihre Hände und öffnen Sie jetzt Ihre Augen.

---

**Grundvoraussetzungen**

Kabat-Zinn [67] hat die folgenden sieben Grundvoraussetzungen für eine Achtsamkeitspraxis ausgemacht:

- **Nicht beurteilen:** Es ist wichtig, den eigenen Erfahrungen gegenüber die Rolle eines neutralen Beobachters einzunehmen, das heißt, auf Bewertungen sich selbst, anderen und anderem gegenüber zu verzichten (Kap. 4.5, Abschnitt Bewertungen erkennen und managen, S. 215), aber wenn wir merken, doch wieder zu bewerten, das dann hinzunehmen und nicht in Schuldgefühle umzuwandeln. Es geht also nicht darum, die eigenen Bewertungen abzublocken, sondern zu erkennen, dass es abläuft. Wir alle denken oftmals in Schubladen, es gibt Berufe, die dies geradezu herausfordern: Jeder juristische Paragraph, jede ärztliche Diagnose sind Schubladen. Schubladendenken und die Notwendigkeit, kontinuierlich etwas beurteilen zu müssen, führen dazu, dass wir auch dann, wenn es nicht nötig wäre, damit fortfahren. Auf diese Weise kommt es zu einem unreflektierten reaktiven Handeln. Das Denken wird davon beherrscht, alles zu bewerten. Das macht es uns schwer, innerlich ruhig und friedvoll zu werden.

- **Geduld:** Es ist nutzbringend, zu verstehen, dass vieles im Leben Zeit braucht, um werden und sich entfalten zu können. Kein Grashalm wächst schneller, wenn wir daran ziehen. Es gibt eben *den* Moment, wo es an der Zeit ist, der richtige Zeitpunkt gekommen ist. Bis dahin braucht es Geduld.

- **Offenheit:** Es geht darum, eine innere Einstellung der Offenheit zu entwickeln und damit alles immer wieder so zu sehen, als sähen wir es zum ersten Mal. Das ist die Einstellung eines Menschen, der nicht in Routine erstarrt ist und sich selbst nicht mehr dadurch betrügt, zu glauben, das meiste zu kennen oder zu wissen.

- **Vertrauen:** Das heißt, Vertrauen in sich selbst und in das grundsätzliche Gutsein allen Seins zu haben.

- **Absichtslosigkeit als aktives Nichts-Tun:** Hier ist das Ziel, *einfach* so zu sein wie man ist. Nichts muss *mehr* sein und alles *darf* sein. Wer zu meditieren beginnt, um zu … (was auch immer), der wird meistens enttäuscht werden. Um in der Meditation Ziele zu erreichen, müssen wir sie loslassen statt sie erreichen zu wollen.

- **Akzeptanz:** Es liegt uns Menschen nahe, enorme Lebensenergie damit zu verbrauchen, uns gegen etwas aufzulehnen, was anders ist als wir es gerne hätten (Kap. 4.6, Abschnitt Umgang mit Unveränderlichem, S. 224). Innere Aufmerksamkeit und andere Formen der Meditation bedürfen eines inneren Aussöhnungsprozesses. Das bedeutet nicht, alles gut zu finden oder mit allem zufrieden zu sein. Es bedeutet ebenso wenig, alles Zerstörerische wüten zu lassen oder nichts mehr verändern zu wollen. Es bedeutet die Bereitschaft, Menschen und Ereignisse unvoreingenommen und bewertungsfrei zu betrachten.

- **Loslassen:** Das bedeutet, nicht anzuhaften oder festzuhalten, jede Erfahrung zulassen, so wie sie ist und *einfach* nur zu beobachten. Gerade im Burnout üben negative Gedanken eine enorme Macht auf uns aus und es erscheint nahezu unmöglich, diese Gedanken loszulassen. Burnout erfordert jedoch, loszulassen. Wir alle können das – zeitweise in unserem Schlaf. Hier geht es um das Loslassen im Wachzustand.

Offenheit und Akzeptanz sind die Pfeiler innerer Achtsamkeit. Jeder Zwang tötet sie und die Möglichkeit, sich damit zu entspannen. Hier nun eine andere Übung zur Entspannung:

---

**Übung: Schweigen**

Wenn Sie nicht alleine leben, sollten Sie zuvor Ihre Mitmenschen über diese Übung informieren. Es ist eine Schweigeübung.

Nehmen Sie sich einen halben Tag vor, an dem Sie in innerer Achtsamkeit nicht sprechen. Sie nehmen kein Telefon ab, sie schauen niemandem in die Augen und bleiben ganz bei sich. Wenn Sie anfangen, in einen inneren Dialog mit sich zu gehen, unterbinden sie ihn.

Eine abgeschwächte Variante kennen Sie bereits, nämlich beim Essen nichts zu sagen (und auch keine Musik zu hören, keine Zeitung anzuschauen usw.; Kap. 4.2, Abschnitt Sinnlichkeit, Übung Sinnes-Anregungen, S. 113).

Es ist eine Übung zur Achtsamkeit im Alltag. Diese können Sie ausweiten, indem Sie beginnen, alltägliche Verrichtungen in einer Haltung der inneren Achtsamkeit vorzunehmen, zum Beispiel den Müll zur Mülltonne bringen. Vielleicht werden Sie erfahren, dass Sie sich dabei nicht hetzen müssen, sondern dass jener Moment mit dem Mülleimer in der Hand Ihr Leben gerade jetzt *ist*. Dieses Jetzt, das ist der Augenblick Ihres Lebens. Warum ihn nicht genießen? Wer außer Ihnen sollte Sie davon abhalten? Beginnen Sie zu verstehen, dass Sie Teile Ihres Lebens verschwenden oder aufgeben, wenn Sie selbst so etwas Banales nur „nebenher" machen. Unser Leben besteht aus einer Aneinanderreihung von unzählbar vielen solcher Augenblicke. Versuchen Sie, den Weg zur und von der Mülltonne bewusst zu *ergehen*. Was macht Ihr Atem? Wohin richten Sie Ihre Augen? Jeder Augenblick ist kostbar. Vielleicht fällt Ihnen auf, wer Ihnen hilft, Müll zu entsorgen – und wie regelmäßig das geschieht. Vielleicht fühlen Sie einen inneren Ekel oder eine Befreiung, wenn der Müll weg ist?

Achtsamkeit kann Ihnen helfen, Ihr eigenes Leben voll und ganz zu nehmen.

---

# Freude

## Humor

Der Volksmund sagt: *Humor ist, wenn man trotzdem lacht.* Humor ist tatsächlich eine wichtige Basis gegen Burnout [19]. Also: Lachen Sie! Sie fragen sich, wie das gehen soll, wenn Ihnen gerade eher zum Weinen zumute ist? Vielleicht beginnen Sie bei sich selbst, versuchen Sie wenigstens ab und zu, über sich selbst zu lachen. Wie tun Sie das? Indem Sie sich selbst nicht zu ernst nehmen. Dafür malen Sie sich immer mal wieder den schlimmsten Fall aus und hinter-

**Tab. 4-8** Vorteile von Humor [nach 62]

- Arbeit macht mehr Spaß

- Konfliktentschärfung

- Steigerung des Einsatzwillens der Mitarbeiter

- Stressreduktion

- verbesserte Fähigkeit zur Konfliktlösung

- verbesserte Fähigkeiten, mit Veränderungen umzugehen

- verbesserte Kommunikationsfähigkeit

- verbesserte Problemlösungsfähigkeit

- verbesserte Stimmung

fragen sich, ob Sie das überleben würden. Meistens überleben wir sogar das Allerschlimmste – und wenn nicht, haben vielleicht Ihre Erben was zu lachen … Es kann nämlich einfacher sein, die anderen zum Lachen zu bringen als sich selbst. Wer seinen Humor nutzt, um andere zu entkrampfen oder zum Lachen zu bringen, führt und beeinflusst die anderen. Wenn Ihnen noch immer nicht zum Lachen ist, lachen Sie nicht! Das wäre dann albern.

Tatsache ist, dass Humor Burnout-präventiv wirkt und viele positive Auswirkungen auf Sie und andere Menschen und deren Arbeit hat (Tab. 4-8).

---

**Übung: Humor nutzen**

Sich selbst in eine humorvolle Stimmung zu heben, geht vielleicht so [62]:
- Chancen nutzen, mit Humor Kontakt zu bekommen (Filme, Komödien, persönliche Kontakte, Bücher);
- etwas nicht tun, um zu …, sondern einfach so, scheinbar ohne Nutzen;
- feinen Humor in Anekdoten und Aphorismen entdecken;
- Lachen üben – mehrmals am Tag und anfangs vor dem Spiegel;
- Humor im Alltag suchen;
- in sich suchen, worüber es zu lachen gilt, dazu können auch Lachkurse besucht werden;
- Versteckte Kamera live: sich in ein Straßencafé setzen und Menschen, Situationen, Tiere beobachten und das Komische entdecken (nicht jedoch die Schadenfreude);
- Cartoons nutzen (auch für die Arbeit, z. B. für Präsentationen);
- Lachen ist eine der Atemformen in Yoga, sie nutzt das Prinzip, durch die Erschütterung des Zwerchfells beim Lachen zugleich alle anderen Diaphragmen (das sind u. a. Mundboden und Beckenboden) mit zu lockern, Lachen macht uns so im wörtlichen Sinn lockerer.

## Freude und Glück

Freude existiert in jedem Leben, auch in Ihrem, unabhängig davon, dass Sie sehr müde oder gestresst sein können. Als Beispiel ein Abend in der Münchner Philharmonie.

> Ein alter Mann betritt als Dirigent die Bühne, Günther Wand. Er kann kaum mehr selbst gehen und dennoch dirigiert er eine Sinfonie von Bruckner. Eine große Sinfonie, ein noch größerer Abend. Wand ist vom Tode gezeichnet: Die Wangenknochen springen hervor, seine Hände sind nur noch Knochen, der Totenschädel ist schon zu erkennen. Wand kann nicht mehr richtig stehen, lehnt sich die ganze Zeit an eine Stütze. Er scheint auch nicht mehr richtig dirigieren zu können. Die Musiker spielen offensichtlich mehr nach dem, was sie spüren, als danach, was und wie er dirigiert. Sie fühlen ihn, diesen großen weisen Mann. Sie spüren ihn. Es ist nur noch wenig Körper da, stark sind seine Seele und sein Geist. Er zeigt dem Publikum eine Dimension, die sonst verschlossen bleibt. Er hält durch, die Sinfonie ist vorbei. Tief ergriffen wagt es keiner zu applaudieren. Diese Situation dauert subjektiv eine Ewigkeit. 2500 Menschen wissen und fühlen: Sie haben nichts gehört als die klare alte Weisheit und Wahrheit. Es gibt nichts mehr zu tun und zu sagen. Für viele ist es ein Augenblick des völligen Glücks, hier und jetzt da zu sein – dank einer Komposition aus dem vorletzten Jahrhundert und dank eines fast 90-jährigen Mannes. Dann setzt tosender Applaus ein.

Freude allein oder als solche bewirkt jedoch keine Heilung von Burnout [105]. Irgendwann sind die Freuden vorbei, die sich am Außen orientierten.

> Klaus hat eine Zeit lang in seinem Leben richtig gutes Geld verdient. Noch kurz vor dieser Zeit hatte er mehr als zehn Jahre eine finanziell sehr enge Zeit, in der er einen Uralt-Lada fuhr, bis dass der Rost sie trennte, und dann einen kleinen Ford. Irgendwann hatte er Geld – und er gab es alle neun Monate für ein neues Auto aus, nun für Premiummarken. Das ging einige Autos lang so. Spät erst fiel ihm auf, wie kurz die Freude um jedes neue Auto währte. Da stellte er sich um. Seinen jetzigen Wagen fährt er seit fast einem Jahrzehnt und ist froh und zufrieden damit. Wenn er sich heute ausrechnet, was ihn die häufigen Autowechsel gekostet haben, freut ihn das nicht. Dieses Geld wäre für eine Eigentumswohnung oder eine Alterssicherung besser ausgegeben gewesen.

### Glück ist nicht planbar

Freude und Glück sind nicht zu erzwingen, sie werden uns gegeben [90]. Sind sie anwesend, können wir uns beschenkt fühlen. Daneben gibt es eine Reihe von Dingen wie Gesundheit oder in bestimmtem Umfang auch Erfolg, die wir ebenfalls nicht selbst *machen* können. Zumindest können wir das Entscheidende nicht lenken.

Wer richtig satt ist, den wird kein Essen zu einem Glückgefühl bringen. Wer jedoch Hunger hat, dem kann ein einfaches Essen dieses Gefühl geben. Wer täglich tolle Konzerte hört, dem wird es auf Dauer nicht gelingen, jedes Mal ein Glücksgefühl dabei zu entwickeln. Erst nach einer längeren Pause kommt es wieder.

In der Regel ermöglicht nicht unser Verhalten ein Glücksgefühl. *Wir machen es nicht, es wird gemacht.* Das zeigt auch ein Beispiel, das viele so oder ähnlich schon einmal erlebt haben: Sie haben gerade eine tolle Feier mit Freunden hinter sich. Immer wieder stellten sich Glücksgefühle ein. Sie beschließen, das mit allen noch einmal erleben zu wollen. Eine Woche später treffen sich alle wieder, bei gleichem Wetter, mit genau dem gleichen Essen und den gleichen Getränken. Was geschieht? Es wird ein durchschnittliches Fest.

Ein anderes Beispiel: Sie planen Ihren Traumurlaub, alles ist so gut vorbereitet und das Wetter ist traumhaft. Das Hotel übertrifft Ihre Erwartungen, der Koch hat seine Sterne zu Recht, aber Sie sind nicht glücklich. Das Gefühl von Glück hat nämlich mit den genannten Kategorien nichts zu tun.

Glücksgefühle sind Gefühle und damit flüchtig. Sie lassen sich nicht festhalten. Deshalb ist der Zustand eines ununterbrochenen Glücksgefühls (was einer Stimmung entspräche) nicht herstellbar. Glücksgefühle sind ebenso wenig planbar wie es für ihre Art und ihre Häufigkeit keinerlei Garantie gibt [98]. Tendenziell entsteht das Gefühl von Glück unter folgenden Bedingungen:

- Der Zustand momentaner Wunschfreiheit ist erreicht.
- Es besteht ein deutlicher Unterschied zwischen jetzt und vorher.
- Ein Wunsch, der Ihnen nicht klar sein muss, ist erfüllt.
- Eine Erwartungsspannung hat nachgelassen.
- Eine Sehnsucht hat sich erfüllt.
- Ein Leiden ist vorbei.
- Sie stimmen dem voll zu, was gerade geschieht.

Glücksgefühl ist somit grundsätzlich der Endzustand nach einem Mangel, der Zustand, wenn Ihnen etwas nicht mehr fehlt. Wenn Sie Glück spüren möchten, müssen Sie also zuvor eventuell eine lange Phase des Mangels durchleben. Dadurch wird das Glücksgefühl immer zu einer Art Geschenk.

Franziska sitzt im Flugzeug von Hamburg nach München. Es ist Ruhe nach einem Vortrag an der Universität. Vor wenigen Tagen hat sie angefangen, „Der Alchimist" von Coelho zu lesen und sie freut sich auf den Fortgang der Geschichte. Es ist der letzte Abschnitt des Buches, dessen Inhalt sie ergreift. Sie muss weinen vor Freude, Glück und innerer Bewegung. Die Stewardess schaut sie zweifelnd an: Braucht die Passagierin Hilfe, ist sie nicht ganz dicht? Franziska klärt sie nicht auf. Das Buch macht sie glücklich. Bevor sie es zu lesen begann, ahnte sie nicht, wie sehr es sie beglücken würde.

┌─ **Übung: Glücksmomente** ────────────────────────────────┐

Wenn Sie mögen, dann lassen Sie nun wichtige Momente Ihres Lebens Revue passieren.

Wann – und mögen es nur Minuten oder Sekunden gewesen sein – waren Sie richtig glücklich? Woran lag es konkret?

Schreiben Sie sich Ihre Glücksmomente auf und schauen Sie in weniger glücklichen Momenten hinein.

└────────────────────────────────────────────────────────────┘

**Der Feind des Glücks ist die Gewöhnung**

Wie ginge es einem der Albrecht-Brüder (das sind der reichste und der zweitreichste Mann Deutschlands), würde einer von ihnen im Lotto sechs Richtige haben? Würde er Glück empfinden? Der Gewinn entspräche dem, was er mit seinen Läden in wenigen Stunden netto verdient. Wahrscheinlich wäre er durch den Lottogewinn nicht glücklicher, allenfalls sehr kurz. Übermaß im Materiellen verhindert Glücksgefühle durch Materielles. Diese Erfahrung machen wohl alle reichen Menschen, die – wenn sie klug sind – bald nicht mehr vorrangig dem Geld nachstreben, sondern eher ihren Sinn im Leben über ihre Arbeitsinhalte definieren. Das mag einer der Gründe sein, weswegen Bill Gates (der reichste Mann der Erde) und Warren Buffet (der Zweitreichste) einen Großteil Ihres Vermögens von insgesamt 60 Milliarden Dollar in eine Stiftung eingebracht haben. Eine Stiftung macht unter menschlichen Gesichtspunkten mehr Sinn als andere Investments.

Im Leben stört quantitative Anhäufung (z. B. zu viel Essen, zu viel Alkohol, zu viele Sexualpartner, zu viele Urlaubsreisen, zu viele Autos, zu viel Ausgehen) in der Regel zunächst schleichend, später offensichtlich die Intensität der einzelnen Ereignisse und damit den Wert des Erlebnisses. Wenn Sie glücklicher werden wollen, verzichten Sie auf jedes Übermaß. Das Zuviel ist auf diese Weise ein Stressor.

**Glück ist von nichts abhängig**

Den *Boden*, die *Grundlage* für das Eintreten eines Glückgefühls, können Sie selbst schaffen. Aber für das unerwartet bewegende Buch oder das beglückende Konzert ist jemand anderes verantwortlich. Glück ist in Ihnen und kann nur in Ihnen ausgelöst werden, dennoch hat es in aller Regel eben auch mit dem Außen zu tun. *Monotonie intensiviert das Erleben.* Ludwig van Beethoven sagte einmal, *Musik sei eine höhere Offenbarung als alle Weisheit und Philosophie.* Das geht Liebhabern von Literatur oder bildender Kunst sicher anders. Jeder kann für sich seine höchste (Glücks-)Offenbarung finden.

Es ist ein heißer Junitag. Die Teilnehmer einer Ausbildungsgruppe liegen auf Bodenmatten und schauen an die Holzdecke. Stephanie, die Leiterin, bittet die Teilnehmer, ihre Augen zu schließen und sich ganz auf die Musik einzulassen [96]. Das Orchester setzt leise ein, nach kurzer Zeit folgt das Klavier, es ist der zweite Satz des fünften Klavierkonzerts von Beethoven. Es dauert nicht lange und die Teilnehmer lassen sich von der Musik erfüllen. Stephanie fährt langsam die Musik zurück und sagt: „This has not been composed by a man" (das wurde nicht von einem Menschen komponiert). Das kann jeder spüren. Ein wahrlich glücklicher Moment.

# Aktivität

## Ortswechsel

Ein Ortswechsel kann sehr hilfreich sein. Goethe fühlte sich durch die auch teils frustrierenden Berufsbelastungen in Weimar so erschöpft, dass er Hals über Kopf zu seiner Italienreise aufbrach. Gewissenmaßen hatte er Burnout und er holte sich so seine dichterische Kreativität zurück [128].

Ein Ortswechsel hilft deshalb, weil der Raum Erinnerung speichert. Wenn sich ein Kind beispielsweise erschreckt und dann schreit, schreit es in der Regel erst einmal fast unverändert weiter, auch wenn es hochgehoben wird. Wenn es dann in eine andere Ecke des Raums getragen wird, fällt es ihm sichtbar leichter, das Schreien zu beenden. Dort fehlt offenkundig die Möglichkeit, den Schreckmoment noch wahrzunehmen.

Um einen Überblick zu bekommen, einen klareren Rückblick und einen konkreten Ausblick, ist ein Ortswechsel durchaus sinnvoll. Ein Ortswechsel funktioniert oft gut, ob als einsamer Strandspaziergang, als Bergwanderung oder beim Gang durch Felder und Wiesen. Er ermöglicht neue Sichtweisen, die auch Ihren Standpunkt verändern können. Solch eine Veränderung ist oftmals ein Impuls für neue Aktivität. Auch der Geist wird beweglicher, wenn wir unseren Körper bewegen. Machen Sie deshalb keine Sitzungen, sondern *Gehungen*. Statt zu schreiben, sprechen Sie – auch im Gehen – Texte erst einmal in ein Diktiergerät. Im Sitzen bleiben Sie leichter auf etwas sitzen. Eine gelungene Meditation (s. o.) ist übrigens eine Art innerer Ortswechsel. Sie hilft Ihnen, ohne dass Sie aufstehen müssen.

## Die Sterbebett-Aufgabe

Stellen Sie sich vor, Ihr Leben neigt sich dem Ende zu, Ihr Körper kann nicht mehr. Sie liegen auf dem Sterbebett. Aber Ihr Geist ist wach und Ihre Seele ist so, wie sie immer war in Ihrem Leben: zeitlos jung. Sie lassen Ihr Leben Revue passieren, alle guten Seiten und alle weniger guten. Plötzlich durchfährt es Sie: „Ach, hätt' ich doch nur …"

┌─ **Übung: Ach hätt' ich doch nur ...** ──────────────────

Wie ginge es Ihnen heute in der eben beschriebenen Situation? Wie
vervollständigen Sie aus heutiger Sicht den Ausruf: „Hätte ich doch ..."?
Sätze folgenden Inhalts sind eher selten:
- Hätte ich doch mehr gearbeitet.
- Hätte ich doch mehr Fernsehen geschaut.
- Hätte ich doch mehr Autos besessen.
- Hätte ich doch das Couture-Kostüm gekauft.

Die folgenden Aussagen sind häufiger:
- Hätte ich mich doch mehr um meine Kinder gekümmert.
- Hätte ich mich doch mehr um meine Frau/meinen Mann gekümmert.
- Hätte ich doch mehr Zeit mit meiner Familie verbracht.

Wenn Sie mögen, können Sie die Aufgabe mit dem Satz: „Wäre ich doch
..." nochmals angehen.

# Liebe und Selbstliebe

*Würden die Leute besser begreifen, dass es ewige Leidenschaft in einer Beziehung
nicht geben kann, entschieden sich vielleicht mehr von ihnen für das ruhigere
Gefühl der Zufriedenheit und Ausgeglichenheit.* [in 13]

*Liebe ist, was Liebe macht.* Paul Pearsall

Zwischenmenschliche Beziehungen auf jeder Ebene schützen vor Burnout
[45]. Die Krönung solcher „Beziehungen" ist die Liebe. Von ihr handeln fast
alle Lieder, viele Gedichte, die meisten Romane und Dramen, Krimis, Fern-
seh- und Kinofilme, Kunstwerke und Kompositionen [97]. Das Thema hier
umfassend darzustellen ist nicht möglich. Dennoch einige Anregungen dazu.
Liebe ist ein menschliches Phänomen. Da sich heute immer mehr Menschen
selbst nur unter Bedingungen wie Faltenfreiheit, Idealgewicht, höhere Karrie-
restufe oder mehr Einkommen lieben wollen, fällt es ihnen besonders schwer,
zu glauben, der andere liebe sie *einfach so*.
Nach Eugen Drewermann [37] erscheint der andere in der Liebe als Verkörpe-
rung einer langen Suche und Wanderschaft. Meist gesellt sich bei wirklicher
Liebe eine tiefe Dankbarkeit gegenüber dem Schicksal (Gottes) hinzu. Seinen
Geliebten hat Mensch nicht selbst ausgesucht, er wurde wie durch eine stille
Fügung geschickt. Diesem kann man nicht ausweichen, wenn man sich selbst
nicht zuwiderhandeln möchte. Liebe ist Überraschung und Zwang, scheinbarer Zufall und innere Notwendigkeit.

Liebe ist die aktive, positive und uneingeschränkte Zuwendung (Wachheit, Aufmerksamkeit und Achtung) für den anderen und entsprechend auch für sich selbst [85]. Liebe braucht Offenheit für den Moment und die Situation, Offenheit der Sinne und verletzliche Unbefangenheit. Eine liebende Einstellung vermindert Kritik, Hass und vor allem Wertungen. Liebe meint Geben, ohne Geben vom anderen zu verlangen. Liebe ist bedingte Freiwilligkeit. Liebe verlangt keine Gegenleistung (und dennoch ist diese auf Dauer wichtig). Das fällt den meisten schwer. Liebe meint, jeden versteckten oder offenen Forderungskatalog zu verbrennen. Echte Liebe ist eine Entscheidung: Suchen Sie nicht (mehr) nach Liebe: Geben Sie sie! Zeigen Sie sie! Machen Sie sich Gedanken, wie Sie selbst liebenswerter werden und setzen Sie Ihre Gedanken auch um. Es geht bei Liebe viel mehr darum, selbst der Richtige zu sein als den Richtigen zu finden.

Geben Sie auch Gedanken an die Bedingungslosigkeit von Liebe auf. Gesunde, bleibende Liebe ist an Bedingungen geknüpft. Vielleicht können wir uns Liebe verdienen, aber nicht verlangen. Wer Liebe fordert, ohne selbst welche zu geben, hat kein Recht darauf.

Liebe müssen und können wir uns aneignen. Sie steht uns nicht naturgegeben zu, wir verdienen sie uns. Dann bekommen wir sie in der Regel freiwillig geschenkt.

Eine zentrale Frage lautet deshalb: *Verhalte ich mich liebenswert?*

Auch wenn die meisten Menschen geliebt werden wollen, vergessen sie dabei, sich selbst Liebe zu schenken. Liebe verlangt, sich auf die eigene Existenz als Individuum einzulassen. Als solches sind Sie immer allein. Sich den *eigenen* Gefühlen und Wahrnehmungen ohne Wenn und Aber stellen zu können, meint Liebe. Wer sich liebt, nimmt Anteil an sich selbst, ist sich selbst gegenüber zärtlich, schätzt sich und seine Werte ohne Bewertungen, ist sich selbst wohlgesonnen und wendet sich selbst zu. Liebe ist dann voll entfaltetes Selbstbewusstsein, das keiner Bestätigung bedarf.

Liebe und Sicherheit im Sinne von Festhalten sind Gegensätze. Wer sich einlässt und somit liebt, wird immer verletzlich sein. Die Liebe und das Leben sind ungeschützt und verletzlich. Liebe entweicht durch dickste Mauern, sie erkennt alle Sicherheitsnetze, sie lässt sich nicht einsperren. Aber sie kann sich täglich erneuern. Liebe ist Leben und kann den eigenen Seelenpanzer öffnen. Und obwohl Liebe keine Sicherheit bietet, wird sie Angst nehmen. Denn sie ist das Gegenteil davon.

Fromm [48] schreibt dazu: *Spontanes Tätigsein ist der einzige Weg, auf dem man die Angst vor dem Alleinsein überwinden kann, ohne die Integrität seines Selbst zu opfern ... Die wichtigste Komponente einer solchen Spontaneität ist die Liebe.*

Hiermit wird treffend beschrieben, wie Liebe und Glück zusammenhängen. Liebe bedeutet die spontane Bejahung des anderen unter Erhaltung des individuellen Selbst. Anders formuliert geht es bei Liebe um Bedingungsarmut auf grenzwahrendem und selbsterhaltendem Niveau.

In westlichen Ländern – und hier nicht unwesentlich in Deutschland – wird das Phänomen beobachtet, dass Erwachsene sich immer mehr benehmen wie Kinder: egoistisch und selbstverliebt im Sinne einer nicht enden wollenden Jugendzeit [55]. Dieses egozentrische Verhalten mit der Vernachlässigung des erwachsenen Zwischenmenschlichen ist das Gegenteil von Selbstliebe. Wer *sich selbst liebt*, setzt alles daran, in gute *Beziehungen* zu treten. Erwachsenes Wohlwollen und das sich als Erwachsener Achten sind wichtige Anteile von Selbstliebe. Selbstliebe ohne innere Reife existiert nicht.

Der Selbstliebe folgt ein ausgewogenes Selbstwertgefühl. Es kann ein schwieriges Unterfangen sein, das richtige Maß zwischen Selbstliebe und Selbstwert zu leben.

Immer wieder wird behauptet, wir könnten andere nur lieben, wenn wir uns selbst lieben. Im hebräischen Originaltext der Bibel heißt es: *Nur wenn du dich selbst liebst, kannst du deinen Nächsten lieben.* [126] Vielleicht hatte Luther Probleme mit Selbstliebe. Jedenfalls verfälschte er den Text und machte daraus das bekannte „den Nächsten so zu lieben wie sich selbst". Also: Schon die Bibel forderte Selbstliebe – wagen Sie es!

Selbstliebe und Selbstverwirklichung können nur in der Ganzheitlichkeit der Person wirken. Oftmals äußern sie sich über die Tat. In der Tat der Selbstliebe liegen auch die Kraft und die Chance, Burnout zu verhindern oder zu vermindern. Vielleicht möchten Sie genauer wissen, wie weit es mit Ihrer Selbstliebe ist [nach 68]?

---

**Test: Was ich für mich tue**

Beurteilen Sie die folgenden Inhalte und Situationen danach, wie gern und wie häufig Sie diesen folgen.

| Inhalt | Wie gern? | | | Wie häufig? | | |
|---|---|---|---|---|---|---|
| | Nicht | Etwas | Sehr | Nie | Ab und zu | Oft |
| *Kultur und Bildung* | | | | | | |
| • ins Kino gehen | ☐ | ☐ | ☐ | ☐ | ☐ | ☐ |
| • eine Ausstellung/ Vernissage besuchen | ☐ | ☐ | ☐ | ☐ | ☐ | ☐ |
| • ein Buch lesen | ☐ | ☐ | ☐ | ☐ | ☐ | ☐ |
| • ein Seminar/einen Kurs besuchen | ☐ | ☐ | ☐ | ☐ | ☐ | ☐ |
| • ins Konzert gehen | ☐ | ☐ | ☐ | ☐ | ☐ | ☐ |
| • ins Theater gehen | ☐ | ☐ | ☐ | ☐ | ☐ | ☐ |
| *Sport* | | | | | | |
| • Sport ausüben, und zwar:[1] | ☐ | ☐ | ☐ | ☐ | ☐ | ☐ |
| *Hobby(s)* | | | | | | |
| • folgendes Hobby ausüben:[1] | ☐ | ☐ | ☐ | ☐ | ☐ | ☐ |
| *Körperpflege* | | | | | | |
| • Sauna | ☐ | ☐ | ☐ | ☐ | ☐ | ☐ |
| • Massage | ☐ | ☐ | ☐ | ☐ | ☐ | ☐ |
| • andere[1] | ☐ | ☐ | ☐ | ☐ | ☐ | ☐ |

| Inhalt | Wie gern? | | | Wie häufig? | | |
| --- | --- | --- | --- | --- | --- | --- |
| | Nicht | Etwas | Sehr | Nie | Ab und zu | Oft |
| *Geistespflege* | | | | | | |
| • diskutieren mit:[1] | ❑ | ❑ | ❑ | ❑ | ❑ | ❑ |
| • geistig anregendes Buch lesen | ❑ | ❑ | ❑ | ❑ | ❑ | ❑ |
| • knifflige Aufgaben lösen | ❑ | ❑ | ❑ | ❑ | ❑ | ❑ |
| *Pflege der Seele und Kontakte* | | | | | | |
| • mich berührende Musik hören | ❑ | ❑ | ❑ | ❑ | ❑ | ❑ |
| • außerberuflich helfen, und zwar:[1] | ❑ | ❑ | ❑ | ❑ | ❑ | ❑ |
| • Freunde/Verwandte besuchen | ❑ | ❑ | ❑ | ❑ | ❑ | ❑ |
| • Freunde/Verwandte einladen | ❑ | ❑ | ❑ | ❑ | ❑ | ❑ |
| • mit Freunden/Verwandten etwas unternehmen | ❑ | ❑ | ❑ | ❑ | ❑ | ❑ |
| • mit den Kindern spielen | ❑ | ❑ | ❑ | ❑ | ❑ | ❑ |
| • Lokal besuchen | ❑ | ❑ | ❑ | ❑ | ❑ | ❑ |
| • Ausflüge mit der Familie | ❑ | ❑ | ❑ | ❑ | ❑ | ❑ |
| *Nichts tun* | | | | | | |
| • auf der Wiese liegen | ❑ | ❑ | ❑ | ❑ | ❑ | ❑ |
| • Tieren zuschauen | ❑ | ❑ | ❑ | ❑ | ❑ | ❑ |
| • Wellen zuschauen | ❑ | ❑ | ❑ | ❑ | ❑ | ❑ |
| • Sonne genießen | ❑ | ❑ | ❑ | ❑ | ❑ | ❑ |
| • Wind genießen | ❑ | ❑ | ❑ | ❑ | ❑ | ❑ |
| • Aussicht genießen | ❑ | ❑ | ❑ | ❑ | ❑ | ❑ |
| • Sonnenauf- und -untergang genießen | ❑ | ❑ | ❑ | ❑ | ❑ | ❑ |
| • Sterne anschauen | ❑ | ❑ | ❑ | ❑ | ❑ | ❑ |
| • Wolken beobachten | ❑ | ❑ | ❑ | ❑ | ❑ | ❑ |
| • Wunder der Erde wie einen Regenbogen bestaunen | ❑ | ❑ | ❑ | ❑ | ❑ | ❑ |
| • in Pfützen treten | ❑ | ❑ | ❑ | ❑ | ❑ | ❑ |
| *Und noch Folgendes:* | | | | | | |
| • | ❑ | ❑ | ❑ | ❑ | ❑ | ❑ |
| • | ❑ | ❑ | ❑ | ❑ | ❑ | ❑ |

[1] Bitte fügen Sie hier Ihre bevorzugten Sportarten, Hobbys usw. ein.

Wer Probleme hat, sich selbst zu lieben, kann das nicht einfach so. Eine Aufforderung, es zu tun, hilft ihm ebenso wenig. Deshalb folgen nun Hinweise
und Übungen, die individuell auf Selbstliebe einwirken, ohne sie direkt zu
propagieren.

## Genuss

Damit wir etwas genießen können, müssen wir bestimmte innere und äußere
Bedingungen schaffen [69]. Gleich, ob wir meinen, auf der Welt zu sein, um
zu arbeiten oder um zu leben: Genuss ist bei beiden Grundeinstellungen nicht
verboten, wir dürfen uns unseren Genuss erlauben. Sie haben das Recht – vielleicht sogar die Pflicht –, etwas zu genießen. Jedem Menschen steht Lebensfreude und Genuss zu. Es ist gleich, wie restriktiv Ihr Elternhaus war: Jetzt ist
das Leben und jetzt dürfen Sie. Es gibt viele Menschen, die meinen, sie hätten
es nicht verdient oder seien es nicht wert, genießen zu dürfen. Genuss kommt
mit

- dem Selbstverständnis, genießen zu dürfen,
- genügend Zeit (der Hauptgrund, der bei fehlendem Genuss genannt wird,
  ist Zeitmangel; bitte lesen Sie dazu das Kapitel 4.1 [S. 67] über Zeitsouveränität),
- der Gegenwart,
- Training,
- dem Wissen darum,
- der Qualität des Angebots,
- Zufall (und Planung),
- Offenheit.

Die praktische Umsetzung klappt vielleicht so:

- Ein Essen zu genießen, das wir zwischen Tür und Angel, also unter Zeitdruck, herunterschlingen, fällt schwer. Genuss braucht Zeit [68]. Damit
  wir uns subjektiv zufrieden und glücklich fühlen, brauchen wir Zeit.

- Ein Mensch, der im Fitnessstudio trainiert und zugleich in beiden Ohren
  Stöpsel hat, um Musik aus seinem MP3-Player zu hören, hat wahrscheinlich Probleme, beides zugleich und in der möglichen Intensität zu genießen. Das eine lenkt vom anderen ab. Genuss erfordert Beschränkung auf
  das eine oder Einseitigkeit. Es ist schwer, gleichzeitig ein gelungenes Des-
  sert zu genießen und die köstliche Vorspeise des Sternekochs im Mund zu
  bewegen.

- Stellen Sie sich vor, Sie sitzen im Kino, einer der besten Filme der letzten 20
  Jahre läuft und Sie denken an Ihren tollen Urlaub letztes Jahr. Auf diese
  Weise mindert sich der Genuss am Film, denn Genuss verlangt nach der
  Gegenwart. Wer da noch nicht angekommen ist, wird nur vermindert ge-
  nießen. Wir müssen uns hinwenden. Genuss ist keine Beilage zum Leben,

die uns einfach so aufgetischt wird. Wir müssen uns auf unseren Sinnes-
ebenen dem Genuss öffnen.

■ Genuss hängt – im Gegensatz zum Glück – nicht von irgendwelchen ungewöhnlichen oder seltenen Gelegenheiten ab. Er hängt vorrangig davon ab,
ihn als solchen zu erkennen und wahrzunehmen.

■ Genuss ist für jeden etwas anderes, er ist hoch individuell. Damit Sie genießen können, müssen Sie im Allgemeinen vorher wissen, was für Sie taugt.
Der eine genießt eine Barockoper, der andere flieht sie. Der eine erfreut
sich an moderner, expressionistischer Kunst, der andere an Höhlenmalerei
und der Dritte an beidem.
Übrigens: Falls Sie zu der Gruppe gehören, die genau weiß, was Sie *nicht*
mag: Bitte finden Sie heraus, was Sie mögen.

■ Genuss hat nichts mit Konsum oder Menge zu tun. Gewiss gibt es die Ausnahme, sich wieder und wieder an etwas zu erfreuen, selbst in kurzen zeitlichen Abständen, die Regel ist das aber nicht. Genuss wird vorrangig
durch die Qualität von etwas gesteuert, nicht durch dessen Quantität. Im
Gegenteil, wenn Sie sich unablässig einem konkreten Genuss zuwenden,
lässt dessen Wirkung oder Bedeutung rasch nach. Beschränkung bedeutet
bei Genuss die Konzentration auf das *individuell* Passende, die Mäßigung.
Weniger ist mehr. Übermaß führt zur Sättigung. Je satter wir sind, umso
schwerer fällt es uns, zu genießen. Das heißt nicht, etwas in vollen Zügen
genießen zu sollen oder zu dürfen. Aber täglich Kaviar (oder bestes Gemüse – was immer Sie genießen) führt rasch zu Abstumpfung. Genuss hat mit
kleinen Portionen zu tun. Das kennen wir alle aus Restaurants: Das Amu-
se-Gueule ist oft köstlich, ein echter Genuss eben, aber zwanzigmal ein solches?

■ Sie stehen an der Kinokasse und erfahren, der Film, den Sie sich anschauen
wollten, ist ausgebucht. Sie entscheiden sich, einen anderen Film anzuschauen, den Sie sonst niemals bemerkt hätten. Der Film gefällt Ihnen
richtig gut. *Zufall* ist es oft, der Genuss ermöglicht. Damit wir neue Ebenen, die uns Genuss vermitteln können, erkennen, müssen wir uns innerlich öffnen, dass auch Neues, anderes oder Unbekanntes Genuss verschaffen kann.

■ Sie stehen am nächsten Tag wieder an der Kinokasse und haben diesmal
die Karten vorbestellt. So toll der gestrige Film auch war, diesen wollen Sie
eben auch anschauen. Es lohnt sich, selten haben Sie etwas so Gutes gesehen. *Planung* ist es immer wieder, die Genuss ermöglicht. Genuss entsteht
nicht automatisch, wenn wir ihn uns erlauben oder ihn wünschen. Um genießen zu können, braucht es etwas Erfahrung mit sich und den individuellen Genussmitteln. Der Unterschied zwischen geplantem und zufälligem
Genuss ist die Vorfreude.

■ Es gibt Menschen, die warten und warten. Sie warten auf das große Glück – wenn es da am Ende nicht „Pech gehabt" heißt. Genuss finden wir fast täglich, im Alltag. Wir müssen nur empfänglich sein. Sonst übersehen wir das, was uns das Leben zu einem Genuss machen kann. Wir brauchen also auch Offenheit dem eigenen Genuss gegenüber.

## Horizonterweiterung

Jeder Mensch hat eine vordergründige Grundidee und damit auch eine Grundstimmung, mit der er lebt. Manchen Menschen ist nicht klar, durch *welche* Brille sie die Welt wahrnehmen. Wie Sie sich im Leben fühlen, hat sehr viel mit Ihrer Grundeinstellung zu tun. Diese Grundsatzbrille kann durch Ihren Beruf gefärbt sein. Für die einen mag die Welt voller Umweltverschmutzung (die Grünen) sein, für die nächsten voller Kranker (Krankenschwestern, Heilpraktiker), voller Arbeitsloser (selbst Betroffene), voller Unwissender (Lehrer) oder voller Verbrecher (Kriminalbeamte) usw. Gewiss, die Wahrheit liegt außerhalb des Menschen. Dennoch können Sie offen, frei und unbefangen durch die Welt gehen oder beschränkt, unfrei und voller *Vor-Urteile*. Es geht darum, das Leben als einmalige Chance zu betrachten, die Sie allein und nur Sie meistern werden.

---

**Übung: Grundeinstellung**

Lesen Sie den Halbsatz, der hier verkehrt herum gedruckt ist, und ergänzen Sie ihn spontan, ehrlich und schnell:

**Auswertung**

Die Welt ist voller

Diese Übung zeigt Ihre Grundeinstellung zum Leben und zu anderen Menschen.

Womit ist die Welt für Sie voll? Voller Ärger? Voller Mühe? Voller Idioten? Voller Spaß? Voller Wunder? Voller Liebe? Voller Gewalt? Voller Probleme?

*Die Welt ist voll von dem, was Sie darin sehen!*

---

Nur Ihre eigene Brille ist wichtig: Schaden Sie sich mit dieser Grundeinstellung oder nützt sie Ihnen? Sie nützt Ihnen durch Begriffe wie Liebe, Freundschaft, Güte, Glück, Ideen, Aufgaben. Begriffe wie Idioten, Gewalt, Zerstörung, Hass, Krieg, Mühsal, Betrug, Sünde usw. sind ein wichtiger Hinweis für eine Sie schädigende Grundeinstellung.

Die eigene Brille kann einem so manches im Leben vergällen. Wer sich dessen bewusst wird, kann es Schritt für Schritt ändern. Das bedeutet einen Gewinn an innerer Freiheit und erwachsener Selbstbestimmtheit. In dieser Freiheit können emotionale und menschliche Kompetenzen wachsen.

---

**Übung: Veränderung der Grundeinstellung**

Wenn Sie einen tendenziell schwächend wirkenden Begriff genannt haben, versuchen Sie, den Fokus Ihrer inneren Blickrichtung auf etwas zu konzentrieren, das Sie außerdem *noch* auf dieser Welt erkennen können und was Ihrer Seele gut tut.

Fragen Sie sich deshalb nun, womit die Welt noch voll ist.

Versuchen Sie in Zukunft, diese zweitrangige Einschätzung zu der führenden zu machen.

Dafür gehen Sie künftig Schritt für Schritt dazu über, sich zunächst *während* und später dann *vor* Gesprächen Ihre *neue* Grundeinstellung zu verdeutlichen.

Hören Sie sich selbst beim Reden zu. Wenn Sie die Möglichkeit dazu haben, nehmen Sie ein längeres Gespräch (am besten eine Diskussion mit Ihnen) auf und hören Sie es sich in Ruhe an.

---

## Eine wichtige Frage

Es gibt eine sehr wichtige Frage, die bei ehrlicher Beantwortung immer zu einem Ja führt. Sie lautet: Kann man das auch anders sehen? Versuchen Sie einmal, sie auf folgende Aussagen anzuwenden:

1   Burnout ist Mist.
2   Die Politiker können nichts.

Zu 1: Was Burnout neben Mist noch alles bedeutet, ist in Kapitel 1.2 (S. 4) nachzulesen.
Zu 2: Schon die ehrliche Beantwortung der Frage, ob sich auf der Erde nicht doch irgendein Mensch findet, der die von Ihnen nicht gemochten Politiker schätzt, beweist, dass man Dinge auch anders sehen kann.

---

**Übung: Die andere Sicht**

Gehen Sie, soweit Sie können, vorurteilsfrei durch die Welt. Wenn Ihnen dennoch mal ein Urteil herausrutscht, fragen Sie sich zuerst selbst: „Kann ich das auch anders sehen?"

Nicht unwesentlich ist es, diese Frage auch für die Neubewertung der eigenen sogenannten Schwächen zu nutzen.

---

## Wertschätzung

Wie viel sind Sie sich wert? Wie *Wert-voll* sind Sie sich? Das lässt sich herausfinden.

---

**Übung: Weil Sie es sich wert sind …**

Beenden Sie folgenden Satz schriftlich, und zwar mindestens 15-mal: Ich bin es wert, …

Entsprechende Sätze könnten beispielsweise lauten: Ich bin es wert, …
- … Großes zu leisten.
- … geliebt zu werden.
- … angenommen zu werden, so wie ich bin.
- … erfolgreich zu sein.
- … beruflich weiterzukommen.
- … gesunde Kinder zu bekommen.
- … ein glückliches Leben zu führen.
- … zu leben.

Finden Sie Ihre eigenen Inhalte heraus.

---

Diese Aufgabe mag schwerer fallen, als sie zunächst vermuten lässt. Denn viele Menschen haben Probleme damit, ihren eigenen großen Wert und ihre Einmaligkeit zu erkennen und anzunehmen. Verstehen Sie deshalb diese Aufgabe als einen Schritt, sich mit all Ihren Seiten lieben zu lernen. Und wenn Sie das nächste Mal spüren, dass jemand oder etwas Ihren Selbstwert angreift, dann sagen Sie sich: Ich bin es wert, mich zu lieben.

## Selbstverteidigung

Seit Steffen denken kann, hat er eine starke Abneigung, Konflikte körperlich auszutragen. Er war etwa 15 Jahre alt, als sein Sportlehrer auf die Idee kam, die Jungen müssten boxen. Obwohl er ein ruhiger und angepasster Schüler war, tat er etwas, mit dem niemand rechnete, insbesondere der Sportlehrer nicht: Er weigerte sich standhaft, die Boxhandschuhe anzuziehen und in den Ring zu gehen. Der Sportlehrer sah seine Autorität schwinden und wollte ihn in den Ring hineinziehen. Schon damals gehörte Steffen zu den Großgewachsenen und hatte genug Kraft, den deutlich kleineren Sportlehrer quer durch die Halle zu ziehen, bis zur Ausgangstür. Dann ließ Steffen vom Lehrer ab in der Gewissheit, er könnte seinen Lehrer problemlos weiter und damit aus der Halle ziehen. Steffen blieb authentisch, er hatte seine emotionale Blockade und seine Hemmungen verteidigt.

Diese Verteidigung ist wichtig und ein Zeichen von Selbstliebe. Handeln Sie in Übereinstimmung mit Ihrem Inneren. Das macht Sie authentisch und Sie fühlen sich zugleich wohl.

## Eigene Gefühle erkennen

Die beste Tageszeit für diese Übung ist der frühe Abend. Sie sollten sich mindestens 15 Minuten wirklichen Freiraum und Ruhe dafür schenken [nach 74].

---

**Übung: Eigene Gefühle**

Stellen Sie sich eine Zeit lang (nicht länger als drei Wochen) täglich abends folgende Fragen und beantworten Sie diese schriftlich:
- In welchen *Situationen* habe ich heute deutliche Gefühle gespürt?
- Welche *Gefühle* waren das? (Benennen Sie diese so genau wie möglich.)
- Was war der *Auslöser* dieser Gefühle?
- Wie haben meine Gefühle mein *Verhalten* beeinflusst?
- Habe ich die Emotionen, mein Verhalten, zum Teil oder ganz *unterdrückt*?
- Bin ich *zufrieden* mit dem Ablauf?

---

Es ist normal, wenn Sie erst einmal nicht viel erkennen. Dann notieren Sie das auch so. Halten Sie durch. Es kommt sicher der Moment, wo Ihnen klar wird, welche Gefühle es genau sind und was Sie damit machen. Wenn Sie näher an Ihre Gefühle kommen, steigern Sie Ihr Selbstwertgefühl und Sie werden sensitiver. Beides nützt Ihnen für Ihr Privatleben, im Beruf und gegen Burnout.

## Innere Stimmen

*Ganz leise spricht ein Gott in meiner Brust, ganz leise, ganz vernehmlich, zeigt uns an, was zu ergreifen ist und was zu flieh'n.* Johann Wolfgang von Goethe

Stellen Sie sich vor, Sie falten ein besonders großes Blatt Papier in der Mitte und tun dies wieder und wieder, insgesamt etwa einhundert Mal. Was glauben Sie, so aus dem Bauch heraus, wie dick das Papier am Ende ist? Die meisten denken an einen Meter oder auch einen Kilometer. Die Antwort ist: Es wäre achthundert Milliarden Mal so dick wie der Abstand zwischen Erde und Sonne [nach 103]. Wenn Sie ebenso daneben lagen, haben Sie hier ein eindrückliches Beispiel dafür, wie schief Schätzungen und Intuitionen sein können.
Innere Stimmen sind auch eine Art von Intuition. Wenngleich innere Stimmen zweifelsfrei zu einem wichtigen Instrument erfolgreichen menschlichen Handelns gehören [26], ist es wichtig, deren Bedeutung in das ihnen zustehende Maß zu bringen. Vertrauen Sie Ihren inneren Stimmen, aber glauben

Sie nicht, damit *immer* richtigzuliegen. Wenn sich etwas gut anfühlt, sollte Sie das dennoch auffordern, darüber nachzudenken.

Wenn es um Burnout-Vorbeugung geht, ist der Verstand eher hilflos und manchmal überfordert. Das ist nicht unbedingt seine Welt. Hier geht es auch um eine andere, ebenso wesentliche Instanz: Ihr Innen oder Ihre *Seele*. Es kann schwerfallen, sich von dieser so weisen, aber oft auch leisen Instanz leiten zu lassen. Menschen, die wirklich glücklich sind, tun das, und die meisten, die erfolgreich sind, tun es ebenso. Der entscheidende Impuls zur Handlung kommt aus dem Bauch, das ist inzwischen wissenschaftlich nachgewiesen. Wenn es sich dort stimmig anfühlt, dann ist es in Ordnung. Bauch und Kopf haben eine Arbeitsteilung. Denken und Handeln sind die eine Seite der Medaille des Lebens. Auf der anderen steht die innere Führung durch die eigenen Gefühle und Intuitionen. Wenn beide im Wechselspiel aktiv sind, geht es voran mit Ihnen und mit den Menschen um Sie herum.

Unsere inneren Stimmen flüstern uns das zu, was wir nachher ab und zu als Intuition [29] bemerken. Die inneren Stimmen können bewirken, sich sicher zu fühlen und zugleich überhaupt nicht zu wissen, woher die Erkenntnis stammt. Innere Stimmen können wir vom Kopf her nicht erklären. Sie haben scheinbar mit Vernunft nichts zu tun. Nicht selten kündigen sich unsere inneren Stimmen auch durch ein leichtes Unbehagen an. Sie sagen uns, dass etwas so nicht stimmt oder stimmen kann.

Der Alltagslärm um uns herum und in uns ist jedoch so laut, dass es sehr schwerfallen kann, die eigenen inneren Stimmen wieder wahrzunehmen. Sie können aber versuchen, sie herauszulocken, und zwar so:

---

**Übung: Innere Stimmen**

- Spinnen Sie einfach mal so richtig herum, egal welche Themen Ihnen dabei einfallen. Warten Sie so lange, bis eine reizvolle Idee, die vollkommen abwegig erscheinen mag, auftaucht. Die nehmen Sie!
- Zu dieser Idee fragen Sie sich:
  - Was würde geschehen, wenn ich die Idee durchsetze?
  - Was eigentlich kann mich daran hindern, es zu tun?
  - Was brauche ich, um es doch zu tun?
- Eine andere Chance ist folgende:
  Treffen Sie Entscheidungen im Rekordtempo (damit Ihr Kopf nicht mitkommt)
  - bei der Auswahl Ihres Essens (Bäcker, Kantine, Restaurant),
  - beim Einkaufen einer Krawatte oder von Schuhen,
  - beim Packen Ihres Reisekoffers,
  - bei Spielen wie Schach, bei denen üblich ist, zu überlegen.

## Raum schaffen

Um Burnout-präventiv zu wirken, müssen die Arbeitsbedingungen passen, das Betriebsklima, die Führung und die Eigenführung, das Gehalt usw. Es entspricht dem, was F. Hertzberg [in 29] als Hygienefaktoren beschrieben hat.

---

**Übung: Die Position des Klienten**

Wie sitzt der Klient zu Ihnen?

In aller Regel ist ein 90-Grad-Winkel anzustreben. Der nimmt die direkte Konfrontation. Gerade in Berufen mit erhöhter Burnout-Gefahr gibt es jedoch Klienten, die gern die Allmachtsperson (den „Vater") erleben möchten. In diesem Fall empfiehlt sich ein möglichst großer Schreibtisch, an dessen Ende im 180-Grad-Winkel die *Gesprächspartner* zueinander sitzen.

Es gilt aber selbstverständlich Ihr Gefühl! Setzen Sie Ihr Gegenüber also so, wie Sie es brauchen.

---

## Der Raum selbst

Im Leben bedarf es Klarheit. Das erzeugt Wohlgefühl, Ruhe und innere Sicherheit. Dadurch gehen Sie einen Schritt in Richtung selbst empfundener Glaubwürdigkeit. Wenn Sie sich klargemacht haben, was Sie alles für sich brauchen, sollten Sie zügig die Rahmenbedingungen für Ihren optimalen Raum [81] schaffen – privat wie beruflich. Oft sind es nur Kleinigkeiten, die sofort für eine ganz andere Stimmung sorgen: die Leuchte, die Sie schon längst aufhängen wollten, der Schreibtisch, der im Raum anders platziert werden muss, die Couch, die lieber so stehen sollte, dass Sie von dort aus dem Fenster schauen können.

---

**Übung: Das äußere Optimum**

Gehen Sie an einen ruhigen Ort. Nichts sollte Sie ablenken. Schreiben Sie auf, was Sie für Ihr äußerliches Optimum brauchen, egal, ob Sie es zurzeit verwirklichen können oder nicht.

Die zentrale Frage ist: Was brauche ich, damit ich mich ruhig und sicher fühle und ganz bei mir sein kann?

---

Ein Beispiel: Sie haben sich immer im Urlaub mit Meeresrauschen im Hintergrund am wohlsten gefühlt. Nun können Sie wahrscheinlich nicht ans Meer ziehen, um hier Ihre optimale Zone zu schaffen. Lag das Wohlgefühl vielleicht am Meeresgeräusch? Dann kaufen Sie sich eine CD mit Meeresrauschen; obwohl nicht echt, ist das besser als nichts. Oder lag es am Gefühl, einfach nichts tun zu müssen? Was ist es, das Ihnen dieses Gefühl vermittelt? Ist es ein optimales Zeitumgangsmanagement (denn im Urlaub jagt in der Regel nicht ein Termin den anderen)? Oder waren Sie vielleicht froh, bestimmte Menschen nicht täglich zu sehen? Solche Fragen können Sie in einer Art Kettenlauf beliebig weiterführen, bis Sie zu einem Ergebnis kommen.

# Eindeutigkeit

## Berechenbarkeit

Unsicherheit ebnet den Weg zur Angst. Das gilt auch für Angst vor eigenen und fremden Gefühlen. Jedoch ist es so, dass die anderen Menschen und Sie selbst auf der Gefühlsebene immer berechenbarer werden, je mehr Sie sich damit auskennen oder auseinandersetzen. Auch hier macht Übung den Meister. Diese Berechenbarkeit existiert tatsächlich. Die Erfolge von Polizeipsychologen und Profilern sind ein Beleg dafür. Die Krux im Alltag besteht darin, dass die eigene Berechenbarkeit selbst Angst machen kann. Berechenbarkeit bedeutet ein Stück Durchschaubarkeit – und das wollen manche nicht.

## Authentizität

Es war ein wichtiger Vortrag von Martin Buber über Toleranz angesagt. Der Saal war bis auf den letzten Platz gefüllt. Bubers Vortrag fand nicht bei jedem Anklang: Einer der Zuhörer war mit den Ausführungen nicht einverstanden. Immer wieder machte er Zwischenrufe, die den Vortragenden offenkundig mehr und mehr nervten. Irgendwann ließ er ihn des Saals verweisen. Aufraunen bei den übrigen Zuschauern. Schließlich war das Thema des Vortrages die Toleranz. Buber merkte die angespannte Stimmung und sagte in seinem typischen Dialekt: „Was sollte ich tun? Ich konnte ihn halt nicht leiden."

Obgleich letztlich sein Verhalten Teile seiner Ausführungen konterkarierte, hat der Vortragende die Situation gekonnt gerettet – durch Authentizität. Sie bedeutet, ehrlich zu seinen Gefühlen und Meinungen zu stehen. Authentisch wirken Menschen dann, wenn ihre Gefühle und Gedanken mit ihren Handlungen in Einklang stehen. Authentizität bedeutet Ein- und nicht Zweideutigkeit und löst Vertrauen beim anderen aus. Viele der Übungen in diesem Buch dienen Ihrer Authentizität.

---

**Übung: Outen II**

Falls sich inzwischen Ihr Verdacht erhärtet haben sollte, dem Burnout doch schon sehr nahe zu sein, nutzen Sie bitte folgende Chance, welche die Wiederholung einer früheren Übung ist. Wenn Sie Ihren Verdacht bisher mit niemandem besprochen haben, steht Ihnen nun eine wichtige Aufgabe bevor.

Besprechen Sie sich mit einem Menschen Ihres Vertrauens – outen Sie sich und Ihre Vermutung.

Sie werden ganz sicher auf Verständnis und Hilfsangebote stoßen.

---

## Optimismus

*Die psychisch gesunde Person scheint die beneidenswerte Fähigkeit zu besitzen, die Realität in einer Weise zu verzerren, dass ihr Selbstwert erhöht, ihr Glaube an ihre persönliche Effizienz aufrechterhalten und eine optimistische Sicht der Zukunft gefördert werden.* Taylor und Brown [in 69]

Falls Sie hoffen, durch das Lesen dieses Abschnittes von einem (zweck)pessimistischen zu einem optimistischen Menschen zu konvertieren, möchte ich Ihnen Ihre Hoffnung gleich zu Beginn nehmen. Ich kenne kein Verfahren, um Menschen optimistisch zu machen.
Wie fühlen Sie sich jetzt? Haben Sie bereits die Hoffnung aufgegeben – oder denken Sie sich, na ja, ich werd's schon schaffen? Ihre Reaktion auf meine dämpfende Bemerkung kann Ihnen zeigen, ob Sie wirklich optimistisch sind oder nicht. Echte Optimisten werden sich davon nicht beeindrucken lassen.
Optimismus bedeutet eine verallgemeinernde, über einen langen Zeitraum stabile innere Überzeugung oder Einstellung mit einem positiven Inhalt. Optimismus hat also zwei Haupteigenschaften: Er dauert an, deshalb ist Optimismus kein Gefühl, eher eine Stimmung. Und er verallgemeinert und ist damit so etwas wie eine tragende Färbung. Die Lebenserfahrung zeigt, dass es Menschen gibt, die viel Schweres ertragen mussten oder müssen und dennoch optimistisch sind. Genauso gibt es Menschen, die alles in allem zufrieden sein müssten mit Ihrem eigenen Leben, denen vieles glückt und die dennoch pessimistisch wirken.
Was wir im Leben erfahren, wird sicher unsere Neigung zum Optimismus fördern oder schwächen, aber nicht so, wie wir das vielleicht vermuten. Hinter der *Lebenseinstellung* steckt also mehr als *Lebenserfahrung*; allenfalls die Weise, wie wir unsere Lebenserfahrungen bewerten, kann uns optimistischer oder pessimistischer machen.
Auch wenn Zweckpessimisten das anders sehen, hat Optimismus viele gute Wirkungen. Es gibt eine Reihe von Untersuchungen [69], die belegen, wie

heilsam optimistische Erwartungen auf tatsächliche Erkrankungen wirken. Optimismus tendiert zur Unterstützung von selbst erfüllenden Prophezeiungen. Wer eine schwere Erkrankung mit einem klaren, optimistischen Heilungsbild für sich verbindet, wird schneller wieder gesund. Optimismus ist wohl auch deshalb wirksam oder effektiv, weil Optimisten andere Lösungsstrategien anwenden als Pessimisten. Was geschieht mit uns, wenn wir optimistisch sind? Wir fühlen uns vor allem sicher, kraftvoll, selbstwirksam und ruhig. So können wir vorangehen und brauchen keine Vermeidungsstrategien. Das alles sind Antidots zu Burnout und zugleich Förderer von Selfbalance.

Optimismus hat nichts mit Fahrlässigkeit, der Verleugnung der Realität oder von Gefahren zu tun, im Gegenteil. Nach einem Herzinfarkt wird umso mehr Gewicht reduziert und eher Sport getrieben, je optimistischer ein Mensch ist. Das klingt erst einmal erstaunlich, lässt sich aber so erklären, dass Optimisten gern weiterleben möchten, während dies für Pessimisten nicht vorrangig wichtig sein muss.

Kann am eigenen Optimismus gearbeitet werden? Es gibt zwei entscheidende Faktoren, welche Optimismus erleichtern oder den Weg ebnen: die Selbstwirksamkeitsüberzeugung (Kap. 3.4, Abschnitt Kohärenzsinn, S. 60) und das Selbstvertrauen (Kap. 2.1, Abschnitt Stärken – das Selbstvertrauen, S. 32; Kap. 4.2, Abschnitt Selbstmanagement für Eigenbestimmtheit nutzen, S. 93). Über diesen Hebel können Sie Ihren Optimismus stärken.

---

### Übung: Optimismus üben

Hier sind zehn Zitate, mit denen Sie etwas ausprobieren können. Nehmen Sie sich eines davon heraus (Sie können noch besser eines nehmen, das Sie schon kennen und das Ihnen richtig gut gefällt) und schreiben Sie es sich auf ein größeres Blatt gut lesbar auf. Falls der Zitatgeber für Sie wichtig ist, fügen Sie ihn hinzu.

Hängen Sie das Blatt so auf, dass Sie vielfach am Tag daraufschauen „müssen". Nennen Sie das den Leitsatz für diese Woche. Auf jeden Fall sollten Sie die Wirkung von verschiedenen Sätzen zum Thema Optimismus ausprobieren.

#### 10 optimistische Ideen

- Ein Optimist ist ein Mensch, der alles halb so schlimm oder doppelt so gut findet. Heinz Rühmann
- Wenn andere glauben, man ist am Ende, so muss man erst richtig anfangen. Konrad Adenauer
- Für den Optimisten ist das Leben kein Problem, sondern bereits die Lösung. Marcel Pagnol
- Optimist: Ein Mensch, der die Dinge nicht so tragisch nimmt, wie sie sind. Karl Valentin
- Die Welt ist eine optimistische Schöpfung. Beweis: Alle Vögel singen in Dur. Jean Giono

- Ein Optimist ist ein Pessimist, der nachgefühlt hat. Anonymus
- Optimismus ist die Fähigkeit, den blauen Himmel hinter den Wolken zu ahnen. Madeleine Robinson
- Der Optimist denkt oft ebenso einseitig wie der Pessimist. Nur er lebt froher. Charlie Rivel
- Der Optimist ist ein Mensch, der Kreuzworträtsel sofort mit dem Kugelschreiber ausfüllt. Karl Farkas
- Nichts Großes oder Außergewöhnliches kann entstehen ohne Optimismus. Optimismus lässt erst Dinge geschehen, die seine Richtigkeit im Nachhinein bestätigen. Hans Kruppa

Optimismus wurde auch als zentraler Faktor der Evolution beschrieben [L. Tiger in 34]. In Verbindung mit der Hoffnung verleihen uns beide Kräfte, um Ängste zu überwinden und Krisen zu überstehen. Auch Burnout kann mit einer hoffnungsvollen, optimistischen Grundhaltung leichter überwunden werden. Gewiss, keine noch so intensive Hoffnung und kein noch so großer Optimismus allein reichen, um aus tiefen Krisen gestärkt hervorzugehen, aber sie helfen dabei.

Mit Optimismus kann jedoch kein bedingungsloses positives Denken gemeint sein. Wenn es uns schlecht geht, ist das die Wirklichkeit und damit das Jetzt, unser tatsächliches Leben. Wer die dunklen Momente seines Lebens akzeptiert, zerstört damit *nicht* die hellen und lichten Tage. Selbst das Ausmalen von unangenehmen Konsequenzen kann ebenso heilend wirken wie die Visualisierung von wunderschönen Folgen. Es ist auch nicht unbedingt so, dass wir mit positiven Gedanken immer besser vorankommen als mit negativen; zumindest so die negativen Gedanken realitätsnah sind.

Hoffnung darf sein, dennoch: Hoffnung im Sinn von übermäßigen positiven Gedanken kann bedeuten, die Gegenwart der Illusion eines besseren, aber nicht existenten Tages zu opfern. Jede Gegenwart sollte lebenswert ausgestaltet werden. Echte Freude finden wir bei Weitem nicht nur in der Zukunft.

Wir dürfen also auch unseren Pessimismus leben. Unsere Verzweiflung sollten wir berücksichtigen – auch sie gehört zum Heilungsprozess wie der Optimismus [103]. Kreative Resignation kann zur Heilung beitragen, so hart die Resignation auch empfunden wird. Sie bahnt nicht selten den Weg, anders und woandershin zu wachsen. Positives und negatives Denken bis hin zur Hoffnungslosigkeit sind *zusammen* mentale Ressourcen und Optionen.

## Positive Grundeinstellung

Freiräume gewinnen Sie, indem Sie beide Seiten einer Sache betrachten. Auf der Erde ist alles dual, das bedeutet, es gibt immer zwei Seiten: gut und böse, schwarz und weiß, heiß und kalt usw. Daran lässt sich nichts ändern, abgesehen vom inneren Raum des Einsseins, den Sie durch Meditation erreichen können. Auf die eine Seite sind Sie vielleicht bestens trainiert; das ist die mühsame. Die andere erleichtert das Leben und gibt Ihnen damit genügend Raum.

Ob uns negative Gedanken und Gefühle *beherrschen* oder nicht, das können wir beeinflussen, indem wir uns beispielsweise fragen:

- Warum sprechen wir von Problemen, wenn es auch Aufgaben oder Chancen sind?
- Weshalb erkennen wir scheinbare Schwierigkeiten nicht als Herausforderungen und Trainingsmöglichkeiten an?
- Weshalb machen wir uns wegen Fehlern klein, statt sie als Orientierungsmöglichkeiten und Lernanstöße willkommen zu heißen?
- Weshalb soll etwas gleich ein Misserfolg sein und nicht ein Zwischenergebnis auf dem Weg zum Erfolg?

---

**Übung: Die andere Seite sehen**

Wer Burnout hat oder kurz davor steht, wendet sich vorrangig der negativen Weltsicht zu. Negativ ist jedoch eine falsche Bezeichnung für Dinge oder Vorkommnisse, die uns unangenehme Gefühle bereiten. Unangenehme Gefühle haben einen Sinn, sie rütteln auf und lassen uns genauer hinschauen.

Wenn Sie merken, dass Ihnen eine Situation Bauchschmerzen bereitet, wechseln Sie den Raum. Versuchen Sie dort zu erspüren, von welcher anderen Warte aus Sie das Ganze noch betrachten könnten. Wenn Sie diese wahrscheinlich bessere Seite erkannt haben, konzentrieren Sie sich darauf.

---

Positives Denken in seiner typischen Anwendung hilft *nicht* gegen Burnout, da es sich zu sehr an der Oberfläche abspielt. Positives Denken entspricht weitgehend dem egozentrischen Weltbild etwa eines kleinen Kindes. Dahinter können Allmachtsphantasien stecken. Wer sich dem positiven Denken verschrieben hat, meint, er selbst sei der einzige Verursacher all dessen, was um ihn herum geschieht: „Wenn ich nur genug positiv denke, wird mir nichts geschehen ..." Allein schon die Übung, negative Gefühle und Gedanken *regelhaft* als solche zu erkennen, wäre eine vollendete Selbstkontrolle. Das ist für kurze Zeit machbar, aber nicht auf Dauer. Wer solche Übungen versucht, macht sich Stress. Positives Denken beruht zu einem großen Teil auf positiven inneren Bildern. Die sind zwar keine Garantie für irgendeinen zukünftigen Verlauf, aber immerhin bereiten sie Ihnen angenehme Gefühle, und das ist viel wert. Es gibt etwas, das hat mehr Aussicht auf Erfolg und dauerhafte Wirkung: Glauben. Dazu gehört vorrangig, an sich zu glauben.

## Kraft aus scheinbar Negativem ziehen

Wie bereits gesagt, alles hat zwei Seiten. Auch Schlimmes und Trauriges haben immer noch andere, positive Gesichtspunkte. Vieles ist für etwas gut, und alles Schlechte hat auch sein Gutes. Nehmen Sie beispielsweise den Krafträuber

*Trennung vom Partner.* So schrecklich und bewegend es ist, wenn sich zwei Menschen trennen, rückblickend und vorausschauend lassen sich dennoch Aspekte finden, die das Ganze abmildern, z. B.:

- „Morgenluft" schnuppern – ahnen, dass neue Zeiten mit neuen Möglichkeiten anbrechen;
- die Freude, mit diesem Menschen zusammen gewesen zu sein;
- die Dankbarkeit für viele gute Stunden, die man mit dem Partner verbringen durfte;
- das Wohlgefühl, nun wieder mehr für sich selbst tun zu können;
- die Freiheit, sich anderen Partnern mehr zuwenden zu können.

Auch in Burnout stecken mögliche Gewinne:

- Ich traue mich jetzt, meinen Traumberuf anzusteuern, denn ich habe zurzeit nichts zu verlieren.
- Burnout ist für mich eine Entlastung, weil ich mehr als am Limit gearbeitet habe.
- Burnout bedeutet für mich eine Auszeit, die ich brauche und nutzen werde, um …

---

**Übung: Positives aus scheinbar Negativem**

Nehmen Sie die Liste Ihrer Krafträuber (Kapitel 3.4, Tab. 3-2, S. 66) zur Hand. So negativ sie sich bisher ausgewirkt haben – versuchen Sie, diese unter einem anderen Gesichtspunkt zu betrachten.

Welche Aspekte sind es also, die das Negative abmildern? Oder gibt es sogar scheinbar Negatives, das sich letztlich als gut oder als Segen erwiesen hat?

---

# Wille

Wenn wir an willensstarke Menschen denken, tun wir das üblicherweise mit Respekt und Wohlgefallen. Bei Burnout-Gefahr ist unser Wille jedoch nicht nur von Vorteil. Je willensstärker jemand ist, umso länger wird er in der Anfangsphase von Burnout „festhängen" und seine Lebensenergie dabei verbrauchen (Abb. 4-10). Wer sich über seinen Zustand nicht klar ist, verlängert sein Burnout, ohne es zu merken; das kann über Jahre so gehen.

Wer von vornherein weniger willensstark ist, kommt schneller in die zweite oder dritte Burnout-Phase. Immerhin wird dann Burnout offensichtlich – und leider ist das in der Regel erst der Moment, in dem klar wird, wie sich die Sache verhält.

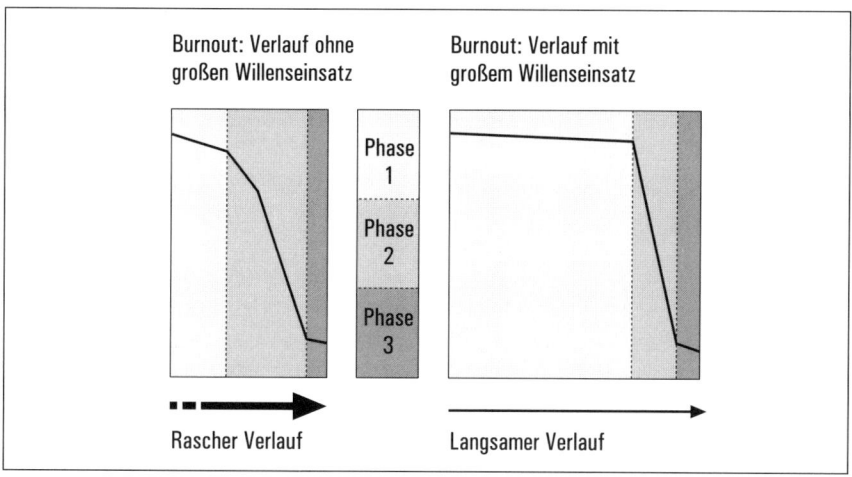

**Abb**. **4-10**　Willensabhängiger Verlauf von Burnout

## Motivation

Wenn wir etwas wollen, dann helfen uns unsere Motive dabei, es umzusetzen. Stellen Sie sich vor, Sie wollen gute Fotos machen und sind auf der Suche nach besonderen Motiven. Sie wandern dafür durch die Natur. Auf einmal öffnet sich vor Ihnen ein traumhaftes Panorama – das Motiv, auf das Sie gewartet haben. Das *Motiv beeinflusst Ihr Verhalten:* Sie nehmen den Fotoapparat zur Hand und machen eine Aufnahme. Motive wie das Panorama gibt es nicht nur im Außen. Ihre inneren Motive beeinflussen Ihr Erleben und Ihr Verhalten sogar viel stärker als die äußeren. Wenn Sie das äußere Motiv zu einer Handlung (Fotografieren) bringt, dann basiert es vielleicht auf Ihrem *Leistungsmotiv:* „Ich will es schaffen, die schönsten Panoramafotos zu sammeln." Genauso könnte es Ihr *Machtmotiv* sein: „Damit zeige ich es allen!" oder Ihr *Anschluss-motiv:* „Wenn ich meinem Partner so schöne Fotos zeige, wird er mich dafür verehren."

Innere Motive sind von außen kaum erkennbar. Wenn innere Motive wirken, ist das Ihre *Motivation.* Motivationen steuern Ihre Lebensimpulse. Fachleute trennen Motivationen in die eben genannten drei Hauptkategorien Leistung, Zugehörigkeit oder Anschluss und Macht (Tab. 4-9).

Mit der *Leistungsmotivation* wollen wir besser sein und andere übertreffen. Mit ihr setzen wir uns selbst hohe Maßstäbe. Die *Anschlussmotivation* verhilft uns zu engen Beziehungen. Sie lässt uns Kontakte knüpfen oder wiederbeleben und die meisten Konflikte lösen. Mit der Kraft der *Machtmotivation* wollen wir andere beeinflussen. Mit ihr erzielen wir Wirkungen mittels Überreden, Kontrolle oder Aggression.

Motivationen sind Ihre Energiezentrale. *Ohne Ihre innere Motivation tun Sie nichts, aber für sie tun Sie alles.* Ein besserer Job, höhere Bezahlung, mehr Ansehen, mehr Freizeit, Zeitersparnis, weniger Mühe, mehr Erfolg, all das sind

**Tab. 4-9** Die drei Grundmotivationen

| Grund-motivation | Leistung | Anschluss | Macht |
|---|---|---|---|
| Inhalt | • besser sein<br>• andere übertreffen<br>• hohe Maßstäbe<br>• Karriere im Vorder-grund | • enge Beziehungen<br>• Kontakte knüpfen oder wiederbe-leben<br>• Konflikte lösen<br>• soziale Aktivitäten | • andere beeinflus-sen<br>• Wirkung erzielen mittels Überre-dung, Kontrolle und Aggression<br>• Emotionen bei anderen bewirken<br>• Beharren auf der Position |

äußere Motivationen. Aber tatsächlich gibt es nichts, das uns in diesem Zusammenhang *dauerhaft* von außen motivieren könnte – auch nichts, was
Burnout verhindert oder abbaut. Einer der Gründe, warum Gehaltserhöhun-
gen (äußere Motivation) jedes Jahr immer wieder sein „müssen": Sie wirken
nicht auf Dauer. Motivationen zum Beispiel im Rahmen von Trainings oder
Mitarbeiterführung funktionieren dann, wenn die inneren Motivationen gefördert werden.
Unsere inneren Motivationen laufen weitgehend unbewusst ab. Wenn überhaupt, werden uns unsere Impulse oder Auswirkungen in Sätzen klar wie:
„Dem Nachbarn will ich jetzt mal richtig die Meinung sagen." Niemals kämen
wir in der Hektik auf die Idee, dass unsere Machtmotivation in dem Moment
gerade die Führung übernommen hat. Innere Motive können mit äußeren
Zielen kollidieren, beispielsweise das innere Motiv, es dem Nachbarn zu zeigen, mit der äußeren Absicht, ihn darum bitten zu müssen, den Garten in Ihrer Abwesenheit zu wässern.

**Lebensmuster und Motivationen**
Fast das gesamte Verhaltensspektrum kann auf die drei Grundmotivationen
Leistung, Anschluss und Macht zurückgeführt werden.
Die Grundmotivationen sind jedoch weit entfernt vom tatsächlichen Verhal-
ten. Damit sie sich verwirklichen können, formen wir auf ihrer Basis konkrete
Motive. Beispielsweise kann aus der Machtmotivation das Motiv entstehen,
Vorsitzender einer Partei oder eines Unternehmens werden zu wollen. Wer das
will, wird die Kraft, die ihm seine Machtmotivation gibt, entsprechend einset-
zen. Das Motiv wird dann – gespeist aus der Machtmotivation – immer wieder das ganz konkrete Verhalten verstärkend und lenkend beeinflussen.
Lebensmuster (syn. Persönlichkeitsmuster, core-beliefs, Kernüberzeugungen)
wirken an dieser Schnittstelle für die Wandlung von einer der drei abstrakten
Grundmotivationen hin zu sehr konkretem Verhalten [11]. Verhaltensmög-

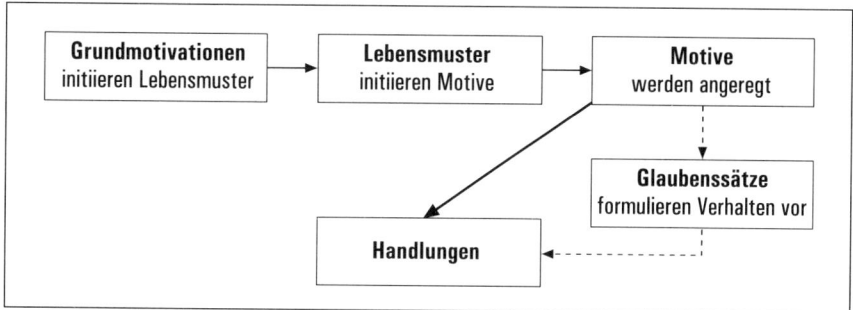

**Abb. 4-11** Lebensmuster als Schaltstelle zwischen Grundmotivationen und Motiven

lichkeiten gibt es letztlich unendlich viele. Diesen Zwischenschritt formen Lebensmuster. Der eben genannte zukünftige Partei- oder Geschäftsführer könnte als Kind aus seiner Machtmotivation heraus das Lebensmuster „Euch zeig ich's" gebildet haben, das ihn als Erwachsenen zum publikumswirksamen Verhalten bringt. Genauso funktionierten für ihn Muster wie „Ich will ganz vorne stehen" oder „Ich muss es schaffen". Es existieren viele Möglichkeiten für konkret passende Lebensmuster.

Lebensmuster geben den Grundmotivationen eine Sprache und bringen damit unsere Motivation nach außen. Sie sind fest an die Grundmotivationen gebunden, aber bereits zum Verhalten hin gerichtet, und transformieren das Abstrakte in eine konkrete Richtung (Abb. 4-11). Ihre starken Wirkungen basieren darauf, dass sie nicht mehr ganz abstrakt und bei Weitem auch noch nicht konkret sind. Je abstrakter etwas ist, umso allgemeiner wirkt es. Lebensmuster wirken deshalb in *jeder* Situation. Es gibt kein Denken, Fühlen oder Handeln ohne ihren Einfluss. Sich gegen sie zu verhalten, ist sehr mühsam. Es verbraucht eine menschliche Ressource namens Wille. Mit dem Willen ist der Mensch in der Lage, eine gewisse Zeit gegen seine Lebensmuster zu handeln. Am Beispiel von Politikern, die überfordert ihr Amt wieder aufgeben müssen, sehen Sie die mögliche Dauer von wenigen Wochen, bei mehr Willenseinsatz kann es auch einmal länger sein, aber das ist selten. Wenn ein Muster genau erkannt wird, kann man damit weiterarbeiten.

Motive und Lebensmuster *sitzen* im Unbewussten. Sie bewirken das, was man unter der Redewendung „aus dem Bauch heraus entscheiden" versteht. Der *Kopf* steht für die äußeren Ziele. Er ordnet sich in den meisten Fällen dem *Bauch* unter. Wenn jemand, der Mitarbeiter führt, scheinbar gefühlsreich argumentiert: „Ich will dieses Unternehmensziel für mein Team erreichen", bleibt das im Kopf; denn Unternehmensziele sind äußerlich. Ihn wird tatsächlich ein anderes Motiv antreiben, z. B.: „Wenn ich das Unternehmensziel erreiche, erhöhe ich meinen Einfluss." Das ist ein machtmotiviertes Ziel.

Wenn äußere Ziele und innere Motive Hand in Hand gehen, besteht kaum Gefahr für Burnout. So brauchen wir keinen oder wenig Willen und müssen nicht gegen eigene Widerstände arbeiten. Selbst schwierige Ziele erreichen wir mühelos. In solchen Situationen fühlen wir am besten, welche enorme Energie in uns steckt. Es ist immer die Kraft unserer Motivationen. In allen anderen Fällen besteht eine Diskrepanz zwischen Kopf und Bauch, die sich gern als seelischer Konflikt im Sinne von Burnout äußert. Es bedeutet dann, nicht das zu tun, was tief innen wirklich gewollt wird. Übungen zur Selbsterkenntnis dienen zur Vorbeugung. Sie können entsprechende Übungen in den Kapiteln 4.7 Rollensicherheit (S. 230) und 4.8 Zielerkenntnis (S. 235) finden.

## Wille und Überkontrolle

> Herbert ist Anfang 50 und wurde entlassen: Drucksetzer werden heute nicht mehr gebraucht, es gibt Computer. Um nicht unter bestimmte gesetzliche Vorschriften zu fallen, hat er sich auf eine Umschulung zum Krankenpfleger eingelassen. Herbert war nie besonders aufgeschlossen anderen Menschen gegenüber; mit Pflege oder Medizin hatte er nichts am Hut. Ihm geht es so, wie es ihm gehen muss: Er fühlt sich höchst unwohl und hält mit *eisernem Willen* durch. Wie lange? Er tut laufend etwas, das ihm nicht passt. Das führt dazu, dass sich sein Wille mehr und mehr erschöpft. Herbert arbeitet sich gerade in sein Burnout.

Sie müssen Ihren Willen immer wieder stärken, aber tun Sie dabei nicht zu viel des Guten. Wer besonders willensstark ist, will in der Regel besonders hartnäckig ein bestimmtes Ziel erreichen. Das kann zu Starrsinn *(Überkontrolle)* führen. Wer zu viel Willen hat, wird unfrei. Überkontrolle (zu viel Selbstkontrolle) ist die Schattenseite des Willens. Bei Überkontrolle dominiert der „Kopf" über den „Bauch". Der typische Workaholic ist ein überkontrollierter, also zu sehr von seinen Zielen und seinem Kopf gesteuerter Mensch. Er hat den Zugang zu sich, seinen Bedürfnissen und Gefühlen verloren. Dabei lässt er sich oft von den Erwartungen der anderen leiten.
In der Regel haben die Betroffenen kein Problembewusstsein für Überkontrolle, sie nehmen eigene Bedürfnissignale nicht wahr; ein großes Risiko für Burnout. Auf der anderen Seite gibt es die Unterkontrollierten, die auch in Situationen, welche Härte gegen sich und Unterdrückung der eigenen Bedürfnisse verlangen, dies nicht tun. Auch damit bestehen Schwierigkeiten bei der Verfolgung von Zielen.

### Mehr Struktur
Die anfängliche Hyperaktivität bei Burnout verlangt, in der frühen Phase eine andere Struktur ins Leben zu bringen. Später, in der Endphase, ist das genau umgekehrt. Nun sind die Betroffenen durch ihr Burnout wie eingemauert. Sie brauchen weniger Struktur und mehr Lässigkeit. Wer mehr Struktur braucht, sollte als einen ersten Schritt beginnen, sich selbst Termine zu setzen.
Planung ist wichtig, aber zu viel Planung legt sich wie ein Korsett um notwendige Flexibilität und kann einen Tunnelblick verursachen. Bei manchen wird die Planung selbst zum Zweck, dem alles untergeordnet wird. Wie so oft ist auch hier das richtige Maß wichtig.

---

**Übung: Zeitplanung**

Schaffen Sie sich ein Zeitplanungssystem (Buch oder elektronisch) an und beginnen Sie Schritt für Schritt, sich selbst Termine zu setzen. Beginnen Sie auch, die Woche und die einzelnen Tage genau zu strukturieren: Wann stehen Sie auf, wie lange lassen Sie sich Zeit für das Frühstück, wann genau putzen Sie das Badezimmer usw.

Achten Sie darauf, dass Sie sich Freizonen für Ungeplantes lassen, damit das Pendel nicht in die andere Richtung – zu viel Struktur – ausschlägt.

---

### Weniger Struktur

Spätere Phasen von Burnout verlangen, eingefahrene Strukturen zu lockern und zu lösen, loszulassen.

---

**Übung: Freiräume**

Beginnen Sie im Privaten damit, Ihre Freizeit nicht oder deutlich weniger vorauszuplanen: Legen Sie erst einen, später mehrere Abende in der Woche fest, an denen Sie sich nichts vornehmen. Beobachten Sie, was geschieht.
- Was geschieht und auf welche Einfälle kommen Sie, wenn Sie die Leere durchstehen?
- Haben Sie eine Idee, wovon Ihre Planungsneigung Sie ablenken soll?

Bei zu starker Planungsneigung versuchen Sie, mit ungeplanten Situationen umzugehen. Damit sollte im Privaten, nicht im Beruflichen begonnen werden. Wenn Sie die Neigung haben, Ihre Freizeit voll durchzuplanen, nehmen Sie sich zunächst nur einen ungeplanten Feierabend vor und beobachten Sie, was passiert. Wenn das gut geht, planen Sie ein ganzes Wochenende nichts und tun endlich einmal etwas spontan – oder spontan auch gar nichts, Ruhe.

Das können Sie zum Beispiel mit einem ungeplanten Kurzurlaub weiterführen.

Wenn Sie gelernt haben, welche Perspektiven sich damit eröffnen, werden Sie bereit sein, es ebenso Schritt für Schritt im Beruflichen zu versuchen.

---

Ein Leben ohne Struktur versandet im Nichts, eines mit zu viel Struktur beschränkt die menschliche Freiheit und dämpft das Empfinden. Sich im richtigen Maß freizulassen und zu strukturieren, dämpft das Burnout-Risiko und ist ein bewusster Akt Ihres Willens. Es kommt auf die Balance zwischen Lockerheit und Zielstrebigkeit an.

Den eigenen Willen kann man auch anders ausbalancieren. Dabei geht es um die Fähigkeit, einerseits impulsiv zu sein und sich andererseits zurückzuhalten. Als bewusster Vorgang vermindert beides die sogenannte Überkontrolle, die Schattenseite des Willens.

### Spontaneitätsdämpfer

> Winfried ist ein sehr erfolgreicher Wirtschaftsberater. Er hat sich in den letzten Jahren eine stetig wachsende Kanzlei aufgebaut. Er ist wach, was ihn selbst angeht. Ihm fällt auf, dass er sich in der letzten Zeit sehr viel leichter als früher ablenken lässt. Noch vor einigen Monaten setzte er sich morgens hin, um eine Bilanz zu kontrollieren, und war dann je nach Umfang mittags oder abends fertig. Nichts konnte ihn hindern. Nun auf einmal meint er, zwischendurch Telefonate führen zu müssen. Auch der Verlockung, immer wieder im Internet zu surfen, kann er sich nicht mehr widersetzen. Er bemerkt auf diese Weise seine zunehmenden Schwierigkeiten, Ablenkungen und Verlockungen zu widerstehen. Winfried ist in der zweiten Phase von Burnout angekommen.

Verlockungen und andere Ablenkungen führen uns von der eigentlichen Aufgabe, ja auch vom eigentlichen Leben weg. Unter dem Gesichtspunkt Burnout geht es darum, *mehr* im Leben zu stehen. Manchmal ist es wichtig, die eigene Spontaneität zu dämpfen. Die folgende Übung sollten Sie maximal drei Wochen versuchen [nach 74]:

---

**Übung: Verlockungen widerstehen**

Beantworten Sie jeden Abend etwa zur gleichen Zeit folgende Fragen schriftlich:
- Wann und wie habe ich mich heute erfolgreich gegen welche Verlockungen (auch Tagträumereien sind Verlockungen!) zur Wehr gesetzt?
- In welchen Situationen ist es mir heute nicht gelungen?
- In welchen Fällen bereue ich das?
- Wie habe ich dann versucht, dagegen vorzugehen?
- Warum ist es nicht gelungen?
- Welche Strategie hätte mir geholfen, besser zu widerstehen?

Stellen Sie sich abschließend die Aufgabe, beim nächsten Mal mit der eben festgelegten Strategie zu arbeiten.

---

**Booster**

> Karla hat ihren Job aufgegeben. Noch hat sie genug Geld, ihr Leben auch so zu gestalten. Früher fuhr sie mindestens einmal wöchentlich raus aufs Land, wo ihre Nichte lebt. Seitdem sie alle Zeit der Welt hat, trifft sie ihre Nichte kaum mehr. Sie lebt einen strengen Rhythmus zwischen genau gleicher Aufstehzeit, Zeitung lesen und stetig wiederholten Putz- und Aufräumarbeiten. Wenn Sie doch versucht, sich zu spontanen Aktionen durchzuringen, kommen andere Dinge dazwischen, mal ein kurzer Vortrag an einem Institut, dessen Vorbereitung einen ganzen Tag dauert, mal das Wetter, das nicht passt. Gründe finden sich immer. Karla ist ein Typ, der alle Impulse abschmettert. Spontaneität ist nicht ihr Ding. Sie hat Burnout im zweiten Stadium in einer ganz anderen Variante als Winfried (s. o.).

In solchen Fällen hilft die folgende Übung zur Steigerung der Impulsfähigkeit [nach 74]. Sie ist auf ein bis drei Wochen ausgelegt (nicht länger!).

---

**Übung: Steigerung der Impulsfähigkeit**

Beantworten Sie jeden Abend etwa zur gleichen Zeit folgende Fragen schriftlich:

- Wann und wie habe ich mich heute erfolgreich gegen welche Verlockungen (auch Tagträumereien sind Verlockungen!) zur Wehr gesetzt?
- Wäre es für mich auch gut gewesen, der Verlockung nachzugeben?
- Wie kann ich versuchen, die Verlockung einmal anzunehmen?
- Welche Vorteile hätte ich dadurch?
- Ergänzen Sie folgenden Satz: Wenn ich einer Verlockung nachgäbe, wäre ich ein/e …

Stellen Sie sich abschließend die Aufgabe, beim nächsten Mal der Verlockung selbst gegen innere Widerstände nachzugeben. Das kann Sie aus einem Passivitätsloch herausholen.

---

Die eigenen Impulse zum richtigen Moment im richtigen Maß einsetzen zu können, ist ein wesentlicher Faktor des Willens. Die beiden letztgenannten Übungen könnten Ihnen nutzen, das richtige Maß zu finden und einzuhalten. Letztlich gewinnen Sie dadurch unmittelbar mehr Entscheidungsspielraum und mittelbar mehr Eigenbestimmtheit.


## Das aktive Vergessen

Schicksal und Leben stellen uns immer wieder vor Aufgaben und Probleme, die wir brauchen, um näher an uns heranzukommen. Nicht immer gefällt uns das. Solange der Problem- oder Aufgabendruck anhält, wird der *kreative Lö-*

sungsweg oft blockiert. Deshalb beißt sich die Katze leider mehr als einmal in den eigenen Schwanz: Erst wenn Sie grundlegende Probleme gelöst haben, sind Sie frei für neue Lösungen. Auf dem Boden vieler oder sehr dringender Probleme werden Sie keine freien und Ihnen wirklich dienlichen Lösungen finden. Lösungen finden Sie in der Mehrzahl auch nicht auf analytisch-geistigem Weg, durch sogenanntes *Nach-Denken*. Das Wort selbst sagt ja schon aus, dass dieses Denken erst danach kommt, also (zu) spät. Lösungen finden Sie intuitiv, mit Ihrem Bauch. Und der Bauch braucht die Freiheit der Kreativität. Wenn Sie ein Problem bedrängt, bemühen Sie sich, einfach nicht mehr darüber nachzudenken. Legen Sie es aktiv beiseite. Das geht mit der Fähigkeit des aktiven Vergessens, die Sie mithilfe Ihres Willens trainieren können.

---

**Übung: Aktives Vergessen**

Es empfiehlt sich, auf niedriger Schwierigkeitsstufe zu beginnen.

Ein Beispiel: Sie streiten sich mit Ihrem Partner, einem Freund oder Verwandten. Der wirft Ihnen etwas vor, das ihre tiefe Bindung nicht gefährdet. Früher waren Sie sofort und für eine gewisse Zeit beleidigt oder haben einiges darangesetzt, unverzüglich eine *Nachbesserung* zu bekommen oder selbst einen *Nachschlag* zu verteilen. Ab sofort machen Sie das anders: Sie hören es, geben ihm zu verstehen, dass Sie alles wahr- und aufgenommen haben, vergessen es dann aber sofort aktiv von sich aus. Sie entscheiden sich, diesen Dingen für einen festgelegten Zeitraum keinen Platz zu geben.

Wenn Sie das im Kleinen geübt haben, können Sie es auf größere Probleme übertragen. Gebrauchen Sie Willen, um für einen von Ihnen vorgegebenen Zeitraum ein wichtiges Problem zu vergessen. Oftmals kommen in dieser Denkpause neue Ideen. Schreiben Sie diese unbedingt auf – sofort. Schreiben Sie auch in Ihren Terminplaner, wann Sie wieder daran denken werden. Wenn sich das Problem zwischenzeitlich meldet: aktiv vergessen! Meditation hat übrigens auch etwas von aktivem Vergessen.

Denkpausen machen Sie viel offener für alles, was um Sie und in der Welt ganz zufällig geschieht. Und wo *Zufälle* sind, sind oft auch *Einfälle* nicht weit, da *fällt* ganz oft der Groschen.

---

Aktives Vergessen ermöglicht eine bisher nicht geahnte Lösung. Es kann passieren, dass während dieser Denkpause genau das des Weges kommt, was einen weiterbringt und das Problem löst: durch eine Diskussion im Rundfunk, einen Hinweis von Freunden, das „zufällige" Stöbern in einer Buchhandlung.

# Stresstoleranz mit dem Kopf

Es gibt ausgearbeitete Stressmanagementmethoden, die eher kognitiv (über den Kopf) ablaufen. Folgende Übung zeigt Ihnen sechs entsprechende Strategien gegen Stress [nach 68].

---

**Übung: Kognitives Stressmanagement**

Im Folgenden finden Sie Fragen zur Selbstbeantwortung, wenn Sie sich in einer konkreten Situation gestresst fühlen.

- Sinnorientierung
  - Was können Sie aus dieser Situation lernen?
  - Welche Aufgaben stellen sich damit?
  - Welchen Sinn finden Sie in dieser Situation?
- Zeit heilt Wunden („temporale Relativierung")
  - Stellen Sie sich vor, es ist zehn Jahre später: Wie werden Sie rückblickend Ihre heutige Situation betrachten?
  - Wie werden Sie eher, vielleicht in einem Jahr, darüber denken?
- Distanzierung
  - Was würden Sie Ihrem besten Freund sagen oder raten, wenn er sich in einer ähnlichen Situation befinden würde?
  - Was würde ein guter Freund Ihnen raten?
  - Kennen Sie jemanden, der mit Ihrer Situation leichter fertig werden würde – und was sagte diese Person vielleicht zu sich selbst?
- Realitätstestung
  - Ist das wirklich so?
  - Was konkret spricht für Ihre Sichtweise?
  - Gibt es andere Möglichkeiten (selbst wenn sie Ihnen weit hergeholt erscheinen), die Situation zu erklären?
  - Gibt es irgendeinen positiven Aspekt der Situation?
  - Haben Sie vielleicht falsche oder zu hohe Erwartungen?
- Gedankenkontrolle
  - Was macht der Gedanke mit Ihnen?
  - Hilft Ihnen der Gedanke, sich so zu fühlen, wie Sie gerne möchten?
  - Wenn nicht, welcher Gedanke täte dies?
  - Was trägt der Gedanke dazu bei, die Situation gut zu meistern?
- Entkatastrophisieren
  - Was würde im schlimmsten Fall geschehen?
  - Wie schlimm wäre das dann für Sie?
  - Wie hoch schätzen Sie die Wahrscheinlichkeit dafür ein?
  - Gäbe es etwas, das noch schlimmer wäre als diese Situation?

## 4.5    Dyadenkompetenz (Stufe 5)

*Im Anfang ist die Beziehung. Der Mensch wird am Du zum Ich.* Manfred Buber
[17]

Eine gute, vertrauensvolle Partnerschaft hat hervorragende, vorbeugende
Wirkung gegen Burnout. Das liegt wahrscheinlich an der sich in solch einer
Partnerschaft entwickelnden und empfundenen Zufriedenheit [100]. Die Beziehung gerade zu einem ausgewählten Menschen ist es, die unser Gesund-
heitsempfinden und unser Glücksgefühl maßgeblich beeinflusst [33]. Wenn
sich dennoch Burnout entwickelt, hilft eine sichere Partnerschaft, schneller
mit Burnout umgehen zu lernen.
Eine gute Partnerschaft liegt zu 100 % an einem selbst – und ebenso zu 100 %
am Partner. Im Folgenden erfahren Sie einiges, was Sie im Umgang, vorrangig
im sprachlichen Umgang, tun können, um einer liebevollen Partnerschaft den
Weg zu ebnen.
Dieses Kapitel weist jedoch über ausschließlich private Partnerschaften weit
hinaus. Die Hinweise hier dienen ebenso dazu, gute Beziehungen in Ihren beruflichen Kontakten zu ermöglichen.

### Burnout als Dyadenphänomen

Burnout kann verhindert werden, indem die Identifikation mit der Arbeit gefördert wird [85]. Burnout entsteht in den meisten Fällen dann, wenn der intensive, teils auch nur sekundenkurze Kontakt mit anderen Menschen der zentrale Inhalt der Berufstätigkeit ist. Die Dyade ist es, die Burnout den Weg
ebnet. Burnout ist also auch eine Beziehungskrankheit [57].
Bereits 1989 wurde folgende erschreckende Zahl veröffentlicht: Deutsche Ärzte hören ihren Patienten im Durchschnitt nur 18 Sekunden zu [in 29]. Wenn
sie dann auch nur *zuhören* und nicht *hinhören,* wird es noch kritischer. Die
Vielzahl der Kontakte erschwert eine ausreichende Kommunikation in vielen
Berufen [21]. Damit treten Gefühls- und Wissenslücken auf – sowohl bei
demjenigen, der das Gespräch führt (wie dem Arzt oder dem Bankangestellten), als auch bei demjenigen, mit dem gesprochen wird. Zum Beispiel sollte
bei jedem Gespräch beiden Teilnehmern rasch klar sein, welche vielleicht unterschiedlichen Erwartungen sie an das Gespräch knüpfen [39].
Wenn wir die Berufe anschauen, welche für Burnout prädestiniert sind, fallen
zwei grundsätzlich verschiedene Konstellationen auf. Beide haben mit teils
sehr intensiven, das Leid, die Nöte oder die Erwartungen des Menschen betreffenden Aneinanderreihungen von Zweierkontakten zu tun. Beispiele hierfür sind Ärzte, Erzieher, Lehrer, Sozialarbeiter, Krankenschwestern, Steuerberater oder auch Altenpfleger. Bei Berufen mit deutlich überdurchschnittlichem Burnout-Risiko jagt sozusagen eine Dyade die nächste.
Beim einen Typus geschieht das in einer mehr oder minder privaten, das heißt
intimen Situation. Das trifft für viele Berufe zu, für Krankenschwestern und

Ärzte, für Steuerberater (auch Geld ist intim) oder für Architekten. Krankheiten und ihre Behandlung sind nicht öffentlich; das wird bei Anwesenheit von anderen Ärzten, Krankenschwestern oder Studenten teilweise aufgehoben. Dass sich letztgenannte Situationen gleich ganz anders anfühlen, werden die meisten Ausübenden schon gespürt haben. Dennoch, diese Dyaden sind in der Regel *nicht öffentliche Dyaden.*

Beim anderen Typus wird der Mensch praktisch auf einen Schlag mit einer Vielzahl von Menschen konfrontiert, die für potenzielle oder auch sichere Zweierkontakte in kurzer zeitlicher Abfolge stehen. Das gilt zum Beispiel für Stewardessen oder Lehrer. Diesen Typ von Dyadenkontakten können wir noch untergliedern in solche mit praktisch sicherem Ablauf (wie Stewardessen, die den Fluggästen letztlich nicht entkommen können, schon allein räumlich nicht) und solche mit *zum Teil* selbst bestimmtem Ablauf wie Lehrer, die manche Schüler zumindest in der aktuellen Stunde nicht drannehmen müssen. Ein Lehrer steht in einem öffentlichen Raum und hat in sehr kurzen Abständen Kontakte zu verschiedenen Schülern. Er kann dabei ununterbrochen von einer Vielzahl potenzieller weiterer Kontaktpersonen beobachtet und eingeschätzt werden. Diese Dyaden sind also *öffentliche Dyaden.* Immer kommt es zu kurzen Kontakten auf Zweierebenen.

Weitgehend unabhängig von der Dyadenform wird deren Qualität durch die eigene Kommunikation bestimmt.

### Ich und Du

Wenn Sie das Buch bis hierher gelesen haben, verfolgen Sie wahrscheinlich das Ziel, dass sich etwas für Sie verändern soll. Veränderungen beginnen immer bei Ihnen selbst – das ist nur scheinbar der schwerste Schritt, denn dafür brauchen Sie nur sich selbst zu überzeugen. Wenn Sie auf andere warten, warten Sie vielleicht vergebens. Schauen Sie offen an, ob Ihnen Ihr neuer Weg wirklich passt, ob er sie glücklich(er) macht oder nicht. Damit sich etwas verändert, braucht es die Tat.

Am Anfang der Tat steht der Impuls. Es gibt immer so etwas wie einen Startschuss. Ohne den richtigen Impuls wird es schwerer, die richtige Tat zu vollbringen. Der falsche Impuls führt oft zu einem falschen Ergebnis. Deshalb sollten Sie sich den Startschuss genau erfühlen und überlegen.

Wenn Sie Golf spielen, ist alles klar mit dem richtigen Impuls, der korrekten Ausführung und dem erfolgreichen Ergebnis. Denn Sie spielen mit sich und dem Gelände, das letztlich starr ist. Die Konditionen sind klar. Ganz anders ist es zunächst im Umgang mit anderen. Je besser Sie mit Ihren Emotionen und dann auch mit den Emotionen anderer umgehen lernen, umso klarer werden Ihnen auch dabei die Konditionen werden. Aber selbst Meister der Empathie (Einfühlung) haben immer ein gewisses Restrisiko, im Moment beim Gegenüber das Falsche zu bewirken. Denn Menschen sind die komplexesten Wesen auf der Erde. Versuchen wir uns nur einmal klarzumachen, was alles gleichzeitig in uns und in jedem anderen Menschen wirkt (Tab. 4-10) – sich die Komplexität von Menschen bewusst zu machen, kann helfen, gnädiger mit sich und anderen umzugehen.

**Tab. 4-10** Was gleichzeitig im Menschen wirkt

| | |
|---|---|
| ● Ablenkungen | ● Launen |
| ● Affekte | ● Kräfte |
| ● Bedingungen | ● Lebensmuster |
| ● Bedürfnisse | ● Leidenschaften |
| ● Befindlichkeiten | ● Leitbilder |
| ● Befriedigungen | ● Meinungen |
| ● Befürchtungen | ● Möglichkeiten |
| ● Belehrungen | ● Motivationen |
| ● Belohnungen | ● Neigungen |
| ● Beurteilungen | ● Orientierungen |
| ● Bewertungen | ● Prinzipien |
| ● Beziehungen | ● Reflexe |
| ● Bilder | ● Schwüre |
| ● Einstellungen | ● Stimmungen |
| ● Empfindungen | ● Triebe |
| ● Erfahrungen | ● Überzeugungen |
| ● Erlebnisse | ● Verlangen |
| ● Erregungen | ● Vermutungen |
| ● Erwartungen | ● Versprechen |
| ● Forderungen | ● Visionen |
| ● Gefühle | ● Vorstellungen |
| ● Gespür | ● Warnungen |
| ● Haltungen | ● Werte |
| ● Hinweise | ● Wünsche |
| ● Hoffnungen | ● Ziele |
| ● Ideen | ● Zwänge |
| ● Instinkte | |

# Emotional kompetente Führung

Emotionale Kompetenz bedeutet, mit den eigenen Emotionen und mit denen anderer Menschen gewissenhaft und wirkungsvoll umgehen zu können. Emotionale Kompetenz ist die korrekte Anwendung von emotionaler Intelligenz. Sie wirkt als Antidot zu Burnout [10, 12, 124]. Wer emotional wirklich kompetent ist, kann kein Burnout bekommen. Anders: Wem Burnout droht oder wer bereits davon betroffen ist, der ist mehr oder weniger emotional inkompetent. Da emotionale Kompetenz eine erlernbare Fähigkeit ist [120], gibt es Abhilfe.

Das Ausmaß der emotionalen Erschöpfung und psychosomatischer Symptome sinkt mit der Verbesserung resonanter Führung, das heißt einer Führung, die

**Tab. 4-11** Inhalte emotionaler Kompetenz [aus 12]

| Ebene | Inhalte |
|---|---|
| Selbstwahrnehmung | • ein tiefes Verständnis haben für die eigenen Emotionen, Stärken, Werte, Bedürfnisse, Schwächen, Wünsche, Grenzen und Möglichkeiten<br>• Selbstvertrauen entwickeln |
| Selbstmanagement | • Fähigkeit der Selbstreflexion, Impuls- und Initiationskraft<br>• Lenkung der eigenen Emotionen<br>• Selbstkontrolle, auch als Schutz vor den eigenen Emotionen<br>• Authentizität als integere Darstellung meines Selbst nach außen |
| Selbstmotivation | • den Beruf mit Freude und Engagement ausüben<br>• Herausforderungen suchen<br>• Optimismus |
| Soziale Kompetenz | • die Gefühle der Mitarbeiter und der Klientel bei der eigenen Tätigkeit beachten, schätzen und würdigen<br>• Empathie<br>• Wunsch zur Bedürfnisbefriedigung der Mitarbeiter und der Klientel<br>• Anerkennen der Sie privat und beruflich umgebenden Menschen |
| Soziale Fähigkeiten, Beziehungsmanagement | • die Sie umgebenden Menschen (Mitarbeiter, Kollegen, Klienten) in die gleiche Richtung motivieren wie sich selbst<br>• visionäre Führung<br>• Konfliktmanagement<br>• Zusammenarbeit im Kollegenkreis<br>• Teambildung<br>• Denken an andere |

sich auf den Mitarbeiter einfühlsam einlässt. Weniger hierarchische Führung im Sinne von emotionaler Kompetenz wirkt Burnout bei den Mitarbeitern entgegen [14]. Je dissonanter oder diktatorischer geführt wird, umso eher wird sich Burnout bemerkbar machen [27]. Zufriedenheit im Beruf hängt also stark mit der emotionalen Kompetenz der Führungsmannschaft zusammen [86].

Aus dem Krankenhausbereich wissen wir, dass die Sicherheit für Patienten mit zunehmendem Burnout-Risiko der Krankenschwestern stark abnimmt. Das Risiko tragen also nicht nur die Betroffenen selbst, sondern auch deren Klienten (hier Patienten). Das Burnout-Risiko steht in direktem Zusammenhang mit der Arbeitsumgebung der Krankenschwestern und der Qualität der Führung. *Stimmt* beides, nimmt das Burnout-Risiko für die Krankenschwestern stark *ab* [125]. Es ist also nachgewiesen, dass die Anwendung moderner Managementtechniken Burnout entgegenwirkt.

Ein weitgehend anerkanntes Konzept für emotionale Intelligenz ist das von Goleman et al. [51], das auf Arbeiten von Mayer und Salovey basiert. Danach werden verschiedene Bereiche emotionaler Intelligenz unterschieden, die in Tabelle 4-11 aufgelistet werden.

Sie lernen in diesem Buch die meisten der Untergruppen emotionaler Kompetenz kennen. Im Rahmen der Dyadenkompetenz geht es vorrangig um das Beziehungsmanagement, und zwar um die wichtigste Form menschlicher Kommunikation, die Sprache. Es gibt eine Reihe von Untersuchungen [20, 106], welche die Burnout-hemmende Wirkung verbesserter Kommunikation belegen. Es muss verhindert werden, dass über ineffektive Kommunikation die Mitarbeit der Klientel schlechter wird, woraus schlechtere Ergebnisse entstehen, die dann durch inneren Frust zur weiteren Verschlechterung der Kommunikation beitragen [15]. Unzufriedenheit muss abgebaut werden; dabei hilft auch eine verbesserte Kommunikation.

## Mitmenschlichkeit

Martin Buber sagte einmal, *in jedem Menschen sei etwas Kostbares, das in keinem anderen ist.* Wer das beachtet, wird seine Mitmenschlichkeit wertschätzen – und die der anderen. Er sagte auch: *Alles wirkliche Leben bedeutet Begegnung.* Wer auf sich selbst achtet, sucht soziale Kontakte und vermeidet Isolation [72]. Es sind unsere Zerbrechlichkeit und unsere eigene Fähigkeit, Schmerz zu empfinden, die uns Kraft für andere Menschen geben [140]. Die Mitmenschlichkeit leidet unter Burnout, denn Burnout bedeutet im Regelfall auch, sich der Gemeinschaft und dem großen Ganzen zu entziehen.

Wenn wir das Wort Mitmenschlichkeit anschauen, wird klar, worum es geht: *mit* einem anderen Menschen zu sein oder zu gehen, ihn zu begleiten. Mitmenschlichkeit grenzt deshalb an den Bereich der Liebe, kann aber als Grundeinstellung *jedem* anderen Menschen geschenkt werden. Mitmenschlichkeit bedeutet eine innere Haltung, welche immer die Grenze des anderen respektiert (Kap. 4.2, Abschnitt Grenzziehung und Selbstbegrenzung, S. 105) und ihn dabei *nicht allein* lässt. Diese Haltung erleichtert das Leben sehr, sowohl wenn sie uns gegeben wird also auch wenn wir sie anderen geben. Mitmenschlichkeit sollte in der Partnerschaft selbstverständlich sein, aber auch im beruflichen Umfeld eröffnen sich durch sie Chancen

- beim gemeinsamen Lösen von Problemen,
- beim Anbieten von Hilfe,
- bei ehrlichem Interesse und Einsatz für die Bedürfnisse und Ziele der anderen,
- beim Verzicht auf Belehrungen,
- beim Hinhören,
- beim Vorausschauen, um Hindernisse, die Sie bereits erkennen, für andere rechtzeitig aus dem Weg zu räumen oder
- bei der Schaffung eines menschenwürdigen Arbeitsumfeldes (Kap. 4.4, Abschnitt Raum schaffen, S. 176).

## Mitgefühl

Mitgefühl ist eine Teilmenge von Mitmenschlichkeit und umfasst [93] die drei Grundkomponenten

- Verstehen,
- Akzeptieren,
- Vergeben.

Mitgefühl mit jemandem zu haben, der leidet und dessen missliche Situation eindeutig und unstrittig ist, ist keine große Herausforderung. Mitgefühl für jemanden zu entwickeln, mit dessen Lage wir nicht zutiefst klarkommen („Der ist ja selbst schuld daran", „Wie kann man nur so blöd sein", „Der sollte sich nicht so anstellen"), das ist die wirkliche Herausforderung.

---

**Übung: Mitgefühl**

In vielen solchen Situationen hilft es, sich folgende drei Fragen zu stellen [93]:

1. Welches Bedürfnis hat der andere (oder habe ich, sofern Sie für sich selbst Mitgefühl entwickeln möchten), das er (ich) mithilfe seines (meines) Verhaltens erfüllen möchte?

2. Welche Ideen, Überzeugungen oder Wahrnehmungen haben sein (oder mein) Verhalten wahrscheinlich beeinflusst?

3. Welche Empfindungen, vorrangig welche Schmerzen oder der Wunsch, Schmerz zu vermeiden, haben sein (mein) Verhalten wahrscheinlich beeinflusst?

---

Mitgefühl ist nicht Empathie. Stellen Sie sich ein halbes Glas Wasser und ein halbes Glas Öl vor. Wenn Sie beides zusammenschütten, vermischen sich Öl

und Wasser nicht, aber sie berühren sich. Diese Berührungslinie ist ein Sinnbild für *Mit-Gefühl*. An solch einer Grenze findet es beim Menschen statt. Das ist eine dem Menschen offenbar mögliche und angeborene Fähigkeit. Jedes Kind demonstriert täglich Mitgefühl, zum Beispiel, wenn es mit Ihnen mitlacht, obgleich es den Witz gar nicht versteht. Mitgefühl ist eine angeborene Fähigkeit, wie Ciaramicoli [in 107] beschreibt: *Kinder können sich starken Gefühlen nicht entziehen. Bei ihnen können Sie deshalb Mitgefühl deutlicher und unverfälschter beobachten. Sich starker Gefühle entziehen zu können – und damit weniger mitfühlend zu sein – ist das Ergebnis eines Lernprozesses.*
Eine Steigerung von Mitgefühl ist *Mit-Leid*. Mitgefühl und Mitleid bedeuten: Sie sind dem anderen zwar ganz nah, bleiben dabei aber bei sich. Deshalb müsste das Sprichwort „Geteiltes Leid ist halbes Leid" eigentlich so korrigiert werden: *Geteiltes Leid ist doppeltes Leid.* Das ergibt jedoch keinen Nutzen, denn was bringt es dem Leidenden, wenn Sie mit ihm leiden?

### Empathie steigern

*Empathie tritt im Kontakt mit anderen Menschen nur dann auf, wenn wir alle vorgefassten Meinungen und Urteile über sie abgelegt haben.* Marshall B. Rosenberg

*Einfühlung* – das klingt für manche sehr schwer und deshalb geben sie bei diesem Thema auf, bevor sie es versucht haben. Damit vertun sie wesentliche Chancen und vernachlässigen eine wichtige Basis für emotionale Kompetenz. Wenn Sie sich in einen anderen einfühlen, dann wissen Sie viel von ihm, können das mit Ihrem Innen abgleichen und verstehen ihn mit Sicherheit besser.
Wenn Sie etwas wirklich Gutes tun wollen, dann fühlen Sie nicht *mit*, sondern fühlen Sie sich *ein*. Stellen Sie sich ein halbes Glas Wasser und ein halbes Glas Milch vor. Wenn Sie beides zusammengießen, vereinigen sich Milch und Wasser. Das ist Empathie: einfühlen statt mitfühlen. Einfühlen bedeutet, sich *hineinzuversetzen* wie bei einer *gemeinsamen Erfahrung*. Empathie ist offenbar nicht angeboren. Sie ist das Ergebnis von Lernvorgängen. Das bedeutet: Jeder kann sie in seinem Leben lernen (Abb. 4-12).
Auch die mangelnde Fähigkeit, empathisch zu begleiten, bildet einen Nährboden für Burnout [82]. Einfühlung ist nicht nur eine wichtige *Basis* für Dyadenkompetenz, sondern zugleich ihre *Königsdisziplin*. Sie erfordert viel, zum Beispiel
- trainierte und damit einigermaßen zuverlässige Selbstwahrnehmung,
- volle Achtung vor dem anderen,
- die Bereitschaft und Fähigkeit, für einen gewissen Zeitraum sich selbst an zweite Stelle zu setzen,
- die innere Kraft, sich vorzustellen und zu fühlen, wie es dem anderen gehen mag,
- oft im Voraus das Gespür, ob der andere eine Geste oder eine Hilfestellung erwartet und welche passen würde.

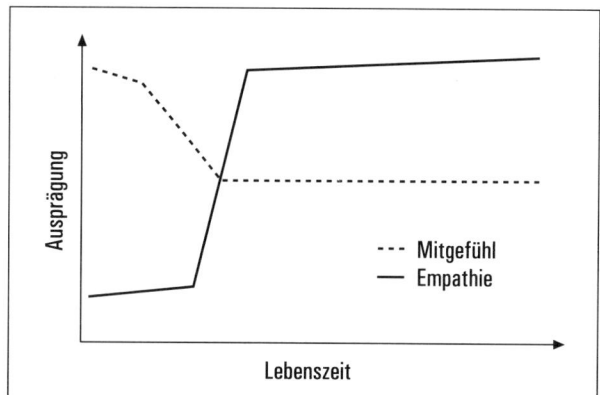

**Abb. 4-12** Mitgefühl und Empathie im Lebenslauf

Empathie allein reicht nicht, um eine komplett gelungene zwischenmenschliche Beziehung herzustellen [7]. Dafür sind auch noch Echtheit oder Authentizität – und damit Ehrlichkeit – und unbedingte Wertschätzung des anderen notwendig. Um sich einfühlen zu können, muss man *sich* erst einmal fühlen. Viele Menschen haben Angst, sie könnten sich nicht richtig einfühlen, ihnen mangele es an Empathie. Wenn Sie auch dazu gehören, dann erinnern Sie sich doch einmal daran, ob Sie noch nie bei einem Buch geweint haben. Oder sind Sie noch nie zusammengezuckt, als im Gruselfilm das Ungeheuer kam? Das alles zeigt: Sie können empathisch reagieren. Empathie bedeutet, ähnliche Gefühle zu entwickeln wie diejenigen, die andere vorgeben. Warum ist das für viele, und vielleicht auch für Sie, bei einem Film viel leichter als bei einem Menschen, der ihnen gegenübersteht? Vielleicht weil Sie bei einem Film vor der Reaktion anderer keine Angst haben müssen. Aber was kann denn schon passieren? Sie werden nicht als schwach bewertet oder ausgelacht. Und wenn der andere mit Ihrer Empathie nichts anfangen kann, ist das nicht Ihr Problem.

**Wer sich nicht spüren will**
Viele Erwachsene haben nicht genügend Empathiefähigkeit, auch nicht für sich selbst. Sie hat sich vielleicht zwar irgendwann einmal gebildet, wurde aber doch stetig unterdrückt oder zumindest nicht gefördert. Wenn Sie nicht mehr genug wahrnehmen, wird das von Ihren Mitmenschen als hart und ablehnend empfunden. Das Schlimmste ist aber, dass Sie in fast allen Fällen auch sich selbst nicht mehr richtig wahrnehmen. Insbesondere Sucht – welche ein typisches Phänomen bei Burnout im Endstadium ist – kann nur durch Abschotten und Abschalten wichtiger, sich selbst betreffender Empathiekompetenzen entstehen.

**Der Weg zum echten Einfühlen: Der 10-Stufen-Plan**
Üblicherweise *funktioniert* Empathie über das Gefühl [107].

┌─ **Übung: Empathie steigern** ────────────────────────────────────

Üben Sie in konkreten Situationen, vielleicht zuerst in einem privaten, später in einem beruflichen Umfeld, wie Sie Ihre Empathie ausbauen können. Beachten Sie dabei, wie sich Empathie entwickelt. Sie läuft über folgende zehn Schritte ab:

1. *Klärung:* Ich kläre: Kann und will ich mich in dich einfühlen? Wenn ich das nicht will oder kann, lasse ich es bleiben.

2. *Fokussierung auf den anderen:* Ich selbst spiele zurzeit eine unwesentliche Rolle. Was ich fühle oder fühlen würde, ist im Moment ohne Bedeutung. Jetzt geht es um dich.

3. *Beim anderen sein:* Ich höre voll und ganz hin. Ich bin ganz bei der Sache. Andere Gedanken lasse ich möglichst nicht zu.

4. *Einklang herstellen:* Ich komme mit deinen Gefühlen in Einklang, ich erlebe sie mit.

5. *Verständnis ausdrücken:* Ich schicke immer wieder die verbale und nonverbale Botschaft: Ich kann gut verstehen, wie du dich fühlst und wie du empfindest.

6. *Nachfragen:* Ich möchte noch mehr wissen. Dann fällt es mir noch leichter, zu spüren oder mir vorzustellen, wie es dir geht.

7. *Akzeptieren und Verzicht auf Wertungen:* Ich akzeptiere dich ohne Wertung, so wie du bist, auch wenn ich vielleicht spüre, dass es dir anders geht als mir.

8. *Worum geht es wirklich?* Was sagst du konkret und was willst du wirklich sagen? Ich versuche herauszufinden, was hinter der eventuellen Fassade steckt. Welche Gefühle hast du und welche Bedürfnisse äußerst du indirekt?

9. *Nachfrage (Kontrolle):* Ich mache mir klar, ob du dich verstanden fühlst. Dabei helfen Fragen wie: Was ich jetzt wahrgenommen habe, ist … Verstehe ich dich richtig? Geht es dir wirklich darum?

10. *Hilfestellung:* Jetzt, wo ich dir so nahe bin, bist du vielleicht bereit, mir zu sagen, was ich tun soll, damit es dir besser oder anders geht.

└───────────────────────────────────────────────────────────────────

**Einfühlen mit dem Kopf**

Was können Sie tun, um auf der Ebene der Einfühlung für sich und andere weiterzukommen, wenn Ihnen das bisher zu schwer fiel? Auch Einfühlung kann vom Kopf her funktionieren, so ungewohnt das klingen mag.

---
**Übung: Empathie und Kopf**

Selbst wenn Sie nichts spüren sollten, ist es ein großer Fortschritt, sich die Gefühle des anderen gedanklich zu erschließen. Denken Sie sich in die Gefühle des anderen hinein. Das macht mehr Sinn, als dessen Gefühle zu ignorieren. Stellen Sie sich dazu die Fragen:
- Wie würde ich jetzt anstelle des anderen fühlen und reagieren?
- Wie würde ich wohl anstelle des anderen meine Intervention empfinden?

---

# Einfühlsam kommunizieren

*Sprache ist ein Fenster oder eine Tür – oder sie ist eine Mauer.* Marshall B. Rosenberg

Viele der folgenden Inhalte und Übungen wurden aus Hinweisen des Entwicklers der gewaltfreien oder einfühlsamen Kommunikation, Marshall B. Rosenberg [110], adaptiert.
Einfühlsame Kommunikation erlaubt uns, unsere Aufmerksamkeit in die Richtung zu lenken, in der es wahrscheinlicher wird, dass wir bekommen, wonach wir uns sehnen. Einfühlsame Kommunikation ist eine Grundeinstellung – das bedeutet, sie wirkt auch, wenn wir schweigen.

## Gelungene Kommunikation

Es gibt drei Hauptkriterien für eine gelungene Kommunikation, gleich in welchem Bereich:
- Mitmenschlichkeit,
- Eindeutigkeit (Klarheit),
- Einfühlung.

Damit Beziehungen stattfinden, gibt es Kommunikation. Deshalb ist Burnout *auch* ein Kommunikationsproblem, das sowohl teilweise darauf fußt als auch in Folge dazu führt, dass die beruflichen und privaten Beziehungen nicht mehr richtig funktionieren. Es kann sinnvoll sein, sich als Erstes selbst die folgenden Fragen zu beantworten.

┌─ **Übung: Grundlagen der Kommunikation** ──────────────────────┐

● Sage ich es *für mich* richtig?
● Sage ich es so, dass es mein Klient *versteht*?
● Kommt es an, *bewegt* es etwas bei ihm?
● Kommt es so an, *wie* ich es will?
● Was will mir der andere *tatsächlich* sagen?

└────────────────────────────────────────────────────────────────┘

Sprache kann heilen und zerstören. Sie richtig und zum Wohl des anderen anzuwenden, ist ihre und Ihre zentrale Aufgabe der Dyadenkompetenz. Sprache ermöglicht jedoch auch Wörter, auf die wir verzichten sollten. Diese Wörter können Sie mit einem schlichten Grundsatz abtesten, um mitmenschlich und einfühlsam zu sein und zu bleiben: Überprüfen Sie Ihre Fragen und Anmerkungen. Sind sie *verletzend* oder *intim*? Versetzen Sie sich hierfür während des Gesprächs blitzschnell in sich selbst: Wie ginge es Ihnen damit, Ihre eigenen Worte zu empfangen? Spüren Sie eine Verletzung oder die Missachtung der Intimität (das heißt bei Weitem mehr als die sexuelle Intimität)? Wenn Sie das so trainieren und korrekt empfinden, brauchen Sie sich nach dieser inneren Prüfung nur im Ausnahmefall für eine Frage oder eine Aussage zu entschuldigen.

## Welche Sprache wir sprechen

An der Sprache können Sie erkennen, in welcher Wahrnehmungsebene Sie selbst und Ihr Gesprächspartner sich am liebsten aufhalten – im sehenden (visuellen), im hörenden (auditiven) oder im fühlenden (kinästhetischen) Bereich (Tab. 4-12).

**Tab. 4-12** Hinweisende (enttarnende) Wörter, Auswahl

| Sehen | Hören | Fühlen |
|---|---|---|
| wahrnehmen | diskutieren | berühren |
| vorhersehen | sagen | fühlen |
| sehen | rufen | beeindrucken |
| wie eine ... (Wolke, Eiche ...) | fragen | bewegen(d) |
| kurz-/weitsichtig | anstimmen | empfinden |
| in Aussicht stellen | lachen | schlagen |
| großes Spektrum | vorhersagen | (zu)treffen |
| zeichnen | harmonieren | auswirken |
| ausmalen | Einklang | schmecken |

Wenn Sie ein einfühlsames Gespräch anstreben, sollten Sie nach Ihrer Erkenntnis vermehrt Wörter verwenden, die den Typus Ihres Gegenübers spiegeln.

---

**Test: Bereiche der Sprache**

Mit den folgenden Aussagen wird die gleiche Situation von drei verschiedenen Menschen beschrieben. Entscheiden Sie, ob es sich um die Aussage einer vorrangig visuellen, auditiven oder kinästhetischen Persönlichkeit handelt:

1. Am Strand hörte ich das wundervolle Meeresrauschen und ich habe sofort meinem Partner gesagt, wie sehr ich mich freue, da zu sein.

2. Als ich an den Strand kam, fühlte ich mich sofort wohl, ich spürte den feinen Sand an meinen Füßen.

3. Ich sah den herrlich weiten Strand und malte mir aus, wie toll es sein würde, dort tagelang liegen zu können.

**Auswertung**

Aussage 1 ist vorrangig auditiv, Aussage 2 kinästhetisch und Aussage 3 ist visuell.

---

## Das Gute fördern

*Der kommt den Göttern am nächsten, der auch schweigen kann, wenn er im Recht ist.* Cato (röm. Politiker)

Es gibt Menschen, die lieben es, über das Negative in ihrem Leben und im Leben anderer zu reden. Das abzustellen ist erste Pflicht. Sagen Sie bitte besser nichts als dass Sie etwas Negatives sagen. So viele „faszinierende" Schattierungen das Negative hat: Das Positive ist es, was uns aufbaut – und Ihre Klientel auch. Nutzen andere die negative Weltsicht, ist es in solchen Momenten von Vorteil, bei sich zu bleiben, das Jammern wahrzunehmen, zugleich seiner offen-positiven Grundeinstellung treu zu bleiben.

Es gibt beispielsweise Menschen, die nutzen gerne ihren erhobenen Zeigefinger zur Drohung: „Wenn Sie das nicht beachten, wird folgendes Schlimmes eintreten." Das ist ähnlich intelligent wie die Zigarettenschachteln mit „Rauchen macht Krebs" zu versehen. Was beachtet wird, wird verstärkt.

Kein Mensch fühlt sich immer sicher. Das trifft besonders auf „untergebene" Mitarbeiter und Menschen zu, die während des Gesprächs, das sie mit Ihnen führen, Angst haben. Es ist eine die Menschenwürde und Mitmenschlichkeit achtende Grundeinstellung notwendig, die sich über Worte der Anerkennung, der Zuneigung und der Zustimmung ausdrücken sollte. Statt: „Das lernen Sie nie!" besser „Das schaffen Sie!"

Die Grundregel der Kommunikation, das Gute zu sagen und das weniger Gute nicht weiter auszubreiten, die durch wissenschaftliche Forschungen im Bereich der emotionalen Kompetenz bestätigt wurde, sollte im Privaten wie im Beruflichen beachtet werden. Dabei geht es natürlich nicht darum, sich zu verstecken und erst recht nicht um Scheinheiligkeit. Es geht darum, mit einer höheren Beständigkeit der privaten oder beruflichen Beziehung rechnen zu können.

Bei der Kommunikation mit Mitarbeitern wie mit einzelnen Klienten sollten also immer möglichst viele positive Bemerkungen fallen. Wenn Sie das üben möchten, gibt es dafür folgende Standardeinleitungen, die nahezu sicher eine positive Bemerkung nach sich ziehen:

- *Ich finde es gut,* dass Sie die Medikamente regelmäßig einnehmen!
- *Es gefällt mir,* wenn Sie die Verwaltungsarbeiten so selbstständig erledigen!
- *Es ist richtig,* dass Sie sich noch einmal über die Alternativen informieren.
- *Es ist schön,* dass Sie mich daran erinnern.
- *Ich freue mich,* dass Sie mit meinem Rat vom letzten Mal zufrieden sind!

## Selbst- und Fremdwahrnehmung

Es kann manchmal schwer sein, sich selbst und andere korrekt wahrzunehmen. Die Aufgabe, etwas in *sich* zu *fühlen,* fällt in der Tat vielen Menschen nicht leicht. Dabei kann folgendes Schema helfen [110]:

- Am Anfang steht eine *Beobachtung/Beschreibung* ohne Bewertung.
- Es folgt das eigene *Gefühl.*
- Es folgt das eigene *Bedürfnis.*
- Es folgt der eigene *Wunsch.*

Ein Beispiel: Wenn ich lese, wie viele Menschen täglich arbeitslos werden, …

- … dann fühle ich Angst in mir,
- … weil ich gerne sicher sein möchte
- … und bis zu meinem 65. Lebensjahr in meinem Beruf tätig sein will.

Sich in andere einzufühlen läuft genauso ab: Sie haben gerade von Ihrem Freund erfahren, dass sich seine Frau mit ihrer Mutter überworfen hat:

- *Beobachtung/Beschreibung:* Jetzt, wo du weißt, dass deine Frau sich mit ihrer Mutter heftig gestritten hat,
- *Gefühl:* … sorgst du dich,
- *Bedürfnis:* … weil du deine Schwiegermutter besonders schätzt?
- *Wunsch:* Wirst du deshalb versuchen, zwischen beiden zu vermitteln?

Der andere sollte die Richtigkeit Ihrer Äußerung bestätigen oder korrigieren. Wenn Sie nicht stur, aber immer wieder nach dieser Reihenfolge vorgehen, verbessern sich die kommunikativen Fähigkeiten ganz nebenher.

# Gefühle ausdrücken

Burnout bekommen Menschen in Berufen, die nach „Objektivität" verlangen; objektiv steht scheinbar im krassen Widerspruch zu einer beruflichen Zweierbeziehung. Sie sollte angeblich objektiv sein, ist in der Tat jedoch das Gegenteil von ihr – nämlich höchst subjektiv, da es ausschließlich subjektive Beziehungen von Mensch zu Mensch gibt. Teilweise wird versucht, die „Objektivität" durch eine Fachsprache zu erreichen; diese hält von Gefühlen fern. Wer das lange Zeit praktiziert und damit einschleift, verschärft seine innere Distanz auch zu sich selbst. Wir werden zudem in aller Regel von klein auf trainiert, außenorientiert zu leben: Was halten die anderen (was anfangs die Eltern sind) für richtig von dem, was ich tue oder sage? Damit werden wir von unseren Gefühlen abgeschnitten statt mit ihnen verbunden.

Wenn wir sagen: „Ich habe das Gefühl, hier übers Ohr gehauen zu werden", ist das kein Gefühl, sondern etwas, das wir denken. Wenn wir wirklich ein Gefühl ausdrücken, verzichten wir auf [110]

- Wörter wie dass, wie oder als ob (ich fühle mich *wie* Superman),
- Pronomen wie ich, sie, er, es, ihr, sie (ich habe das Gefühl, *es* funktioniert nicht)
- Namen oder Hauptwörter, die sich *auf Menschen beziehen* (ich habe das Gefühl, *meine Mitarbeiter* hören nie zu).

Sätze wie
- „Ich fühle mich als Lehrer enttäuscht von mir selbst" oder
- „Ich fühle mich als Lehrer frustriert über die desinteressierte Haltung der Schüler"

drücken hingegen Gefühle aus.

---

**Test: Gefühle ausdrücken**

Vielleicht möchten Sie testen, ob Sie erkennen können, welche der folgenden Aussagen wahrscheinlich Gefühle ausdrücken.

|  | Gefühl | Kein Gefühl |
|---|:---:|:---:|
| 1. Ich habe Lust, Dir eine runterzuhauen. | ❏ | ❏ |
| 2. Du bist widerlich. | ❏ | ❏ |
| 3. Ich habe das Gefühl, du bist sauer auf mich. | ❏ | ❏ |
| 4. Wenn du mich so links liegen lässt, dann fühle ich mich missachtet. | ❏ | ❏ |
| 5. Ich fühle mich ausgenutzt. | ❏ | ❏ |
| 6. Ich bin traurig, dass du nicht zum Konzert mitkommst. | ❏ | ❏ |

|                                                              | Gefühl | Kein Gefühl |
|--------------------------------------------------------------|--------|-------------|
| 7. Ich habe ein richtig gutes Gefühl bei dem, was du gerade sagst. | ☐ | ☐ |
| 8. Ich freue mich, dass du uns besuchen kommst. | ☐ | ☐ |
| 9. Ich fühle mich verlassen. | ☐ | ☐ |
| 10. Ich bekomme Angst, wenn du das tust. | ☐ | ☐ |

## Auswertung

**Die Aussagen 6, 7, 8 und 10** drücken Gefühle aus.

**Aussage 1** beschreibt einen Wunsch. Das Gefühl dahinter könnte lauten: Ich bin stinksauer auf dich.

**Aussage 2:** Widerlich ist kein Gefühl. Es drückt eher aus, was über die andere Person gedacht wird. Es handelt sich also um eine Behauptung, die ganz beim anderen bleibt. Die es ausdrückende Person kommt gar nicht vor. Ein Gefühl könnte so ausgedrückt werden: Ich fühle mich von deinem Äußeren angeekelt.

**Aussage 3:** „Sauer *sein*" sagt schon, dass es sich darum dreht, was der Sprecher glaubt, wie der andere ihn werten könnte. Zudem wird hier eher eine Frage gestellt. Das Gefühl hinter dieser Aussage könnte lauten: Ich habe Angst, verlassen zu werden.

**Aussage 4:** Missachtung drückt wohl eher aus, was der Sprecher zu bekommen befürchtet – eben Missachtung. Das dahinter liegende Gefühl könnte lauten: Wenn Du mich nicht einlädst, fühle ich mich einsam.

**Aussage 5:** Ausnutzung ist wohl kein Gefühl. Es drückt eher aus, was befürchtet oder vermutet wird, das einem angetan wird. Ein Gefühl könnte so ausgedrückt werden: Ich bin ärgerlich. Oder: Ich fühle mich nicht gemocht.

**Aussage 9:** Hier wird ausgedrückt, wie der Sprecher über seine Situation denkt oder das Weggehen eines Menschen bewertet. Gefühle könnten so ausgedrückt werden: Ich fühle mich einsam.

Wenn Sie näher an Ihre Gefühle herankommen möchten, können Sie bei Ihrer Sprache anfangen. Lernen Sie, Ihre Gefühle auch sprachlich auszudrücken und nicht nur Ihre Gedanken oder das, was Sie über Gefühle denken, zu nennen. Tabelle 4-13 gibt Ihnen Hinweise für einen Gefühlswortschatz [nach 110]; auf der einen Seite stehen Wörter, die unsere gefühlte Zufriedenheit ausdrücken, auf der anderen solche, die ein gegenteiliges Gefühl benennen.

**Tab. 4-13** Gefühlswortschatz (kleine Auswahl)

| Unsere Bedürfnisse werden befriedigt | Unsere Bedürfnisse werden nicht befriedigt |
|---|---|
| • angeregt | • ängstlich |
| • ausgeglichen | • ärgerlich |
| • begeistert | • angespannt |
| • belebt | • ausgelaugt |
| • bewegt | • bedrückt |
| • energiegeladen | • deprimiert |
| • entlastet | • einsam |
| • entschlossen | • enttäuscht |
| • ergriffen | • ermüdet |
| • erstaunt | • erschöpft |
| • friedlich | • erstarrt |
| • gelassen | • geladen |
| • glücklich | • gelähmt |
| • kraftvoll | • leer |
| • leicht | • müde |
| • neugierig | • nervös |
| • selbstsicher | • niedergeschlagen |
| • unbeschwert | • schwer |
| • vergnügt | • sorgenvoll |
| • zufrieden | • verärgert |
| • zuversichtlich | • verbittert |

## Bitten lernen

Wenn uns jemand um etwas bittet, gibt es in der Regel zwei mögliche Reaktionen: Entweder erfüllen wir die Bitte gerne und so gut wir können oder die Bitte verursacht Unbehagen, weil wir sie als Befehl oder Pflicht empfinden. Was andere tun und sagen, steht nicht in unserer Macht. Aber wir selbst können lernen, richtig zu bitten. Das kommt uns in beruflichen und privaten Situationen zugute. Deshalb im Folgenden einige Regeln für gute Bitten [93]:

- Wählen Sie für das Gespräch einen Raum und eine Zeit, die der Person, die Sie um etwas bitten wollen, gut passt.
- Beschränken Sie sich und den Inhalt Ihrer Bitte auf das, was Sie wirklich wollen. Entschlacken Sie also Ihre Bitte weitgehend und drücken Sie sie so exakt wie möglich aus.
- Drücken Sie Ihre Bitte so aus, dass sie sich Ihr Gegenüber merken kann.
- Bleiben Sie bei sich, nutzen Sie Ich-Botschaften.
- Vermeiden Sie jeden Schuldvorwurf im Zusammenhang mit Ihrer Bitte.
- Orientieren Sie sich an den Fakten und bleiben Sie soweit möglich dabei.
- Nutzen Sie eine wenig fordernde, ruhige Stimme.
- Vermeiden Sie verknüpfende Bedingungen (wenn … dann …)
- Versuchen Sie, Ruhe und Sicherheit auszustrahlen, sodass Ihr Gegenüber spürt, das wollen Sie wirklich. Körpersprachlich unterstützen Sie es, indem Sie aufrecht sitzen oder stehen, Augenkontakt halten, die Arme möglichst nicht verschränken, die Beine nicht übereinanderschlagen, genug Abstand wahren und zugleich nahe genug sind, klar und deutlich sprechen, auf keinen Fall jämmerlich oder bedauernswert auftreten. Wenn Sie diese vielen Hinweise nicht gleich umsetzen können, üben Sie vor einem Spiegel.
- Wenn es Vorteile für den anderen hat, Ihre Bitte zu erfüllen, können Sie das kurz erwähnen.

## Lob

Komplimente sind auch ein zweischneidiges Schwert. Man kann sich dagegen nicht wehren, sobald sie ausgesprochen sind – und derjenige, der sie einem gibt, beschenkt sich selbst damit, weil er sich über den Belobigten stellt. Lob und Komplimente können nur geäußert werden, wenn zuvor bewertet wurde. Bewertungen finden hierarchisch von oben statt, nicht von unten. Deshalb gibt es eher selten einen kleinen Angestellten, der seinem Chef auf die Schulter klopft und ihn lobt.

Lob, das nicht manipulativ eingesetzt wird oder werden kann, kommt vor, ist jedoch selten. Dennoch ist Lob das beste Düngemittel für Freude, Verbundenheit und persönliches Wachstum. Wer lobt, sollte die folgenden Kriterien beachten:

- An erster Stelle muss es ehrlich und aufrichtig sein.
- Dann kann es auch nicht überdosiert werden.
- Es muss fundiert sein.
- Es wird als Pflichtaufgabe einer Führungskraft beschrieben.
- Es muss ausgesprochen werden.

Bevor Sie öffentlich loben, sollten Sie sich fragen, ob das Ihrem Gegenüber angenehm ist. Öffentliches Lob kann verlegen machen. Gleichwohl zeigen Untersuchungen, dass Lob am besten wirkt und am meisten bewirkt, wenn Sie es nicht im Vier-Augen-Gespräch äußern, sondern vor anderen, so es der Inhalt zulässt. Besonders effektiv wirkt Lob, wenn Sie die *Fähigkeiten* des Gelobten dabei inhaltlich ins Zentrum stellen.

## Selbstschutz

Eine offene Gesprächsatmosphäre, in der gesagt und gefragt werden kann, was die Gesprächspartner mögen, ist grundsätzlich gut. Es gibt aber eine Ausnahme von dieser Regel der Offenheit, die bei drohendem Burnout zum Selbstschutz genutzt werden kann: Wer beispielsweise als Krankenschwester oder -pfleger, Arzt, Lehrer oder Sozialarbeiter an seinen Grenzen angelangt ist, sollte auf Fragen verzichten, die im Klienten vielleicht Schmerzen erzeugen oder dem anderen Probleme bewusst machen. Denn jeder darf sich selbst schützen. In solchen Momenten sollten also beispielsweise folgende Fragen vermieden werden:

- „Wie fühlen Sie sich jetzt?"
- „Wie lange besteht das Problem schon für Sie?"
- „Haben Sie irgendwelche Schwierigkeit mit …?"
- „Haben Sie schon einmal darüber nachgedacht, ob Sie vielleicht eine falsche Entscheidung getroffen haben?"

Damit werden psychische Hintergründe erfragt, die für den *Fragenden* belastend wirken können, wenn er selbst bereits belastende psychische Hintergründe hat. Dann ist folgendes Vorgehen besser:
- Signalisieren Sie Verständnis, ohne zu intensiv einzusteigen:
  - „Ja, das verstehe ich."
  - „Das ist wohl üblich so."
  - „Das macht Sinn."
Auf solche Bemerkungen fällt es erfahrungsgemäß eher schwer, noch tiefer gehend einzusteigen.
- Wiederholen Sie die Worte Ihres Gesprächspartners mit Ihren eigenen Worten *und* einer sofort anschließenden bzw. abschließenden Frage:
  - „Sie sagten gerade, dass … Ich denke, mir ist damit die Frage/das Problem klar."
  - „Wenn ich kurz zusammenfassen darf, ist es so und so für Sie. Das kann ich gut verstehen. Vielleicht sollten Sie einmal …"
- Antworten Sie lösungsorientiert, wenn nicht gar lösungsfokussiert:
  - „Ich habe das Empfinden, das Ganze hat Sie sehr frustriert. Damit das in Zukunft nicht mehr geschieht, könnten Sie so und so vorgehen."
  - „Dass … geschah, sollte wohl nicht wieder vorkommen. Deshalb kann es sinnvoll sein, … zu tun."

## Standpunkt wechseln

In einer angespannten Situation, beispielsweise während eines Streitgesprächs, kann es nutzbringend sein, innerlich den eigenen Standpunkt kurz aufzugeben und sich in den des anderen hineinzuversetzen. Das kann auch mehrfach hintereinander geschehen. Wenn wir einige Male konsequent den Standpunkt wechseln, können wir feststellen, dass nicht nur wir selbst recht haben, sondern der andere auch – bei Meinungsverschiedenheiten kann dies sogar *zeitgleich* so sein.

Das war einer der Gründe, weswegen im buddhistischen Rechtswesen (im Gegensatz zu unserem heutigen westlichen Rechtsverständnis) mehrere Lösungen für die Schuldfrage (die eine Recht-haben-Frage ist) existierten, Tetralemma (vierteilige Annahme) genannt. Konkret konnte dort der eine recht haben *oder* der andere, genauso aber *weder* der eine *noch* der andere und *sowohl* der eine *als auch* der andere.

Der folgende Dialog zeigt ein Beispiel, wie während eines Gesprächs der Standpunkt gewechselt werden kann – und wie sich das auswirkt:

Stellen Sie sich vor, Ihr Partner hat Ihnen das letzte Stück Torte weggegessen. Sie sind enttäuscht, Sie hatten sich seit Stunden darauf gefreut.

*Sie sagen:* Warum hast du das letzte Stück Torte gegessen? Ich finde das gemein!

*Ihr Partner sagt:* Weil ich das im Kühlschrank zufällig gesehen habe. Ich fand, es sollte nicht vergammeln.

Nun wechseln beide den Standpunkt.

*Sie sagen:* Ich habe das zufällig im Kühlschrank gesehen. Ich fand, es sollte nicht vergammeln.

*Ihr Partner sagt:* Ich habe das letzte Stück Torte gegessen. Ich finde das gemein!

Nun spüren Sie sich ein in das, was Sie gerade gesagt haben – und Ihr Partner ebenso. Versuchen Sie dabei, den Standpunkt des anderen ohne Abstriche einzunehmen. Wer hat recht? Vielleicht geht Ihre Unterhaltung deshalb so weiter:

*Sie sagen:* Na ja, ich kann schon verstehen, dass du das Stück Torte gegessen hast, damit es nicht vergammelt.

*Ihr Partner sagt:* Na ja, ich kann schon verstehen, dass du dich so auf das Stück Torte gefreut hast. Dann kannst du das schon als gemein empfinden, dass ich es gegessen habe.

---

**Übung: Den Standpunkt des anderen annehmen**

Bitte üben Sie zunächst im privaten Rahmen.

Wenn Sie das nächste Mal eine kleine Meinungsverschiedenheit, beispielsweise mit Ihrem Partner, haben, nutzen Sie den abgedruckten Dialog als Leitfaden. Dabei ist es wichtig, über den Satzbeginn *Ich finde* das eigene Gefühl und/oder die eigene konkrete Meinung auszudrücken.

Der „Switch" und Ihre Gefühle dabei sind das entscheidende: Wie fühlt sich die Position des anderen bei sich selbst an?

## Ausschlag

Ein ungefragter Ratschlag ist ein Schlag. Sie bauen damit ein Gefälle auf – und zwar so, dass Sie selbst *über* dem anderen stehen. Das ist eine Wirkungsparallele von Lob und Ratschlag. Vielen ist nicht klar, wie oft sie *Rat-Schläge* erteilen. Indizien dafür sind folgende Satzanfänge:

- Ich meine …
- Ich glaube …
- Ich finde …
- Sie sollten …/Du solltest …
- Warum haben Sie denn nicht …/Warum hast Du denn nicht …
- Denken Sie doch darüber nach …/Denk doch darüber nach …
- Aber so ist das nicht, sondern …
- Ist doch alles nicht so schlimm …

Sind Ratschläge deshalb verboten? Nein, sie sind aber nur erlaubt, wenn Sie darum gebeten werden. Und Sie sollten nicht oben genanntes Gefälle aufbauen, sondern auf dem Niveau des Fragenden bleiben.

## Pseudo-Konfliktlösungen

Wenn es Ungereimtheiten gibt, etwas, das sich auf die Schnelle nicht klären lässt, neigt der Mensch zu Scheinlösungen. Tabelle 4-14 zeigt exemplarisch, wie einfallsreich der Mensch dabei ist.

## Sprachliche Grenzüberschreitungen

Sprache kann als Schwert eingesetzt werden. Auch wenn dieses Schwert in der Regel unsichtbar bleibt, trifft und verletzt es den Gegner. Wenn Sie dies unterlassen und lieber einfühlsam sprechen möchten, verzichten Sie auf Grenzüberschreitungen in der Sprache (Tab. 4-15).
In der sprachlichen Eigenverantwortung zu bleiben und dabei die Grenzen des anderen zu wahren, kann schwer sein. Die beste Methode, sich heranzutasten, ist, sich ein einziges Thema vorzunehmen und dieses erst einmal bewusst anzuwenden.

## Bei sich bleiben

Viele Menschen sehen die Ursache für ihre Gefühle im Verhalten der anderen:

- „Ich werde depressiv, weil du dich wochenlang nicht gemeldet hast."
- „Mir kann es nicht besser gehen, weil der Arzt mir kein neues Medikament gegeben hat."

**Tab. 4-14** Möglichkeiten, Konflikte nur scheinbar zu lösen

| Inhalt | Bedeutet auch |
|---|---|
| Tolerieren | • zu viel Verständnis<br>• Verzicht auf eigenen Standpunkt |
| Bagatellisieren | • etwas nicht ernst nehmen („Nichts wird so heiß gegessen, wie es gekocht wird") |
| Instrumentalisieren | • unberechtigte Vorteilnahme („Wenn ich den Konflikt zuspitze, erreiche ich auf der anderen Seite wahrscheinlich Folgendes …") |
| Ignorieren | • Ablehnung der Eigenverantwortung („Was ich nicht weiß, macht mich nicht heiß") |
| Resignieren | • Aufgabe von Chancen („Es ist einfach aussichtslos", „Hier kann man nichts machen") |
| Rationalisieren | • falscher Verzicht auf Gefühle, Selbstbeschneidung („Kommen wir auf den Boden der Tatsachen zurück …") |
| Verdrängen | • Verlust von Klarheit („Das geht mich sowieso nichts an") |
| Regredieren | • das Kleinkind aufleben lassen (Weinen, Schreien, Weglaufen) |

**Tab. 4-15** Sprachliche Grenzüberschreitung

| | |
|---|---|
| **Verbessern** | Das Ganze lief doch völlig anders ab. |
| **Belehren** | Wahrscheinlich ist das gar nicht so schlimm für dich. Stell Dir vor, wenn … |
| **Geschichten erzählen** | Das erinnert mich daran, wie bei mir … |
| **Über den Mund fahren** | Komm, so schlimm ist das doch nicht. Sieh das einfach locker. |
| **Verhören** | Was haben Sie denn gemacht, bevor es schlimmer wurde?[1] |
| **Erklärungen abgeben oder beleidigt reagieren** | Wenn Du mich gefragt hättest, dann … |
| **Trösten** | Das kann jedem mal passieren. |
| **Bemitleiden** | Das ist ja ganz schlimm, du Armer … |
| **Noch eins draufsetzen** | Das ist ja noch harmlos. Was ich neulich erlebt habe … |

[1] Ärzte, Heilpraktiker, Anwälte und andere verhören von Berufs wegen.

Damit wird anderen die Verantwortung für und die Macht über unsere Gefühle gegeben. Die bessere Lösung wäre:

- „Ich wünsche mir, dass Du mich anrufst. Ich habe das Gefühl, nicht genügend beachtet zu werden."
- „Ich fühle mich ohne Hoffnung, wenn der Arzt auf meinen Wunsch nach einer Änderung der Behandlung nicht eingeht."

*Die Ursache unserer Gefühle sind unsere Bedürfnisse und nie das Verhalten der anderen.* Deren Taten und Worte sind allenfalls Auslöser, die uns auf unsere Bedürfnisse hinweisen. Der spürbare Unterschied wird über die gewählten Worte erreicht: In den verträglicheren Formulierungen wird *immer* auf das „weil Du …" und *grundsätzlich* auf das „weil" verzichtet. Die Sprache bleibt bei Ihnen: *Ich* habe das Gefühl, denn *ich* …

## Angriffe sind unerfüllte Bedürfnisse

Ein Angriff ist der missglückte Versuch, ein unerfülltes Bedürfnis auszudrücken. Wenn Sie von Ihrem Gesprächspartner dauernd Vorwürfe hören, Bewertungen, Schuldzuweisungen, Zwänge, Drohungen oder versteckte Angriffe zu erkennen meinen, dann ist das meistens ein missglückter Versuch des anderen, ein unerfülltes Bedürfnis auszudrücken. Wir können davon ausgehen: Je aggressiver der Tonfall eines Menschen wird, umso mehr Angst wirkt in ihm. Das Beste ist, Ihrem Gesprächspartner zu helfen. Versuchen Sie sich einzufühlen und wandeln Sie sein unerfülltes Bedürfnis in eine Bitte um. Ein Beispiel:

> „Du lässt dich überhaupt nicht auf mich ein!"
> „Was meinst du konkret?"
> „Jeden Abend kommst du Stunden nach mir ins Bett."
> „Du meinst, ich soll gleichzeitig mir dir schlafen gehen?"
> „Nein, du kannst arbeiten, so viel du willst."
> „Was stört dich dann daran?"
> „Dass wir nicht mehr miteinander kuscheln."
> „Dir fehlt also unsere Zärtlichkeit?"
> „Ja."

## Umgang mit schwierigen Situationen

Für die Entschärfung von Situationen gibt es eine grundsätzliche Regel, nämlich auf ein verbotenes Wort zu verzichten: auf das *Aber*. *Aber* bedeutet Konfrontation und damit eine Verschärfung der Situation, denn es bedeutet *Nein*. Kommunikation hat viele Aufgaben, beispielsweise Stress oder Anspannung aus der aktuellen Situation zu nehmen [2]. In einem Gespräch ist es wichtig, den *Standpunkt* und das *Gefühl* des Gesprächspartners zu spiegeln, zum Beispiel mit einem Satz wie: „Das zu hören muss unangenehm sein."

Wenn Sie mit einer *Frage überfordert* sind, können Sie so Zeit gewinnen: „Gerne beantworte ich Ihre Frage. Aber ich möchte sicher sein, dass ich Sie richtig verstanden habe. Können Sie mir noch ein wenig mehr erzählen, worüber Sie gerade jetzt nachdenken?" Sie können auch fragen: „Ich möchte konkret wissen, wie detailliert Sie nun informiert werden möchten."

Wenn Sie etwas *Unangenehmes* sagen mussten, können Sie Verständnis und Anteilnahme dadurch ausdrücken, dass Sie nachfragen [2]: „Bitte sagen Sie mir, was das alles nun für Sie bedeutet und wie Sie es verstanden oder aufgenommen haben."

Beachten Sie dabei Ihre eigene Zeit. Wenn Sie wenig Zeit haben, empfiehlt sich das eben beschriebene Vorgehen nicht, da durch eine solche Frage romanartige Antworten ermöglicht werden. Wenn Sie hingegen zeitlich unabhängig sind, geben Sie damit Ihrem Gegenüber die Chance, sich zu zeigen.

Es ist wichtig, dass Sie und Ihr Gesprächspartner mit dem Gespräch am gleichen Ziel arbeiten. Das können Sie mit Fragen kontrollieren wie: „Unser Ausgangspunkt war ja … Was ist jetzt Ihr Ziel, weswegen Sie hier sitzen?"

Wichtig ist für Sie vielleicht auch, in welchem persönlichen oder beruflichen Zusammenhang das Gespräch stattfindet. Wenn Sie es nicht wissen, fragen Sie nach, ohne Ihre Grenze zu überschreiten, zum Beispiel: „Es würde mir helfen, etwas mehr über Ihre private Situation zu erfahren. Möchten Sie mir dazu etwas sagen?"

# Dyadenkompetenz mit dem Körper

## Spiegeln

Wenn Sie sich mehr in einen anderen einfühlen oder ihm nonverbal signalisieren möchten, dass Sie ihn verstehen, dann spiegeln Sie ihn. Das bedeutet, Sie nehmen seine Sitzhaltung ein, atmen in seinem Rhythmus, verbinden seine Gestik mit Ihrer, trinken zur gleichen Zeit, spiegeln seine Sprache (z. B. will ein visueller Typ visuell angesprochen werden; s. Abschnitt Welche Sprache wir sprechen, S. 202), wenn es Ihnen möglich ist, auch den Ausdruck seiner Stimme. Es dauert – je nach Abwehrhaltung des anderen – einige Minuten oder auch etwas länger, bis Sie merken, dass Sie nun mit ihm parallel sind. Die gleiche Form führt zu einem ähnlichen Inhalt, deshalb läuft ab diesem Moment das Gespräch meistens runder und wird als verständnisvoller empfunden.

Auch andersherum funktioniert es: Wenn Sie feststellen, Ihr Gegenüber folgt Ihnen, wenn Sie Ihre Haltung ändern, etwas trinken, die Hand zum Kinn führen usw., können Sie sicher sein, Rapport zu haben. Das bedeutet eine Form von Einklang.

## Die Augen

Wenn Sie mit jemandem sprechen, können Sie auf dessen Augenbewegungen achten. Sie können daran erkennen, ob er konstruiert oder erinnert, ob er gerade etwas fühlen möchte (oder muss) oder sich an einen Spruch erinnert usw. Ich verzichte hier völlig auf die theoretischen Hintergründe des Neuro-Linguistischen Programmierens (NLP) und nenne Ihnen einfach das Ergebnis vieler Untersuchungen [29]. Zunächst können Sie die folgenden Hinweise im Selbsttest vor dem Spiegel oder mit einer Videoaufnahme erproben und später durch Beobachtung bei anderen vielleicht gute Rückschlüsse ziehen (Tab. 4-16). Je nachdem, wohin der Mensch schaut, werden andere Gehirnregionen aktiviert und andere Informationskanäle genutzt.

# Bewertungen erkennen und managen

*Es ist fast unmöglich, sich selbst oder andere zu schätzen, wenn man ständig bewertet.* Virginia Satir

*Jenseits von richtig und falsch liegt ein Ort. Dort treffen wir uns.* Rumi (1207–1273)

Wir lassen dem anderen seine Grenzen und seine Freiheit, wenn wir weder zustimmen noch loben (s. Abschnitt Lob, S. 208), nicht ablehnen und auch nicht vergleichen. Ein Vergleich ist immer eine Bewertung und damit eine Verurteilung, selbst wenn er positiv ausfällt. Zu beobachten ohne zu bewerten wurde auch als die höchste Form der menschlichen Intelligenz bezeichnet [in 110].
Es gibt Berufe wie Ärzte, Lehrer und Richter, die fortgesetzt unter scheinbar objektiven Kriterien werten müssen. Gut wäre es, wenn sie es beim Beobach-

**Tab. 4-16** Was Augen verraten

| Ihre Ziele | Ihre Augenbewegung |
| --- | --- |
| Sie wollen … | Sie schauen nach … |
| • (innere) Bilder sehen | • oben |
| • Bilder erinnern | • oben links |
| • Bilder konstruieren | • oben rechts |
| • besser (ein)fühlen | • unten rechts |
| • mit sich selbst reden | • unten links |
| • etwas Gehörtes konstruieren | • horizontal rechts |
| • etwas Gehörtes erinnern | • horizontal links |

ten belassen würden. Denn *objektiv* existiert nicht, weil die Wahrheit immer im Außen ist und nicht im Menschen. Im Innen ist die Wirklichkeit. Berufe, die kontinuierlich mit Wertung zu tun haben, und zwar mit Wertung des anderen, seiner persönlichen Fehl-/Leistung und der seines Körpers, sind prädestiniert für Burnout. Andere, für Burnout anfällige Berufe haben sich die stetige Erfüllung von vorhandenen oder auch nicht vorhandenen Bedürfnissen anderer auf ihre Fahnen geschrieben.

Ein Beispiel: Im zeitlichen Rahmen der Fertigstellung dieses Buches bewirbt eine wirklich große deutsche Fluggesellschaft ihre Leistungen in ganzseitigen Anzeigen mit folgenden Sätzen:

- Über 52 Millionen Fluggäste im Jahr. Und ein Lächeln für jeden Einzelnen.
- Für das Gefühl, bestens aufgehoben zu sein. Alles für diesen Moment.

Zugleich unerfüllbar und eine Basis für Burnout. Es werden Bedürfnisse der Passagiere vorgegeben, die vielleicht so gar nicht existieren.

Wie fühlen Sie sich, wenn Ihr Partner sagt: „Du warst heute mal wieder zu faul, das Geschirr abzuspülen." Und wie bei folgendem Satz: „Du hast das Geschirr heute nicht abgespült." Wie fühlen Sie sich bei: „Wenn Sie Ihre Arbeit weiterhin nicht ernst nehmen, dann ..." im Vergleich zu: „Sie sind in dieser Woche zweimal 20 Minuten zu spät gekommen." So wie Ihnen geht es wohl fast jedem: Die Konfrontation mit einer reinen Beobachtung löst schon einiges aus, aber Sie fühlen sich nicht unbedingt angegriffen. Die Bewertung ändert sofort den Aussagecharakter in einen Angriff und drängt Sie in die Abwehr. Ihre Abwehr äußert sich dann als Verteidigung oder als Gegenangriff.

Keiner will gerne bewertet werden, auch nicht scheinbar positiv, denn auch positive Bewertungen können Stressgefühl erzeugen. Erst einmal sind sie uns angenehm, in uns kann dennoch das Gefühl entstehen, beobachtet und ungerechtfertigt oder ungefragt bewertet zu werden. Auch Angst, irgendwann das gelobte Niveau nicht mehr halten zu können, ist möglich.

Verzichten Sie deshalb so weit wie möglich auf Bewertungen und belassen Sie es bei einer Beobachtung. Das entlastet jedes Gespräch und ermöglicht Ihnen viel mehr Freiheiten. Jede Bewertung baut ein Gefälle zwischen Ihnen und dem Bewerteten auf. Das ist ein häufiges Kommunikationshindernis. Wenn Sie auf Bewertungen verzichten, kann Ihre Art des Umgangs mit anderen als viel vertrauenswürdiger, angenehmer und liebevoller empfunden werden.

Früher war die ununterbrochene Bewertung lebensnotwendig (Freund, Feind, Angriff). Aber heute kommen selten gefräßige Raubtiere direkt auf uns zu. Allenfalls zur Einschätzung des Straßenverkehrs (kann mich schädigen, kann es nicht) brauchen wir die kontinuierliche Bewertung – auch das macht das Autofahren so archaisch.

## Drei Alltagsbeispiele

1. Wer kennt die Situation nicht: Sie fahren auf der Autobahn und überholen mit 150 km/h einen Laster. Hinter Ihnen taucht ein Raser und Drängler

auf, der Ihnen Angst macht. Oder Sie fahren in der Stadt, erblicken einen Parkplatz, jemand drängelt sich vor. Sie bekommen den Parkplatz nicht. Es gibt viele Situationen im Leben eines Autofahrers, in denen er meint, urteilen zu müssen. Versuchen Sie in solchen Situationen das Verhalten des anderen zu akzeptieren, wie es ist. Sie werden ihn nicht erziehen. Vielleicht will er auf diese gefährliche Weise seine Wut loswerden, ist krank, muss ins Krankenhaus, was auch immer.

2. Denken Sie einmal an einen Menschen öffentlichen Interesses, den Sie am wenigsten mögen [93]. Es ist gleich, an wen Sie persönlich dabei denken. Stellen Sie sich nun vor, was Sie alles an ihm nicht mögen, aber Sie sollten ehrlich sein. Seine Entscheidungen, sein Äußeres, seine Art? Machen Sie sich nun klar, dass seine Überzeugungen, seine Handlungen und tatsächlichen oder vorgegebenen Werte wahrscheinlich die *ihm einzig möglichen* sind.

3. Setzen Sie sich in ein Straßencafé und lassen Sie die Menschen an sich vorbeiziehen. Sicher gibt es den einen oder anderen mit einer ungewöhnlichen Frisur, mit ungewöhnlichen Schuhen oder merkwürdiger Kleidung. Sagen Sie sich dann (statt weiter zu werten): Damit drückt sich sein Inneres aus, und das ist so in Ordnung. Es ist das leben und leben lassen, das ich bin o. k. und du bist o. k.

## Bewertung und Beobachtung

Oft fällt es schwer, eine Bewertung als solche zu erkennen. Wir meinen, nur eine klare *objektive* Beobachtung zu äußern. Diese entpuppt sich jedoch bei genauer Betrachtung als Bewertung, mit all den ungewollten Folgen.

---

**Test: Bewertung oder Beobachtung**

Sie lesen nun zehn Aussagen [nach 110]. Entscheiden Sie zügig, bei welcher es sich um eine Bewertung (also ein Urteil) handelt und bei welcher um eine nicht wertende Beobachtung.

| | Bewertung | Beobachtung |
|---|---|---|
| 1. Mein Vater war gestern ohne jeden Grund wütend auf mich. | ☐ | ☐ |
| 2. Michael ist brutal. | ☐ | ☐ |
| 3. Meine Schwester klagt immer, wenn ich mit ihr telefoniere. | ☐ | ☐ |
| 4. Gestern Abend hat mein Sohn beim Fernsehen in seiner Nase gebohrt. | ☐ | ☐ |
| 5. Meine Mutter ist ein guter Mensch. | ☐ | ☐ |

|  | Bewertung | Beobachtung |
|---|---|---|
| 6. Meine Tochter wäscht sich oft nicht die Haare. | ❑ | ❑ |
| 7. Wilhelm hat mich gestern während der Besprechung nicht nach meiner Meinung gefragt. | ❑ | ❑ |
| 8. Elisabeth arbeitet zu viel. | ❑ | ❑ |
| 9. Manuela war in dieser Woche jeden Tag die Erste in der Kantine beim Mittagessen. | ❑ | ❑ |
| 10. Kurt hat zu mir gesagt, rot steht mir nicht besonders. | ❑ | ❑ |

**Auswertung**

Welche Sätze haben Sie als reine Beobachtungen erkannt? Es sind die Sätze 4, 7, 9 und 10.

Satz 1 enthält gleich zwei Bewertungen: „ohne jeden Grund" und „wütend". Beispielsweise könnte der Vater etwas bemerkt haben, was Sie vor zehn Jahren getan haben und schon lange abgehakt hatten. Dann wäre seine Handlung nicht grundlos. Sie wissen auch nicht, ob die geäußerten Emotionen eher traurig, verletzt oder wie auch immer gewesen sind. Sie glauben es allenfalls zu wissen.

Satz 2: „brutal", Satz 3: „klagt immer", Satz 5: „ein guter Mensch", Satz 6: „oft" und Satz 8: „zu viel" halte ich jeweils für Bewertungen. In Satz 10 wird zwar eine Bewertung („rot steht mir nicht besonders") beschrieben, die korrekte Widergabe dieses Satzes ist aber keine Bewertung.

**Das falsche Einmaleins**

**Übung: Eine Rechenaufgabe**

Was fällt Ihnen auf, wenn Sie folgende Gleichungen anschauen?

$4 + 4 = 8$

$7 + 6 = 13$

$20 - 15 = 5$

$2 + 3 = 5$

$18 - 8 = 17$

$6 + 6 = 12$

**Auswertung**

Wahrscheinlich haben Sie den Fehler bemerkt, also dass $18 - 8$ nicht 17 ergibt. Aber genauso gut hätte Ihnen auch bei jeder anderen Rechnung etwas auffallen können, zum Beispiel:

| | |
|---|---|
| $4 + 4 = 8$ | zwei gleiche Zahlen; identische Quersumme vor und nach dem Gleichheitszeichen |
| $7 + 6 = 13$ | Ergebnis ist eine sogenannte Unglückszahl |
| $20 - 15 = 5$ | einzige Subtraktionsaufgabe, die korrekt gelöst ist |
| $2 + 3 = 5$ | ausschließlich Primzahlen |
| $6 + 6 = 12$ | auch als $2 \times 6$ darstellbar; Ergebnis ist durch seine Quersumme teilbar |

Insgesamt hätte Ihnen auch auffallen können, dass immerhin fünf Aufgaben richtig gelöst sind. Uns fallen die *Fehler* auf; darauf sind wird trainiert [76]. In der Schule haben wir mehr als ein Jahrzehnt unsere Fehler rot angestrichen bekommen. Sie zogen stets unsere meist ungeteilte Aufmerksamkeit auf sich. Wir alle werden durch unser Bildungssystem darauf getrimmt, Fehler statt das *Wesentliche* zu erkennen: Aufgrund eines einzigen Fehlers sehen wir all die anderen bemerkenswerten Dinge nicht, so zum Beispiel auch nicht die zahlreichen guten Eigenschaften unseres Partners oder unseres Berufes. Ausschließlich oder vorrangig Fehler zu sehen, schmälert Ihr Vertrauen. Wenn Sie lernen möchten, mehr zu vertrauen, beginnen Sie, bei sich selbst und bei anderen das Wesentliche zu entdecken.

**Selbsttest**

Vielleicht mögen Sie jetzt einmal Ihre eigenen Bewertungen genauer anschauen.

---
**Test: Bewerten**

Bitte kreuzen Sie schnell, ehrlich und spontan an, ob Sie bei den entsprechenden Bereichen bewerten, gleich, ob bei sich selbst oder bei anderen.

**Ich bewerte:**

| | | | |
|---|---|---|---|
| Auto | ❏ | Urlaub | ❏ |
| Haus/Wohnung | ❏ | Hobby/s | ❏ |
| Einrichtung | ❏ | sozialer Rang | ❏ |
| Kleidung | ❏ | finanzieller Status | ❏ |
| Schmuck/Uhren | ❏ | gesellschaftlicher/sozialer Status | ❏ |
| Sprache/Dialekt | ❏ | Parteizugehörigkeit | ❏ |
| Körperhaltung | ❏ | Kirche/Religion | ❏ |
| Krankheiten | ❏ | psychische Probleme | ❏ |
| Mimik | ❏ | angeborene Störungen | ❏ |
| Körpergröße | ❏ | Kinder | ❏ |
| Geschlecht | ❏ | Lehrer/Erziehung | ❏ |
| Körperteile (Hände, Po, Bauch usw.) | ❏ | Leistungen/Leistungsbereitschaft | ❏ |
| Ideen/Visionen | ❏ | Sexualverhalten | ❏ |
| Beruf | ❏ | persönliche Eigenschaften | ❏ |
| berufliche Position | ❏ | persönliche Fähigkeiten | ❏ |
| Autofahren | ❏ | persönliche Einstellungen | ❏ |
| Partner | ❏ | | |

**Auswertung**

Sie können erkennen, ob und wie oft Sie bewerten. Meistens bewerten wir viel – und das auch noch fortwährend. Bei anderen wissen wir fast nie, welche Vorgeschichte im Detail zu genau dem führt, was wir nun meinen, bewerten zu können oder zu müssen. Selbst bei uns wissen wir es nicht unbedingt. Deshalb ist es besser, auf jegliche Bewertung zu verzichten. Darin liegt Ihre Chance: Es gibt Ihnen die Energie, offen und ohne *Vor-Urteile* sich selbst und anderen zu öffnen. Meistens werten wir nämlich etwas, das beim genauen Hinschauen einen nachvollziehbaren Grund hat oder was wir im tiefsten Inneren auch ohne Bewertung verstehen und annehmen können.

Mit dieser Erkenntnis allein ist noch nicht viel gewonnen. Wie gehen Sie konkret vor, um Ihre Bewertungen einzudämmen? Mit der Ein-Schritt-Methode: Sie hören auf damit. Vielleicht hilft Ihnen anfangs ein Partner dabei, den Sie bitten, Sie darauf aufmerksam zu machen, wenn Sie in der Bewertungskiste feststecken.

**Wozu bewerten?**

*Denken ist schwer, darum urteilen die meisten.* Carl Gustav Jung

Weshalb überhaupt Bewertungen? Was bringen sie? Bewertungen bieten eine Struktur und damit scheinbar Sicherheit im Außen, an der sich Menschen orientieren und festhalten. Aber es ist nur eine Scheinsicherheit.

■ **Bewertungen befriedigen ein Grundsätzliches des Menschen,** nämlich das Muster „Ich habe Recht", das sehr vielen Menschen innewohnt. Dadurch finden sie Selbstbestätigung. Etwas ist gut,
  ● weil ich genauso bin,
  ● weil ich dasselbe Ziel habe,
  ● weil ich gerne genauso wäre.
  Etwas ist schlecht,
  ● weil ich anders (besser) bin,
  ● weil ich nicht dasselbe Ziel habe,
  ● weil ich nicht gerne genauso wäre.
  Konkret führt das beispielsweise dazu, *sich selbst* besser zu fühlen oder einzuschätzen als den anderen. Denn wenn der andere „blöd" ist, impliziert das automatisch, dass ich es nicht bin. Noch markanter: Wenn andere im Gefängnis sitzen, dann bin ich unschuldig, da ich nicht drin bin.

■ **Bewertungen verhindern, im Hier und Jetzt zu sein:** Mit jeder Wertung begeben Sie sich automatisch in die Vergangenheit, weil Sie dafür etwas Vergangenes aktivieren müssen, um überhaupt vergleichen zu können. Wertungen verschieben damit sonst mögliche Gefühle und sorgen in diesem Sinn dafür, an vielen eigenen Gefühlen vorbeizuleben.

■ **Bewertungen sind oft der Ausdruck oder die Folge eines eigenen Lebens-musters:** So mag zum Beispiel hinter der Bewertung: „Der andere ist geizig" die Ansicht stehen: „Der andere gibt mir nichts." Und diese wiederum basiert vielleicht auf dem grundsätzlichen Lebensmuster: „Ich will *alles* haben."

## 4.6    Situationstoleranz (Stufe 6)

Mit der sechsten Stufe wechseln wir von den offiziellen Gründen für Burnout zu dessen „Geheimnissen", zu dem, was oft auch der einzelne Betroffene nur schwer erkennt oder zugeben mag. Deshalb kann es sein, dass die nun bis zur Stufe 9 folgenden Übungen erst einmal schwieriger erscheinen.

Burnout bedeutet, eine Situation als unerträglich zu empfinden und zugleich zu meinen, diese Situation weder verlassen noch ändern zu können. Burnout beinhaltet deshalb eine dreifache Bewertung: *nicht zu verlassen, unveränderbar* und *unerträglich*.

Wer meint, eine Situation nicht verlassen zu können, täuscht sich in aller Regel. Es liegt meistens daran, dass eine längere Zeit der *Preis* für das Verlassen als zu hoch eingeschätzt wird. Der Preis, an Burnout zu leiden, wird also eine gewisse Zeit als niedriger bewertet als die unerträglich empfundene Situation. Diese wird deshalb beibehalten.

Der Schlüssel zu einem erfüllten Leben ohne Burnout liegt jedoch darin, das Unveränderbare und das Unumgängliche zu wollen und dann das Gewollte zu lieben (frei nach F. Nietzsche [143]). Es ist der Weg vom „So ist es (leider)" zum „So will ich es (gerne)". In der Gewissheit zu leben, eine *innere Wahl* zu haben, bedeutet, es wollen zu dürfen und wollen zu können. Das nimmt dem Unveränderbaren den Schrecken.

Wenn wir Alternativen nicht sehen, nicht sehen wollen oder auch schlicht nicht können, bedeutet das noch lange nicht, dass sie nicht existieren [73]. Wenn wir diese Erkenntnisse missachten, sagen wir: „Nichts ändert sich, bis sich die Dinge ändern." Die ändern sich aber meistens zu langsam, wenn Burnout droht. Burnout ist deshalb die unmissverständliche Aufforderung, selbst zu Änderungen zu gelangen.

> Monika ist Ende 20 und seit mehreren Jahren für eine große Fluggesellschaft als Stewardess tätig. Sie fliegt hauptsächlich Kurzstrecken, damit sie abends wieder bei ihrer Familie sein kann. Zurzeit ist es besonders stressig, weil sie auf Strecken fliegt, die eine Stunde und weniger dauern. Das bedeutet, Essen und Trinken nach einem fast sekundengenauen Plan ausgeben zu müssen, weil in der Start- und Landephase diese Arbeiten nicht möglich sind. Anfangs war sie noch froh, ihren erlernten Beruf als Reiseverkehrskauffrau verlassen zu können und mehr zu erleben. Inzwischen wird das Erleben immer mehr zu einem Albtraum für sie. Sie fühlt sich ununterbrochen gehetzt (und ist es ob-

jektiv ja auch in weiten Phasen ihres Berufes) und es fällt ihr zunehmend schwer, allen Passagieren immer das gleiche, freundliche Lächeln zu schenken. Sie bemerkt stärker werdende Unruhe und Unzufriedenheit, die sie immer öfter abends mit Wein zu betäuben versucht. Zurück in den alten Beruf – das kommt für sie nicht infrage, dem ist sie damals schon entflohen. Sie weiß auch nicht, wie sie dem Gehetztsein jetzt entfliehen kann. Vieles passt ihr nicht mehr und sie hat das Gefühl, vollkommen festzustecken. Rien ne va plus – scheinbar geht nichts mehr.

Monika leidet also an und unter der typischen Konstellation: Da gibt es eine als nahezu unerträglich empfundene Situation, von der sie meint, sie *weder verlassen noch verändern* zu können. In dieser Zwickmühle fühlt sie sich gefangen und verbraucht mehr und mehr Lebensenergie dabei. Weder vor noch zurück noch anders, und da, wo sie ist, passt es nicht. Das Problem dabei ist, sich dieser Zwickmühle und des daraus folgenden Energieabbaus bis hin zur Starre nicht klar zu sein.

### Übung: Die unerträgliche Situation

Ist Ihnen klar, ob Sie in einer Situation feststecken, aus der es scheinbar kein Entrinnen gibt? Dann können Sie gleich weiter an dieser Übung arbeiten. Wenn Sie Burnout bedrohlich nahe sind, gibt es grundsätzlich eine solche Situation. Diese muss nichts mit dem aktuellen Geschehen zu tun haben, kann aber.

Wenn Ihnen diese Situation nicht klar ist, vielleicht vollkommen unwirklich erscheint, müssen Sie diese Übung zunächst nicht bearbeiten. Geben Sie sich Zeit, wahrscheinlich ahnen Sie später dann doch, worum es geht.

- Schreiben Sie diese Situation in knappen Worten, so griffig und konkret es geht, auf.
- Notieren Sie sich, *was* Sie *konkret* nicht ertragen und dennoch weder ändern noch verlassen können.
- Überlegen Sie sich nun, *weshalb* Sie diese Situation konkret *nicht verlassen* können. Schreiben Sie dies auf.
- Überlegen Sie sich nun, *weshalb* Sie diese Situation konkret *nicht verändern* können. Schreiben Sie auch das auf.
- Definieren Sie den Preis, den Sie das Verlassen oder die Veränderung kosten würde.

Bevor Sie damit weiterarbeiten, schauen wir uns erst einmal an, was das Grundsätzliche einer solchen scheinbar unveränderlichen Situation ist.

# Umgang mit Unveränderlichem

Wer kennt das nicht, das ewige Meckern übers Wetter, über die Politik, den Euro, die Unfreundlichkeit der anderen usw.? Und wer von uns wäre ganz frei davon? Es ist ein unproduktiver Umgang mit dem Unveränderlichen: Denn niemand kann das Wetter beeinflussen. Die Politik kann allenfalls alle paar Jahre durch die Wahlen verändert werden – falls die Mehrheit wählt, was Sie wählen und die Politiker auch machen, was sie vorher behauptet haben. Niemand hat wirklichen Einfluss auf die Preisgestaltung großer Konzerne. Wenn die Verkäuferin mal so gar nicht vor Charme sprüht, können Sie sich zwar vornehmen, nie mehr dort einzukaufen, aber *im Moment* ändern Sie nichts daran. Und ob Ihr Fernbleiben die Verkäuferin freundlicher macht, ist auch noch fraglich.

Was tun wir, wenn uns etwas nicht passt? In aller Regel machen wir trotzdem mit, gegen innere Widerstände. Wir gehen den Weg der *schädlichen Anpassung*. Diesen Weg zu gehen, kostet immer *unsere* Kraft, weil wir *gegen* einen inneren Widerstand handeln. Dabei verbrauchen wir unnötig Energie – und auch unseren Willen. Und der ist nicht unerschöpflich, wir müssen ihn auftanken. Tanken wir nicht genügend auf, droht Burnout. Wir sind umzingelt von *in der aktuellen Situation* Unveränderlichem, beispielsweise sind dies

- andere Menschen und deren Verhalten,
- Situationen, die wir so oder so schnell *nicht* beeinflussen können,
- Frustrationen,
- unerfüllte oder unerfüllbare Träume,
- Enttäuschungen,
- Tatsachen (Realitäten oder Wahrheiten),
- Vorschriften und Gesetze,
- Aufgaben, die uns von welcher Stelle auch immer gestellt werden

und vieles mehr, was wir nicht tatsächlich beeinflussen können (Wetter, politische und wirtschaftliche Lage, Kompetenzen von anderen, klein gedruckte Geschäftsbedingungen).

Wie gehen Sie mit diesen Unveränderlichen um?

---

**Übung: Der Umgang mit Unveränderlichem**

Schauen Sie sich Tabelle 4-17 an. Lesen Sie hierfür die einzelnen Spalten von oben nach unten. Entscheiden Sie, in welcher Situation Sie in der letzten Zeit so oder so gehandelt haben. Legen Sie dann fest, wie häufig Sie in etwa den einzelnen der vier aufgezeigten Wege wählen.

---

Welcher Weg ist Ihr häufigster? Die Wahrscheinlichkeit ist groß, dass es der Weg der schädlichen Anpassung ist; er entspricht der Mehrzahl aller menschlichen Reaktionen. Aber dabei gibt es immer drei Verlierer: Sie selbst, Ihr Gegenüber und das Ergebnis. Es ist der Weg ins Burnout. Die in dieser Tabelle aufgeführten Erkenntnisse sind zentral für Burnout – und richtig eingesetzt können sie Burnout auch verhindern.

**Tab. 4-17** Umgang mit Unveränderlichem

| Wertung | Es[1] passt mir. | Es[1] passt mir nicht. | Es[1] passt mir nicht. | Es[1] passt mir nicht. |
|---|---|---|---|---|
| **Art** | Weg der Zustimmung | Weg des (späten) Einverstanden-seins | Weg der schäd-lichen Anpassung | Weg des Verlassens |
| **Häufig-keit** | selten | rar | oft | immer wieder |
| **Grund-lage** | Ich mache gerne mit. | Ich mache mit, ohne Wenn und Aber. | Ich mache ohne jede Lust mit, ob-wohl ich dagegen bin. Vielleicht weiß ich nicht einmal, warum ich mitma-che oder dass ich dagegen bin. | Ich will damit nichts zu tun haben. |
| **Effekte** | Es fühlt sich richtig gut an. | Ich bin damit einverstanden. | Ich muss gegen ei-gene Widerstände arbeiten. | Ich gehe. |
| | Es bringt mir Kraft. | Ich gewinne Kraft. | Es kostet meine Kraft. | Es kostet Kraft oder bringt Energie. |
| **Ergebnis** | beste Ergeb-nisse | sehr gute Ergeb-nisse | Deutlich bessere Ergebnisse wären möglich. | keine direkten Ergebnisse |
| **Folge** | keine Gefah-ren, keine Entwicklung | Ich wachse an den Reibungen. | Ich kann seelisch und körperlich krank werden. | Zweifel oder Erleichterung |
| **Inhalt** | Alles ist in Ordnung. | Ich kann stolz auf mich sein – ich selbst ge-winne am mei-sten! | Ich verhalte mich gegen mich selbst. | Es ist mein Recht. |

[1] „Es" bedeutet: das Unveränderliche.

## Weg der Zustimmung

Der Weg der Zustimmung ist selten. Es gibt in aller Regel viel mehr, was uns nicht passt: Das beginnt morgens beim Wecker, der klingelt, obwohl wir müde sind. Das setzt sich beim Frühstück fort, weil der Kaffee zu dünn ist. Dann är-gern wir uns über den allmorgendlichen Stau auf dem Weg zur Arbeit. Vielleicht ärgern wir uns dann über die „blöden" Anweisungen von oben. Und so kann das den ganzen Tag weitergehen.

Nehmen wir diese wenigen Beispiele aus dem Alltag und schreiben sie so um, dass wir ununterbrochen zustimmen würden: Der Wecker klingelt und wir beginnen gerne einen neuen Tag. Wir sind zwar noch müde, aber dennoch bereit für das, was kommen mag. Der Kaffee ist heute dünn, das ist in Ordnung. Ich bekomme weniger Koffein und das macht mich weniger nervös. Auch heute stehe ich wieder im Stau, aber das wusste ich vorher und nutze die Zeit, um ein Hörbuch anzuhören. Ich komme zur Arbeit und lese zwei Anweisungen, die mir mehr Arbeit machen. Auch das ist in Ordnung so, denn ich bin damit ausgelastet, aber nicht überlastet.

Merken Sie den Unterschied?

*Alles* war gleich, nur die Deutung und Einstellung dazu, die Zustimmung, die war anders. Einmal ging es um Widerstand, um das Nein in uns, und einmal gingen wir den Weg der Zustimmung. Alles passte ohne Wenn und Aber. Dieser schnelle und angenehme Weg der Zustimmung bleibt uns dennoch in der Realität leider meistens verschlossen. Nur wenn es spontan wirklich passt, gehen wir diesen Weg. Das hat auch seine guten Seiten: Zweifel und Reibungen führen zur Entwicklung und zum persönlichen Wachstum.

## Weg des Verlassens

Der Weg des Verlassens ist Menschen im Burnout oft leider verschlossen. Sie erinnern sich: Burnout bedeutet, eine als unerträglich eingestufte Situation eben *nicht* verlassen zu können. Das ist schade, denn oft bietet dieser Weg eine der möglichen Lösungen. Er wird dann erst nach einer Psychotherapie oder einem Coaching-Prozess beschritten. Wenn Sie keinen Ausweg sehen und zu stark belastet werden, sollten Sie die Situation verlassen. Die einzige Ausnahme ist eine so hohe Bedeutung Ihrer Anwesenheit, dass Verlassen unverschämt oder nicht adäquat wäre. Ein Arzt, der in einem Flugzeug sitzt, in dem es einem Mitreisenden schlecht geht, muss sich offenbaren. Diese Bedeutung kann jedoch niemals über Monate oder Jahre andauern, so wie kein Flug länger als einen Tag dauert. Vielleicht kennen auch Sie Menschen, die seit Jahren heftig darüber klagen, dass sie andere pflegen müssen und deshalb unabkömmlich wären. Aber es gibt hervorragende Pflegedienste, die das zumindest einen Urlaub lang übernehmen können. Es gibt Menschen, die beklagen, ohne sie würde die Firma zusammenbrechen. Sie könnten nicht einfach so gehen – das tun sie nicht, weil sie dann erleben müssten, wie die Firma selbstverständlich weiter existiert.

Wer bereits Burnout hat, findet raffinierte und wirklich auf den ersten (und vielleicht sogar auf den zweiten) Blick überzeugende Argumente, warum er die Situation nicht verlassen könne.

Katrin ist Ende 30 und führt seit zwei Jahren eine eigene Arztpraxis. Sie hat Burnout in starker Ausprägung und kommt zur Beratung. Ich sage ihr, *eine* der Möglichkeiten einer schnellen Lösung (was weder die beste noch die schlechteste sein muss) sei, die Praxis wieder zu verkaufen und etwas anderes neu zu beginnen. Nun sprudelt es geradezu aus ihr heraus. Sie findet viele Gründe, warum das nicht ginge:

Weil Sie das Geld bräuchte (später stellt sich heraus, dass sie bereits zweimal geerbt hat und eigentlich gar nicht arbeiten müsste).

Weil „man" so schnell nicht wieder aufgeben dürfe (Lebensmuster: „Ich muss es schaffen" oder „Ich darf nicht aufgeben").

Weil sie das ihren Patienten schuldig sei (nur wollen die eine Ärztin ohne Burnout, mit Burnout macht sie nämlich vielleicht zu viele Fehler).

Weil sie sonst nichts wüsste, was sie tun wolle (da kann jedem geholfen werden; es gibt keinen Menschen, der auf einen einzigen Beruf festgelegt ist).

Solche Argumente können immer, ohne Ausnahme, entkräftet werden. Vielleicht klingt das Folgende für Sie wenig empathisch, trotzdem schreibe ich es: Wer Burnout hat und wieder mehr in eine innere Balance kommt, erkennt, dass es *immer* möglich ist, eine Situation zu verlassen – und er tut das dann auch gern. Wenn Sie sich entschieden haben, eine Situation oder jemanden zu verlassen, gehen Sie den Weg des Verlassens. Lernen Sie dabei noch ein wenig mehr, sich auf sich selbst zu verlassen.

### Übung: Verlassen einer Situation

Stellen Sie sich bitte einmal eine konkrete Situation vor, die Sie entschieden haben zu verlassen – oder die Sie nicht wagen zu verlassen.

Wenn Ihnen die Situation klar ist, die vielleicht etwas mit Burnout zu tun hat, beantworten Sie bitte folgende Fragen:

1. Welche Folgen hat diese Entscheidung jetzt konkret …
   - … für mich und meine Gefühle?
   - … für meine Familie und Freunde?
   - … materiell?

2. Kann ich wirklich damit leben?

3. Steckt etwas ganz anderes hinter meiner Entscheidung? Das heißt: Ist die Situation nur ein Symbol oder ein Schaukampf für etwas ganz anderes? Die Beantwortung dieser Frage ist oft schwer.

4. Was passiert nach dem Verlassen der Situation?

Es bedeutet angemessenen Realitätssinn, zu erkennen, dass *jede* Situation verlassen werden kann. Der einzige Haken an der Sache ist: Es kostet einen Preis und der *muss* bezahlt werden. Burnout aber führt über Sucht oder Suizid im Extremfall zu einer Art des Verlassens, die nicht angemessen ist. Leiden oder

der Tod sind ein zu hoher Preis für die Überzeugung, eine Situation nicht verlassen zu können.

## Weg der schädlichen Anpassung

Wir alle gehen diesen Weg der Anpassung überaus häufig. Es ist der Weg des Ängstlichen oder der Angst, sich ausdrückend über die Haltung: Besser das Schlechte als das Unbekannte.

Der Weg der schädlichen Anpassung lässt sich an Aussagen erkennen wie:
1. Dieses Mistwetter heute!
2. Die Politiker kann man doch alle in der Pfeife rauchen.
3. Ich hab keine Lust, das (sich seit Tagen stapelnde) Geschirr zu spülen.
4. Eigentlich habe ich überhaupt keine Lust, unter diesen Bedingungen zu arbeiten.
5. Irgendwie werde ich mich schon durchmogeln.

Solche und ähnliche Sätze zeigen Ihnen: Achtung! Ich bin im *inneren Widerstand*. Egal, ob er mir bisher klar war oder nicht. Ich bin gegen etwas, aber ich kann das, wogegen ich bin, vielleicht jetzt nicht ändern.

Was tun wir in solchen Fällen? Wir verbrauchen unsere eigene Lebensenergie, denn:
1. Es macht einfach keinen Sinn, über das Wetter zu schimpfen. Kein Mensch kann es beeinflussen. Es kommt und ist, wie es ist. Punkt und aus. Griesgram nutzt da nichts, auch nicht, wenn wir gerade für zehn Tage auf Mauritius sind und der heftigste Zyklon der letzten Jahrzehnte jeden Tag verregnen lässt.
2. Verallgemeinerungen wie *alle* Politiker gelten sicher nicht, auch wenn Sie den einen oder anderen vielleicht zu Recht verdammen.
3. Was bringt es Ihnen, das Geschirr nicht zu spülen, außer dessen Anblick ertragen zu müssen? Jeder neue Blick darauf stört (und schädigt damit) etwas in Ihnen.
4. Wenn Sie wirklich keine Lust haben, unter bestimmten Bedingungen zu arbeiten, ist das vollkommen in Ordnung. Aber warum wählen Sie dann nicht den Weg des Verlassens? Wenn Sie nun sagen, weil ich über 50 bin und sonst keine Chance mehr habe, verstehe ich das wohl. Aber was bringt Ihnen dann diese ehrliche und sicher sehr unangenehme Erkenntnis, wenn Sie so mit ihr umgehen? Sie bringt Ihnen Frust, Enttäuschung, Ärger, Wut, Hilf- und Hoffnungslosigkeit. Wahrscheinlich wollen Sie das aber nicht.
5. Vermutlich schauen Sie sich mehrfach am Tag in irgendeinem Spiegel an. Wie finden Sie den Anblick eines Menschen, der nicht zu sich steht, sondern mit Mogeln „durchkommen" will?

Egal, ob im beruflichen oder privaten Bereich: Der Weg der schädlichen Anpassung wirkt auf Dauer gegen uns selbst. Er kostet unsere Lebensenergie, den Fluss des Lebens, die Kraft für unsere Zukunft. Es ist der schlechteste aller Wege, durchs Leben zu gehen. Es ist auch der Weg, der viele ins Burnout bringt. Das geht nur selten schnell, manchmal dauert es erstaunlich lange – mitunter mehrere Jahrzehnte. Dass dann noch die Diagnose Burnout gestellt wird, ist unwahrscheinlich, eher wird sie Herzinfarkt, Lungenkrebs oder Schlaganfall lauten.

Wer wiederholt Kompromisse eingeht, die ihn immer wieder stark belasten, der ebnet sich den eigenen Weg ins Burnout. Das müssen keine großen Entscheidungen sein. Es ist der stete Tropfen, der den Stein höhlt. Wieder und wieder gegen die eigenen Überzeugungen zu handeln, weil man meint, so handeln zu müssen (Opportunismus) oder ohnehin scheinbar keine andere Chance zu haben (Hoffnungslosigkeit), schwächt.

## Weg des (späten) Einverstandenseins

Kant sagte einmal: *Ich kann, weil ich will, was ich muss.* Das beschreibt diesen Weg am besten. Es ist ein *Königsweg,* es ist der Weg des (späten) Einverstandenseins – *spät,* weil Sie mit der Situation nicht von vornherein eins waren wie beim Weg der Zustimmung. Was bedeutet das in unseren Beispielen konkret?

1. Das Wetter ist, wie es ist. Ich stelle mich darauf ein, ziehe mich passend an, gehe raus und fühle mich wohl, weil ich die Jahreszeiten spüren kann. Wenn ich dazu keine Lust habe, freue ich mich am Wetter und dass es dazu führt, es mir im Haus gemütlich zu machen.
2. Wir leben in einer Demokratie und Sie haben als Nicht-Politiker zwei Möglichkeiten, Einfluss zu nehmen: indem Sie wählen gehen oder sich selbst aktiv am Politikgeschäft beteiligen. Zudem haben Sie im Kleinen die Chance, ununterbrochen so zu handeln und zu wirken, wie Sie das bei den Politikern gerne hätten. Sie investieren Ihre Energien dort, wo sie wirken – in Ihrem Umfeld.
3. Akzeptieren Sie Ihren Platz im Leben ohne Bedienstete.
4. Versuchen Sie, den Wert zu schätzen, eine sichere Arbeitsstelle zu haben, während andere trostlos zu Hause sitzen müssen. Versuchen Sie, Ihrer Arbeit einen Sinn zu geben, Ihren eigenen Sinn. Der kann weit über die offiziellen Richtlinien hinausgehen.
5. Durchmogeln bedeutet, nicht klar Stellung zu beziehen. Wenn Sie das nicht tun, *können* Sie es vielleicht nicht tun. Vielleicht, weil Sie Angst vor den Konsequenzen haben. Dann lernen Sie, zu Ihrer Angst zu stehen, dazu, dass Sie nicht Supermann oder Superfrau sind, sondern ein toller und zugleich ganz normaler Mensch. Verschwenden Sie Ihre Energie nicht weiter. Bündeln Sie sie – durch stimmige Grundeinstellungen auf dem Weg des Einverstandenseins, um sich auf das Wichtige konzentrieren zu können: die Freude am eigenen Leben.

---

**Übung: Der Weg des späten Einverstandenseins**

Sie haben bereits bearbeitet, wo und wie Sie feststecken. Sie wissen um die Situation, für die Sie bisher meinten, weder das Verlassen noch sich darauf einzustellen seien Ihnen möglich. Nehmen Sie Ihre Aufzeichnungen zur Hand und lesen Sie nach, was Sie konkret nicht ertragen und von dem Sie zugleich meinen, es weder verlassen noch verändern zu können (Übung Verlassen einer Situation, S. 227).

Überprüfen Sie mit Ihrem Wissen um den Umgang mit Unveränderlichem noch einmal, ob Ihre bisherigen Einschätzungen bis ins Letzte richtig waren. Oder ist es nicht doch so, dass Sie als Mensch immer die Freiheit zur Entscheidung haben? Zur Entscheidung, sich konstruktiv auf etwas einzustellen (spätes Einverständnis), oder zur Entscheidung, das alles zu verlassen – wohlgemerkt nicht über Suizid, sondern ehrlich und tatkräftig.

Mit allen Ihren persönlichen Entscheidungen können Sie Ihr Leben angenehm füllen oder frustriert absitzen. Ergreifen Sie diese eigene Macht.

---

# 4.7   Rollensicherheit (Stufe 7)

Burnout entwickelt sich, wenn eine selbst definierte Rolle nicht ausgeübt werden kann. So schlicht das klingen mag, so eingreifend ist es doch: Wir alle spielen Rollen im Leben; nur manche davon sind uns bekannt. Ein Teil unserer Rollen wird uns zum Beispiel über mehr oder minder kritische Kommentare unserer Umgebung vorgehalten. Bei der Rollenwahl gibt es ein praktisch unendliches Spektrum. Die einen lieben die Helferrolle, andere die des Grandiosen oder des verletzten Opfers, wieder andere sind die Retter, die Gütigen oder die Großzügigen.
Solche Rollen spielen *wir alle* – sie spiegeln einen Teil unserer Persönlichkeit wider. Um diese Rollen, an deren Ausübung wir uns in der Regel nicht hindern lassen (und wehe dem anderen, wenn er es doch täte!), geht es hier nicht. Bei Burnout werden komplexere Rollen nicht erreicht.

Florian war ein sehr guter Schüler und auch deshalb studierte er Medizin. In seiner Kindheit wurde ein Herzklappenfehler vermutet, weshalb er oft in Kinderkliniken war. Dort hat er beides erlebt – sehr liebevolle Betreuung, aber auch viele demütigende Momente. Noch heute erinnert er sich daran, wie der Chefarzt der Klinik ihn abhörte und missmutig posaunte: „Das wird wohl nichts." Welche Angst hat Florian da ausgestanden. Dass er bei diesen „Konsultationen" zudem lange Zeit fast nackt und frierend herumliegen musste, war ein weiterer belastender Moment.

Während dieser Jahre starb quälend langsam sein geliebter Opa. Es war Florians erster Kontakt mit Leiden *und* Tod. Noch heute weiß er, wie er sich in den Momenten gefühlt hat, als er seinen immer schlechter aussehenden, immer schwächer werdenden Opa besuchte. Das alles ist in Florian eingeschrieben.

Nun ist er erwachsen und die Herzklappen funktionieren. Nur seine Herzlichkeit, die „funktioniert" nicht ganz so, wie sie sein könnte und wonach er sich sehnte: Er ist inzwischen selbst Arzt und die Patienten sind ihm eigentlich nicht so wichtig, er interessiert sich viel mehr für die Wissenschaft. Florian zieht das Studium schnellstmöglich durch, promoviert ebenso schnell und bekommt sofort eine Stelle an einer Universitätsklinik. Einer Karriere scheint nichts im Wege zu stehen. Bis es zum Wechsel des Chefarztes kommt. Mit dem kommt er nicht zurecht und umgekehrt ist es wahrscheinlich ebenso. Florian sieht sich gezwungen, die Klinik zu verlassen und eine HNO-Praxis zu eröffnen, die er erfolgreich aufbaut und führt. Immer mehr Burnout-Zeichen stellen sich ein. Eines Abends schmerzt ihn der linke Arm mehr und mehr. Die Symptome weisen auf einen Herzinfarkt hin. Er sucht schnellstmöglich eine Fachärztin auf, die Entwarnung gibt: Alles im grünen Bereich. Nur, die Beschwerden werden nicht weniger. Jahre später wird ihm klar, eine Herzneurose gehabt zu haben. Das heißt, er hatte sich alles eingebildet – und das so nahe an der Wirklichkeit, dass er es als echt erleben musste. Entsprechend schlecht ging es ihm über Monate.

Auch nach der akuten Krise ist er unzufrieden und fühlt sich immer erschöpfter. Schließlich sucht er professionelle Hilfe, mit der er ahnt, welche Rolle er in seinem Leben gerne gespielt hätte: die Rolle des angesehen und geliebten, fachlich versierten und zugleich gütigen und demütigen Chefarztes, der erfolgreich Kinder behandelt. Diese Rolle hat viel mit dem zu tun, was er als Kind erlebt hat, jedoch nichts mit der Rolle, die er in seiner Praxis ausübt. Dort ist er der vertrauenswürdige, attraktive Tröster von Witwen und Alleinerziehenden.

Rollen müssen geändert, aufgegeben oder adaptiert werden [75], um Burnout zu vermeiden. Zuvor muss klar werden, um welche Rolle(n) es geht: Was will ich wirklich, das ich nicht erreiche (oder ich nicht merke, dass ich es erreiche)? Bei Florian waren es eine Chefarztposition, eine andere Fachrichtung und die bestimmte Ausübung dieser Rolle, was ihm bis zu seinem Burnout nicht klar war. Wenn Sie deshalb nun Rollen bearbeiten, die Sie *nicht* einnehmen konnten, bitten Sie Ihr Unterbewusstes um gütige Unterstützung; das ist ein Erkenntnisschritt, der nicht leicht ist und nicht einfach so gelingt. Dennoch, trauen Sie sich an die Aufgaben heran. Oft geschieht dann etwas Gutes.

# Erwartungen zu Beginn der Ausbildung

Im Folgenden geht es um Wunschträume und Traumrollen: War der bisherige Beruf wirklich der „Jugendtraum" [22]?

Wir alle haben Erwartungen, mit denen wir einen Beruf ergreifen oder eine Berufsausbildung beginnen. Da gibt es offenkundigere wie eine sichere Stelle bekommen zu können, weniger offensichtliche wie dem Wunsch der Eltern damit zu entsprechen und ganz verborgene wie dem unbedingten Ziel, Macht ausüben zu können. Für diese Übung machen Sie sich bitte die eigenen oder von ihnen angenommenen (übernommenen) Erwartungen klar, an die Sie sich erinnern. Überlegen Sie zugleich, worum es dabei tatsächlich gehen könnte.

Für die meisten Menschen spielt übrigens Geld *keine* vorrangige Rolle bei der Berufswahl. Sicher, wer will schon arm dastehen? Aber wer angibt, unbedingt viel Geld verdienen zu wollen, sollte sich fragen, wofür er das braucht:

- Um gut dazustehen? Als Sieger? Fühlt er sich also im Leben als Verlierer?
- Um sich etwas leisten zu können? Und was genau? Und weshalb geht das nur mit Geld?
- Um anderen zu zeigen, wer der Macher ist? Wem denn und mit welchem Ziel?

---

**Übung: Meine Erwartungen**

Zunächst schreiben Sie in Listenform Ihre Erwartungen auf, die Sie *vor* der Berufsausbildung von Ihrem zukünftigen Beruf hatten und von der Art, *wie* Sie diesen Beruf individuell gestalten wollten, als Sie mit Ihrer Berufsausbildung begannen. Damit meine ich also vorrangig keine fachlichen Erwartungen (die Sie aber ebenso aufnehmen können), sondern Aussagen wie:

- Ich möchte mein Wissen anderen weitergeben.
- Ich liebe die Natur und will keinen Beruf im Büro.
- Ich will folgende Schwäche überwinden ...

Sie merken, diese Aussagen formulieren Sie der Bedeutung wegen in der Gegenwart. Je länger Ihre Liste wird, umso besser.

Wenn Ihre Liste fertig ist, legen Sie sie erst einmal über Nacht zur Seite. Am nächsten Tag beantworten Sie für sich dann Punkt für Punkt, ob diese Erwartungen auch eingetreten sind oder nicht. Nun schauen Sie vorrangig die Erwartungen an, die sich nicht erfüllt haben, und beantworten dazu folgende Fragen:

1. *Wann* wurden sie enttäuscht?

2. *Wie* wurden sie enttäuscht (nicht erfüllt)?

3. Spielte ein *anderer Mensch* dabei ein Rolle, wenn ja welche?

4. Gab es ein bestimmtes *Erlebnis,* das Ihnen klarmachte, die Erwartung nicht mehr erfüllt zu bekommen?

5. Mit welcher *Erkenntnis* gingen Sie aus dem Erlebnis?

6. Besteht diese Erkenntnis fort – *gilt sie also?*

7. Ist sie *anders* als vor dem Erlebnis und weshalb ist das so?

8. Welche *Rolle* wollten Sie damit anstreben?

Die achte Frage ist die entscheidende: Damit haben Sie sich herangewagt an die Rolle, die Sie vielleicht heute noch gerne ausüben würden – und es nicht tun.

Mit dem Wissen um Ihre wirklichen beruflichen Erwartungen können Sie an die zentrale Aufgabe herantreten: die Rolle des Lebens.

## Die Rolle des Lebens

Der Beruf als solcher kann schon eine Hauptrolle spielen, noch wichtiger ist aber, *wie* Sie ihn ausfüllen oder gerne ausgefüllt hätten. Bitte überlegen Sie sich jetzt, welche einzelnen Rollen Sie in Ihrem Beruf *aktuell* spielen. Dann könnte eine solche Aufstellung herauskommen: Als Vorstandssekretärin habe ich folgende Rollen:
- Seelentrösterin des Chefs,
- Puffer für Vorstandsbeschwerden,
- Ausbesserer für Fehler anderer,
- Einkäuferin für Geschenke usw.

Als Arzt könnte es die Rolle des Helfers sein oder die des Alleswissers, des guten Onkels und des ununterbrochenen, erhobenen Zeigefingers, genauso des demütigen Dieners, der Wissensdurstigen usw. Schauen Sie sich also genau an, was Sie in Ihrem Beruf konkret leisten.

### ⎡ Übung: Meine Rollen ─────────────────────────

Schreiben Sie zuerst Ihre beruflichen Rollen in Listenform auf.

Daneben gibt es private Rollen wie Mutter/Vater oder Tante/Onkel oder Ehepartner/Geliebter oder Vereinsvorstand usw. Notieren Sie nun auch diese privaten Rollen.

Wie fühlen Sie sich, wenn Sie Ihre Liste lesen? Hätten Sie gedacht, so viele Rollen gleichzeitig zu spielen?

Vielleicht ist es ganz schön anstrengend, was Sie zusammenkommen lie-
ßen. Lassen Sie diese Erkenntnis erst einmal in sich wirken.

Wenn Sie sich Ihre Lebensrollen klargemacht haben, bewerten Sie für
sich: Welche Rollen sind für Sie angenehm, welche sind mit gleichgültigen
und welche mit unangenehmen Gefühlen verbunden?

Führen Sie diese Bewertung schnell durch: Für ein angenehmes Gefühl no-
tieren Sie neben der Rolle ein Plus (+), für ein unangenehmes ein Minus (–).
Wenn die Rolle weder angenehm noch unangenehm ist, notieren Sie eine
Null (0).

Nun ergänzen Sie zu Ihrer Liste fünf Spalten, die Sie mit folgenden Kriterien
betiteln:
●  Die Rolle wurde von anderen auferlegt. Das heißt auch: Ich habe sie
   angenommen.
●  Ich mag diese Rolle nicht.
●  Ich *brauche* diese Rolle.
●  Für diese Rolle habe ich mich bewusst entschieden.
●  Diese Rolle will ich behalten.

Bewerten Sie die Rollen nun ein weiteres Mal, indem sie jeweils die betref-
fende Spalte ankreuzen. Mehrfachmarkierungen sind zulässig, da es sein
kann, dass Sie eine Rolle nicht mögen, aber brauchen.

Jetzt, wo Sie einen Überblick über Ihre Rollen haben und wissen, wie Sie
sich mit jeder einzelnen fühlen, haben Sie die Chance, einzelne Rollen zu
verändern oder abzulegen. Das geht. Es liegt in Ihrer Macht. Es kann in der
Kündigung einer Vereinsmitgliedschaft enden oder in der Trennung von einem Partner, der Sie als Geliebte(n) missbraucht. Das sind notwendige, rei-
nigende Gewitter Ihres Lebens. Sie haben mit Ihrer Freiheit zu tun: Sie bau-
en Belastungen ab und können sich im Leben neu justieren. Wenn Sie
meinen, Sie könnten eine Ihnen nicht passende Rolle nicht verlassen,
warten Sie einen Tag oder eine Woche und bearbeiten Sie diese Frage erneut.

Wenn Sie sich so geklärt haben, nehmen Sie Ihre Aufzeichnungen, in denen es um Ihre Erwartungen ging, und Ihre Rollenliste zu Hand.

Lesen Sie beide durch und versuchen Sie, das alles auf sich wirken zu lassen.

Welche Gefühle sind nun in Ihnen? Kommt Ihnen vielleicht eine Idee, welche grundsätzliche Rolle Sie in Ihrem Leben ausfüllen möchten? Bleibt Ihre
schon definierte Rolle (s. Frage 8 der vorherigen Übung) gleich? Und insbesondere: Füllen Sie diese Rolle aus oder gerade nicht? Wie können Sie erreichen, doch noch die Rolle zu leben, die Sie anstrebten?

> Wenn Burnout droht oder da ist, gehen Sie davon aus, die Rolle, um die es wirklich geht, zurzeit wahrscheinlich nicht oder nur unzureichend leben zu können.

Diese letzte Übung ist schwer, setzen Sie sich möglichst unter keinen Erfolgszwang. Wenn Ihnen keine Idee, sozusagen keine Botschaft aus Ihrem Inneren kommt, lassen Sie für heute diese Übung ruhen. Schlafen Sie einmal oder mehrmals darüber und nehmen Sie dann erneut Ihre Aufzeichnungen zur Hand. Wenn Ihnen beim zweiten oder beim dritten Durchlauf auch keine Erkenntnisse kommen und Sie jemanden haben, dem Sie all das anvertrauen können, sprechen Sie mit ihm. Ansonsten gönnen Sie sich eine noch längere Pause und fangen erneut an.

Ich bin mir sicher, dass Sie bald darauf kommen, was unerfüllte und ersehnte Rollen in Ihrem Leben sind und was tatsächlich dahinter steckt. Mit diesem Wissen haben Sie eine ganz neue Möglichkeit, Ihr Burnout zu verstehen.

# 4.8 Zielerkenntnis (Stufe 8)

*Wer den Hafen nicht kennt, für den ist kein Wind der richtige.* Seneca

Ziele geben unserem Verhalten eine Richtung, sie sind Maßstab für die Einordnung unserer Ergebnisse. Sie können uns auch bei Durststrecken motivieren, uns Antrieb geben und den Weg zeigen. Wenn sie gut gewählt sind, bündeln sie unsere Ressourcen. Sie sollten zum Empfinden beitragen, wirklich voranzukommen. Arbeit mit eigenen Zielen kann uns viel Klarheit, Struktur und damit Sicherheit bringen. Nichts lähmt mehr als Nichtstun – das wissen Menschen mit Burnout aus leidvoller eigener Erfahrung. Deshalb wirken Ziele auch belebend.

Ziele bedeuten, dass etwas noch nicht erreicht wurde. In der Regel werden Wünsche dann nicht erreicht, wenn sie entweder ganz neu (erkannt) sind und deshalb noch nicht erreicht werden konnten oder das bisherige Verhalten verhindert hat, sie zu erreichen. Wer an ein Ziel gebunden bleibt, das er wieder und wieder nicht erreicht, brennt aus.

Es gibt drei grundsätzliche Wege ins Burnout (Abb. 4-13). Mit allen drei Varianten erreicht der Betroffene seine Ziele nicht. Das muss einem nicht klar sein, da uns unsere wirklichen Ziele oftmals unklar sind. In diesem Fall steigt die Unzufriedenheit, ohne das Gefühl sicher einer Ursache zuordnen zu können. Es kommt auf Weg 1 zur Handlungswiederholung meistens ohne große Änderungen und erneut zum Misserfolg. Das ist so wie das Laufen im Hamsterrad. Auf Weg 2 verändert der Mensch sein Verhalten, ohne die erwünschten Wirkungen zu erzielen. Das wird als zunehmende Handlungsunfähigkeit bemerkt. Weg 3 bedeutet, keine Ziele mehr erreichen zu wollen. Das entspricht der Passivität in Phase 3 von Burnout.

**Abb. 4-13** Die drei Wege ins Burnout [nach 12]

Die Art ihres Verhaltens und das Ziel selbst sind den meisten lange Zeit nicht klar [12]. Und oft wird mit fortgeschrittenem Burnout die sogenannte *Zielbindung* immer unklarer. Wer das Gefühl hat, seine eigenen Ziele nicht mehr zu *kennen,* für den ist es höchste Zeit, dem nachzugehen. Bei der Zielerreichung und -erkennung gibt es vier grundsätzliche Stolpersteine:

- Jemand ist unfähig (fachlich oder persönlich), das Ziel zu erreichen.
- Das Ziel selbst war aus anderen Gründen unerreichbar.
- Das Ziel ist realistisch gewählt, aber es wird mit unrealistischen, in aller Regel zu hohen Erwartungen an Belohnung verbunden.
- Die Ziele waren nicht die eigenen, sie wurden von den Eltern, dem Partner oder anderen übernommen. Das frustriert letztlich und die Belohnung nach der Zielerreichung wird als nicht stimmig empfunden.

Die beiden ersten Punkte bedeuten, das Ziel war von innen oder von außen zu hochgesteckt.

## Burnout und andere Krisen

Nicht ein oder mehrere Ereignisse bzw. Sachverhalte als solche führen zum Problem, sondern deren subjektive Wahrnehmung und Bewertung. Damit sie doch als Probleme empfunden werden, kommt es zur *Problemkonstruktion* [4]:

- Ich nehme wahr, dass es einen Unterschied gibt zwischen dem, wie etwas ist, und dem, wie es meiner Meinung nach sein sollte (Ist-Soll-Diskrepanz nach Dörner).
- Das Soll empfinde ich als erheblich attraktiver/besser/sinnvoller/erstrebenswerter als den Ist-Zustand. Das bedeutet: Ich vermisse das, was ich gerne hätte.

- Ich schaffe es selbst nicht, von Ist zu Soll zu kommen.
- Da ich es nicht schaffe, muss meine Seele oder mein Körper irgendwie damit fertig werden. Das tun beide Instanzen in aller Regel, indem sie Erkrankungen wie Burnout zeigen. Unser Verhalten wird in solchen Zusammenhängen als „dysfunktinonales Interaktionsmuster" bezeichnet.
- Irgendwann kommt der Wunsch auf, dass dieser Zustand, der inzwischen als unerträglich eingestuft wird, verschwinden oder sich ändern soll. Er wird als das Problem bezeichnet.
- Das Problem (also Burnout) ist in der Regel nicht das wirkliche Problem.

Das chinesische Schriftzeichen für das Wort „Krise" setzt sich aus zwei Bildern zusammen: Gefahr und Gelegenheit [34]. So ist es: Eine Krise setzt uns immer einer inneren oder auch äußeren Gefahr aus und ist zugleich eine Chance. Eine Krise kann zu einem Misserfolg führen oder in einen Erfolg münden. Wer in einer belastenden Krise steckt, verliert vielleicht die Hoffnung, noch genug Kraft für den Weg aus der Krise zu haben. Diese Kraft bleibt ein Leben lang. Aber sie möchte etwas, nämlich nicht allein sein [129] und sie will ein Ziel wissen. Wenn Sie Ihr Verhalten grundlegend ändern wollen, ist das ein wichtiges Ziel.
So manches kann Sie jedoch daran hindern, Ihren Willen, Ihre Erkenntnis, Ihre Absicht und Ihre Einsicht auch tatsächlich und tatkräftig umzusetzen.
Menschen werden auch noch durch anderes gesteuert: durch ihre unbewussten Motive, ihre unbewussten Lebensmuster, durch Sehnsüchte und Träume, Hoffnungen und Ängste. Wenn sich eine Verhaltensänderung darauf stützt, wird sie funktionieren. Aber wann tut sie das schon? Kein Mensch ändert sein Verhalten wegen eines ihm eingetrichterten Satzes, es ist immer ein Prozess [91]. Burnout ist eine große Krise – bis dieser Prozess dem Menschen klar wird, ist Stufe 3 bereits meistens erreicht:
- Stufe 1: Erfahren und Fühlen einer konkreten Situation;
- Stufe 2: spüren, welche Grenzen ich dabei gezeigt bekomme;
- Stufe 3: mit diesen Gefühlen der Begrenzung und dem, was die Situation in mir auslöst, innere Motivation finden und entwickeln, um den Antrieb zur Veränderung aufzubauen;
- Stufe 4: die Krise durchlaufen; sie ist der Wendepunkt;
- Stufe 5: die passende Lösung finden, sie bringt ein neues Gleichgewicht;
- Stufe 6: die neue Lösung trainieren – durch Wiederholung, so kann das Gelernte langsam ins Unterbewusste übergehen.

■ **Die Stufen 1 und 2** werden automatisch durchlebt, dafür müssen Sie in der Regel nichts tun. Sie sind die Basis für den Wunsch nach Veränderung. Oft ist in diesen Stadien nicht klar, dass sie die Vorbereitung der eigentlichen Krise sind.

■ **Stufe 3**: Die Herausforderung besteht darin, die innere Motivation aufzubauen. Der größte Antreiber ist dabei Ihre Unzufriedenheit. Nun erscheint die Unzufriedenheit in einem erweiterten Licht, was Burnout angeht. Offenkundig will das *Leitgefühl von Burnout, die Unzufriedenheit,* Sie anfangs antreiben.

Wenn Sie nicht zutiefst unzufrieden sind, reicht die innere Kraft oft nicht zur Änderung. *Sie müssen also heute leiden, damit Sie morgen besser leben können.* Erst wenn es fast *unerträglich* wird, haben viele die Kraft zur Änderung. Dann ist die Neigung, am Alten, Bewährten festzuhalten, irgendwann schwächer als der Mut, das Neue zu wagen. Wenn Sie versuchen, Ihre Emotionen zu unterdrücken oder sich weigern, sie zu spüren, wird die Krise länger dauern. Begeben Sie sich deshalb so rasch wie möglich mitten hinein.

■ **Bis Stufe 3** bemerken Sie oft nicht, was vorgeht. Erst wenn die Krise folgt, wird es Ihnen bewusst. Deshalb *erleben* Sie Krisen als plötzlich über Sie hereingebrochen. Aber sie kündigen sich lange vorher an, sodass manch ein Freund sagt: „Das habe ich schon lange kommen sehen."

■ **Stufe 4** hat viel mit Angst zu tun. Angst sagt: „Da geht es lang, auch wenn ich es fast noch nicht kann." Sie befinden sich in einem *Gefühlschaos*. Das ist ein weiterer Antrieb. Das ist die Krise, die überleitet zum Schritt der Lösung.

■ **Stufen 5 und 6:** Burnout zu überwinden ist ein Prozess. Eine wirkliche Veränderung kann wenige Augenblicke dauern, zum Beispiel in einer lebensbedrohlichen Situation, die Sie überleben. Der Prozess kann sich aber auch über Jahre, sogar Jahrzehnte hinziehen. Das wohl wichtigste Veränderungsmotiv ist, endlich vom Leid befreit zu werden. Die Krise ist vorbei, wenn sich Ihr Bewusstsein (das Ich) und Ihr Unterbewusstes einigen. Der ganze Vorgang kann sowohl negativ als auch positiv empfunden werden. Das negative Empfinden ist weitaus häufiger.
Fast immer gibt es *vor* und natürlich auch *durch* Spannungen und Krisen tief greifende Änderungen. Deshalb haben Krisen wertvolle Auswirkungen – entweder können wir mit veränderter Weltsicht und neuer Kraft vorangehen oder wir haben die Kraft gefunden, uns vom Bisherigen zu trennen. Jede Veränderung ist ein Sprung ins kalte Wasser und sie hat ihren Preis, auch wenn der Wunsch verständlich ist, unangenehme Situationen und Gefühle zu vermeiden. Ein Veränderungsprozess ist nicht hundertprozentig zu kontrollieren und Unkalkulierbares verzögert ihn oftmals. Große Veränderungen im Erwachsenenleben bedürfen fast immer dramatischer Lebenskrisen. Das ist der Nutzen von Burnout. Wenn Sie Burnout als Krise und somit als Chance betrachten lernen und es aushalten, auch eine längere Zeit die inneren Spannungen zu akzeptieren, werden sich langsam, aber stetig Veränderungen ergeben können. Diese entsprechen einem Lernvorgang, für den Sie gewisse Flexibilität brauchen.

## Ziele und Lösungsorientierung

Es kann sein, ein Ziel erreicht zu haben und trotzdem keine Genugtuung zu spüren. Gerade bei wiederkehrenden Zielen (Schulnoten, Vertragsabschlüsse, Sportergebnisse usw.) währt nur anfangs der Rausch eines neuen Erfolgs lange. Allmählich verfliegt er rascher, später so rasch, dass er uns kaum berührt.

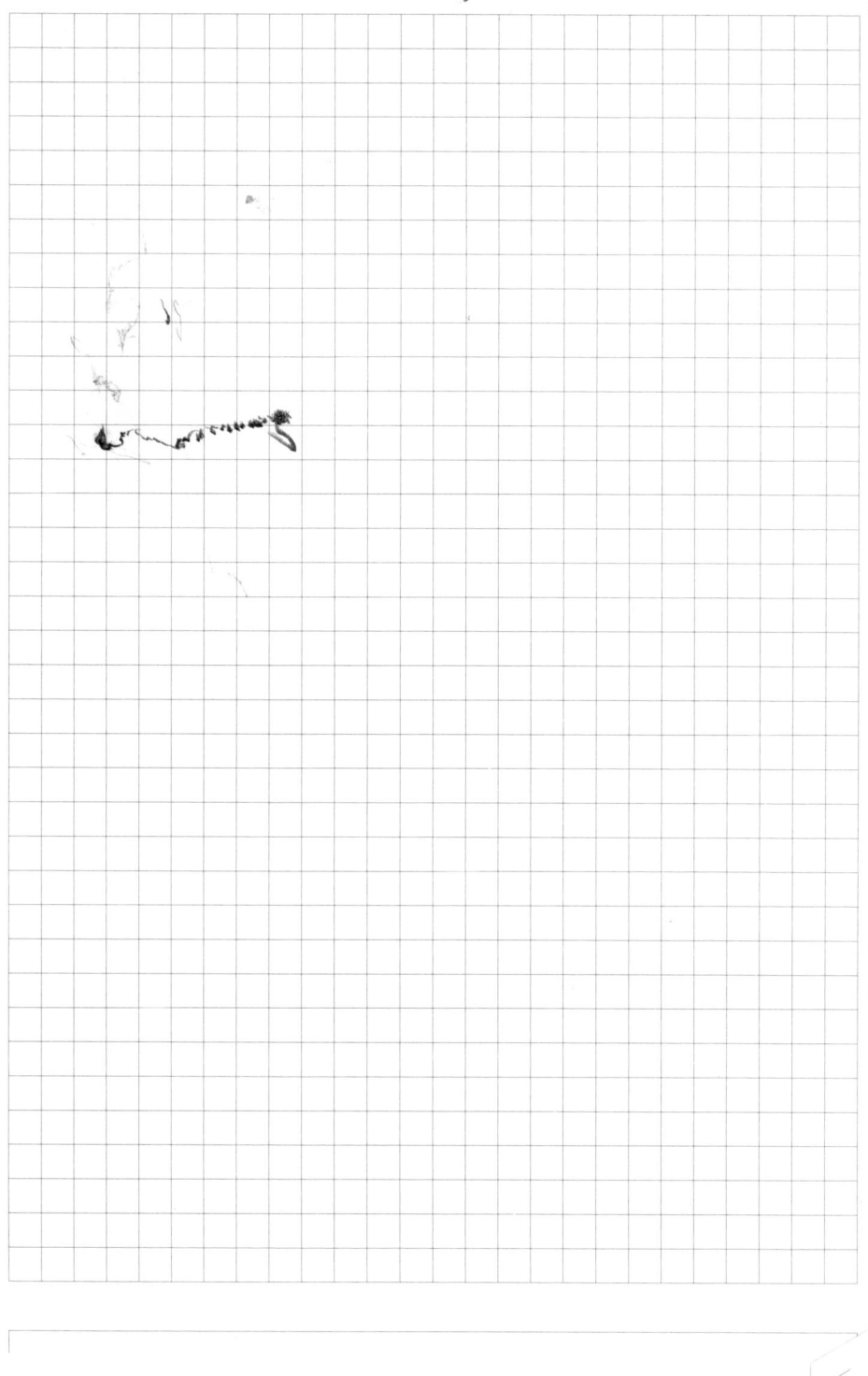

Vielleicht sind in diesem Moment die gesteckten Ziele nur noch Scheinziele – und wir müssen uns neue suchen. Um diese geht es im Folgenden genauso wie um das zentrale Ziel, das Sie bisher vielleicht *nicht* erreicht haben und das, weil unerfüllt (und oft unerkannt), ein Burnout-Risiko verursacht.

## Ziele führen zum Erfolg

Erfüllung und Zufriedenheit hängen direkt miteinander zusammen. Nun geht es konkret darum, wie Sie Ihre Ziele erkennen und gestalten, damit sie sich erfüllen können. Erfolg bedeutet, seine Ziele zu erreichen. Wenn Sie Ihren persönlichen Weg frei von Burnout gestalten, ist es wichtig, ihn erfolgreich zu gehen. Das heißt, kein Burnout mehr, keine Burnout-Gefahr – und das *mit sich selbst* und nicht gegen sich. Dafür empfehle ich Ihnen, Ihre Ziele festzulegen. Es wird vielleicht auch Ziele geben, die schon lange bestehen, zu denen Sie bisher jedoch nicht ohne Wenn und Aber stehen. Vielleicht werden Sie manche Ziele wieder aufgeben oder nicht erreichen, denn zu viele nicht beeinflussbare Faktoren spielen dabei eine Rolle. Widerstehen Sie der Versuchung des Machbarkeitswahns. Keiner kann alles, was er will, erreichen, aber jeder kann das Beste aus sich machen. Zum erfolgreichen Selbstmanagement gehört, die eigenen Ziele so auszusuchen, so zu formulieren und so anzugehen, dass sie mit einem möglichst sparsamen Einsatz von Willensstärke erreicht werden. Das heißt, Ihre Ziele müssen in Einklang mit Ihren Gefühlen und Ihrem Herzen sein. Sie müssen Ihren Vorstellungen entsprechen, nicht denen Ihrer Eltern oder Partner. Das Äußerliche ist in der Regel kein wirkliches Ziel. *Wirkliche* Ziele hängen mit Ihrem *Wirken* zusammen und mit Ihren Werten. Wirkliche Ziele sind zum Beispiel Verbundenheit spüren, innere Sicherheit, ein Beruf, der Ihnen wirklich entspricht.

Bitte arbeiten Sie erst dann an Ihren Zielen, wenn Sie sich Ihre Werte klargemacht haben (s. Kap. 2.1, Abschnitt Werte erkennen – Integrität gewinnen, S. 23).

## Zielarbeit

Bei der folgenden Zielarbeit geht es darum, Ziele zu bearbeiten [69], die persönlich relevant sind, wie

- eine neue berufliche Stelle zu bekommen,
- Normalgewicht anzustreben,
- den Wohnort zu wechseln,
- Burnout zu besiegen.

Es geht nicht um einfache Ziele wie die Wohnung zu putzen oder ein Telefonat zu führen (was für Menschen mit bestimmten Angsterkrankungen ein hohes Ziel sein kann), sondern es geht um komplexe persönliche Ziele wie

- eine Kanzlei aufzubauen,
- eine Oboensonate ergreifend spielen zu können,

- ein Buch zu schreiben,
- ein glückliches Eheleben zu haben – und drei Kinder obendrein.


**Zielbereiche**

Tabelle 4-18 gibt einen Überblick über sinnvolle Bereiche für die eigenen Ziele.


**Zielformulierung**

Stellen wir uns einmal vor, Sie hätten Scheu vor Menschen, die Sie nicht kennen. Sie formulieren dann Ihr Ziel so: „Ich möchte meine Scheu vor Menschen abbauen.“

Das Ziel werden Sie nicht erreichen. Ziele fallen ins Leere, wenn sie zu vage und ungenau formuliert sind (Was konkret ist „Scheu vor Menschen“ für Sie? Was konkret bedeutet „abbauen“?). Auch der Konjunktiv „möchte“ widersetzt sich der Zielerreichung. Eine genaue und für Sie – und andere – überprüfbare Zielformulierung wäre: „Ich baue meine Hemmungen, zu öffentlichen Veran-


**Tab. 4-18** Zielbereiche [nach 69]

| Persönliches | • was ich erleben, entdecken, lernen möchte |
| --- | --- |
| | • wohin ich mich entwickeln möchte |
| | • was mir persönlich wichtig ist und mehr Beachtung verdient |
| | • wofür ich mich engagieren will |
| Beruf | • welche Aufgaben ich übernehmen möchte |
| | • welche Projekte mich reizen |
| | • wohin mich meine Karriere führen soll |
| | • worauf oder auf wen ich Einfluss nehmen möchte |
| | • wie viel ich verdienen möchte |
| | • welche Sicherheit mir mein Beruf geben soll |
| Familie | • mit welchem Partner ich wo und wie leben will |
| | • ob ich mir Kinder wünsche |
| | • wie ich mein Verhältnis zu meinen Eltern gestalten werde |
| | • wie ich mein Verhältnis zu meinen Geschwistern gestalten werde |
| Kontakte | • welche Freundschaften ich pflegen möchte |
| | • wohin es mich zieht – und wie ich dahin komme |

staltungen wie Konzerten zu gehen, dadurch ab, dass ich …" Wenn Sie etwas Bestimmtes erreichen wollen, sollten Sie es auch bestimmt formulieren. Ziele sollten folgenden Kriterien genügen [34, 68]:

- **Vollständigkeit:** Das gesetzte Ziel muss im Ganzen *konkret* benannt werden. Unscharfe Zielformulierung führt zu Fehlplanungen und Fehlverhalten.

- **Herausforderung:** Ihre Ziele müssen für Sie erreichbar sein, aber eben auch *lohnend*. Nur dann können Sie eine zur Veränderung notwendige Motivation entwickeln.

- **Annäherung:** Es geht nicht darum, was Sie *nicht* wollen, sondern was Sie tun.

- **Eigenständigkeit:** Sie *selbst* müssen Ihre Ziele erreichen können. Andere können Ihnen dabei helfen, aber für Ihre Ziele müssen Sie hauptverantwortlich sein und bleiben. Das Ziel muss also durch eigenes Tun auch erreicht werden können – bei den eigenen Zielen geht es ausschließlich um das, was wir selbst tun können. Wenn wir uns hingegen etwas wünschen („Meine Tochter wird wieder Kontakt zu mir aufnehmen"), schieben wir die Macht und Verantwortung unserer Ziele auf andere ab – beim Wunsch, sechs Richtige im Lotto zu haben, auf das Schicksal oder das Glück.

- **Messbarkeit:** Ziele sind nur dann von Wert, wenn sie – wie auch immer – messbar sind. Ansonsten fällt es zu schwer, zu erkennen, ob die Ziele erreicht wurden oder nicht.

- **Realitätssinn:** Ziele müssen reell sein, keine Träumerei.

- **Erreichbarkeit:** Diese gehört zum Realitätssinn. Ein Ziel, von dessen Erreichbarkeit Sie nicht überzeugt sind, wird Sie nicht ausreichend motivieren. Ziele können richtig hoch hängen, sodass wir uns strecken müssen, um sie zu erreichen. Aber Sie müssen irgendwie auch herankommen können, denn sonst frustriert uns die Arbeit mit Zielen. „Irgendwie" meint: Ziele, deren Erfolgsaussichten eindeutig über 50 %, aber ebenso deutlich unter 100 % (das sind kein Ziele, sondern sicheres Eintreten) liegen, motivieren Sie am besten.

- **Beeinflussbarkeit:** Ziele müssen Ihrem Einfluss unterliegen, ansonsten spielen Sie Lotterie.

- **Vereinbarkeit:** Ihre Ziele sollten sich nicht untereinander behindern oder etwas, das bereits besteht und weiter so bleiben soll, stören.

## Zielkonflikte

Zielkonflikte können innerhalb von neu definierten Zielen entstehen oder auch zwischen den Zielen und bereits Bestehendem. Sie können dann eine Berechtigung haben, wenn es mit ihnen über eine Art kreatives „Chaos" durch die Reibereien zu ungeahnten Fortschritten kommt. Dennoch, grundsätzlich sollten Zielkonflikte vermieden werden [34]. Folgende Faktoren wirken in dieser Richtung:

- **Eindeutigkeit:** Es ist sinnvoll, Ziele so klar zu formulieren, dass uns das Ziel klar dorthin führt, wohin wir wollen. Je klarer uns ein Ziel ist, umso eher können wir es erreichen, denn unsere Energien werden darauf konzentriert.

- **Beschränkung:** Zu viele Ziele führen zu nichts als zur Aufgabe vor dem Beginn. Je mehr Ziele, umso höher ist die Gefahr, dass sie sich untereinander blockieren statt sich zu unterstützen. Zielanzahl: Maximal fünf, besser drei.

- **Prioritäten setzen:** Alle Ziele können weder zur gleichen Zeit angestrebt noch erreicht werden. Also definieren Sie, welche Ziele wann angepackt werden.

## Zielerreichung

Wenn sich wirklich etwas verändert, dann vollzieht sich das oftmals nach einem einheitlichen Prinzip: zwei Schritte vor und einer zurück. Wenn Sie das Gefühl bekommen, die Sache stagniert, ist das deshalb vielleicht ein gutes Zeichen. Wenn Sie ein Ziel erreichen wollen, müssen Sie auch loslassen. Am Beispiel des Bogenschießens lässt sich das gut zeigen: Die Zielscheibe können Sie nur treffen, wenn Sie zuerst das Ziel anvisieren, dann den Bogen spannen (also Kraft und Willen investieren) und dann loslassen.

## Unvorhersehbarkeit

Wir alle wissen vorher nie genau, was nachher sein wird. Als der Angestellte einer großen deutschen Bank den Kreditantrag der Albrecht-Brüder abgelehnt hatte, hatten die wohl kaum geahnt, mit ihrer gerade abgelehnten Unternehmensidee und mit Starthilfe eines anderen Geldinstituts die reichsten Deutschen zu werden.
Es bleibt immer so etwas wie ein Restrisiko. Das wollen Perfektionisten verhindern, ein frustraner, Energie raubender Versuch. In Managementtrainings kursiert dazu ein passender Satz: Hinfallen darf man, aber man muss wieder aufstehen. Der Satz stammt übrigens von Konrad Adenauer und lautet korrekt: *Fallen ist weder gefährlich noch eine Schande. Liegen bleiben schon.*
Unvorhersehbares gibt es. Das mag nicht unsere Wahl sein, aber *wie* wir darauf reagieren, das ist unsere Entscheidung [126]. Das *Wie* ist von großer Wichtigkeit, nicht nur das *Was*. Wer weiterkommen will, muss die Richtung wissen. Wenn Sie *mal* ein Ziel nicht erreichen, weil Sie vom Weg abkommen, kann das

sogar hilfreich sein; vielleicht bleiben Sie genau so *nicht* auf der Strecke. Der Sinn des Lebens hängt eher mit dem Tun als mit dem Ziel zusammen. Deshalb empfinden wir *auf* einem passenden Weg eher Glück als wenn wir am Ziel *sind*.

Machen wir uns klar: Wenn wir Ziele erreichen, kommen neue. Aber wir sind ja auch nicht auf der Erde, um uns auszuruhen.

## Praktische Umsetzung

Orientieren Sie sich an größeren Zielen. Seien Sie dabei aber realistisch: Hier ist weniger sicher mehr. Wenn die Ziele Sie unsicher machen, weil sie groß sind, schaffen Sie sich definierte Zwischenziele.

Auch beim Einhalten der Zahl von drei bis fünf Zielen sollten Sie *Prioritäten* setzen. Werten Sie diese entsprechend den Prioritätenkategorien (Kap. 4.1, Abschnitt Aufgabenstrukturierung, S. 84). Es ist sinnvoll, sich zuvor klar zu sein, welche Ziele bei unerwarteter zeitlicher Enge auf jeden Fall weiter verfolgt werden und welche zurückgestellt werden sollten.

Legen Sie vorher fest, woran Sie *konkret* erkennen, Ihre Ziele erreicht zu haben. Nichts ist überflüssiger und frustraner, als die eigene Zielerreichung nicht zu erkennen, was immer wieder geschieht.

Ziele sind immer etwas Greifbares, sie müssen nur konkret formuliert sein. Bei der Zielfestlegung hat es sich bewährt, keinen Zeitraum zu wählen, der insgesamt länger als etwa fünf Jahre ist, da sich vieles so schnell ändert, dass eine größere Voraussicht ziemlich gewagt oder sehr hypothetisch wäre. Wählen Sie aber auch keinen zu kurzen Zeitraum, da viele Ziele einfach nicht so schnell zu erreichen sind. Sie *müssen konkret festlegen*, wann Sie womit anfangen und wie lange Sie dafür einplanen. Morgen ist immer morgen, die Zeit ist nie reif für etwas, wenn Sie diese nicht definieren. Ein konkretes Datum ist also erforderlich.

Um Ihre Ziele (private und berufliche getrennt) klar zu formulieren, legen Sie für jedes Ziel fest, wann Sie es erreichen wollen. Bei der Formulierung sind exakte Termine wichtig, also nicht „in zwei Jahren", sondern „am 1.7.2011". „In zwei Jahren" lautet nämlich auch noch in drei Monaten „in zwei Jahren"; diese zwei Jahre enden nie. Ziele können Sie sich in mehreren Bereichen gleichzeitig setzen. Die Tabellen 4-19 und 4-20 können Ihnen bei der korrekten Zielformulierung helfen.

Eine Grundregel besagt: Damit wir unsere Ziele erreichen, müssen sie deutlich lohnender erscheinen als der Aufwand des Umlernens. Sonst ist das Unterfangen zum Scheitern verurteilt, denn Aufwand und Ergebnis müssen in einem fairen Verhältnis stehen. Ziele erreichen wir nur, wenn wir handeln. Handeln statt warten bildet Chancen.

**Tab. 4-19** Arbeit mit eigenen Zielen

| Grundregeln | • Wählen Sie nicht mehr als drei bis fünf Ziele. Es gilt: Wer sich zu viel vornimmt, wird das meiste eher nicht erreichen! Definieren Sie dabei immer den ersten Schritt und besser auch den zweiten.<br><br>• Ein Ziel ist nach vorne gerichtet.<br><br>• Formulieren Sie Ihr Ziel jedoch nicht in der Zukunftsform, sondern als bestehende Tatsache, als wäre es bereits erfüllt. Jedes Ziel wird in der Gegenwart formuliert. |
|---|---|
| Sprachregeln | • machbar<br><br>• realistisch und konkret<br><br>• positiv formuliert, zumindest nicht negativ<br><br>• terminiert und zeitlich fixiert, d. h. mit klarer Zeitangabe<br><br>• mit einem klaren Zielbild versehen<br><br>• messbar<br><br>• Die Formulierung beginnt oft mit „ich".<br><br>• Verneinungen sind ganz zu vermeiden. |
| Inhalte | • sinnvoll<br><br>• tatsächlich erreichbar<br><br>• Nur so detailliert wie nötig; wenn Sie zu konkret werden, nehmen Sie sich die Freiheit, auf einem anderen als dem geplanten Weg Ihr Ziel zu erreichen.<br><br>• weitgehend ohne Zielkonflikte |

---

**Übung: Meine Ziele**

Überlegen Sie sich vor dem Hintergrund des neuen Wissens um sich selbst und unter dem Gesichtspunkt der Burnout-Prävention Ihre Ziele und schreiben Sie diese auf. Bearbeiten Sie zuletzt auch die zentrale Frage:

Was ist das wirkliche Ziel Ihres Lebens, das Sie bisher vielleicht noch nicht erreicht haben – beruflich und/oder privat?

Oder: Was steckt hinter den meisten Ihrer Absichten, Tätigkeiten und damit hinter Ihrer Unzufriedenheit?

Beachten Sie unbedingt Folgendes:

1. Bilden Sie klare, persönliche und realistische Ziele, die sich von den bisherigen wahrscheinlich deutlich unterscheiden [31].

2. Wählen Sie ausschließlich Ziele, die mit Ihren Werten (Kap. 2.1, Abschnitt Werte erkennen – Integrität gewinnen, S. 23) konform sind und Ihre Stärken (Kap. 2.1, Abschnitt Stärken – das Selbstvertrauen, S. 32) und Bedürfnisse (Kap. 4.3, Abschnitt Bedürfnisse und Wünsche, S. 132) beachten.

3. Etablieren Sie realistische Zeitrahmen mit genügend Puffer, beruflich wie privat.

4. Bestimmen Sie, wie viel Zeit und Energie Sie in Ihre Ziele investieren werden und wollen – legen Sie hierfür klar definierte Obergrenzen fest. Ihre Ziele müssen Ihnen Flexibilität erlauben.

Hier eine Checkliste („SMART" [nach 4]), mit der Sie nochmals Ihre inzwischen erkannten Ziele überprüfen können:

- **S – Spezifisch:** Ist Ihr Ziel wirklich konkret und positiv formuliert als wirksame Folge der heute bestehenden Wünsche und ohne Negation (es geht bei Zielen nicht darum, dass etwas aufhören soll)?

- **M – Machbar:** Können Sie das Ziel wirklich realisieren? Verträgt es sich mit Ihrer Lebenswelt?

- **A – Attraktiv:** Ist das Ziel mit einer positiven Emotion verbunden? Wirkt es auf Sie wirklich anziehend?

**Tab. 4-20** Ziele falsch und richtig formuliert

| Falsch | Richtig |
| --- | --- |
| Ab morgen fange ich an, täglich 10 Kilometer zu joggen. | Ab dem 10.4. laufe ich täglich 2 Kilometer. Ich werde die Strecke stufenweise, im Zeitrahmen von zwei Monaten, auf 10 Kilometer täglich steigern. |
| Ich müsste meine Blutzuckerwerte wohl mal kontrollieren lassen. | Am 15.2. lasse ich bei Dr. Hausarzt meine Blutzuckerwerte kontrollieren. |
| Ab sofort mache ich alles anders. | Ab dem 22.2. beschränke ich meinen Fernsehkonsum auf 30 Minuten täglich. Dafür schaffe ich mir am 21.2. eine kleine Stoppuhr an. |
| Ich sollte mehr Salat essen. | Ab sofort esse ich mindestens einmal täglich eine Portion Salat. |

■ **R – Relevant:** Wird mit dem Ziel ein spürbarer Unterschied zu heute erreicht, der für Sie und auch für andere wahrnehmbar ist?

■ **T – Tonisch:** Sprechen Sie mit sich und anderen über das Ziel. Empfinden Sie dabei eine positive Energie, eine gute Anspannung als Beginn von etwas Neuem?

Abschließend sollten Sie Ihre Ziele dingfest machen, dafür schlage ich Ihnen zwei verschiedene Übungen vor:

---

**Übung: Ziele kontrollieren I**

Wenn Sie Zielkonflikte ausgeschlossen haben, nehmen Sie Ihre Liste mit Ihren eigenen Zielen zur Hand und gehen Ziel für Ziel folgende Fragen durch:

1. Versetzen Sie sich in die Situation, als ob Sie Ihr Ziel schon erreicht hätten. Welches *Gefühl* ist in Ihnen, wenn Sie das Ziel von heute aus betrachten? Ist es Zuversicht, Freude, Leere, was auch immer?

2. Müssen Sie auf dem Weg zu Ihrem Ziel und mit dem Ziel selbst *Hindernisse* berücksichtigen? Hindernisse können Interessen anderer Menschen oder auch Vorschriften sein. Das wichtigste Hindernis: Gibt es etwas *in Ihnen,* das Ihren Weg zum Ziel stören würde?

3. Was *kostet Sie das Ziel?* Alles hat einen Preis, auch ein neues Ziel.

4. Was müssen Sie für das Ziel *loslassen?* Sind Sie dazu wirklich bereit?

5. Was *kostet es die anderen?* Der Mensch lebt nicht allein. Sie sollten Ihren Außenraum in Ihre Gedanken und Gefühle einbeziehen. Kostet Ihr Ziel andere etwas? Sind Sie und die anderen bereit, auch diesen Preis zu zahlen?

6. Was ist der *konkrete erste und der konkrete zweite Schritt* zum Ziel und wann führen Sie sie aus? Diese müssen Sie wissen, um beginnen zu können. Auch diesen Punkt sollten Sie unbedingt schriftlich fixieren.

Wenn Sie diese Kriterien nicht als sicher erfüllbar ansehen, überarbeiten Sie Ihr Ziel oder lassen Sie es fallen.

---

**Übung: Ziele kontrollieren II**

Wenn Sie Ihre Ziele definiert haben, können Sie diese durch eine Art Fragenfilter laufen lassen, um sie zu überprüfen:

1. Gibt es Menschen, die Sie beim Erreichen eines konkreten Ziels unterstützen können?

2. Welche Ihrer Ressourcen (Kap. 2.1 Individuell nutzbare Ressourcen gegen Burnout, S. 22) erleichtern es Ihnen, das konkrete Ziel zu erreichen?

3. Werden Ihre Werte vom konkreten Ziel unterstützt oder missachtet?

4. Was können Sie noch tun, um Hilfe zu bekommen?

5. Was könnte Ihr Ziel sabotieren?

6. Wer könnte Ihr Ziel attackieren?

7. Was ist reizvoll und was ist schwierig am Ziel?

8. Was konkret müssen Sie an Ihrem Verhalten verändern oder anpassen, um das Ziel erreichen zu können?

---

**Zwischenkontrollen**

Wenn Sie sich im Laufe der kommenden Monate auf den Weg Ihrer Zielerreichung machen, sollten Sie Ihren Weg selbst kontrollieren:

- Haben Sie ein gutes Gefühl? Wie geht es Ihnen tatsächlich, wie fühlen Sie sich auf diesem Weg?
- Ist Ihr Leben ausbalanciert? Sind Ihre privaten und beruflichen Belange in Einklang?
- Erkennen Sie, dass Sie sich selbst keine Steine in den Weg legen?

**Feiern**

Die Tatsache, das eigene Ziel erreicht zu haben, sollte Sie ganz und gar erfüllen. Eine Feier, wie immer Sie diese für sich gestalten wollen, vielleicht auch mit rituellem Charakter, wird Ihnen dabei helfen. Wenn Sie ein Ziel erreicht haben, gönnen Sie sich eine Pause. Es darf nicht sofort das nächste Ziel angestrebt werden. Das Risiko, auf diese Weise in ein Hamsterrad zu geraten oder in ihm zu bleiben, besteht. Das wäre ein Weg ins Burnout. Wichtig ist jedoch, durch gekonnte Zielwahl und Pausendefinition die eigenen Energien zu konzentrieren und nicht zu verschwenden.

## Angstabbau für „unerreichbare" Ziele

Wenn wir Entscheidungen treffen, haben wir manchmal zu viel Angst vor dem, was schiefgehen könnte. Wenn das für Sie von Bedeutung ist, können Sie Ihre Risiken besser einschätzen, indem Sie folgende Risikobeurteilung [93] vornehmen. Damit gleich klar wird, worum es geht, können Sie *kursiv* ein Beispiel von einem Seminarleiter lesen, der ein neues Training etablieren will:

- Beschreiben Sie den Misserfolg, den Sie befürchten.
  – *Ich habe Angst, den Auftrag nicht zu bekommen.*
- Vielleicht verstärken Sie Ihre Angst unnötig. Gibt es etwas, das Sie sich einreden bezüglich dieses Ereignisses?
  – *Niemand will mein Angebot annehmen. Ich erscheine am Telefon nicht überzeugend. Die anderen wollen ohnehin keine Innovationen.*
- Beurteilen Sie, wie viel Angst Sie spüren. Wo von 1 bis 10 steht Ihre Angst (1 = praktisch keine, 10 = die größtmögliche vorstellbare Angst)?
  – *8.*
- Was denken Sie, wie wahrscheinlich ist Ihr Misserfolg (wobei 100 % bedeutet, Sie werden ihn sicher erleben müssen, also keinen Erfolg haben)?
  – *95 %.*
- Nun nehmen wir einmal an, der schlimmstmögliche Fall träfe wirklich ein. Sagen Sie die schlimmsten, überhaupt vorstellbaren Konsequenzen voraus.
  – *Ich bekomme überhaupt keinen Auftrag und gehe pleite.*
- Welche Gedanken werden Ihnen beim Umgang mit diesem Problem helfen?
  – *Ich bin noch nie gescheitert. Meine Dienste und meine Fähigkeiten wurden bereits von vielen gelobt. Ich kann Menschen weiterbringen, das habe ich schon oft getan.*
- Welche Handlungen werden Ihnen bei der Bewältigung dieses Problems helfen?
  – *Ich muss einfach telefonieren, und wenn es erst der Zweihundertste ist, den ich überzeuge.*
- Können Sie sich nun vorstellen, Ihre Aussage von vorhin *(Ich habe Angst, keinen Auftrag zu bekommen)* zu revidieren?
  – *Wenn ich lange genug durchhalte, wird eine Firma meine Seminare buchen.*
- Welche Angst macht Ihnen diese Aussage (wieder unter Anwendung des Schemas von 1 bis 10)?
  – *4.*
- Was spricht gegen das oben beschriebene schlimmste Resultat?
  – *Ich kann viel und kann viel geben. Es gibt Unternehmen, die es wagen, neue Wege zu gehen.*
- Welche anderen als die oben beschriebenen Resultate wären deshalb möglich?
  – *Ich könnte Aufträge bekommen.*
- Bewerten Sie Ihre Angst nun wieder
  – *4.*

- Bewerten Sie die Wahrscheinlichkeit des befürchteten Misserfolgs.
  – *50 %.*

Immerhin, von 95 % auf 50 % – das Konkretmachen der Angst ermöglicht, sie ein wenig wie von außen zu betrachten und statt Angst kann Stärke entstehen.

## Ziel: Keine Ziele

*Wenn ihr nicht umkehrt und wie die Kinder werdet, könnt ihr nicht in das Himmelreich kommen.* Matthäus 18,3

Etwas nicht Ziel- und Zweckgebundenes zu tun, macht uns zu Kindern. Es ist die Art, wie Kinder bis etwa zu ihrem fünften Lebensjahr spielen, malen, leben. Sie tun es, um es zu tun, der Sache willen und nicht um etwas damit zu erreichen. Das ist das Himmelreich oder das Paradies auf Erden. Darüber gibt es moderne Bücher, die den Zustand *flow* nennen. Die Kindheit ist die Zeit des Aufbaus. Der ziel- und zweckfreie Raum scheint dem Aufbau gutzutun.

Es ist so etwas [133] wie die gezielte Ziellosigkeit, die uns guttut. Wenn etwas keinen Zweck hat, ist es noch lange nicht sinnlos. Etwas zu tun – einfach aus Freude, aus Liebe dazu, aus Verehrung heraus – baut uns auf. Wie anders beispielsweise empfinden wir einen Waldlauf, den wir machen, um Kalorien abzuarbeiten, im Vergleich zu einem Waldlauf aus Freude an der Natur und aus Begeisterung über die Bewegung unseres eigenen Körpers.

Im weiteren Sinne gehört dazu, ein erfüllendes Hobby wirklich auszuüben [32]. Haben Sie solch ein Hobby, das diese Kriterien erfüllt? Damit können Sie Ihre Freizeit als Freiheitszeit gestalten. Im Mitmenschlichen hieße das, sinngebende und nicht zweckgebundene Beziehungen zu pflegen. Ein Hobby kann hilfreich sein, wenn es einen höheren Stellenwert im Alltag einnimmt. Keine Zeit dafür zu haben und beruflichen Verpflichtungen immer den Vorrang zu geben, kann sich auf Dauer rächen. Es ist schon verwunderlich, dass ein deutscher Bundeskanzler vor 50 Jahren problemlos am Wochenende zu Hause seine Rosen pflegen konnte; und das zu Zeiten heftiger Wiederaufbauprobleme und ohne die „Vereinfachung" durch Computer. Heute verhalten sich nicht nur Politiker anders, die dann regelhaft stressbedingt umkippen (Franz Müntefering und Matthias Platzeck seien stellvertretend für viele genannt), sondern bereits Privatpersonen.

Hobbys sind wesentliche Regenerationshilfen [22]. Ein Hobby ist wahrscheinlich nur dann ein solches, wenn es als Regenerationshilfe nutzt. Wer darauf verzichtet und ins Burnout kommt, stellt fest, wie viel weniger Zeitaufwand und Arbeit es bedeutet hätte, genussvoll seinem Hobby nachzugehen. Das Argument, der Beruf sei zugleich das Hobby, ist gefährlich.

# 4.9   Sinnannäherung (Stufe 9)

Zu Beginn dieses Abschnitts möchte ich zwei Aussagen zitieren:

*In einer Welt, in der wir gelernt haben, immer schärfer zu fokussieren und deshalb immer mehr Einzelheiten wahrzunehmen, haben wir immer größere Schwierigkeiten, den Gesamtzusammenhang zu verstehen. Wir laufen deshalb Gefahr, den Überblick und deshalb unsere Orientierung zu verlieren … Wir brauchen heute dringend Kunst und Poesie, um das Gemeinsame unseres Seins aufleuchten zu lassen … und nicht zuletzt, um den tiefen Sinn in unserem eigenen Leben zu entdecken.* Hans-Peter Dürr

*Man hat uns eingetrichtert, was wir als krank bezeichnen dürfen. Deshalb sagen die meisten Leute nicht, sie litten unter Langeweile und unter der Sinnlosigkeit ihres Lebens, sondern sie sagen, sie litten unter Schlaflosigkeit, unter ihrer Unfähigkeit, ihre Frau, ihren Mann oder ihre Kinder zu lieben, unter ihrem Bedürfnis zu trinken, unter ihrem beruflichen Unbefriedigtsein – unter allen möglichen Dingen, die sämtlich zugelassene und gesellschaftlich gebilligte Ausdrucksformen von Krankheit sind. Und trotzdem sind Schlaflosigkeit, Trinken und berufliches Unbehagen nur unterschiedliche Aspekte der Malaise, der Krankheit des Jahrhunderts, eben der Sinnlosigkeit des Lebens, die ihren Grund darin hat, dass der Mensch sich in ein Ding verwandelt.* Erich Fromm

Fromm [48] stellt fest, der Mensch hat nur *eine* Frage, die ihm sein Leben aufgibt: Es ist die Frage nach dem, was der Mensch aus seinem Leben macht, wohin er geht, kurzum, welchen Sinn er seinem Leben gibt. Gehen wir davon aus, das stimmte, wäre das eine Vereinfachung des Lebens – nur *eine einzige* Frage! Und wenn es nur eine gäbe, dann wäre es unsere Pflicht, diese eine Frage auch zu beantworten. Burnout versucht Sie zu zwingen, die Frage zu beantworten.

Sich dem Sinn des eigenen Lebens anzunähern und das als Leitlinie zu nutzen, ist der Hauptfaktor für Erfüllung und Zufriedenheit im Leben. Burnout bedeutet die immer drängender werdende Gewissheit, den Sinn des eigenen Lebens nicht ausreichend zu ergreifen. Die Frage nach dem Sinn des eigenen Lebens taucht erst dann auf, wenn wir das Leben als sinnlos *empfinden*. Solange uns – in der Regel vollkommen unbewusst – der Sinn klar ist, fragen wir nicht danach. Es gibt Menschenleben, in denen sich die Sinnfrage nicht stellt, wenn das Leben als gehaltvoll empfunden wird. Sinnfragen treten erst auf, wenn ein Mangel verspürt wird, wenn vieles nicht richtig passt.

Wer in die Nähe von Burnout kommt, beklagt recht häufig die Sinnlosigkeit der heutigen Zeit. Er empfindet offenbar Leere. Er kann die Fülle des Lebens nicht erkennen oder nehmen. Aber spätestens seitdem wir geboren sind, arbeiten wir ununterbrochen an unserem eigenen Lebenssinn. Ob dieser Sinn von uns definiert werden kann oder – wie auch immer – vorgegeben ist, kann niemand sicher beantworten. Auf jeden Fall veranlasst der Sinn des eigenen

Lebens Arbeit und Aufgaben. Wir alle haben die volle Verantwortung für den Sinn unseres eigenen Lebens.

Manche Menschen gehen davon aus, jeder müsse sich seinen Lebenssinn selbst erschaffen, sonst habe er keinen. Hermann Hesse sagte einmal: *Wir verlangen, das Leben müsse einen Sinn haben – aber es hat nur ganz genau so viel Sinn, als wir selber ihm zu geben imstande sind.* Das kann auch anders gesehen werden: Der Sinn besteht längst, er wird uns gegeben – wie wir den Gebenden auch immer benennen wollen.

Der individuelle Lebenssinn sollte

- einem Ziel dienen,
- einen Zweck erfüllen,
- einen Wert darstellen oder *Wert-voll* sein,
- mit den eigenen Werten übereinstimmen,
- einen Bezug zum Ganzen, Höheren, Großen haben oder einen Beitrag dazu leisten
- und diesem Ganzen, Höheren, Großen dienen.

Mühe und Last haben nichts mit dem Sinn Ihres Lebens zu tun, nicht einmal mit dem Sinn des Lebens als solches. Der Sinn des eigenen Lebens fühlt sich leicht an, er ist uns selbstverständlich und unserem Selbst verständlich.

Es gibt neben dem allgemeinen, jeden Menschen betreffenden *Sinn des Menschseins* den Sinn des persönlichen, eigenen Lebens. Wahrscheinlich haben wir mit unserer Entscheidung, zu leben, die Pflicht angenommen, daran zu arbeiten, uns ihm zu nähern. Es liegt in unserer Freiheit, wie und mit welchen Inhalten wir zu diesem Ziel gelangen. Denn ein Sinn beinhaltet immer auch die eine Aufforderung: zum Ziel aufzubrechen.

Ein Beispiel: Es sei Teil des Sinns Ihres Lebens, zu lernen, sich selbst zu lieben. Ob Sie das tun, indem Sie Ihren Körper besonders pfleglich behandeln, ihm beste Ernährung gönnen und Ruhe, wie Sie die Ruhe ausgestalten, Sport im richtigen Maß, welchen Sport usw., das bleibt Ihnen überlassen. Sie können ebenso beginnen, sich selbst zu lieben, indem Sie auf Ihre inneren Stimmen hören und den Beruf ergreifen, den Sie für sich ausüben sollten – unabhängig von Normen oder elterlichen Ratschlägen.

Wichtig ist, dass die Arbeit und die Erfüllung des *individuellen Lebens-Sinns* immer auch anderen und damit der Gesellschaft dienen. Wenn die Grundeinheit der Gesellschaft, der Einzelne, seinen Weg richtig geht, geht ihn auch die Gesellschaft. Umgekehrt bedeutet das, wenn viel Störfeuer von außen kommt, das den Einzelnen an der Erfüllung des individuellen *Lebens-Sinns* hindert, wird auch die Gesellschaft Probleme mit ihrer Weiterentwicklung bekommen. In einer solchen Phase leben wir gerade.

Unser Leben empfinden wir dann als sinnvoll, wenn unser Tun einen Bezug zum Ganzen hat und es einem Ganzen oder Höheren dient, wenn wir einen Beitrag leisten, gebraucht werden, einen Platz haben und einnehmen, kurz: *wenn es einen Unterschied macht, ob wir da sind oder nicht.* Der menschliche Lebenssinn ist eng mit der Art und Ausprägung der Beziehung des einzelnen Menschen zum Ganzen verbunden. Deshalb ergibt zum Beispiel Religion Sinn, indem Sie einen Bezug zum Ganzen bietet.

Dennoch sollte die Frage nach dem Sinn des eigenen Lebens nicht mit einer religiösen Frage verwechselt werden. Glaube ist mehr als Kirche oder Religion. Er ist auch die Beziehung zu dem, was wir nicht erkennen können und von dem wir hoffen oder ahnen, dass es da sein könnte. Er ist insofern unsere Beziehung zum Unbekannten [104]. Unser Glaube bezieht vieles ein, unseren Partner (an den wir hoffentlich glauben), unsere Mitmenschlichkeit und unseren Beruf (der, sobald er zur Berufung wird, viel vom Glauben braucht). Glaube ist ein menschliches, neben der Liebe vielleicht das menschlichste aller Phänomene.

Glaube hat auf diesem Wege eine tiefe Bedeutung für den Sinn des Lebens jedes einzelnen Menschen. Glaube ist wie eine Technik (man mag mir den Ausdruck verzeihen), um mit Unbekanntem aus der Vergangenheit, der Gegenwart und der Zukunft in Beziehung zu treten. Wer sich in einer Beziehung zu einer größeren Instanz als der menschlichen fühlt, fühlt sich geborgen und sicher. Er glaubt, dass es gut gehen wird, dass ihm geholfen wird, er glaubt an die eigene Zukunft und die seiner Kinder. Glaube schafft auf diesem Weg Räume. Es sind inhaltliche und Wesensräume, die uns und den Menschen um uns herum erlauben, sich zu entfalten. Glaube hat deshalb auch den Charakter eines Vorschusses, eines Vertrauens. Mit diesem Vertrauen ist es dem Glaubenden und seinen Mitmenschen leichter möglich, sich den Unbilden des Alltags zu stellen. Dieses Vertrauen führt zu der Sicherheit, die ein Glaubender in sich und in seinem Leben fühlt. Damit wird Burnout der Weg extrem erschwert. Wer wirklich tief glaubt, glaubt auch an sich und das gibt ihm Kraft, den Anforderungen zu entsprechen. Wer glaubt, geht damit dem Glauben gegenüber in eine Verpflichtung.

Unter dem Scheinargument, Wissenschaft würde Glaube unnötig machen oder gar widerlegen, möchten manche ihren Glauben nicht wahrnehmen. Ihnen seien folgende zwei Aussagen von Menschen, deren naturwissenschaftliche Kompetenz ohne jeden Zweifel ist, auf den Weg gegeben.

Albert Einstein sagte: *Jeder, der sich ernsthaft mit Wissenschaft beschäftigt, muss zu der Erkenntnis kommen, dass es einen Gott gibt.*

Werner Heisenberg (1901–1976, deutscher Physiker und Nobelpreisträger) sagte: *Der erste Trunk aus dem Becher der Naturwissenschaft macht atheistisch, aber auf dem Grund des Bodens wartet Gott.*

Ich wünsche Ihnen, dass Sie Ihren Becher möglichst rasch leeren und einen Blick hinein auf den Boden werfen.

---

**Übung: Sinnannäherung**

Lesen Sie die Inhalte folgender Buchabschnitte erneut durch und beachten Sie dabei genau Ihre Ergebnisse zu den dort angebotenen Tests und Übungen. Wenn Sie bisher nicht alle Übungen gemacht haben, holen Sie dies möglichst nach.

| Titel | Kapitel, Seite |
|---|---|
| Wozu | 1.3. S. 6 |
| Werte | 2.1, S. 23 |

| Titel | Kapitel, Seite |
|---|---|
| Erfolge | 2.1, S. 30 |
| Stärken | 2.1, S. 32 |
| Emotionale Labilität | 3.4, S. 57 |
| Persönlichkeit und Zeitdruck | 4.1, S. 72 |
| Einstellungen | 4.2, S. 97 |
| Angst | 4.2, S. 101 |
| Die Aufgeschobenen | 4.2, S. 108 |
| Sucht | 4.2, S. 120 |
| Bedürfnisse und Wünsche | 4.3, S. 132 |
| Die Wurzeln eigener Kraft (nur Übung/en) | 4.4, S. 146 |
| Spiritualität, Meditation und innere Achtsamkeit | 4.4, S. 154 |
| Freude | 4.4, S. 159 |
| Die Sterbebett-Aufgabe | 4.4, S. 164 |
| Wertschätzung | 4.4, S. 173 |
| Innere Stimmen | 4.4, S. 174 |
| Situationstoleranz | 4.6, S. 222 |
| Die Rolle des Lebens | 4.7, S. 233 |

Gehen Sie jetzt in einen ruhigen, von nichts ablenkendem äußeren und inneren Raum.

Lassen Sie nun vor Ihrem inneren Auge wichtige Momente Ihres Lebens Revue passieren. Gehen Sie dabei, soweit möglich, weder analytisch oder wertend vor. Betrachten Sie Ihr Leben von Anbeginn bis heute, wie Sie einen packenden Spielfilm anschauen.

Vielleicht gelingt es Ihnen, nun eine Idee zu haben und zu fühlen, wie sich der „Boden Ihres Bechers" zeigt.

*Ich habe die ganze Welt auf der Suche nach Gott durchwandert und ihn nirgendwo gefunden. Als ich wieder nach Hause kam, sah ich ihn an der Türe meines Herzens stehen, und er sprach: „Hier warte ich auf dich seit Ewigkeiten!" Da bin ich mit ihm ins Haus gegangen.* Rumi (1207–1273)

# 5 Frei von Burnout

## 5.1 Das individuelle Burnout-Präventions-Programm

---
**Übung: Meine Vision, endgültige Form**

Sie haben in Kapitel 2.2 Was soll Gutes herauskommen die zweite Fassung Ihrer Vision (S. 40) erarbeitet. Bitte nehmen Sie diese Unterlagen zur Hand.

Ihre Aufgabe ist es nun, da Sie so viel mehr über sich und Ihren Weg ohne Burnout wissen, noch einmal an Ihrer Vision zu feilen.

Es ist wahrscheinlich, dass Sie einiges ein wenig umstellen oder neu formulieren müssen. Genauso wird sich jedoch manches verfestigt und innerlich geklärt haben.

---

Burnout-Prävention ist immer ein Prozess und als solcher nie vollkommen beendet. Wenn Sie ein Happy End ohne weitere Anstrengungen anstreben, wird es schwierig. Kontinuierliche Anpassungen an die sich verändernden Außenbedingungen werden notwendig bleiben [92].

Wenn Sie es im Buch bis hierher geschafft haben, könnte es sein, dass Sie vielleicht den Wald vor lauter Bäumen nicht sehen. Vielleicht sehen Sie aber auch schon den sicheren Boden. Ich möchte Ihnen gerne einen ganz kurzen Leitfaden an die Hand geben, was im Regelfall unbedingt getan werden kann, um Burnout zu vermeiden. Bevor Sie Ihren eigenen Plan gegen Burnout aufstellen, kann es sinnvoll sein, sich selbst folgende Fragen zu beantworten [31]:

---
**Übung: Lebensenergie**

- Welche Fähigkeiten und welche Ressourcen nutzen Sie zurzeit nicht?
  Wozu nicht?
- Welche Sehnsüchte blieben bisher unerfüllt?
  Mit welchem Ziel?
- Was könnten Sie tun, das Sie bisher nicht getan haben?
  Wie werden Sie sich dann fühlen?

---

- Was haben Sie nicht geschafft, nicht erreicht?
  Was sind die guten Seiten daran?
- Was könnten Sie werden, wenn Sie es nur versuchten?
  Wie wirken Sie dann in Ihrem Leben?
- Welches ist Ihr großes Vorbild?
  Was tun Sie, um ihm nachzueifern?
- Welche Aufgaben oder Probleme vermeiden Sie?
  Was brauchen Sie, um sie lösen und daran wachsen zu können?
- Was möchten Sie am liebsten nicht sehen?
  Was geschieht bestenfalls, wenn Sie doch hinschauen?
- Was verweigern Sie wahrzunehmen?
  Welche Kraft steckt darin verborgen?
- In welcher Weise ehren und achten Sie sich selbst nicht genug?
  Wie werden Sie von anderen und sich selbst wahrgenommen, wenn
  Sie es doch tun?
- Wie und von wem bekommen Sie Lob, Hilfe, Liebe und Komplimente?
  Haben Sie denen schon dafür gedankt und in welcher Weise stärkt Sie
  das?

Sie können sich dank Ihrer Fähigkeit, Ihre Ziele korrekt zu stecken (Kap. 4.8, Abschnitt Ziele und Lösungsorientierung, S. 238), nun Ihren eigenen Burn-out-Präventionsplan schenken:

1. Wählen Sie sich ein Entspannungsverfahren, das Ihnen tauglich erscheint. Lernen Sie es richtig und üben Sie es täglich aus.
2. Nutzen Sie Termin- und Zeitumgangsmanagement für Ihren Beruf und genauso für Ihre Freizeit.
3. Lernen Sie zu meditieren und meditieren Sie täglich.
4. Verzichten Sie, soweit möglich, auf das Fernsehen und das Internet, vorrangig und vollständig auf das Betrachten von brutalen Szenen (Fernsehen, Kino, Internet). Sie belasten Ihre Gefühlswelt damit unnötig.
5. Klären Sie in Ihrer privaten Partnerschaft, was es zu klären gilt.
6. Klären Sie Ihre Rollen und ob diese (und wie weit) mit Ihren inneren, wirklichen Wünschen übereinstimmen. Überlegen Sie, wie Sie Ihre erwünschten Rollen – vielleicht auf Umwegen – doch noch erreichen können.
7. Wenn Sie erkannt haben und es gefühlsmäßig nachempfinden können, dass Sie jede Situation verlassen und wichtige verändern können, tun Sie es. Richten Sie sich dabei nach dem, was Sie über Zielerreichung und Situationstoleranz erfahren haben.
8. Nutzen Sie die vielfältigen Möglichkeiten der Selbstwahrnehmung und des Selbstmanagements, um Ihre persönliche Zufriedenheit zu steigern.
9. Optimieren Sie Ihre Kommunikationstalente.
10. Erkennen Sie die vielen Menschen, die Ihnen geholfen haben und helfen wollen. Lernen Sie, diese Hilfe auch anzunehmen und das als einen Teil zu spüren, der Sie mit allen Menschen verbindet.

11. Nutzen Sie jede Chance der Selfbalance und beginnen Sie, Ihr Leben zu lieben. Zumindest versuchen Sie es.
12. Freuen Sie sich darauf, wie viel sich nach den anstehenden Veränderungen zu Ihrem Besseren gewendet haben wird.

## 5.2 Epilog

*Zwischen Kopf und Bauch ist das Herz. Viele der Übungen in diesem Buch haben ein Ziel verfolgt: Sie Ihr Herz wieder mehr spüren zu lassen – und das ohne Gefühlsduselei. Das Herz ist die Mitte. Ein Leben ohne Burnout bedeutet ein Herz-liches Leben als Schwingen um die eigene, innere Mitte.*

Stellen Sie sich vor, Sie sitzen in einem Auto und die Bremsen versagen. In einer Kurve fehlen die Leitplanken, Sie kommen von der Straße ab, das Auto überschlägt sich. Wie durch ein Wunder können Sie mit geringen Schürfwunden aussteigen. Der Wagen hat nur noch Schrottwert.

Was bringt es *Ihnen*, jetzt die Bremse richten zu lassen? Es bringt *Ihnen* auch nichts, bei allen anderen Autos die Bremsen nachschauen und an der Unfallstelle oder überall Leitplanken errichten zu lassen.

So geht es auch mit Burnout. Egal, was droht, Sie dorthin zu bringen – nur an dieser *auslösenden* Schraube zu drehen, wird nicht ausreichen. Es muss eine grundlegende Änderung stattfinden. Ihren Teil der Änderungen hat dieses Buch begleitet. Es sind aber auch gesellschaftliche Veränderungen notwendig. Der starke Materialismus unserer Gesellschaft beginnt, sich selbst ein Bein zu stellen – über Burnout wird der Materialismus langsam, aber stetig unbezahlbar. Psychische Gesundheitsstörungen haben in Deutschland im Jahr 2003 über vier Milliarden Euro Kosten allein durch Produktionsausfälle verursacht. Der Krankenstand *insgesamt sinkt* stetig. Seit einem Jahrzehnt nehmen aber die Arbeitsunfähigkeitstage infolge psychischer Erkrankungen konstant zu [43, 135, 136]. Das Problem bei seelischen Erkrankungen ist, dass sie so spät erkannt werden, dass mit Diagnosestellung bereits in 40 % der Fälle eine Minderung der Erwerbsfähigkeit vorliegt [127]. Zwei Drittel aller vorzeitig aus dem Beruf ausscheidenden Lehrer werden wegen seelischer Erkrankungen frühpensioniert. Unabhängig vom Beruf findet fast ein Drittel aller Frühberentungen in Deutschland aus seelischen Gründen statt. Es ist an der Zeit, sich dies bewusst zu machen.

Burnout führt zu massiven krankheitsbedingten Ausfällen, auch wegen Kreislauferkrankungen, Erkrankungen der Atemwege und des Muskel-Skelett-Apparates [132]. Die emotionale Erschöpfung hat dabei Auswirkungen auf zukünftige Kreislauferkrankungen, der Zynismus (als Leitsymptom für Depersonalisation) auf zukünftige Erkrankungen des Verdauungstraktes. Programme gegen Burnout sind in anderen Ländern üblich [137], bei uns fehlen sie weitgehend. Burnout-Prävention kann künftige Arbeitsunfähigkeitszeiten vermindern und hat deshalb große gesamtwirtschaftliche Bedeutung [132].

Burnout-Prävention ist ein wesentlicher Teil präventiver Gesundheitsförderung [36]. Je investiertem US-Dollar werden in den Unternehmen 1,8 bis 6,15 US-Dollar eingespart [50]. Dem langfristigen Erhalt der Arbeitsfähigkeit wird aufgrund der Altersstruktur unserer Bevölkerung eine immer wichtigere Rolle zukommen.

Die weitgehende Wiederherstellung der seelischen Gesundheit ist eine gesamtgesellschaftliche Aufgabe. Der Gestaltung der Arbeitswelt kommt hierbei eine wichtige Aufgabe zu.

*Wo Profitkultur und Marktfundamentalismus gelebt werden, die den Menschen auf „Humankapital" reduzieren, kommt es zu „innerer" Kündigung, hohem Krankenstand, Frühverrentung und Krankheit von Leib und Seele als vermeintlichem Ausweg. Deshalb ist die Wiederentdeckung der Humanität eine der größten Herausforderungen des kommenden Jahrzehnts.* [127]

Burnout kostet viel, viel zu viel. Neben Ihrer persönlichen Gesundheit kostet es die Gesundheit unserer Gesellschaft.

Sie können es ändern. Tun Sie es!

Jetzt!

# Anhang

**Tab. A-1** Werte

| | | |
|---|---|---|
| Abgebrühtheit | Abgrenzung/-sfähigkeit | Achtsamkeit |
| Achtung | Aktivität | Allmacht |
| Allwissenheit | Anerkennung | Anmut |
| Anpassung/-sfähigkeit | Ansehen | Ansehnlichkeit |
| Anspruchslosigkeit | Anstand | Anteilnahme |
| Antriebskraft | Anwesenheit | Anziehungskraft |
| Arglosigkeit | Ästhetik | Attraktivität |
| Auffälligkeit | Aufgeschlossenheit | Aufgewecktheit |
| Aufmerksamkeit | Aufopferung/-sgabe | Aufrichtigkeit |
| Ausgeglichenheit | Ausgewogenheit | Ausstrahlung |
| Authentizität | Autonomie | Autorität |
| Barmherzigkeit | Bedachtsamkeit | Bedingungslosigkeit |
| Begegnung | Begeisterungsfähigkeit | Behändigkeit |
| Beharrlichkeit | Beherrschung | Behutsamkeit |
| Bekanntheit | Beliebtheit | Berühmtheit |
| Beschaulichkeit | Bescheidenheit | Beweglichkeit |
| Bewusstheit | Beziehung/-sfähigkeit | Bildung |
| Bindung/-sfähigkeit | Bodenständigkeit | Brillanz |
| Charakter/-festigkeit | Charme | |
| Demut | Denkfähigkeit | Differenziertheit |
| Direktheit | Disziplin | Dogmatismus |
| Dominanz | Duldsamkeit | Durchblick |
| Durchhaltevermögen | | |

**Tab. A-1** Werte (Fortsetzung)

| | | |
|---|---|---|
| Echtheit | Edelmut | Ehrfurcht |
| Ehrgefühl | Ehrgeiz | Ehrlichkeit |
| Eifer | Eigenständigkeit | Eigenwille |
| Eindeutigkeit | Einfachheit | Einfallsreichtum |
| Einfluss | Einfühlungsvermögen | Einsichtigkeit |
| Einzigartigkeit | Eleganz | Empfindung/-sfähigkeit |
| Empathie | Energie | Engagement |
| Enthusiasmus | Entscheidungsfähigkeit | Entscheidungsfreude |
| Entschiedenheit | Entscheidungskompetenz | Entschlossenheit |
| Entschlusskraft | Erfolg | Erfüllung |
| Ergriffenheit | Erinnerungsvermögen | Erkenntnis |
| Erleuchtung | Ernst | Essen |
| Ethik | Extravaganz | |
| Fähigkeit | Fairness | Familiensinn |
| Fantasie | Feinfühligkeit | Feinsinn |
| Fingerfertigkeit | Fingerspitzengefühl | Fleiß |
| Flexibilität | Freiheit | Freigiebigkeit |
| Freizügigkeit | Freude | Freundlichkeit |
| Freundschaft | Friede | Fröhlichkeit |
| Frohsinn | Frömmigkeit | Fügsamkeit |
| Furchtlosigkeit | Fürsorge | Fürsorglichkeit |
| Gastlichkeit | Gastfreundschaft | Geborgenheit |
| Geduld | Gefühl | Gefühlsfülle |
| Gelassenheit | Gelehrsamkeit | Gemeinsamkeit |
| Gemütlichkeit | Genialität | Genügsamkeit |
| Geradlinigkeit | Gerechtigkeit/-ssinn | Geruhsamkeit |
| Geschicklichkeit | Geselligkeit | Gestaltungskraft |
| Gesundheit | Gewissenhaftigkeit | Gewitztheit |

**Tab. A-1** Werte (Fortsetzung)

| | | |
|---|---|---|
| Glauben | Gleichheit | Gleichmaß |
| Gleichmut | Glück | Gottvertrauen |
| Größe | Großmut | Gründlichkeit |
| Gutmütigkeit | | |
| Harmonie | Hartnäckigkeit | Herausforderung |
| Herzensgüte | Herzlichkeit | Hilfsbereitschaft |
| Hingabe | Höflichkeit | Humor |
| Idealismus | Improvisationsvermögen | Individualität |
| Innovationskraft | Intelligenz | Integrität |
| Intimität | Intuition | |
| Jovialität | | |
| Kameradschaft/-lichkeit | Kinderliebe | Klarheit |
| Klugheit | Kommunikation/-sfähigkeit | Kompetenz |
| Konfliktfähigkeit | Können | Kontaktfreudigkeit |
| Korrektheit | Kraft | Kreativität |
| Kunst | | |
| Lässigkeit | Lebendigkeit | Lebhaftigkeit |
| Lehren/Lehrfähigkeit | Leichtigkeit | Leidenschaft |
| Leistung/-sfähigkeit | Lernfähigkeit | Liebe |
| Logik | Lösungskompetenz | |
| Macht | Männlichkeit | Maß halten können |
| der Maßstab sein | Menschenkenntnis | Menschlichkeit |
| Milde | Mitgefühl | Mitleid |
| Moral | Musik | Mut |
| Mütterlichkeit | | |
| Nachdenklichkeit | Nachdrücklichkeit | Nachgiebigkeit |
| Nachhaltigkeit | Nachsicht | Nähe |
| Naturverbundenheit | Neugier | Nüchternheit |

**Tab. A-1** Werte (Fortsetzung)

| | | |
|---|---|---|
| Objektivität | Offenheit | Optimismus |
| Ordnung | Ordnungsliebe | |
| Partnerschaft | Perfektionismus | Persönlichkeit |
| Pfiffigkeit | Pflichtbewusstsein | Pflichteifer |
| Präzision | Problemlösung | Prominenz |
| Pünktlichkeit | | |
| Qualifikation | | |
| Rationalismus | Realismus | Rechtschaffenheit |
| Redlichkeit | Reichtum | Respekt |
| Risikobereitschaft | Rücksicht | innere Ruhe |
| äußere Ruhe | Ruhm | |
| Sanftmut | Sauberkeit | Scharfsinnigkeit |
| Schläue | Schöngeistigkeit | Schönheit |
| Schöpferkraft | Schüchternheit | Schweigsamkeit |
| Selbstständigkeit | Selbstaufopferung | Selbstbestimmtheit |
| Selbstbewusstsein | Selbstdarstellung | Selbstdisziplin |
| Selbsterkenntnis | Selbstfindung | Selbstkritik |
| Selbstliebe | Selbstlosigkeit | Selbstsicherheit |
| Selbstüberwindung | Selbstverständnis | Selbstvertrauen |
| Selbstverwirklichung | Selbstwahrnehmung | Selbstwert-/-gefühl |
| Sensibilität | Sentimentalität | Seriosität |
| Sexualität | Sicherheit | Sinnfindung |
| Sinnlichkeit | Sittlichkeit | Sorgfalt |
| Sorgsamkeit | Souveränität | Spaß |
| Spiritualität | Spontaneität | Sportlichkeit |
| Stabilität | Standfestigkeit | Stärke |
| Status | Stetigkeit | Stilgefühl |
| Stille | Stilsicherheit | Stolz |
| Stringenz | Sympathie | |

**Tab. A-1** Werte (Fortsetzung)

| | | |
|---|---|---|
| Takt | Tapferkeit | Tatkraft |
| Teilnahme | Tiefgang | Toleranz |
| Transzendenz | Treue | Tüchtigkeit |
| Überlegenheit | Übermut | Überzeugungskraft |
| Umsicht | Unabhängigkeit | Unbeirrbarkeit |
| Unbekümmertheit | Unfehlbarkeit | Unternehmungsgeist |
| Unterstützung | Unverzagtheit | Urteilskraft |
| Verantwortlichkeit | Verantwortung/-s- bewusstsein | Verbindlichkeit |
| Vergebung | Vergessen | Verlässlichkeit |
| Verletzbarkeit | Vernunft | Verschwiegenheit |
| Verständnis | Verstand | Verstehen |
| Vertrauen | Verwundbarkeit | Vorsicht |
| Wahrhaftigkeit | Wahrnehmungsfähigkeit | Wärme |
| Weiblichkeit | Weisheit | Weitblick |
| Weitsichtigkeit | Willen | Willensstärke |
| Wirkung | Wirtschaftlichkeit | Wissen |
| Witz | Wohlbefinden | Würde |
| Zärtlichkeit | Zielstrebigkeit | Zufriedenheit |
| Zugehörigkeitsgefühl | Zuneigung | Zusammengehörigkeit/-s- gefühl |
| Zuverlässigkeit | Zuversicht | |

**Tab. A-2** Sicherheiten

| Art der Sicherheit | Kann Angst vor … bedeuten |
|---|---|
| Datensicherung (Computer) | Verlust |
| Versicherungen | finanziellen Einbrüchen, Verlust, Krankheit |
| Vereine (Weltmeister Deutschland) | Einsamkeit |
| Wohnungstüren/Haustüren | Einbruch, Verlust |

**Tab. A-2** Sicherheiten (Fortsetzung)

| Art der Sicherheit | Kann Angst vor … bedeuten |
|---|---|
| Vitaminpräparate | Krankheit/Altern/Tod |
| Gesundheitsprodukte | Krankheit/Altern/Tod |
| ASR, ESP = elektronische Sicherheiten im Auto | Unfall, Fahrfehler/Tod, Schuld |
| Sicherheitsgurt, Airbags | Unfall, Verletzung/Tod, Schmerz |
| Alarmanlagen | Einbruch, Diebstahl, Verlust |
| Wachhunde | Angriff, Verletzung, Entstellung, Verlust |
| Geld, Konten | Armut |
| Aktien | Armut |
| Sturzhelme | Verletzung, Schmerz |
| Heirat | Einsamkeit, Armut |
| Kinder | Einsamkeit, Armut |
| Tabletten (insbesondere Schmerz- und Schlaftabletten) | Schmerz, Leere |
| Tempolimits | Umweltverschmutzung, Unfall, Tod |
| Verträge | Betrug (also unerwünschte Handlungen anderer Menschen) |
| Gesetze, Verbote | anderen Menschen, Verlust, Schmerz |
| Waage | Gewichtszu- oder -abnahme, Krankheit |
| Blutdruckgerät/Pulsmesser | Herzinfarkt |
| Impfungen | Krankheit |
| Fitnesstraining/Sport | Krankheit, Altern |
| Kosmetik | Altern, Hässlichkeit |
| Beruf selber | Abstieg |
| Titel | Wertlosigkeit, Minderwertigkeit |
| Kleidung | Minderwertigkeit |
| Feng-Shui | schlechten Einflüssen |
| Kirche | Gott, Teufel |
| Rituale | dem Bösen |

**Tab. A-2** Sicherheiten (Fortsetzung)

| Art der Sicherheit | Kann Angst vor … bedeuten |
| --- | --- |
| Steine, Kristalle, Kupferreif u. Ä. | negativen Einflüssen |
| Vegetarische Kost, Biokost, gesunde Ernährung | Krankheit, Karma, BSE (und damit Tod), Schuld |
| Wichtige Post per Einschreiben schicken | Angriff, Verlust |
| Virenschutzprogramme | Verlust, Störung |
| Abonnements (Zeitung/Zeitschrift) | Verlust von Genuss oder Information, etwas zu verpassen |
| Armee, Waffen | anderen Menschen oder Mächten |
| Polizei | uns selbst und anderen |
| Dämme | Hochwasser |
| Sozialstaat | Verarmung |
| Anti-Raucher-, -Raser-, -Drogen-, -Ausländerhass-, -AIDS-Kampagnen | sich selbst |
| Elektrische Sicherungen | Tod |
| Tresor | Verlust |
| Uhr/Zeit | Kontrollverlust |
| Handy | Einsamkeit |
| Wecker | Kontrollverlust, zu spät kommen |
| Rundfunk, Fernsehen | Einsamkeit |
| Nachrichten | etwas zu verpassen |
| „Check-up" beim Arzt oder Zahnarzt | Erkrankung, Tod, Karma, Schuld, materieller Verlust |
| Platzreservierung | verlassen werden, nicht weiterkommen, allein zurückbleiben |
| Vorratspackung | Hunger, Durst |
| Inspektionen (Auto) | etwas nicht erledigt zu haben, Unannehmlichkeiten |
| Ersatzreifen | dem Liegenbleiben (auf der Strecke bleiben) |
| voller Tank/rechtzeitig tanken | dem Liegenbleiben (auf der Strecke bleiben) |

**Tab. A-2** Sicherheiten (Fortsetzung)

| Art der Sicherheit | Kann Angst vor … bedeuten |
|---|---|
| Sonnenschutzcreme | Falten, Schmerz, Erkrankung |
| Reise- und Hausapotheke | Erkrankung, Schuld |
| Hausarzt | allein gelassen sein |
| Vorausbuchung (Hotel) | auf der Straße stehen |
| Beratungen (Astrologie, Finanzen, Versicherungen usw.) | eigener Verantwortung |
| Sonnenbrille | Falten, Erkrankungen |
| Haustier | Einsamkeit |

# Übersicht der Tests und Übungen

| Test | Kapitel | Seite |
|---|---|---|
| Aggressionspotenzial | 3 | 52 |
| Bereiche der Sprache | 4.5 | 203 |
| Berufliche Belastungen | 3 | 54 |
| Bewerten | 4.5 | 220 |
| Bewertung oder Beobachtung | 4.5 | 217 |
| Burnout oder kein Burnout? | 3 | 41 |
| Depersonalisation | 3 | 48 |
| Depression | 3 | 62 |
| Emotionale Erschöpfung | 3 | 46 |
| Emotionale Labilität | 3 | 59 |
| Gefühle ausdrücken | 4.5 | 205 |
| Handlungsspielraum, Teil 1 | 4.3 | 127 |
| Handlungsspielraum, Teil 2 | 4.3 | 128 |
| Idealismus | 3 | 64 |
| Kohärenzsinn | 3 | 61 |

| Test | Kapitel | Seite |
|------|---------|-------|
| Körperliche Beschwerden | 3 | 51 |
| Leistungsabnahme | 3 | 49 |
| Mein Umgang mit Stress | 4.4 | 134 |
| Opferrollen | 4.3 | 130 |
| Persönlichkeit und Zeitdruck | 4.1 | 72 |
| Probleme mit Alkohol? | 4.2 | 121 |
| Schnelltest zu Burnout | 3 | 44 |
| Schwierige Menschen | 3 | 56 |
| Sicherheiten | 4.4 | 148 |
| Was ich für mich tue | 4.4 | 167 |
| Wie es ist | 1 | 2 |
| Zeitfresser bei unzureichender Aufgabenstrukturierung | 4.1 | 81 |

| Übung | Kapitel | Seite |
|-------|---------|-------|
| Ach hätt' ich doch nur | 4.4 | 165 |
| Aktives Vergessen | 4.4 | 190 |
| Atmen zur Erdung | 4.4 | 153 |
| Bisherige Erfolge | 2 | 31 |
| Brief an Burnout | 1 | 7 |
| Das äußere Optimum | 4.4 | 176 |
| Den Standpunkt des anderen annehmen | 4.5 | 210 |
| Der 75. Geburtstag | 2 | 36 |
| Der tägliche Erfolgs-Check | 4.2 | 97 |
| Der Umgang mit Unveränderlichem | 4.6 | 224 |
| Der Weg des späten Einverstandenseins | 4.6 | 230 |
| Der weise, alte Mann | 2 | 40 |
| Die 16 Grundbedürfnisse | 4.3 | 132 |
| Die andere Seite sehen | 4.4 | 181 |

| Übung | Kapitel | Seite |
|---|---|---|
| Die andere Sicht | 4.4 | 172 |
| Die eigenen Werte | 2 | 24 |
| Die Lösung ist die Lösung | 2 | 34 |
| Die Position des Klienten | 4.4 | 176 |
| Die unerträgliche Situation | 4.6 | 223 |
| Die Wertepyramide | 2 | 25 |
| Dringend oder wichtig? | 4.1 | 85 |
| Eigene Angstzeichen | 4.2 | 102 |
| Eigene Gefühle | 4.4 | 174 |
| Eigenlob | 2 | 22 |
| Eine neue Aktivität | 1 | 5 |
| Eine Rechenaufgabe | 4.5 | 218 |
| Einkaufstour der besonderen Art | 2 | 34 |
| Empathie steigern | 4.5 | 200 |
| Empathie und Kopf | 4.5 | 201 |
| Freiräume | 4.4 | 187 |
| Genuss dosieren | 4.2 | 120 |
| Gewichtung meiner Werte | 2 | 24 |
| Glücksmomente | 4.4 | 163 |
| Grundeinstellung | 4.4 | 171 |
| Grundlagen der Kommunikation | 4.5 | 202 |
| Humor nutzen | 4.4 | 160 |
| Individuelle Zeitfresser | 4.1 | 83 |
| Innere Achtsamkeit – Basis | 4.4 | 157 |
| Innere Stimmen | 4.4 | 175 |
| Intensive Fragen zur eigenen Angst | 4.2 | 104 |
| 10 Jahre weiter | 1 | 3 |
| Kognitives Stressmanagement | 4.4 | 191 |

| Übung | Kapitel | Seite |
|---|---|---|
| Komplimente-Tagebuch | 4.3 | 129 |
| Konkrete Bedrängnisse | 4.4 | 153 |
| Krafträuber | 3 | 66 |
| Langeweile | 4.2 | 112 |
| Lebensenergie | 5.1 | 255 |
| Mein Körper | 4.2 | 118 |
| Mein „Man" | 4.2 | 89 |
| Meine Aufgeschobenen | 4.2 | 108 |
| Meine Bedürfnisse | 4.3 | 134 |
| Meine Erwartungen | 4.7 | 232 |
| Meine Familie | 4.4 | 147 |
| Meine Helfer | 2 | 29 |
| Meine Rollen | 4.7 | 233 |
| Meine Vision, endgültige Form | 5.1 | 255 |
| Meine Ziele | 4.8 | 244 |
| Mitgefühl | 4.5 | 197 |
| Optimismus üben | 4.4 | 179 |
| Outen I | 4.2 | 96 |
| Outen II | 4.4 | 178 |
| Perfektionismus abbauen | 4.2 | 100 |
| Positives aus scheinbar Negativem | 4.4 | 182 |
| Progressive Muskelentspannung | 4.2 | 110 |
| Richtschnur durch das Buch | 1 | 17 |
| Schweigen | 4.4 | 159 |
| Selbstachtung | 3 | 65 |
| Selbstachtung und der Umgang mit der eigenen Zeit | 4.1 | 69 |
| Selbsthilfe | 4.2 | 95 |
| Selbstschädigung | 3 | 65 |

| Übung | Kapitel | Seite |
|---|---|---|
| Sicherheiten und Angst | 4.4 | 151 |
| Sinnannäherung | 4.9 | 252 |
| Sinnes-Anregungen | 4.2 | 113 |
| Soziales Umfeld | 2 | 27 |
| Spektrum der Ressourcen | 2 | 29 |
| Stärken | 2 | 32 |
| Steigerung der Impulsfähigkeit | 4.4 | 189 |
| Umgang mit den eigenen Aggressionen | 4.2 | 111 |
| Umgang mit „Grabbeigaben" | 4.2 | 101 |
| Umgang mit unangenehmen, ängstigenden Situationen | 4.2 | 104 |
| Veränderung der Grundeinstellung | 4.4 | 172 |
| Verlassen einer Situation | 4.6 | 227 |
| Verlockungen widerstehen | 4.4 | 188 |
| Vision – erste Fassung | 2 | 36 |
| Vision – zweite Fassung | 2 | 40 |
| Was ist | 1 | 2 |
| Was meine Werte für mich bedeuten | 2 | 25 |
| Weil Sie es sich wert sind | 4.4 | 173 |
| Zeitplanung | 4.4 | 187 |
| Zeitprotokoll | 4.1 | 86 |
| Zeitstatistik – kurze Übersicht | 4.1 | 84 |
| Ziele kontrollieren I | 4.8 | 246 |
| Ziele kontrollieren II | 4.8 | 247 |
| Zufriedenheit | 4.3 | 124 |

# Literatur

1. Alspach G. When your work conditions are sicker than your patients. Crit Care Nurs 2005; 25: 11–2, 14.
2. Armstrong J, Holland J. Surviving the stresses of clinical oncology by improving communication. Oncology 2004; 18: 363–75.
3. Appelbaum SH. Coping with stress: strategies for the pharmacy manager. Top Hosp Pharm Manage 1983; 2: 1–9.
4. Bamberger GG. Lösungsorientierte Beratung. Weinheim: Beltz 2005.
5. Bandelow B. Das Angst-Buch. Reinbek: Rowohlt 2004.
6. Bauer J, Häfner S, Kächele H, Wirsching M, Dahlbender R. Burn-out und Wiedergewinnung seelischer Gesundheit am Arbeitsplatz. Psychother Psychosom Med Psychol 2003; 563: 213–22.
7. Benkert O. StressDepression. München: C. H. Beck 2005.
8. Benson J, Magraith K. Compassion fatigue and burnout: the role of Balint groups. Aust Fam Physician 2005; 34: 497–8.
9. Bergner TMH. Burnout ? – Das muss nicht sein. Frauenarzt 2003; 44: 1119–23.
10. Bergner TMH. Burnout bei Ärzten. Lebensaufgabe statt Lebens-Aufgabe. Dtsch Ärztebl 2004; 101: A2232–4.
11. Bergner TMH. Lebensmuster erkennen und nutzen. Heidelberg: mvg 2005.
12. Bergner TMH. Burnout bei Ärzten. Arzt sein zwischen Lebensaufgabe und Lebens-Aufgabe. Stuttgart: Schattauer 2006.
13. Berscheid E, Gangestad SW, Kulakowsi D. Emotion in close relationships: Implication for relationship counseling. In: Brown SD, Lent RW (eds). Handbook of Counseling Psychology. New York: Wiley 1984.
14. Boyer SL, Bond GR. Does assertive community treatment reduce burnout? A comparison with traditional case management. Ment Health Serv Res 1999; 1: 31–45.
15. Bragard I, Razavi D, Marchal S, Merckaert I, Delvaux N, Libert Y, Reynaert C, Boniver J, Klastersky J, Scalliert P, Etienne AM. Teaching communication and stress management skills to junior physicians dealing with cancer patients: a Belgian Interuniversity Curriculum. Support Care Cancer 2006; 14: 454–61.
16. Bruch H, Ghoshal S. Beware the busy manager. Harv Bus Rev 2002; 80: 62–9, 128.
17. Buber M. Ich und Du. Stuttgart: Philipp Reclam jun. 1995.
18. Burnard P, Edwards D, Hannigan B, Fothergill A, Coyle D, Cooper L, Jugessur T, Adams J. The effectiveness of clinical supervision on burnout amongst community mental health nurses in Wales. J Psychuatr Ment Health Nurs 2003; 10: 231–3.
19. Castro B, Eshleman J, Shearer R. Using humor to reduce stress and improve relationships. Semin Nurs Manag 1999; 7: 90–2.
20. Chang E, Daly J, Hancock KM, Bidewell JW, Johnson A, Lambert VA, Lambert CE. The relationship among workplace stressors, coping methods, demographic characteristics, and health in Australian nurses. J Prof Nurs 2006; 22: 30–8.
21. Cegala DL, McClure L, Marinelli TM. The effect of communication skills training on patients' participation during medical interviews. Patient Educ Couns 2000; 41: 209–22.

22. Clages I. Burnout. Das Ausbrechen aus dem Teufelskreis. Ärztl Praxis 2005; http://www.aerztlichepraxis.de.

23. Clever LH. A checklist for making good choices in trying – or traquil-times. West J Med 2001; 174: 41–3.

24. Creagan ET. Bombarded by stress: healthy habits to avert burnout. Minn Med 1999; 82: 14–5, 49. http://www.mmaonline.net/publications/99toc.cfm.

25. Crowell DM. Care for the case manager: balancing your wheel of life. J Case Manag 1998; 7: 112–6.

26. Crowther S. Listen to your inner voice. Pract Midwife 2006; 9: 4–5.

27. Cummings G, Hayduk L, Estabrooks C. Mitigating the impact of hospital restructuring on nurses: the responsibility of emotionally intelligent leadership. Nurs Res 2005; 54: 2–12.

28. Czichos R. Profis managen sich selbst. München: Ernst Reinhardt 2001.

29. Czichos R. Coaching = Leistung durch Führung. München: Ernst Reinhardt 2002.

30. Dahlke R. Reisen nach Innen. München: dtv 1997.

31. Dahlstrand H. Fighting burnout. How to identify, reduce stress for you and your employees. J AHIMA 2003; 74: 43–47.

32. Davis KG. Preventing Burnout. Fam Pract Manage 2000; www.aafp.org/fpm/20010200/41links.html.

33. Dawes R. The social usefulness of self esteem: A sceptical view. Harv Ment Health Lett 1998; 15: 4–5.

34. Delhees KH. Zukunft bewältigen! Bern: Paul Haupt 1997.

35. DeMarco T. Spielräume. Projektmanagement jenseits von Burn-out, Stress und Effizienzwahn. München: Carl Hanser 2001.

36. Deutscher Ärztetag 2005: „Burn-Out" niedergelassener Ärzte verhindern. Beschlussprotokoll des 108. Deutschen Ärztetages, Drucksache II-03.

37. Drewermann E. Zeiten der Liebe. Freiburg: Herder 1999.

38. Duffy VJ. Beating burnout. Adv Nurs Pract 2006; 14: 15.

39. Edwards N, Kornacki MJ, Silversin J. Unhappy doctors: what are the causes and what can be done? BMJ 2002; 324: 835–8.

40. Ellis A. Grundlagen und Methode der Rational-Emotiven-Verhaltenstherapie. Stuttgart: Klett-Cotta 1997.

41. Emmelkamp P, Bouman T, Scholing A. Angst, Phobien und Zwang. Göttingen/Stuttgart: Verlag für Angewandte Psychologie 1993.

42. Emmons RA. Personal goals, life meaning, and virtue: Wellsprings of a positive life. In: Keyes CLM, Haidt J (eds). Flourishing: Positive Psychology and the life well-lived. Washington D.C: Am Psychol Assoc 2003; 105–28.

43. Employee Absence 2003. A Survey of Management Policy and Practice. www.cipd.co.uk/surveys.

44. Engström M, Ljunggren B, Lindqvist R, Carlsson M. Staff satisfaction with work, perceived quality of care and stress in elderly care: psychometric assessments and associations. J Nurs Manag 2006; 14: 318–28.

45. Faust V. Psychosoziale Gesundheit von Angst bis Zwang. http://www.psychosoziale-gesundheit.net/psychiatrie/burnout.htm.

46. Feldman MK. Time out. Physician sabbaticals can provide relief from burnout, a chance to learn new skills, and time for introspection. Minn Med 1999; 82: 23–4. http://www.mmaonline.net/publications/99toc.cfm.

47. Fothergill A, Edwards D, Burnard P. Stress, burnout, coping and stress management in psychiatrists: findings from a systematic review. Int J Soc Psychiatry 2004; 50: 54–65.

48. Fromm E. Authentisch leben. Freiburg: Herder 2000.

49. Gaddis S. Preventing meeting burn-out: how to make the most of every meeting minute. Tenn Nurs 2004; 67: 16.
50. Gerst T. Betriebliche Gesundheitsförderung. Lohnende Investition in Mitarbeiter. Dtsch Ärztebl 2006; 103: A989–94.
51. Goleman D, Boyatzis R, McKee A. Emotionale Führung. München: Econ 2002.
52. Grossart-Maticek R. Autonomietraining. Berlin: deGruyter 2000.
53. Großmann A. Erfolg hat Methode. Offenbach: Gabal 1997.
54. Grübner D, Bordel G. Umgang mit Stresssituationen für Ärzte. Vortrag auf dem 37. Kongress der Ärztekammer Nordwürttemberg, Stuttgart, 1.–3.02.2002.
55. Grünewald S. Deutschland auf der Couch. Frankfurt: Campus 2006.
56. Grunfeld E, Zitzelsberger L, Coristine M, Whelan TJ, Aspelund F, Evans WK. Job stress and job statisfaction of cancer care workers. Psychooncology 2005; 14: 61–9.
57. Hagemann W. Burn-Out bei Lehrern. München: C.H. Beck 2003.
58. Hähner A. Förderung der psychischen Gesundheit am Arbeitsplatz: Unterstützungsprogramme können Betriebsklima verbessern. Pflege Z 2005; 58: 257–9.
59. Haultain R. Balancing work and life. Nurs N Z 2003; 9: 27.
60. Heim E. Bewältigung der Berufsstressoren in den Heilberufen. Psychother Psychosom Med Psychol 1993; 43: 307–14.
61. Herzberg J. Can doctors self-manage stress? Hosp Med 2000; 61: 272–4.
62. Heyse V, Erpenbeck J. Kompetenztraining. Stuttgart: Schäffer-Poeschel 2004.
63. Höfer T. Warum Angst? Flensburger Hefte 1995; 48: 102–17.
64. Holland JM, Neimeyer RA. Reducing the risk of burnout in end-of-life care settings: the role of daily spiritual experiences and training. Palliat Support Care 2005; 3: 173–81.
65. Jaffe DT, Goldstein M, Wilson J. Physicians in transition: From burnout to balance. Saybrook Rev 1985; 5: 57–71.
66. Jones SH. A self-care plan for hospice workers. Am J Hosp Palliat Care 2005; 22: 125–8.
67. Kabat-Zinn J. Gesund durch Meditation. Das große Buch der Selbstheilung. Frankfurt am Main: O. W. Barth 2005.
68. Kaluza G. Stressbewältigung. Heidelberg: Springer 2004.
69. Kanfer FH, Reinecker H, Schmelzer D. Selbstmanagement-Therapie. Heidelberg: Springer 2006.
70. Karsten C. Burnout besiegen. Das 30-Tage-Programm. Freiburg: Herder 2005.
71. Kast V. Schlüssel zu den Lebensthemen. Konflikte anders sehen. Freiburg: Herder 2004.
72. Kasuya RT, Polgar-Bailey P, Takeuchi R. Caregiver burden and burnout. A guide for primary care physicians. Postgrad Med 2000; 108: 119–23.
73. Keenen KJ. Physician burnout – why it happens and what to do about it. Mo Med 2003; 100: 128–31.
74. Kehr HM. Souveränes Selbstmanagement. Weinheim: Beltz 2002.
75. Kenty JR. Stress management strategies for woman doctoral students. Nurse Educ 2000; 25: 251–4.
76. Klein S. Alles Zufall. Reinbek b. Hamburg: Rowohlt 2004.
77. Köhler HU, Müller-Gerbes G. Arbeiten. Aber wie? Bitte! Offenbach: Gabal 2004.
78. Kolitzus H. Das Anti-Burnout Erfolgsprogramm. München: dtv 2003.
79. Kouvonen A, Toppinen-Tanner S, Kivitö M, Huuhtanen P, Kalimo R. Job characteristics and burnout among aging professionals in information and communications technology. Psychol Rep 2005; 97: 505–14.
80. Kretschmann R. Stressmanagement für Lehrerinnen und Lehrer. Weinheim: Beltz 2001.

81. Lacefield PK. The relationship of work environment and area of practice to burnout in registered nurses. Dissertation. Louisville: University of Louisville 1989.

82. Lacoursiere RB. „Burnout" and substance user treatment: the phenomenon and the administrator-clinician's experience. Subst Use Misuse 2001; 36: 1839–74.

83. Lange A, van de Ven JP, Schrieken B, Smit M. 'Interapy' Burn-out: Prävention und Behandlung von Burn-Out über das Internet. Verhaltenstherapie 2004; 14: 190–9.

84. Lauer H. Angstanfälle. Entstehung, Behandlung, Verlauf. Stuttgart: Urachhaus 1991.

85. Lauster P. Die Liebe. Psychologie eines Phänomens. Reinbek: Rowohlt 1982.

86. Leiter MP, Spence Laschinger HK. Relationships of work and practice environment to professional burnout: testing a causal model. Nurs Res 2006; 55: 137–46.

87. Lemkau J, Rafferty J, Gordon R Jr. Burnout and career-choice regret among family practice physicians in early practice. Fam Pract Res J 1994; 14: 213–22.

88. Lippman H, Arnold L. Banish burnout! RN 2005; 68: 61–2, 64, 66.

89. Lowder JL, Buzney SJ, Buzo AM. The caregiver balancing act: giving too much or not enough. Care Manag J 2005; 6: 159–65.

90. Mary M. Die Glückslüge. Bergisch Gladbach: Lübbe 2003.

91. Mary M, Nordholt H. Change. Lust auf Veränderung. Bergisch Gladbach: Bastei Lübbe 2004.

92. Maslach C, Leiter MP. Die Wahrheit über Burnout. Wien: Springer 2001.

93. McKay M, Fanning P. Selbstachtung. Das Herz einer gesunden Persönlichkeit. Paderborn: Junfermann 2004.

94. McManus IC, Paice E, Keeling AA. Stress, burnout and doctors' attitudes to work are determined by personality and learning style: A twelve year longitudinal study of UK medical graduates. BMC Med 2004; 2: 29.

95. Mechanic D. How should hamsters run? Some observations about sufficient patient time in primary care. BMJ 2001; 323: 266–8.

96. Merritt S. Die heilende Kraft der klassischen Musik. München: Kösel 1998.

97. Murray S. The quest for conviction: Motivated cognition in romantic relationships. Psych Inq 1999; 10: 23–34.

98. Myers DG. The funds, friends, and faith of happy people. Am Psychol 2000; 55: 56–67.

99. Naditz A. Recruiting from within: reducing burnout and turnover. Contemp Longterm Care 2005; 28: 25–8.

100. Ornish D. Love and survival: The scientific basis for the healing power of intimacy. New York: Harper Collins 1998.

101. Ornstein R, Sobel D. Healthy pleasures. Reading: Addison-Wesley 1989.

102. Ozer EJ, Best SR, Lipsey TL, Weiss DS. Predictors of posttraumatic stress disorder and symptoms in adults: A meta-analysis. Psychol Bull 2003; 129: 52–71.

103. Pearsall P. Denken Sie negativ, unterdrücken Sie Ihren Ärger und geben Sie anderen die Schuld! Heidelberg: mvg 2006.

104. Peseschkian N. Steter Tropfen höhlt den Stein. München: Pattloch 2000.

105. Pfifferling JH, Gilley K. Putting „life" back into your professional life. Fam Pract Manag 1999; 6: 36–42. http://www.aafp.org/fpm/990600fm/36.html – June 1999.

106. Podak K. Der Mensch, ein dynamischer Saftsack. Wohlfühlen 2004; 2: 8–9.

107. Prekop J. Einfühlung oder Die Intelligenz des Herzens. München: Kösel 2002.

108. Reed FM. More tips for burnout prevention. Fam Pract Manag 2004; 11: 20. www.aafp.org/fpm/20040300/letters.html.

109. Riemann E. Grundformen der Angst. München: Ernst Reinhardt 2003.

110. Rosenberg MB. Gewaltfreie Kommunikation. Paderborn: Junfermann 2004.

111. Rost W. Emotionen. Elixiere des Lebens, Berlin: Springer 2001.

112. Roth G. Fühlen, Denken, Handeln. Frankfurt: Suhrkamp 2001.

113. Schmidbauer W. Alles oder nichts – über die Destruktivität von Idealen. Reinbek: Rowohlt 1987.

114. Schönberger A. Patient Arzt. Der kranke Stand. Wien: Ueberreuter 1995.

115. Schröder P. Strategien gegen „Burnout". Hausarzt 2002; 16: 36–8.

116. Seiwert L. Das neue 1x1 des Zeitmanagement. München: Gräfe & Unzer 2002.

117. Setness PA. Escaping the professional pressure-cooker. Postgrad Med 1999; 106: 11–2, 14, 19.

118 .Shanafelt TD, Habermann T. Medical residents' emotional well-being. JAMA 2002; 288: 1846–7.

119. Shanafelt TD, Sloan JA, Habermann TM. The well-being of physicians. Am J Med 2003; 114: 513–9.

120. Shimizu T, Mizoue T, Kubota S, Mishima N, Nagata S. Relationship between burnout and communication skill training among Japanese hospital nurses: a pilot study. J Occup Health 2003; 45: 185–90.

121. Sitzman KL. Burnout and the power of one. Home Healthc Nurse 2004; 22: 190–1.

122. Skovholt TM, Grier TL, Hanson MR. Career Counseling for Longevity: Self-Care and Burnout Prevention Strategies for Counselor Resilience. J Career Dev 2001; 27: 167–76.

123. Sonneck G. Burnout-Syndrom. Ärztemagazin 2004; XX: 10–2.

124. Sotile WM, Sotile MO. Beyond physician burnout: keys to effective emotional management. J Med Pract Manage 2003; 18: 314–6.

125. Spence Laschinger HK, Leiter MP. The impact of nursing work environments on patient safety outcomes; the mediating role of burnout/engagement. J Nurs Adm 2006; 36: 259–67.

126. Sprenger RK. Die Entscheidung liegt bei Dir! Wege aus der alltäglichen Unzufriedenheit. Frankfurt: Campus 2000.

127. Stetz C. Making room for spirituality. Health Prog 2006; 87: 26–9.

128. Stiefelhagen P. Erschöpft – verbittert – ausgebrannt. Was tun, wenn der „Tank" leer ist? MMW Fortschr Med 2002; 144: 4–8.

129. Strecker D. Energie-Management für Ärzte. Leinfelden-Echterdingen: Adolf Bonz 1997.

130. Swanson JW. Self-healing practices: essential tools for balance. Reflect Nurs Leadersh 2004; 30: 8–9, 44.

131. Thill KD. TimeCheck-Analyse für die Arztpraxis. Köln: Deutscher Ärzte-Verlag 2003.

132. Toppinen-Tanner S, Ojajärvi A, Väänänen A, Kalimo R, Jäppinen P. Burnout as a predictor of medically certified sick-leave absences and their diagnosed causes. Behav Med 2005; 31: 18–27.

133. Treichler M. Der überforderte Mensch. Vortrag. München, 13. Mai 2006.

134. Von Münchhausen M. Wo die Seele auftankt. Frankfurt: Campus 2004.

135. Weber A, Kraus T. Das Burnout-Syndrom – eine Berufskrankheit des 21. Jahrhunderts? Arbeitsmed Sozialmed Umweltmed 2000; 35: 180–9.

136. Weber A, Hörmann G, Köllner V. Psychische und Verhaltensstörungen: Die Epidemie des 21. Jahrhunderts? Dtsch Ärztebl 2006; 103: A834–41.

137. Whitcomb ME. Helping physicians in training to care for themselves. Acad Med 2004; 79: 815–6.

138. White SJ. Managing the pharmacy manager. Am J Hosp Pharm 1984; 41: 516–21.

139. Wright B. Excitement vs burnout. Accid Emerg Nurs 2003; 11: 1.

140. Wright B. Compassion fatigue: how to avoid it. Palliat Med 2004; 18: 3–4.

141. Wright S. Finding a way out of burnout. Nurs Stand 2003; 18: 24–5.

142. Wright S. Soul survivor. Nurs Stand 2005; 20: 20–2.

143. Yalom ID. Und Nietzsche weinte. München: Piper 2002.

144. Zeckhausen W. Ideas for managing stress and extinguishing burnout. Fam Pract Manag 2002; 9: 35–8. http://www.aafp.org./fpm/20020400/35eigh.html.
145. Zolnierczyk-Zreda D. An intervention to reduce work-related burnout in teachers. Int J Occup Saf Ergon 2005; 11: 423–30.

# Kommunikation und Lebensqualität als Arzt

Thomas M. H. Bergner

## Wie geht's uns denn?

Ärztliche Kommunikation optimieren

**Treffen Sie den richtigen Ton!**

Als Arzt führen Sie im Laufe Ihres Berufslebens etwa 200 000 Gespräche mit Ihren Patienten. Das Gespräch ist neben Ihrem Fachwissen das wichtigste „Arbeitsmittel". Je besser Sie mit Ihrer Kommunikation auf Ihre Patienten eingehen können und sich in sie hineinversetzen, umso leichter können Sie Ihr Fachwissen vermitteln und umso größer ist Ihr Therapieerfolg.

Thomas M. H. Bergner zeigt konkrete Wege auf, wie Sie Ihre ärztlichen Gespräche effektiver gestalten können und zielsicher zu dem von Ihnen angestrebten Ergebnis gelangen. Anschaulich und spannend beschreibt er die Kommunikationsmöglichkeiten auf Seiten des Arztes in Verbindung mit einem neuen, von ihm entwickelten Kommunikationsmodell. Sie erhalten valide und praxiserprobte Anregungen, wie Sie mit Ihren Patienten oder deren Angehörigen – auch in schwierigen Situationen – sprechen können, damit Sie sich sicher fühlen und der Patient sich gut aufgehoben fühlt.

Zahlreiche Beispiele und Anleitungen ermöglichen es Ihnen, die Inhalte des Buches erfolgreich in die Praxis umzusetzen:

- Ablaufschemata, sogenannte STEPS, für professionelle Gesprächsabläufe
- Übungen zur Verbesserung der Kommunikationsfähigkeit
- Fiktive Arzt-Patienten-Gespräche als Vorschläge für Gesprächsinhalte

2009. 248 Seiten, 7 Abb.,
11 Tab., kart.
€ 29,95 (D)/ € 30,80 (A)
ISBN 978-3-7945-2717-5

Thomas M.H. Bergner

## Arzt sein

Die 7 Prinzipien für Erfolg, Effektivität und Lebensqualität

**Die richtige Zeit, etwas Neues zu beginnen, ist jetzt.**

Eine wichtigere Investition als in Ihre Lebensqualität gibt es kaum; damit schaffen Sie die Basis, auch in Zukunft genügend Kraft für Ihren Beruf aufzubringen und ihn mit Freude auszufüllen. Wie Sie Ihren Beruf sehen, ausüben und leben, hat konkreten Einfluss auf Ihr Leben.

Mit dem neuesten Buch von Thomas M.H. Bergner, Autor der Bestseller „Burnout bei Ärzten" und „Burnout-Prävention", haben Sie die Chance, Ihre persönliche Lebenssituation als Arzt zu analysieren und zu verbessern. Mit zahlreichen Übungen und Selbsteinschätzungstest machen Sie sich mit sich selber besser vertraut und erfahren, wie Sie Ihre persönlichen Fähigkeiten für sich und bei Ihrer Arbeit wirkungsvoller einsetzen können.

Im Mittelpunkt des Buches steht zugleich das Ziel, wie es Ihnen als Ärztin oder Arzt gelingen kann, trotz der Widrigkeiten des Gesundheitssystems mit Ihrer eigenen Lebenseinstellung das Gefühl zu bekommen und zu erhalten, dass es sich lohnt, Arzt zu sein.

Spannend und 100% praxistauglich vermittelt Bergner seine 7 Prinzipien für mehr Lebensqualität als Arzt: von persönlicher Kompetenz über Selbstwahrnehmung, Eigenverantwortlichkeit, richtige Kommunikation, Empathie, Ethik bis zur persönlichen Zufriedenheit.

Mit „Arzt sein" können Sie Ihr persönliches System für mehr Lebensqualität entwickeln!

2009. 296 Seiten, 60 Übungen
und Tests, 5 Abb., 40 Tab., kart.
€ 29,95 (D)/ € 30,80 (A)
ISBN 978-3-7945-2681-9

 Schattauer

www.schattauer.de       Irrtum und Preisänderungen vorbehalten